A. LEFRANC

Licencié ès-lettres

OLIVIER DE CLISSON

CONNÉTABLE DE FRANCE

PARIS
VICTOR RETAUX, LIBRAIRE-ÉDITEUR
82, RUE BONAPARTE, 82

1898
Tous droits réservés.

OLIVIER DE CLISSON

OUVRAGES DU MÊME AUTEUR

POÈMES BIBLIQUES (épuisés).

BERTRAND DU GUESCLIN, drame (épuisé).

CLOVIS OU LE BAPTÊME DE LA FRANCE, tragédie en quatre actes, en vers, avec chants. Paris, Retaux, 1 vol. in-18 jésus. Prix . . . . 2 fr.

LE CONNÉTABLE OLIVIER DE CLISSON
Bas-relief de M. Frémiet, membre de l'Institut
(*Château de Josselin*).

A. LEFRANC

Licencié ès-lettres

OLIVIER DE CLISSON

CONNÉTABLE DE FRANCE

PARIS
VICTOR RETAUX, LIBRAIRE-ÉDITEUR
82, RUE BONAPARTE, 82

1898

Tous droits réservés.

INTRODUCTION

Le connétable, Olivier de Clisson, a joué un tel rôle dans l'histoire de France, et surtout dans celle de Bretagne, que plusieurs auteurs ont déjà entrepris d'écrire sa vie. Pierre Levot en cite trois, dans sa Biographie bretonne : *après les avoir diversement appréciés, il conclut par cette phrase : « une vie exacte et impartiale de Clisson reste donc à faire et les matériaux ne manquent pas*[1]. »

Depuis 1852, époque où écrivait Pierre Levot, nous ne croyons pas que personne ait sérieusement voulu étudier et mettre dans son vrai jour la personnalité si originale du connétable de Clisson. — Le petit ouvrage de Roy, composé vers 1860, n'est qu'un résumé à l'usage des enfants.

Des trois auteurs, dont parle Levot, il en est deux qui n'ont aucune valeur historique. En effet l'œuvre de Madame de Clisson n'est qu'une apologie prétentieuse, écrite sans critique, ni discernement. La biographie de Clisson par Alexandre Mazas n'est également qu'un simple abrégé, comme celui de Roy, avec cette différence que Mazas écrit dans un style clair et limpide, qui ne manque pas d'attraits.

Le travail de la Fontenelle de Vaudoré est une œuvre plus sérieuse : mais elle n'est qu'une lourde compilation, que son auteur a appelée lui-même une faute de jeu-

---

[1] *Biographie bretonne*, t. I, p. 376.

nesse. *En effet, ses deux volumes sont moins une biographie qu'un assemblage de renseignements sur Clisson, assemblage touffu, mal disposé, où l'air et la lumière font défaut.*

Les connaissances, dont l'auteur fait preuve, sont d'ailleurs fort incomplètes. Il ne connaît guère que les historiens bretons. Des Archives de la Loire-Inférieure, de la collection Bizeul elle-même, un des trésors de la bibliothèque de Nantes, il soupçonne à peine l'existence. Encore moins a-t-il exploré les nombreux dossiers et manuscrits accumulés aux Archives et à la Bibliothèque nationales. Là se trouvent pourtant des sources presque inépuisables de renseignements et de richesse historiques. C'est ainsi que le manuscrit 789. (C. D. T., de la Bibliothèque nationale contient, à lui seul, plus de 80 pièces réunies sous le nom de Clisson. Quelques-uns de ces documents sont même des originaux assez curieux.

Beaucoup de vieilles chroniques, écrites vers l'époque où vécut Clisson, ont aussi été découvertes et en partie publiées depuis l'apparition du livre de La Fontenelle.

Citons, parmi tant d'autres : le volumineux poème de Cuvelier[1], *histoire côtoyant de trop près la légende, mais pleine d'intérêt par sa saveur, ses renseignements curieux, sa couleur locale ;* la Chronique Normande et la Chronique des quatre premiers Valois, *œuvres peu originales, mais assez exactes ;* la chronique en prose de Bertrand du Guesclin, *qui se rapproche déjà plus de l'histoire véritable que le poème de Cuvelier. Toutes ces œuvres savamment publiées et annotées sont désormais à la disposition des historiens, qui peuvent éga-*

---

[1] Il fut composé pendant que Clisson était encore connétable.
  Depuis fu Olivier connestable esliz,
  Celui qui de Cliçon maintient les edefis. (V, 22, 785.)

lement bénéficier des travaux considérables de Siméon Luce, de Léopold Delisle, d'Ernest Petit, de Kerwyn de Lettenhove et de plusieurs autres savants, qui ont jeté tant de lumière sur les règnes de Charles V et de Charles VI.

Peut-être n'est-il pas inutile, pour ceux qui voudraient contrôler nos références, de donner ici certaines indications bibliographiques relatives aux ouvrages que nous mentionnerons.

HISTORIENS OU CHRONIQUEURS BRETONS

Alain Bouchart. 1886. Nantes. Soc. des Bibl. bretons.

Pierre Le Baud. 1638. Paris. Gervais Alliot.

Bertrand d'Argentré. 1618. Paris. Nicolas Buon.

Dom Lobineau. *Histoire et Preuves.* 2 vol. in-fol. 1707. Paris, chez François Muguet.

Dom Morice. *Histoire.* 2 vol. in-fol. 1756. Paris. Delaguette. *Preuves. 3 vol. in-fol.* Paris. Osmont. 1742-1746.

La Chronique de Saint-Brieuc *et le* Poème de Guillaume de Saint-André, *empruntés aux Preuves de* dom Morice.

Jean de Saint-Paul. *Chronique de Bretagne.* Société des Bibliophiles bretons. Nantes. 1881.

AUTRES HISTORIENS OU CHRONIQUEURS ANCIENS

La Chronique de Cuvelier, *publiée par Charrière.* 1839. Paris. 2 vol. Firmin Didot.

La Cronique Normande, *publiée par Molinier.* 1852. Paris. Renouard.

La Chronique des quatre premiers Valois, *publiée par la* Société de l'Histoire de France.

La Chronique (en prose) de sire Bertrand du Guesclin. *Collection Buchon.* Paris, Desprez. 1838.

La Vie de Louis, duc troisième de Bourbon, par *Jean Cabaret d'Orronville.* Col. Buchon. Paris, Desprez, 1838.

Le livre des faiz et bonnes mœurs du sage roy Charles, par *Christine de Pisan.* Col. Buchon. Paris. Desprez. 1838.

Histoire de Charles VI, roy de France, par *Juvénal des Ursins.* Col. Buchon. Paris. Desprez. 1838.

Chroniques d'Enguerrand de Montrelet. Col. Buchon. Paris-Desprez. 1836.

Anciens mémoires du XIVe siècle. Collection Michaud et Poujoulat. Paris. 1836-1844.

Le religieux de Saint-Denis. Charles VI. *Publié par L. Bellaguet.* Paris. 1839.

Histoire de France depuis l'établissement de la Monarchie françoise dans les Gaules, *par le P. Daniel.* Paris. 1755.

Chronographia regum Francorum, *publiée par H. Moranvillé.* Paris. 1893.

Les Grandes Chroniques de France, *publiées par Paulin Paris.* Paris. 1836.

Ordonnances des Rois de France. *Collection Secousse.* 1745.

Istoire et Chroniques de Flandres, *publiées par Kervyn de Lettenhove.* Bruxelles. 1880.

Veterum scriptorum et monumentorum historicorum, dogmaticorum et moralium amplissima collectio. *Dom Edmond Martène.* Paris. 1724-1733.

Les Chroniques de sire Jean Froissart. Coll.

Buchon. Paris. Desprez, 1840 *et années suivantes.*

Les mêmes chroniques publiées avec notes par Siméon Luce. Coll. de la Société de l'Histoire de France. — *mêmes, publiées par* Kerwyn de Lettenhove. *Les* Bruxelles.

Chronique de la Pucelle *ou* Chronique de Cousinot, *suivie de la* Chronique normande de P. Cochon, *publiées par* Vallet de Virville. Paris. 1859.

Itinéraire de Philippe le Hardy et de Jean sans Peur, ducs de Bourgogne, *publié par Ernest Petit.*

La Chronique 10,746. *Douët d'Arcq.* Archives nationales. *A B. XIX.* 199-208.

Coronica del Seren, rey don Pedro. D'Ayala Pampelona. 1591.

Historia brevis ab Eduardo I ad Henricum V. *Walsingham.* Londres, 1574.

Toutes ces sources ne sont ni de même importance, ni de même valeur. Disons un mot des principales, en tant qu'elles concernent Olivier de Clisson.

Bouchard, et même Pierre Le Baud, recherchent plutôt le merveilleux que la réalité historique. L'œuvre de d'Argentré n'est, en somme, malgré son étendue et son style agréable, qu'une œuvre de seconde main. Dom Lobineau, au contraire, est un historien savant, judicieux et ordinairement impartial. Néanmoins, quand il raconte les dernières querelles de Clisson contre son suzerain, dom Lobineau lui-même, par une sorte de patriotisme breton fort excusable, se montre sévère à l'égard du vassal en révolte.

La Chronique de Saint-Brieuc et le poème de Guillaume, ayant été rédigés sous le règne même de Jean IV, l'adversaire acharné de Clisson, reflètent les préoccupations

de leurs auteurs, qui cherchent moins à dire la vérité
qu'à plaire au pouvoir établi. Le moine de Saint-Brieuc
surtout étonne par ses louanges dithyrambiques à l'a-
dresse du duc régnant. Il soupçonne en Clisson tous les
crimes et n'a même pas un mot de blâme pour les actions
les plus odieuses de Jean IV, telles que l'attentat de
l'Hermine et d'autres fourberies aussi condamnables.

Le vrai biographe de Clisson, c'est Froissart. Plutôt
disposé en faveur du noble guerrier, qu'il regarde comme
un « grand et riche homme », Froissart a dû vivre
dans la compagnie de Clisson, comme il a fréquenté
d'ailleurs tous les autres guerriers illustres de cette
époque. Au moment de l'attentat commis par Pierre de
Craon, le chroniqueur nous apprend que lui-même se
trouvait justement à Paris. Comme il était reçu à la table
des plus hauts personnages, comment supposer qu'il
n'ait pas désiré s'entretenir avec le plus grand homme de
guerre alors vivant ? Clisson, toujours opulent et magnifique, ne pouvait, lui aussi, que faire bon accueil au brillant chroniqueur, dont les récits étaient déjà fort goûtés
par tous les gentilshommes.

Quand il parle de Clisson avant cette année 1392,
Froissart entre dans des détails si précis qu'on croit lire
les Mémoires de Clisson lui-même. Que l'on relise les
préparatifs de la bataille d'Auray, le récit du siège de
Quimperlé, du passage de la Lys, les préliminaires de la
bataille de Rosebecque : c'est Clisson même qui parle.
Lui seul a pu donner des renseignements si spéciaux et
si minutieux. — Nous partageons les inquiétudes et les
transes des cinq chevaliers cernés dans Quimperlé. Quand
ils virent leurs propositions rejetées, « de ces nouvelles
ne furent ni le sire de Cliçon ni les autres bien réjouis, »
mais il leur fallut pourtant « r'aller à leur labeur, ainsi

qu'il faut gens d'armes qui sont en dur parti[1]. » — En arrivant, les messagers de Charles V, trouvèrent le duc de Bretagne « jouant aux échecs avec le comte de Cantebruge dedans son pavillon. » A Rosebecque, nous savons exactement comment Clisson était coiffé. Mille autres traits nous portent à croire que Froissart les recueillit de la bouche de Clisson lui-même.

Après l'année 1392, Olivier n'est plus à Paris. Froissart n'en parle plus que de loin en loin, toujours en bons termes, mais d'une manière vague, par ouï-dire : on sent que le chroniqueur a perdu la source de ses renseignements.

Nous avons contrôlé de notre mieux les récits des chroniqueurs, au moyen des documents authentiques, tout en profitant des ouvrages spéciaux publiés sur les diverses questions et les différents personnages qui nous intéressaient.

Voici la liste des principaux ouvrages modernes, qui nous ont été plus utiles.

INSTITUTIONS MILITAIRES DE LA FRANCE AVANT LES ARMÉES PERMANENTES, par *Edgard Boutaric.* Paris. 1863.

DICTIONNAIRE RAISONNÉ DE L'ARCHITECTURE FRANÇAISE DU XI° AU XVI° SIÈCLE, par *Viollet-le-Duc.* Paris. 1868. 10 vol.

COLLECTION DE DOCUMENTS INÉDITS SUR L'HISTOIRE DE FRANCE, par *Léopold Delisle.*

ACTES DE JEAN V, publiés par *René Blanchard.* Nantes. 1889. 8 vol.

DICTIONNAIRE D'OGÉE. Rennes. 1853. 2 vol.

---

[1] *Froissart.* L. I. P. II. ch. 381.

Biographie bretonne, par *P. Levot*. Vannes. 1852. 2 *vol.*

Etude sur la Géographie féodale de la Bretagne, par *A. de la Borderie*. Rennes 1889.

Histoire de Charles VI, par *D. Godefroy*. Paris. 1653.

Mémoires pour servir a l'histoire de Charles II, roi de Navarre, par *Secousse*. Paris 1755-1758. 2 *vol.*

Histoire de la Petite Bretagne. *Manet.* St-Malo. 1834. 3 vol.

Vie des Grands Capitaines français du moyen age, par *A. Mazas*. Paris. Lecoffre. 1845.

Jeanne de Belleville, par *E. Péhant*. (*Bib.* municip. *de Nantes*).

Choix de pièces sur le règne de Charles VI, par *Douët d'Arcq*. Paris. 1865. 2 vol.

Comptes de l'hotel, aux XIVe et XVe siècles, par le même. Paris. 1851.

La France et le Grand Schisme d'Occident, par *Noël Valois*. Paris 1896. 2 vol.

Etudes sur la vie de Jean le Mercier, par *H. Moranvillé*. Paris. 1888.

Notice sur la porte de l'hotel de Clisson, par *Quicherat*. Paris. 1848.

Jean Jouvenel, prévôt des marchands de la ville de Paris, par *Louis Batifol*. Paris, 1894.

La vie politique de Louis de France, par *E. Jarry*. Paris. 1889.

Jean de Vienne, par *Terrier de Loray*. Paris 1877.

Etude historique sur le Conseil du Roi, par *Noël Valois*. Paris. 1886.

Le Conseil du Roi, aux XIVe, XVe et XVIe siècles, *par Noel Valois.* Paris. 1888.

Histoire de Bertrand du Guesclin et de son époque, *par Siméon Luce.* Paris. Hachette. *1876.*

Histoire du connétable Olivier de Clisson, *par Mme de Clisson. (Bibl. municipale de Nantes).*

Histoire d'Olivier de Clisson, connétable de France, *par A. D. de la Fontenelle de Vaudoré.* Paris. Firmin Didot. 1826. 2 vol.

Nous nous empressons de remercier Messieurs les archivistes, qui se sont si aimablement mis à notre disposition : M. Maître, archiviste de la Loire-Inférieure ; M. Lièvre, archiviste de la Vienne ; MM. Sœhné et Elie Berger, attachés aux Archives nationales ; M. de la Roncière le Noury, attaché à la Bibliothèque nationale.

L'intérêt qu'ils nous ont témoigné, comme le précieux concours qu'ils nous ont apporté, nous engagent à nommer M. de la Borderie, membre de l'Institut, M. l'abbé Durville, du clergé de Nantes, et M. J. Lemoine, archiviste du Finistère. Ce dernier a mis à notre disposition les notes si abondantes qu'il a puisées en Angleterre aux sources originales.

M. le duc de Rohan, qui descend en ligne directe du célèbre connétable et de tant d'autres personnages illustres dans l'histoire de la Bretagne et de la France, a mis également à notre disposition sa vaste et précieuse bibliothèque. Grâce à son inépuisable libéralité, nous n'avons pas eu à calculer avec les dépenses que nous ont occasionnées les voyages, les recherches historiques et la publication de notre travail.

D'autres grandes familles nous ont aussi ouvert leurs

bibliothèques et leurs archives : parmi elles, on nous permettra de citer les familles du Halgouët et de Bréhier.

Une étude sur Clisson est par elle-même un sujet des plus attrayants : elle nous fait vivre à un des siècles les plus profondément troublés de l'histoire, au milieu de héros tour à tour raffinés et barbares, généreux et sanguinaires, fourbes et chevaleresques, plus que des hommes par leur courage et leur amour de la gloire, au-dessous de l'humanité par leurs haines, leurs folles fureurs, leur duplicité, leurs cruautés sauvages.

Clisson fut de son temps : peu d'hommes reflétèrent mieux que lui toutes les gloires et toutes les horreurs de cette extraordinaire époque. Qui connaîtra bien ce sanglant héros aura mieux compris toute une période de notre histoire : il aura donc acquis une connaissance plus exacte de notre humanité, qui, toujours la même dans son fond, se montre avec chaque génération sous un aspect différent.

OLIVIER DE CLISSON

VUE ANCIENNE DE CLISSON

OLIVIER DE CLISSON

CHAPITRE PREMIER

LES ANCÊTRES DU CONNÉTABLE
SON ENFANCE

Le château de Clisson. — Olivier le vieil et Olivier le jeune, aïeul et grand-père du connétable. — Exploits de son père et de ses oncles. — Trahison et supplice de son père. — Cruautés de Jeanne de Belleville. — Le jeune Olivier passe son enfance en Angleterre, ainsi que le comte de Montfort. Libéralités du roi d'Angleterre. — Un mot sur du Guesclin, Clisson et Jean IV.

Olivier de Clisson, comme son frère d'armes, Bertrand du Guesclin, était issu d'une noble famille de Bretagne. Les ancêtres de Bertrand étaient d'assez humbles gentilshommes moins riches en terres qu'en noblesse; au contraire, Olivier descendait d'opulents barons féodaux, qui recevaient chez eux les rois de France et qui étaient assez puissants pour faire la guerre, même aux ducs de Bretagne, leurs légitimes suzerains.

Dans les armoiries et dans le château-fort des Clisson se trouvent comme symbolisées les qualités de leur race.

Ils portaient : *de gueule au lion d'argent armé, couronné et lampassé d'or*, avec l'orgueilleuse devise : *Pour ce qu'il me plest*.

Leur château-fort s'élevait à l'extrême sud de la Bretagne, sur un rocher que baignent les eaux de deux rivières, la Sèvre Nantaise et la Moine. Les murs de cette lourde forteresse avaient à la base plus de quinze pieds d'épaisseur ; ils étaient solidement assis sur une roche granitique, dont ils prenaient les contours anguleux. Sa quintuple enceinte, son donjon s'élevant à pic à plus de cent pieds de hauteur, l'habile disposition de ses fossés, de ses bastions, de ses courtines épaisses flanquées d'énormes tours, avec leurs couronnes de créneaux, d'échauguettes ou de hourds circulaires, tout contribuait à donner à cette formidable construction une telle puissance défensive que, pendant tout le moyen-âge, elle ne fut guère attaquée, bien qu'elle fût située entre trois provinces et habitée par des seigneurs belliqueux et remuants.

Aujourd'hui ce château-fort n'est plus qu'une ruine, mais quelle ruine !... Essayons d'en donner une idée et de dégager le plan primitif de cette forteresse, dans cet enchevêtrement de murailles croulantes, dont les bizarres profils conservent encore des airs d'orgueil et de menace. L'examen de la demeure en fait déjà connaître un peu les habitants.

L'entrée, à double embrasure, est percée dans une courtine d'un grand relief ; la forme des ouver-

tures et du couronnement rappelle l'architecture
mauresque[1]. Des moucharabis et plusieurs meurtrières défendent l'extérieur comme l'intérieur
des deux couloirs de pénétration. Si l'assaillant,
se croyant victorieux, avait forcé l'entrée et pénétré dans la cour intérieure, il devait vite regretter
son imprudence.

A sa droite, deux énormes bastions formaient
deux forts séparés : chacun d'eux était à double
enceinte, la première de forme semi-circulaire emboîtant la seconde : celle-ci émergeait à grand
relief et ses côtés polygonaux formaient sur la première un commandement concentrique. A gauche,
trois autres forteresses, séparées par des fossés
profonds : leurs murailles n'étaient soudées qu'en
apparence par le côté extérieur à la place. Elles
formaient un demi-cercle très ouvert : la plus formidable occupait l'extrémité sud-est. C'est vers
ce point que toutes les défenses semblent converger, comme vers leur centre de résistance : là
s'élèvent la plus grosse tour et la plus forte masse
des bâtiments. Les deux autres enceintes, situées
plus au nord, paraissent s'appuyer sur le réduit

---

[1] Depuis longtemps cette remarque a été faite à propos du château de Clisson. Ses portes ogivales, ses fenêtres coupées par des meneaux en croix, la forme des créneaux et des mâchicoulis, tout éveille l'idée d'une construction orientale. M. Cassas a même trouvé une grande ressemblance entre les tours de Clisson et la grosse tour de Césarée, en Palestine. De là on a conclu que les seigneurs de Clisson avaient pris part aux croisades et qu'ils avaient apporté d'Orient l'idée de leur château. Il est difficile de le prouver : néanmoins les grandes expéditions du XIIIe siècle, qui mirent en fréquent contact l'Orient et l'Occident, donnent une explication toute naturelle à ces ressemblances, que l'on rencontre d'ailleurs si souvent entre le style mauresque et le style gothique. V. *Ogée*, t. I, 188, et *Fontenelle de Vaudoré*, t. I, 291. P. J.

principal : mais leurs défenses sont distinctes et également disposées pour faire face aux attaques du dehors ou de l'intérieur. Les assaillants, ayant brisé ou escaladé les courtines, qui protégeaient l'intérieur des cours, se trouvaient donc enfermés entre cinq forteresses, exposés aux sorties combinées des assiégés et battus sans trêve par les projectiles, dont nous voyons encore des échantillons non loin de la porte d'entrée : ce sont des masses de grés, grossièrement arrondies, que lançaient les machines, pendant que les arbalêtriers, à travers les archères, décochaient une nuée de flèches et de viretons[1].

L'indépendance réciproque des diverses parties de la défense, caractère que Viollet-le-Duc a signalé dans beaucoup de vieilles forteresses[2], apparaît surtout à Clisson. Voilà pourquoi presque tous les murs qui, au premier abord, semblent se joindre, ne sont que juxtaposés et non soudés les uns aux autres : de plus, les communications entre les diverses sections du monument sont peu nombreuses et faciles à couper. On pouvait donc obliger les défenseurs d'un point attaqué à rester à leur poste

[1] Le château de Clisson, construit presque en entier à la belle époque de l'architecture gothique, vers le milieu du XIIIe siècle, subit dans la suite diverses adjonctions ou modifications en rapport avec le progrès de l'art militaire : mais ces perfectionnements apportés à la défense ne nuisirent pas aux constructions premières, que l'on peut encore admirer et étudier, malgré leur état de délabrement. Il est facile de connaître que plusieurs chemises ou terrassements semi-circulaires ont été ajoutés devant les murailles pour mieux résister à la force croissante des projectiles. Les revêtements extérieurs de ces esplanades sont en granit appareillé et forment des escarpes très élevés, quoique très solides. D'après M. de Berthou, la première enceinte à gauche serait une barbacane, la seconde le donjon, et la troisième le château proprement dit.

[2] Viollet-le-Duc. *Dict. de l'architecture*, t. I, 366.

et à se battre en désespérés ; il suffisait pour cela de leur refuser l'entrée des enceintes contiguës. Cette mesure était surtout applicable en cas de trahison. — Le château-fort était comme un navire à cloisons étanches ; le flot des assaillants devait battre et détruire successivement toutes ses enceintes de granit avant de forcer dans son dernier repaire l'opiniâtreté des défenseurs.

L'esprit de ruse, découvert par Viollet-le-Duc, surtout dans la construction des châteaux normands, se retrouve encore ici dans une foule de détails. Des arcades sont dissimulées au sein des murs pour mieux tromper les mineurs qui pouvaient travailler inutilement pendant de longues journées : ils risquaient fort en effet de ne dégager qu'un blocage entassé sous une voûte, pendant que les assises supérieures reposaient toujours solidement sur des pierres taillées en voussoirs. Un grand nombre de murs de refend, quelquefois collés les uns aux autres, s'opposent encore au travail de la sape. Cette habileté de construction est surtout évidente au côté sud-est, où le mur d'une sorte de courtine arrondie paraît se souder et finir au flanc d'une grosse tour, mais en réalité il se prolonge à côté d'elle et il offre ainsi à la pioche des assiégeants le fil de son épaisseur énorme.

Ce château-fort, qui semble au premier coup d'œil un dédale incompréhensible, était un véritable chef-d'œuvre de prévoyance et d'habileté. On y reconnaît bien cet esprit féodal, qui était l'exaltation de la puissance individuelle, l'instinct ombrageux de sa propre indépendance, en même temps que le désir de la domination par l'emploi de la force et même de la ruse, pour maintenir les inférieurs dans l'obéissance. Cet esprit n'en a pas moins donné naissance à des monuments admirables, comme à de fortes personnalités.

Lorsque plus tard Olivier de Clisson eut à bâtir des châteaux ou à enclore des villes, il connaissait déjà dans tous ses détails l'art des constructions, ayant eu sous les yeux un vrai modèle de fortifications féodales : il n'eut qu'à joindre, aux connaissances acquises par l'étude de son propre château, le résultat de son expérience personnelle, pour devenir un des constructeurs les plus compétents et les plus entendus de son siècle.

Il n'entre pas dans notre sujet de retracer la biographie de tous les seigneurs de Clisson, ancêtres du connétable[1]. Il suffira de noter rapidement ce qui, dans l'histoire de cette famille, peut offrir le plus d'intérêt.

Dans un document daté de l'année 1205 un seigneur de Clisson est honoré du titre de *baron*[2]. Or on sait qu'à cette haute dignité étaient attachés les droits seigneuriaux les plus étendus[3]. Un de

[1] De 1026 à 1336, année où naquit le connétable, le nom des Clisson est assez souvent mêlé à l'histoire de Bretagne. Ce mot n'a que deux syllabes : mais, comme au moyen-âge il y avait autant de diversité dans l'orthographe que dans les costumes, ces deux syllabes ont servi de thème à des variations étonnantes, dont voici les principales : en latin, nous trouvons de Clizun, de Clizonio, de Clicio, de Clisson'o, de Clicione, de Clichon, de Clicon, et même de Clichià. En français l'unité tend à s'établir, néanmoins nous lisons encore Cliczon, Clirson Clichon, Clicon, Cliçon et Clisson. Cette dernière orthographe a prévalu.

[2] Dom Morice. *Pr*. t 1, 801. — En 1408, ce titre fut réservé en Bretagne à neuf grands seigneurs qui furent les sires de Fougères, de Penthièvre, de Porhoët, de Rohan, de Vitré, d'Ancenis, de la Roche-Bernard et de Rais. D. M. P. T. II. XXVII.

[3] Dom Morice. *Pr*. t. II, VIII-XVIII.

ces droits était la permission de fortifier une ville de sa baronnie. Olivier, dit le Vieil, fils et successeur de Guillaume, bâtit autour de la ville de Clisson de solides murailles et reconstruisit même, vers 1223[1], le château-fort, dont nous connaissons les ruines.

Dans sa nouvelle forteresse, Olivier eut l'honneur d'offrir l'hospitalité à Louis IX et à Blanche de Castille. Se croyant inattaquable derrière ses murailles, il ne craignit pas de résister à son suzerain, le duc Jean-le-Roux, qui vint l'assiéger sans pouvoir le réduire. Mais les terres du sire de Clisson furent ravagées, ses autres châteaux rasés, et ses fiefs saisis[2] : il fut contraint de songer à la paix. Le roi de France toujours prêt, par politique, à s'immiscer dans les querelles entre les suzerains et leurs vassaux, ménagea un accord entre le duc et le baron révolté, au mois de février 1261[3].

Le connétable, Olivier de Clisson, ne sera donc pas le premier de sa race qui ait osé tenir tête aux ducs de Bretagne : en soutenant ses longues luttes contre Jean IV, il pouvait s'autoriser d'exemples déjà trouvés dans l'histoire de sa famille.

Olivier-le-Vieil mourut âgé de plus de cent ans. Son fils, Olivier-le-Jeune, avait l'humeur turbulente et batailleuse de son père[4]. De son mariage avec Isabelle de Craon il eut trois fils : Garnier ou

---

[1] *Ogée*, 1, 184.
[2] Dom Morice. *Pr.* 1, 976. *Olim cur. Par* F. 105.
[3] Dom Morice. *Pr.* 1. 980. (Ch. de Nantes).
[4] *Dom Lobineau*, H. 269.
Dom Morice. *Pr.* t. 1, col. 987.

Gautier[1], Amaury et Olivier, père du connétable. Tous les trois furent de rudes guerriers et trouvèrent la mort dans les grandes luttes dites de Blois et de Montfort.

Garnier, que les vieilles chroniques appellent un des plus hauts barons de Bretagne, fut tué dès le début des hostilités, en 1341. Il était gouverneur de Brest, quand le comte de Montfort vint assiéger cette ville. Sommé de se rendre, Clisson répondit : « Je n'en ferai rien, à moins d'avoir enseigne et commandement du seigneur, à qui la place doit être par droit[2]. » L'assaut fut aussitôt ordonné. La place, que gardaient seulement 300 défenseurs, ne pouvait longtemps résister : alors son capitaine résolut de tenter une diversion et de jeter par un coup d'audace la terreur et le trouble dans les rangs ennemis.

A la tête de 40 soldats choisis, il sortit de la forteresse, se rua à l'improviste sur les assaillants et ouvrit au milieu d'eux une sanglante trouée. Mais l'armée de Montfort revint bientôt de sa première surprise. Garnier de Clisson et sa poignée de braves accablés sous le nombre furent refoulés violemment vers leurs murailles. L'ennemi s'acharnait de préférence sur le capitaine, qui reculait pied-à-pied, et qui multipliait ses coups pour protéger la rentrée de ses compagnons ; presque tous purent se mettre à couvert.

---

[1] D'après quelques chroniqueurs, Garnier était, non pas le frère, mais le cousin d'Amaury et d'Olivier. Le dossier bleu 5027 (registre 197) de la Bibliothèque nationale donne raison à ces chroniqueurs.

[2] *Froissart*, t. I, ch. 149.

Par malheur, la presse fut telle au moment où Clisson allait rentrer, que les assiégés eurent peur de voir tout le flot des combattants pénétrer dans leurs murs : la herse baissée avec précipitation laissa l'héroïque capitaine exposé presque seul aux coups furieux de mille ennemis. Une grêle de projectiles tombant du haut des remparts sur ceux qui attaquaient ralentit la lutte. La herse fut de nouveau levée et Clisson put enfin rentrer dans la place : mais il avait été si maltraité, dans cette mêlée sanglante, qu'il mourut quelques heures après.

Olivier et Amaury de Clisson s'étaient, eux aussi, prononcés en faveur de Charles de Blois : mais Jean de Montfort fut assez habile pour les gagner à sa cause[1]. Olivier ne tarda pas à rentrer dans le parti français : Amaury au contraire resta plus longtemps fidèle à Montfort, que les Anglais devaient bientôt soutenir en Bretagne.

Vers la fin de l'année 1341, le comte de Montfort se laissa prendre à Nantes par les Français; mais il laissait un jeune fils, dont Amaury de Clisson fut nommé tuteur[2], et une femme, qui par son énergie releva partout le courage et les espérances de ses partisans. Pendant qu'elle s'enfermait dans Hennebont, prête aux derniers sacrifices, Amaury fut envoyé en Angleterre[3] pour

---

[1] *Pierre Le Baud*, ch. XXXV, p. 275.
[2] *Rymer*, P. III, p. 11, 1189.
[3] *Alain Bouchart*, L. IV, F. 120

obtenir des secours coûte que coûte, même au prix de l'indépendance de la Bretagne.

Bientôt une flotte anglaise ravitailla Hennebont et y jeta 6,000 hommes. Charles de Blois, qui n'avait su ni assiéger sérieusement la ville, ni barrer la route aux secours anglais, leva le siège et revint vers Vannes et Auray, dont il s'empara.

L'année suivante, une nouvelle flotte anglaise débarqua 10,000 hommes sous les murailles de Vannes, où commandaient Hervé de Léon et Olivier de Clisson, père du connétable[1]. Ceux-ci se laissèrent tromper par une fausse attaque : ils portèrent imprudemment toutes leurs forces à la repousser, pendant que Gautier de Mauny, pénétrait dans la ville par un côté des remparts imprudemment dégarni. Les deux capitaines du parti français purent à peine s'échapper en toute hâte par une porte dérobée.

Honteux de leur imprévoyance, ils brûlaient du désir de réparer un échec qui les exposait aux railleries des deux camps. Pendant que le gros des forces anglaises s'était porté sur Rennes, ils revinrent attaquer Vannes avec 12,000 hommes[2] s'en emparèrent et forcèrent Robert d'Artois

[1] *Chronique normande*, p. 55, et *Chronographia regum Francorum*, éd. Moranvillé, p. 198

[2] On a peine à s'expliquer qu'une si forte armée française ait pu se concentrer en quelques jours. La *Chronographia regum Francorum* et la *Chronique normande* affirment que ces troupes, qu'elles portent à 20 000 hommes, vinrent en grande partie de Beauvoz-sur-Mer (Beauvoir). Or Beauvoir est le port le plus central par rapport aux fiefs d'Olivier de Clisson Si on se rappelle qu'à ce moment Louis d'Espagne tenait la mer avec une flotte très nombreuse, on peut supposer que Clisson fit une levée en masse de ses vassaux et que c'est avec leur secours, et celui des marins et des soldats français, qu'il réussit à recouvrer Vannes. (V. *Chron. norm.* p. 55 et *Chronog. reg. Francorum*, p. 198).

blessé à mort à se rembarquer pour l'Angleterre, où il n'arriva pas vivant.

Edouard III voulut à tout prix venger la mort de cet homme, que ses trahisons envers la France lui avait rendu cher : il prit lui-même le commandement d'une forte expédition et débarqua à Brest. Il marcha sur Vannes, qu'il ne put emporter d'assaut : de là il partit pour Rennes qu'assiégeait toujours la première armée anglaise[1].

Après une nouvelle marche sur Nantes, où il laissa un autre corps d'assiégeants, Edouard revint à Vannes. Les Anglais faisaient ainsi en même temps le siège des trois grandes places de Bretagne: Rennes, Vannes et Nantes. C'était beaucoup entreprendre à la fois : aussi les sièges traînaient-ils en longueur, sans incidents notables, sinon que, à Vannes, dans une sortie imprudente, Hervé de Léon et Olivier de Clisson tombèrent aux mains des Anglais[2].

La trêve de Malestroit, 13 janvier 1343, marqua la fin de cette première période des hostilités entre Blois et Montfort.

Nous avons vu que, pendant les trois années qu'avait duré la guerre, Olivier de Clisson avait tour à tour suivi les deux partis, bien qu'il fût resté plus longtemps dans celui de Charles de-Blois. Ses sympathies personnelles le rapprochaient en effet de la France ; mais la versatilité de son esprit, l'influence de son frère Amaury et

[1] *Pierre Le Baud*, ch. 289.
[2] *Froissart*, t. 1, p. 1, ch. CCVI.

surtout celle de sa femme, Jeanne de Belleville, amie personnelle de la comtesse de Montfort, l'entraînèrent de nouveau dans le parti anglais.

Cette inconstance était explicable : en effet, les droits de chaque prétendant pouvaient donner lieu à l'incertitude et à la discussion. Nombre de seigneurs bretons n'avaient-ils pas, comme les Clisson, changé plusieurs fois d'opinion et de parti? Néanmoins, Olivier de Clisson semble blâmable d'avoir agi secrètement et d'avoir donné à son changement les apparences d'une trahison.

Avant la trêve de Malestroit, il avait été échangé, ainsi que Godefroy d'Harcourt, contre le comte de Stanfort. Quelques mois plus tard, il fut arrêté à Paris, au milieu d'un tournoi, en présence de toute la cour et jeté en prison : sans autre forme de procès, il fut conduit presque nu *aux halles en Champeaux*, où on lui trancha la tête, le 2 août 1343[1]. Son corps fut pendu aux fourches de Montfaucon et sa tête exposée à Nantes sur la porte Sauvetour. Godefroy d'Harcourt, mis également en accusation, put se réfugier en Angleterre.

Voici pour quels motifs le roi de France se serait déterminé à ces actes d'excessive rigueur. Le comte de Salisbury, prisonnier du roi de France[2], apprit à son arrivée en Angleterre que sa femme avait été victime d'Edouard III. Résolu à se venger, il aurait livré à Philippe de Valois la preuve des intrigues nouées par Clisson et plusieurs autres chevaliers avec Edouard et les Anglais. La chronique normande raconte en effet qu'il existait « une

[1] *Archives nationales*, U. 785, 24.
[2] *Ibid.*, J. 362, n° 1.

lettre d'aliance, où plusieurs mistrent leurs seaulz et celle lettre garda le conte de Salbery de par le roy Edouart[1]. »

« Je ne sais, dit Froissart[2], si le sire de Cliçon était coupable ou non, mais je croirais moult envis (à contre-cœur) que un si noble gentilhomme comme il était, et si riche homme, dut penser, ni pourchasser fausseté, ni trahison. »

Néanmoins, la chronique des quatre premiers Valois[3] admet et précise les griefs reprochés à Clisson, quand elle dit : « Et se tourna monseigneur Olivier de Clichon contre le duc Charles de Blois couvertement... et mandait la convine (faisait connaître les dispositions) des Français au conte de Montfort. » — Bien plus, les preuves de la trahison durent être accablantes, puisque Clisson lui-même, d'après les documents originaux, avoua et confessa son crime « si comme li diz (le dit) messires Oliviers le cognut et confessa[4]. »

---

[1] *Chron. normande*, éd. Mol., 54.

[2] *Siméon Luce* traite de conte cette prétendue explication : à l'appui de son opinion, il cite deux documents, qui prouvent qu'en mars 1343, et même au 2 septembre de la même année, Salisbury n'avait pas encore perdu la confiance du roi d'Angleterre. (S. Luce, *Bertrand du Guesclin*, 48). Mais les deux documents invoqués ne prouvent qu'une chose, c'est qu'au 2 septembre 1343, c'est-à-dire un mois après l'exécution d'Olivier de Clisson, le roi d'Angleterre ignorait encore que Salisbury avait livré des secrets d'Etat. (V. *Chron. regum Francorum*, p. 205 ; et les *Grandes Chroniques de France*, éd. P. Paris, Charles le Bel, XXXIII, p. 357). La Chronique de Flandres est très explicite : « Li comtes de Sallerin su par sa femme moisme que par forche elle avoit esté violée du roy Edouart. Se parti li comtes... et vint au roy Phelippe et li bailla la lettre de l'alianche que Oliviers de Clichon et Godefroy de Harcourt avoient fait au roy Edouwart. (*Istoire et Chroniques de Flandres*, par Kerwyn de Lettenhove, Bruxelles, 1880, p. 9).

[3] *Froissart*, L. I, ch. 212.

[4] *Chron. des 4 premiers Valois*. Pr, éd. S. H. F.

[5] *Archives nationales*, X A 4. fol 186.

Philippe de Hainaut, reine d'Angleterre, parente du roi de France, fut aussi mêlée à cette affaire. Qui sait si elle-même n'avait pas fait agir Salisbury, pour se venger de son mari infidèle ?

La nouvelle de la terrible exécution du 2 août consterna toute la noblesse bretonne, parmi laquelle Clisson avait de nombreux amis. Ceux-ci vinrent même trouver sa veuve, Jeanne de Belleville, pour lui offrir leurs services. Cette femme se trouvait alors au château de Saint-Yves, près d'Hennebont. D'un caractère doux et timide, elle fut tout-à-coup transformée par la douleur et la haine en une sorte de furie ne respirant plus que la vengeance. « Comprimant sa douleur, dit un auteur breton[1], elle vient à Nantes. Là, s'arrêtant à la porte, elle fait contempler à ses fils le trophée sanglant. — Voilà, leur dit-elle, la tête de votre père ! Jurez-moi de le venger. — Puis, élevant vers le ciel les mains des deux orphelins, elle leur fit prononcer le serment d'une haine éternelle à la France. Pendant de longues années, le souvenir de cette lugubre consécration se dressa comme une barrière infranchissable entre Clisson et la France, dont il devait être un jour une des plus grandes gloires militaires. »

Ce serment ne fut guère tenu par les deux enfants, dont l'un mourut jeune et dont l'autre mérita le surnom de *boucher des Anglais*. Quant à Jeanne de Belleville, elle ne paraît pas avoir gardé à son mari défunt une fidélité bien héroïque :

---

[1] Pierre Levot. *Biographie bretonne*, t. 1, p. 360.

peu après, elle se remaria à Gautier de Bentley, avec lequel elle vécut jusqu'à un assez grand âge. Néanmoins elle satisfit aussitôt ses désirs de vengeance.

Avec 400 hommes, elle arrive à l'improviste devant un château gardé par Le Galois de la Heuse. Ce dernier, qui ignorait encore le supplice d'Olivier de Clisson, n'a pas plutôt reconnu Jeanne de Belleville que, sans défiance, il fait baisser le pont-levis pour donner l'hospitalité à cette noble dame. Jeanne entre alors avec ses gens qui, excités par elle, se mettent à massacrer la garnison[1]. Le capitaine, à peu près seul, s'échappa par une porte dérobée : mais le sang de tous les autres gardiens ou habitants du château fut impitoyablement répandu, comme un premier sacrifice expiatoire offert à la mémoire d'Olivier de Clisson.

La fureur extraordinaire de cette femme peut donner lieu à une supposition plausible. Jeanne de Belleville était l'amie personnelle de la comtesse de Montfort. Il est assez naturel de penser qu'elle-même avait préparé la défection d'Olivier et son changement de parti. On s'explique ainsi sa folle colère, quand elle apprit le châtiment d'un mari qu'elle aimait et dont elle-même avait causé la mort[2].

Après cet exploit et d'autres semblables, Jeanne de Belleville, poursuivie par les troupes françaises,

---

[1] *Chronique normande*, p. 61.
[2] Les grandes chroniques semblent confirmer cette supposition, quand elles disent que la femme d'Olivier de Clisson, « qui estoit appelée Jeanne de Belleville, tant comme coupable des devant dites traïsons fut renoncée en parlement : laquelle n'osa comparoir .. »

fut forcée de s'embarquer sur un navire avec ses deux jeunes fils. Mais elle avait vendu ses joyaux et avait fait armer en guerre le vaisseau qu'elle montait : elle continua sur mer ses terribles représailles[1]. S'attaquant aux bâtiments de guerre français moins forts que le sien et à tous les vaisseaux marchands, elle mettait à mort sans merci tous les Français tombés entre ses mains[2].

Un jour ce corsaire d'un nouveau genre fut attaqué par plusieurs vaisseaux du roi de France : Jeanne n'eut que le temps, pour éviter d'être prise, de se jeter dans une chaloupe avec ses deux fils et trois serviteurs fidèles. Pendant six jours, les infortunés errèrent sur les flots, dans la plus affreuse détresse. Ils n'avaient pas de vivres : la mère vit un de ses enfants mourir de faim entre ses bras. C'était le plus jeune : sa faiblesse ne lui avait pas permis de résister plus longtemps à de telles épreuves[3].

Les impressions de cet affreux drame durent se graver dans l'âme d'Olivier, qui avait alors de sept à huit ans : elles ne contribuèrent pas peu à tremper et à durcir sa nature ardente, déjà exaltée par le meurtre de son père et les exemples de cruauté donnés par sa mère.

Enfin l'embarcation put aborder près de Morlaix, ville qui était occupée par les partisans de Montfort. De là Jeanne de Belleville se rendit à Hennebont, auprès de la comtesse, sa suzeraine.

---

[1] *Fontenelle de Vaudoré*, L. I, p. 26.
[2] *Chronique normande*, p. 61.
[3] P. Levot, *Biog. bret.* II. I, p. 361.

La conformité de situation et de caractère devait resserrer encore les liens, qui unissaient ces deux femmes, et donner plus de force à leur amitié qui ne se démentit jamais.

Tous les biens d'Olivier de Clisson avaient été confisqués et saisis. En apprenant les exploits et les cruautés de Jeanne de Belleville, le roi de France fit également prononcer contre elle la peine de bannissement, avec confiscation de sa fortune. Or, suivant la coutume de cette époque, le roi distribuait à des serviteurs, qu'il voulait récompenser, les biens provenant des confiscations légales. C'était un moyen journellement employé pour payer les services rendus, comme aussi pour alimenter le trésor royal souvent épuisé.

Tous les domaines, qui auraient dû former l'héritage du jeune Olivier, passèrent ainsi dans des mains étrangères. Pierre du Lac en eut d'abord l'administration sous le nom de *Sénéschal et Juge*: mais presque tous les châteaux et toutes les terres ne tardèrent pas à être assignés à divers possesseurs[1].

---

[1] Dès le 22 août 1343, le roi Philippe donnait à son chambellan, Thibaud, le manoir « de Tuyt séant à l'un des bouts de la forest de Cinquelais (Normandie), les minières de fer de Biaumont, qui peuvent valoir cent livres tou nois... » (*Archives nationales*, JJ. 75, p. 141, f. 72).

La baronnie de Tuyt devait passer plus tard en la possession de Pierre de Tournebu (*Léop. Delisle*, documents inédits, 930).

Pendant le même mois d'août, l'évêque de Léon obtenait les 25 livres de rente annuelle en terre, que « possédait feu Olivier de Clisson » dans la paroisse de Guémené. (*Arch. nationales*, JJ. 75, p. 90).

Pierre des Champs eut la Garnache ; les terres et *appartenances* de Goulaine et de Lépine furent données au sire de Dorval. *Arch. nationales*, JJ. 75, 388, et JJ. p. 185, f. 70, et JJ. 75, n° 135.

D'après le rapport fait au roi par Boutaric sur la situation financière du royaume, les revenus des biens confisqués à Clisson et à sa femme s'élevaient à 20.000 livres tournois. Des rentes montant à 5955 livres furent immédiatement distribuées[1] : parmi les destinataires, se trouvèrent l'évêque de Léon et le sire de Derval. Le roi d'Angleterre, qui usait aussi largement que le roi de France du droit de confiscation, fit saisir un peu plus tard les domaines du sire de Derval et en donna une part à Jeanne de Belleville.

Le jeune Olivier de Clisson et le fils de la comtesse de Montfort étaient à peu près du même âge : ils furent conduits ensemble à la cour d'Angleterre[2], où Edouard III les traita avec beaucoup d'égards et de générosité. Leur jeunesse fut ainsi

---

Louis de Mâchecoul, maître des requêtes de l'hôtel du roi, put jouir des seigneuries de Châteaumur et des Deffens, jusqu'à la valeur de 5oo livres tournois par an. Blein et une propriété située dans les faubourgs de Nantes devinrent la propriété de Louis de Poitiers, comte de Valentinois (*Font. de Vaudoré*, t. 1, l. 1, note 45 et *Bibl. de l'Ecole des Chartes*, t. XLVIII, année 1887, p. 388). Louis de Poitiers laissa plus tard cette seigneurie à son frère.

[1] Extraits du rapport Boutaric. — « Monseigneur Loys de Poitiers pour don a li foict suz la fortune du seigneur et de la dame de Clichon, III^m V l^c l. t par an.

« A Madame Durlay sus la dicte forfaiture, II^m l. t. par an

« Jehan Clarembaut sur la forfaiture du seigneur de Clichon, II^c l. t, par an

« Le seigneur Derval sur la dicte forfaiture, V. l. t. par an.

« L'evesque de Léon sur la dicte forfaiture, XXV l. t, par an

« Monseigneur Gilles d'Espaigny sur la terre du seigneur de Clichon en Normandie, c. l. t. par an.

« Monseigneur de Beu suz les dictes forfaictures en Normandie, VI^c XXV l. t. par an. (*Bibl. de l'Ecole des Chartes*, t. XLVIII, année 1887, p. 388-90).

[2] *Guillaume de Saint-André*, v. 340.

soustraite aux hasards des guerres qui ne cessaient de bouleverser la Bretagne.

Ces deux seigneurs étaient tout différents de tempéraments et de caractères. Le comte de Montfort, de complexion assez délicate, montrait en tout un esprit calme et réfléchi, mais ombrageux et opiniâtre. Au contraire, la nature ardente du jeune Clisson, sa vive intelligence, sa mâle beauté plaisait davantage à toute la cour[1].

Le comte de Montfort n'était pas sans éprouver souvent une secrète jalousie : il avait conscience de la comparaison qui s'imposait entre lui et Olivier. De là sans doute des froissements intimes, des humiliations dévorées en silence... Ce ne fut que plus tard que les circonstances firent éclater librement ce fond de haine et d'amertumes concentrées : mais n'est-ce pas jusqu'à leur jeunesse qu'il faut remonter pour trouver l'origine de ces haines implacables qui divisèrent Jean IV et Olivier de Clisson ? Les sentiments les plus vivaces sont d'ordinaire ceux qui, dès notre jeune âge, se sont comme formés et développés en même temps que nous-mêmes.

La situation d'Olivier était en réalité plus indépendante que celle de Montfort : ce dernier en effet devait tout au roi d'Angleterre, qui fixait et réglait le montant de sa pension et de chacune de ses dépenses. Sa mère, la comtesse de Montfort, la fameuse Jeanne la *Flamme*, vécut en Angleterre

---

[1] *Walsingham*, Ed. III. — *P. Levot*, t. 1, 361.

jusqu'à un âge assez avancé : mais on ne voit pas qu'elle se soit occupée de l'éducation de son fils. Après la trêve de Malestroit, elle s'était, avec Edouard III, embarquée pour l'Angleterre. Une horrible tempête soulevée, disent les auteurs du temps, *par les magiciens du roi de France*, retint en mer pendant plus d'un mois les vaisseaux anglais[1]. La comtesse de Montfort fut enfin jetée à la côte dans le comté de Devon[2]. Il est probable que les émotions qu'elle éprouva dans ces longs jours de péril, s'ajoutant aux fatigues et aux agitations excessives des dernières campagnes, ébranlèrent pour toujours ses facultés intellectuelles[3]. Toujours est-il que le jeune Jean IV, considéré comme un orphelin à la cour de Londres, fut élevé par des mains étrangères.

Olivier de Clisson éprouva, lui aussi, les largesses du roi d'Angleterre ; mais son état de sujétion lui fut moins sensible. Son oncle Amaury occupait une haute situation à la cour; de plus il semble que sa mère, Jeanne de Belleville, fut toujours en grande faveur auprès d'Edouard III, qui lui prodiguait ses bienfaits. Quand elle se remaria à Gautier de Bentley, le roi d'Angleterre voulut accroître la fortune des nouveaux époux.

---

[1] Depuis la fin de janvier jusqu'au 2 mars (*Rymer*, II, p. 11, 1220).

[2] *Adam de Murimuth*, p 135.

[3] Nous la voyons en effet traitée comme une prisonnière : on la conduit de château en château et on lui enlève l'éducation de ses enfants, Jean et Jeanne, qui sont confiés au clerc, Guillaume de Wakefeld. (*Issue rolls*, 17. Ed. III. *Easter m.* 32) Ce Guillaume s'acquitte de sa charge jusqu'en 1346. A cette époque Edouard confie à la reine, sa femme, les enfants de Montfort et lui donne pour cela une rente annuelle de 200 l. et « pro sustentatione liberorum ducis Britanniæ in custodia ipsius reginæ morantium (*Issue rolls*. 21, Ed. III).

Jeanne avait déjà reçu des mains du comte de Montfort la terre de Pontcallec et la seigneurie de Quistinic, en Bretagne[1] : Edouard donna aux deux conjoints les terres et châteaux de Beauvoir-sur-Mer, d'Ampant, de la Barre, de la Baye, de Châteauneuf, de Noirmoutiers, de l'île Chauvet, bien plus il ajouta la moitié de l'île de Boyn et les forts de Villemaine[2].

Gautier de Bentley avait de grandes qualités militaires : aussi le roi d'Angleterre croyait-il avoir fait acte de bonne et sage politique en lui confiant des domaines situés sur les frontières du Poitou et de Bretagne, pays si souvent troublés par la guerre. Il est néanmoins probable que ce fut cette donation qui détermina l'aventurier Cahours à passer au service du roi de France. Ce redoutable chef de partisans tirait de grands profits des salines de Bouin et de Beauvoir : il régnait même un peu en maître sur tout le pays de Rais. Les dons faits par Edouard à Gautier de Bentley portèrent ombrage à Cahours : et l'année suivante il attaquait et tuait aux environs d'Auray le capitaine anglais Thomas Ageworte, le vainqueur de la Roche-Derrien[3].

---

[1] Dom Morice. *Pr.* t. I, coll. 1452.

[2] Dom Lobineau. *Pr.* col. 491.

[3] Siméon Luce (*Hist. de B. du Guesclin*, p. 97) s'appuyant sur l'expression *nuper* employée dans un acte de confirmation daté de 1359, dit que les donations ci-dessus mentionnées furent faites beaucoup plus tard. Les preuves qu'il invoque ne paraissent pas suffisantes pour infirmer le témoignage des Bénédictins (*Dom Lobineau*, II, 342). En effet le scribe qui rédigea l'acte de 1359, pouvait aussi bien employer l'adverbe *nuper* que l'adverbe *olim* pour un fait passé dix ans auparavant. D'ailleurs ce qu'il importe pour nous de constater, c'est moins la date exacte des donations que les donations elles-mêmes.

Gautier de Bentley succéda à Thomas Ageworte comme lieutenant du roi d'Angleterre en Bretagne[1]. Mais il fut rappelé et emprisonné à Londres en 1354[2]. — Il rentra vite en faveur, grâce sans doute à l'influence de sa femme, à qui Edouard donna cette année même les paroisses de Buhry et de Questergus, en lui confirmant l'entière possession de Pontcallec[3]. L'année suivante Jeanne reçut encore tout ce que le sire de Derval avait possédé en Kemenetboé, Brorot et Lizquel[4]. Quelques années auparavant, elle avait encore recouvré, par l'entremise d'Edouard, tous les droits de ses ancêtres sur les *briefs et coutumes* de Bordeaux[5] : c'était le privilège de délivrer des passe-ports à tous les vaisseaux qui sortaient de la Gironde. Ces droits devaient être une source de revenus considérables.

L'immense fortune, qu'Olivier de Clisson posséda plus tard, commençait ainsi à se former et à s'agrandir. Peut-être n'était-il pas lui-même étranger aux libéralités dont on comblait sa mère. En effet, le roi Edouard, songeant aux services que ce jeune homme pouvait rendre un jour à l'Angleterre, employait tous les moyens pour se l'attacher.

Vers la fin de l'année 1356, Edouard III vint en personne faire le siège de Rennes, que défendaient les partisans de Charles de Blois. Olivier de Clis-

---

[1] *Record office. French roll.* 26, éd. III.
[2] *Issue rolls* 28, éd. III. *Easter m.* 8.
[3] Dom Lobineau, *Pr.*, col. 491.
[4] *Ibidem.*
[5] *Ibidem.*

son, qui avait alors une vingtaine d'années, accompagna peut-être le monarque anglais dans cette campagne : ce qui pourrait le faire supposer, c'est un acte du 5 janvier 1357, par lequel Edouard étant au siège de Rennes donna la baronnie de la Roche-Moisan à Gautier de Bentley, mari de Jeanne de Belleville, à sa « tres cher et tres amé cousine, la dame de Belleville et de Clizon, » et à son « tres cher et amé cousin monsieur Olivier de Clizon et aux hoirs qui ysseront de lui[1]. »

Ce fut contre l'armée anglaise, qui bloquait Rennes, que Bertrand du Guesclin, le futur compagnon d'armes d'Olivier de Clisson, commença à se révéler, non seulement comme un brave et rude soldat, mais aussi comme un capitaine habile et fécond en ruses de guerre[2]. « Et y étoit adoncques un jeune bachelier qui s'appelait messire Bertran du Guesclin, qui depuis fut moult renommé au royaume de France et au royaume d'Espagne, pour ses grands prouesses, si comme vous orrez (entendrez) avant en l'histoire[3]. »

Nous avons vu qu'Olivier de Clisson était âgé d'environ vingt ans : du Guesclin avait déjà une trentaine d'années. Jusqu'alors ce dernier n'avait été qu'un chef de partisans courant les forêts et les grands chemins avec quelques compagnons de bonne volonté : il guettait les *bons coups à faire*,

---

[1] Le monarque anglais joignait à ce don tous les héritages des partisans de Charles de Blois confisqués dans ladite baronnie et en particulier tout ce que Guillaume de Baden possédait dans l'île de *Groaye*. (*Bibl. de la ville de Nantes*, 1703, franç. 1547. — *Bibl. nationale*, mss. 789, n° 37).

[2] *Chronique de Bertrand du Guesclin*, ch. IX.

[3] *Froissart*, l. I, p. 11, ch. LVII.

tombant sur les Anglais, sans trop compter leur nombre, surtout sur les pillards chargés de dépouilles, et, le glaive au poing, il leur faisait rendre gorge. Quelquefois battu, le plus souvent vainqueur, mais toujours prêt à recommencer, il jouait sa vie dans mille aventures où il n'avait guère à compter que sur sa force prodigieuse et son audace encore plus extraordinaire.

Au demeurant, du Guesclin était gai compagnon, bon camarade avec ses soldats, partageant avec eux tout le butin. Tous faisaient ripaille en commun, après quelques bonnes farces jouées aux Anglais[1]. — Bertrand garda toute sa vie cette liberté d'allure, ces goûts un peu plébéiens contractés dès son enfance et entretenus par sa vie aventureuse. Les Anglais l'appelaient le boule-dogue ou le gros marmiton : mais il s'inquiétait peu de ce qu'on pouvait penser de ses manières ou de son éducation : il rendait raillerie pour raillerie et traitait d'*ordeux gars*[2] les ministres de Charles V.

Toute autre furent la jeunesse et l'éducation d'Olivier de Clisson. Au physique comme au moral, les deux futurs amis ne se ressemblaient guère. Du Guesclin était trapu, gros et court : Clisson était plutôt maigre, osseux et élancé, comme on peut le constater par ses portraits[3]. D'ailleurs, ainsi que Bertrand, il était doué d'une force extraordinaire, qualité presque nécessaire, à cette époque, dans un homme qui embrassait la carrière des armes.

Du Guesclin, quoique noble, appartenait au

[1] Voir l'*Histoire de Bertrand du Guesclin*, par Siméon Luce, ch. IV.
[2] *Chron. des 4 Valois*, p. 279
[3] *Bibl. nationale*, ms. 789. n 69, et *dom Lob.* II, 364.

peuple par ses goûts et ses habitudes ; Clisson, au contraire, élevé à la cour de Londres et dans les châteaux de son oncle Amaury, ou de son beau-père, Gautier de Bentley, était déjà le grand seigneur fier et dédaigneux, ayant un peu de la raideur et de la morgue britanniques. Riche et honoré pendant sa jeunesse, il n'éprouva jamais les gênes de la pauvreté et n'eut guère l'occasion de se mêler aux humbles et aux petites gens. Son langage même, quoiqu'empreint d'une rudesse hautaine[1], devait être celui d'un homme de couet d'un personnage de haut rang. Rien dans leur passé, ni dans leur caractère, ne faisait alors présager cette amitié inaltérable, qui devait unir Clisson et du Guesclin.

Au contraire, on pouvait prévoir que dans la suite Clisson et le comte de Montfort ne conserveraient pas entre eux leurs bonnes relations. La cour d'Edouard était alors la plus fastueuse de l'Europe : Olivier y avait tenu une aussi grande place que le comte de Montfort, alors sans duché et perdu dans la foule des jeunes seigneurs. Clisson, par son extérieur et ses qualités brillantes, était plus remarqué que ce prétendant bilieux et taciturne. Plus tard, lorsque grâce aux Anglais, Jean IV eut ceint la couronne ducale, Clisson devait être disposé à voir en lui, moins un suzerain qu'un ancien compagnon d'enfance, presque un égal. Or, Jean IV était un homme ombrageux et

---

[1] Dans un complot, où l'on désignait par des surnoms les grands officiers de Charles V, Clisson était appelé *bubulcus* (le bouvier), uniquement sans doute à cause des duretés de son langage (*Hist. de Charles le Mauvais*, t. II, p. 388, et *Chroniques de Pierre Cochon*, p. 153).

très jaloux de son autorité; Olivier de son côté avait une très haute idée de lui-même, de sa noblesse et de sa valeur personnelle. Une rupture entre ces deux hommes était donc à craindre.

Le respect, la fidélité aux devoirs féodaux, qui seuls pouvaient assurer la soumission d'Olivier à son suzerain, étaient déjà des liens affaiblis. En Bretagne, de même que l'autorité des rois de France n'était guère que nominale, l'autorité des ducs bretons sur leurs grands vassaux était également très amoindrie, surtout depuis les grandes querelles de Blois et de Montfort. Les puissants barons féodaux de cette province profitaient de la rivalité des prétendants au duché pour se faire valoir, eux et leurs services : ils pouvaient passer, et en fait ils passèrent assez fréquemment, d'un parti à l'autre, au gré de leurs intérêts ou de leurs caprices. Les Laval, les Clisson, les Malestroit, les Léon, les Rohan avaient déjà servi, ou devaient servir, successivement les deux causes opposées. Toutes ces compétitions et tous ces changements portaient une grave atteinte aux institutions féodales, qui ne reposaient que sur le serment et sur la fidélité du vassal à son suzerain. Les grands seigneurs, se déliant avec tant de facilité de leurs obligations, ne pouvaient plus raisonnablement, compter sur l'absolu dévouement de leurs propres subordonnés. Olivier de Clisson, par ses dissensions et ses querelles avec Jean IV, allait encore hâter la fin de la féodalité, bien que ce ne fut là ni sa pensée, ni son désir.

CHAPITRE DEUXIÈME

1358-1365

CLISSON AU SERVICE DE L'ANGLETERRE

AURAY ET GUÉRANDE

CLISSON A BÉCHEREL. — BATAILLE D'AURAY : CAUSES DE LA DÉFAITE DES FRANÇAIS. — RÔLE JOUÉ PAR CLISSON DANS CETTE BATAILLE. — PREMIERS FROISSEMENTS ENTRE LUI ET LES ANGLAIS. — TRAITÉ DE GUÉRANDE. — PREMIÈRE ENTREVUE DE CLISSON ET DE CHARLES V.

Les premiers documents authentiques qui constatent l'arrivée de Clisson sur le continent, ne sont pas antérieurs à l'année 1359. Longtemps à l'avance, dès le 24 août 1358[1], Edouard III arrêta les vaisseaux qui devaient transporter en Bretagne son protégé et toute sa suite. Un autre décret royal[2] chargeait William Darmouth et deux autres officiers de pourvoir les vaisseaux de toutes sortes d'armes et d'approvisionnements. Dans les premiers mois de l'année 1359, Clisson débarqua en Bretagne. Le 11 juillet suivant[3], malgré sa jeu-

---

[1] Public record office *French roll*. 32. Ed. III.
[2] *Rymer's fœdera*. R. III, p. 1, 408.
[3] Public record office. *French roll.*, 33, Ed. III, p. 1.

nesse, il fut promu à un commandement important dans le Poitou: c'était un poste d'avant-garde, puisque ce pays était un des points les plus avancés des possessions anglaises à l'ouest de la France. Le jeune Olivier revenait ainsi dans son pays d'origine, à quelques lieues du château-fort bâti par ses ancêtres, mais encore occupé par les troupes françaises depuis les confiscations de Philippe VI.

Ce fut cette année même que la mort de Gautier de Bentley, suivie de près par celle de sa femme, mit Olivier de Clisson en possession effective d'immenses domaines. Par un acte daté du 30 décembre 1359, le roi d'Angleterre ordonne à son lieutenant Robert de Herle de mettre Clisson en jouissance de tous les biens possédés par Gautier de Bentley et Jeanne de Belleville, « qui venaient de suivre la voie que suit toute chair mortelle[1]. » Mais il était stipulé, dans les titres de possession, que le jeune héritier devait, avant la saint Michel, faire hommage de ses biens, non au duc de Bretagne, mais au roi d'Angleterre, comme à son suzerain[2].

Un autre mandement enjoignait au sénéchal de Gascogne et au connétable de Bordeaux de mettre Olivier, seigneur de Clisson, en possession des « guez et coutumes », qui appartenaient à Jeanne de Belleville sur les vaisseaux bordelais[3].

Enfin le roi d'Angleterre voulut encore ajouter

---

[1] ... Universæ carnis viam ingressi. *Rymer's fœdera.* R III, p. 1, 465
[2] ... Hommagium quod *nobismetipsis* fieri volumus. (*Ibidem*).
[3] ... Brevia et custumam navium apud Burdigalam... (*Gascon roll.*, 33, Ed. III, W(stminster)*.

à ces biens ou revenus des générosités particulières. « Confiant dans la fidélité, loyauté et sagesse de *son* amé et fidèle, Olivier de Clisson », il lui donna la garde du château et du pays de Pymmere ou Kymmerch, avec les rentes, revenus et émoluments de cette seigneurie, moyennant un prélèvement de 1000 écus d'or[1], que le roi anglais retenait à son profit[2].

Si nous nous sommes un peu étendu sur ces détails, c'est pour bien montrer que le roi d'Angleterre traitait la Bretagne en pays conquis et qu'il prétendait l'administrer comme tel. S'il en eût été autrement, les revenus des terres bretonnes auraient été mis à la disposition du jeune duc Jean IV, majeur en droit depuis plusieurs années. Or, ni dans les *hommages*, ni dans l'administration des biens, il n'est encore question de ce dernier.

Clisson devait déjà jouir, en biens immeubles, d'une fortune au moins égale à celle dont l'avait privé la condamnation de son père : il héritait en outre des trésors amassés par son beau-père, Gautier de Bentley, trésors si considérables qu'à un moment Edouard III avait fait incarcérer cet Anglais rapace pour ses trop grandes « pilleries et voleries.[3] »

---

[1] Ce droit de confisquer et d'administrer les biens saisis, dont les rois de France et d'Angleterre usaient si largement, contribua beaucoup à fortifier l'autorité royale au dépens des seigneurs féodaux. Les rois, en effet, quand ils disposaient de ces biens en faveur de leurs amis, se réservaient d'ordinaire le droit de reprise ou certaines rentes annuelles que devaient verser les concessionnaires : ceux-ci ne devenaient donc que les fermiers du domaine royal

[2] *Rymer's fœdera* R. III, p 1, 466.

[3] M. Jean Lemoine. *Thèse manuscrite soutenue à l'École des Chartes*, p. 63.

L'année suivante, Olivier recouvra encore d'un seul coup tous ses biens patrimoniaux jadis confisqués par le roi de France. Le traité de Brétigny (25 mai 1360) stipulait en effet que tout lui serait rendu. Peu après, le duc de Normandie, dauphin de France, accorda à Olivier des lettres de rémission ou d'amnistie ; il lui donna même la terre de Thury, comme dédommagement des pertes passées et comme témoignage de réconciliation[1]. Lorsque toutes les formalités de la restitution eurent été réglées, le roi de France donna à Olivier de Clisson les titres authentiques du recouvrement de tous ses domaines paternels et maternels : les originaux scellés sont encore conservés à la bibliothèque de Nantes[2].

Il est bien difficile de nous faire maintenant une idée exacte de la fortune dont le jeune Olivier entra en possession dès cette époque : mais, si les biens confisqués à ses parents montaient à 20.000 livres de rente, on peut supposer que tous ses autres revenus s'élevaient au moins à la même somme. Or, en tenant compte de la différence de valeur intrinsèque et extrinsèque entre la livre, au temps de Charles V, et le franc, à l'heure actuelle, on peut supposer selon toute vraisemblance qu'Olivier de Clisson entrait dans la vie publique avec une fortune, qui de nos jours équivaudrait à

---

[1] *Archives nationales*, JJ 89, 710.
[2] *Bibl. de Nantes*, 1696 fr. 1540. — Le premier titre concerne les terres de Normandie ; il est accompagné de l'acte de fondation donné par Jean IV. Dans le second nous voyons que le roi restitue la Garnache, Beauvoir, les terres de Châteauceaux et tout ce que les confiscations avaient enlevé au père d'Olivier. (Voir à l'Appendice).

environ deux millions de revenus[1]. Toutes ces richesses lui appartenaient presque entièrement, car il n'avait qu'une sœur utérine et une sœur germaine[2] : et, d'après l'*assise du comte Geffroy*[3], il n'était tenu que de pourvoir à leur *établissement*.

Un magnifique mariage assura bientôt à Olivier de nouvelles richesses et d'étroites relations avec les plus grandes familles bretonnes. Le rival de Charles de Blois, l'ancien comte de Montfort, avait eu une sœur mariée au sire de Laval : ce fut une jeune fille issue de cette union que Clisson épousa. Il devenait ainsi le cousin-germain de Jean IV et de Jeanne de Penthièvre, femme de Charles de Blois. Ce dernier était le neveu propre du roi de France : Clisson, favori du roi d'Angleterre, allait donc encore, par son mariage, entrer en relations de parenté avec la maison royale de France et avec les deux puissantes familles qui se disputaient le duché de Bretagne.

Ce fut vers le mois de février 1362 qu'Olivier contracta ce premier mariage, et non pas en 1365 ou 1366, comme l'ont affirmé Fontenelle de Vaudoré[4] et plusieurs autres historiens. Monsieur de la Borderie, membre de l'Institut, possède le texte original de l'accord conclu pour ce mariage entre

---

[1] Voir la pièce justificative imprimée aux *Pr. de l'Histoire de Jean de Vienne* (*Terrier de Loray*), XCVII n° 100.
[2] V. *Fontenelle de Vaudoré* (pièce justific. n° 111) et *Jeanne de Belleville*, par E. Péhant (15, p. 13).
[3] Voir *Dom Lob.* H. 169 : et *La très ancienne coutume de Bretagne*, 210. Ed. Planiol. *Annales de Bretagne*, t. XII, n° 1.
[4] *Fontenelle de Vaudoré*, t. 1, l. 1, p. 68.

Guy de Laval et sa sœur Béatrix, en l'an 1362[1].

Toute la haute noblesse bretonne dut se rencontrer aux fêtes données à l'occasion du mariage d'Olivier de Clisson : cette union de deux grandes familles de parti opposé semblait d'un bon augure pour l'apaisement des sanglantes discordes qui bouleversaient depuis si longtemps la Bretagne. Clisson y fit sans doute connaissance avec un grand nombre de seigneurs qui, comme le sire de Laval, suivaient le parti de Charles de Blois : nous nous expliquons ainsi facilement pourquoi, trois ans plus tard, il était l'ami de Beaumanoir, le vainqueur des *Trente*. Cette guerre interminable de Blois et de Montfort avait si profondément divisé et comme embrouillé tous les sentiments et toutes les familles qu'il était difficile que le défenseur d'une cause n'eût pas dans le parti contraire quelque parent ou quelque ami.

Le traité de Brétigny et l'accord conclu plus tard à Châteauneuf-la-Nouée en Bretagne[2] étaient assez mal observés par les partisans de Charles de Blois et du comte de Montfort. On revenait insen-

[1] Voir à l'appendice le texte de ce contrat, communiqué par Monsieur de la Borderie.

[2] La dot de l'épousée comprenait « la chastelenie de Villenomble à (avec) toutes ses appartenances », ainsi que deux mille livres de rente à prélever « sur les foyres de Champeigne par la main du Recepvour du Rey nostre Sire... » Cette dot paraît bien peu considérable ou égard à l'immense fortune de Clisson : mais il faut se rappeler qu'à cette époque, en Bretagne, les filles n'étaient pas, à proprement parler, héritières dans les familles nobles : presque tous les biens des parents revenaient à l'aîné des garçons.

[3] Siméon Luce, dans son *Histoire de du Guesclin*, ne semble pas croire que la trêve de Châteauneuf-la-Nouée ait été réellement conclue. (*B. du Guesclin*, Luce, p. 378).

siblement à l'état de guerre. Enfin Charles de Blois et les Français entrèrent ouvertement en campagne. Du Guesclin avec une assez forte armée s'empara de Carhaix, de la Roche-aux-Anes et mit le siège devant Bécherel. Le comte de Montfort était à Vannes : il réunit ses troupes pour marcher contre les Français.

Olivier de Clisson, alors âgé de 27 ans, quitta sa jeune femme et accourut sous les étendards de son ami d'enfance. Il marchait de pair avec les plus grands seigneurs, ayant droit à ce rang par sa noblesse, sa fortune, ses alliances et ses relations d'amitié avec le comte de Montfort et le roi d'Angleterre. Aussi les historiens le citent-ils déjà parmi les chefs, avec les Tanneguy du Châtel, les Robert Knolle et les Jean Chandos[1]. — Les deux armées se trouvèrent en présence devant Bécherel : mais le terrain ne se prêtant pas à une belle bataille, on décida que la rencontre aurait lieu sur les landes d'Evran ; les chevaliers des deux armées pourraient plus aisément y faire « prouesses et appertises d'armes ».

Nous pouvons croire que le comte de Montfort et Olivier de Clisson, encore jeunes, étaient sensibles à des raisons aussi chevaleresques : mais des chefs anglais aussi habiles que Chandos, Knolle et Caverlé avaient sans doute un autre motif pour ne pas attaquer du Guesclin à Bécherel. Selon toute vraisemblance, la position ne leur était pas suffisamment favorable. Quand des Anglais peuvent livrer bataille dans des conditions sérieuses de

---

[1] *Jean de Saint-Paul*, ch. II, p. 13. — *Chronique normande*, p. 161.

succès, ils ne manquent guère l'occasion. — Une chose est certaine: à Bécherel, c'était aux Anglais d'attaquer, puisqu'ils arrivaient dans ce dessein, néanmoins ils ne le firent pas. Plus tard, devant Auray, les situations étaient les mêmes, quoique renversées. Les Anglais assiégeaient la place quand les Français se présentèrent : mais cette fois la position était favorable aux Anglais bien établis sur des hauteurs. Les Français attaquèrent quand même et furent battus. Il y a donc tout lieu de penser qu'il fut d'autant plus facile de déterminer les Anglais à différer la lutte devant Bécherel, qu'ils ne sentaient pas pour eux le champ du combat bien choisi.

Sur les landes d'Evran, les deux armées se rangèrent en bataille.

> Là fut Jehan com' un lyon
> Frisque et fier, lui et Clisson ;
> Tantost et ses gens arrangez,
> Et en poay (peu) d'heure bien ordonnez[1]...

Les chances de succès étaient alors égales pour les deux armées : mais, comme on se disposait à en venir aux mains, les évêques bretons s'interposèrent et décidèrent les prétendants à accepter un projet de partage de la Bretagne. Charles de Blois aurait toute la Bretagne du nord avec Rennes pour capitale : au contraire la ville de Nantes et la Bretagne du sud appartiendraient au comte de Montfort.

Afin de dresser l'acte authentique de cet accord,

---

[1] *Guillaume de Saint-André*, V, 870 et suivants

on résolut de se rendre à mi-voie, entre Ploërmel et Josselin. Malgré ses promesses, Charles de Blois manqua au rendez-vous.

Néanmoins la Bretagne était si lasse de cette longue querelle, que Charles de Blois fut enfin déterminé par les sollicitations de tous à se rendre à Poitiers, pour s'entendre avec son concurrent, devant le prince de Galles. Les deux rivaux envoyèrent d'abord à Poitiers chacun quatre délégués, qui s'abouchèrent le 26 novembre 1363. Le sire de Clisson, Robert Knolle, Gautier Huet et Simon Burlé représentèrent le comte de Montfort : le sire de Beaumanoir était parmi les envoyés de Charles de Blois[1]. L'entrevue des deux prétendants fut fixée au 24 février 1364. Elle eut lieu à cette date, mais sans résultats[2]. La force seule devait décider de quel côté était le droit.

Les otages donnés à Evran furent rendus de part et d'autre. Les Anglais voulurent retenir du Guesclin : mais celui-ci s'échappa, courut vers la Normandie, où l'appelait le roi de France, et remporta la belle victoire de Cocherel.

Pendant ce temps, le comte de Montfort, avec une armée en grande partie composée d'Anglais et même d'Allemands, avait pris l'offensive en Bretagne. Partant de Vannes, il avait enlevé successivement Sucinio et la Roche-Périou, pour revenir mettre le siège devant Auray[3] Dans cette campagne, il n'était accompagné par aucun grand seigneur

[1] *Archives départ. de la Loire-Inférieure*, S. E., c. 119, 46.
[2] *Archives de Saint-Brieuc*, S. E , 1re liasse.
[3] *Jean de Saint-Paul*, ch. II, p. 15.

de son duché, si ce n'est par Olivier de Clisson : ce dernier excepté, tous les généraux de Montfort étaient étrangers, et presque tous Anglais. Devant Auray, il reçut un courrier de la part du roi de France, qui lui mandait de cesser les hostilités et de venir à Paris : là se régleraient enfin toutes les questions pendantes au sujet de la succession de Bretagne. Le comte accepta de se rendre à la cour de France, pourvu que la place d'Auray fût remise, jusqu'à l'accord projeté, aux mains des sires de Clisson et de Beaumanoir : il avait pleine confiance dans la sagesse et la loyauté de ces deux hommes, qui s'estimaient mutuellement, quoique adversaires politiques[1].

La victoire de Cocherel avait rétabli les affaires des Français en Normandie : Charles V, qui n'avait voulu que gagner du temps, répondit aux conditions proposées par Montfort en donnant l'ordre à du Guesclin de se diriger en toute hâte vers la Bretagne. Il s'imaginait que le vainqueur de Cocherel trancherait d'un coup d'épée l'interminable différend, dont souffraient les Bretons. Il se méprenait à ce moment sur la valeur réelle des troupes françaises, et oubliait qu'on n'avait pas encore vaincu les véritables armées anglaises et les meilleurs généraux d'Edouard III.

Du Guesclin, Charles de Blois et les nombreux contingents de l'armée française, grossis par les troupes des grands seigneurs bretons, se dirigèrent en toute hâte vers Auray. Bien que le comte de Montfort eût fait venir Chandos, Knolle, Caverlé

---

[1] *Dom Lobineau*, II, l. XII, p. 369. — *Guillaume de Saint-André*, V, 1064 et suivants.

et toutes les troupes que pouvait débarquer la flotte anglaise, il n'avait guère que trois mille hommes à opposer aux quatre ou cinq mille soldats de du Guesclin. Il avait encore à craindre d'être écrasé entre les murailles d'Auray et l'armée ennemie. Aussi Chandos ramena-t-il les troupes assiégeantes à deux ou trois kilomètres au nord de la ville, dans une position qui était très forte, surtout du côté du levant, par où devait arriver l'armée française. Au bas de pentes abruptes, qu'occupaient les Anglais, s'étendait une plaine marécageuse sillonnée par un cours d'eau. Des collines boisées s'élevaient de l'autre côté de cette plaine. Elles furent occupées par l'armée française le samedi soir, 28 septembre 1364.

Le lendemain soir, d'après une convention, la ville d'Auray devait se rendre, si elle n'était secourue. Selon toute apparence, la bataille serait donc livrée le dimanche, 29 septembre. Les Français étaient ainsi arrivés trop tard pour explorer le terrain du combat et prendre à loisir leurs dispositions d'attaque ou de défense. Or, en examinant les positions occupées par les deux adversaires, on se convainc facilement que tous les avantages étaient à la défensive et que l'agresseur serait sans doute écrasé. En effet l'armée assaillante avait d'abord à traverser une grande plaine découverte, avant d'escalader les pentes défendues par les ennemis. Cette marche fatiguerait des troupes à pied et déjà pesamment armées pour la lutte immédiate[1]. De plus, elle rendrait impossible toute

[1] Les hommes d'armes voyageaient à cheval et se battaient presque toujours à pied. Voir : *Institutions militaires*, Boutaric, l. IV, ch. V, p. 298.

opération de surprise et découvrirait aux ennemis le nombre et la disposition des moindres groupes d'hommes d'armes : enfin, par ce mouvement, les soldats se trouveraient isolés de leur camp et ainsi privés d'un lieu de refuge et de ralliement, en cas d'insuccès aux premières attaques[1].

Le comte de Montfort, sachant que les Français étaient fatigués après une longue route, voulut les attaquer sur-le-champ. Clisson l'en dissuada — « Charles et les siens, lui dit-il, sont venus ici pour combattre : dès demain ils nous attaqueront. Or il est préférable pour nous, qui sommes peu nombreux, de garder l'avantage du terrain et de la défensive. Nous perdrions trop de monde en risquant une attaque contre le camp, où les Français sont à couvert. »

Un chroniqueur contemporain[2] continue en ces termes : « Là fut Robert Kanolle[3], qui au comte

[1] Au campement, restaient les nombreux valets, qui accompagnaient une armée souvent pleine de grands seigneurs : on y laissait aussi les chevaux des seigneurs et des hommes d'armes, ainsi que les autres bêtes de somme, les chariots et tout le matériel des bagages et des provisions.

La proximité de son camp dans une bataille, qui était alors une longue lutte corps à corps, donnait à une armée de grands avantages. Les blessés, les soldats exténués de fatigues ou de soif, les fuyards affolés par une panique soudaine, mais qu'un nouvel entraînement ramenait en lutte, tous pouvaient se rendre au campement et y trouver du secours et un nouveau courage, quand un général habile avait su tout prévoir et organiser. Aussi, dans les grandes batailles du moyen-âge, les Anglais ne s'éloignèrent de leur camp qu'après la déroute complète de leurs ennemis. A Cocherel, l'armée du Captal de Buch quitta, il est vrai, ses positions et fut battue : mais cette armée n'était guère composée que de Normands et de Gascons.

[2] *Chronique en prose du sire Bertrand du Guesclin*, ch. 38.

[3] Un auteur très sérieux prétend que ce Robert Knolle était parmi les soldats de du Guesclin à la bataille de Cocherel. (Secousse, *Mém. sur Charles le Mauvais*, t. 1, 2ᵉ p. 109. Il est probable que cet historien,

dit — Sire, loyaument vous conseille le sire de Clisson. Néanmoins, si les Français, qui sont fatigués, étaient hors du parc[1], je conseillerais de les assaillir, car ils sont bien deux contre nous. — A ce répondit Clisson et dit : selon mon escient, il serait pour nous villenie, si nous les prenions fatigués, car moins nous en aurions d'onneur... Et quant au grand nombre d'eux, qui sont plus que nous, de ce je n'en donne riens ; ainçois vouldroye (mais je voudrais) que encores fussent autant ; car en trop grant assemblée de gens en bataille il y a souventes fois desroy (désordre). Et mieux vauldrait à un prince, qui en bataille voudroit assembler, avoir quinze cents hommes de cognoissance, qui feissent sa volonté ; et plus aisément se tiendroient en ordonnance que ne feroient trois mille. Mais pour mes paroles ne soit fait ne plus, ne moins : car tout ce que à la chevalerie plaira faire, je suis prêt à moy employer et à les ensuivre. »

Ce discours rapporté, autant que possible, dans sa vieille forme, contient moins de rhétorique que ceux de Tite-Live, mais on y trouve en retour une plus exacte connaissance des choses de la guerre : de plus, on y respire un parfum de modestie et d'honneur chevaleresque que les Romains ne connaissaient pas.

---

trompé par une ressemblance de noms, a confondu deux hommes différents. Comment croire en effet que les Anglais aient donné un commandement très important à un transfuge de la veille ?

[1] « Charles de Blois était logé dans un parc bien garni d'arbres où il y avait une belle maison. Entre lui et les Anglais, il n'y avait qu'un pré et un ruisseau où la mer entrait deux fois le jour. » (*Dom. Lob.* H, XI, 371). Ce pré était un marais large de mille mètres.

Le conseil de Clisson « était si judicieux que le comte ne balança point à s'y rendre[1]. »

D'ailleurs on peut croire que Chandos et les généraux anglais avaient toujours été de l'avis de Clisson, mais que, par déférence pour sa haute noblesse, ils l'avaient laissé exprimer leur propre manière de voir.

Pendant que leurs chefs délibéraient ainsi, les Anglais s'étaient rangés en bataille : les Français, s'attendant à une lutte immédiate, en avaient fait autant. Mais Charles de Blois comprit bientôt à l'immobilité de ses ennemis que la partie serait remise au lendemain.

Le sire de Beaumanoir, le vainqueur de Mi-Voie, « un grand baron et riche de Bretagne, » s'en fut d'un camp à l'autre « traitant et pourparlant de la paix[2]. »

Le comte de Montfort, nerveux et inquiet, aurait volontiers consenti à un arrangement : mais les soldats anglais ne l'entendaient pas ainsi. Ils prièrent Chandos d'agir auprès de Montfort pour le forcer à la bataille. — Ils étaient pauvres, disaient-ils, et voulaient tout perdre ou tout gagner[3].

[1] *Anciens mémoires du XIV* siècle*. Coll. *Michaud et Poujoulat*, ch XII.

[2] *Froissart*, l. 1, p. 11. ch. 186.

[3] Leurs campagnes en France étaient pour beaucoup d'Anglais une spéculation. Soldats de fortune presque tous, c'est-à-dire soldats sans fortune, ils venaient moins sur le continent afin d'acquérir de la gloire, que pour courir les chances de se trouver dans quelque bonne affaire ; ils en profitaient pour rentrer chez eux avec une bourse bien garnie ou avec quelque prisonnier de haute marque, à qui ils vendaient sa liberté au prix d'une somme énorme. Ils rêvaient surtout d'une grande victoire où, comme à Crécy et à Poitiers, chacun d'eux aurait plusieurs captifs à rançonner. C'est pourquoi ils oubliaient facilement la gloriole

Avant la bataille d'Auray, comme avant tant d'autres, la confiance était absolue du côté des Français[3].

Vers le soir du samedi, Henri de Hauternelle leur amena 40 lances de la garnison d'Auray. Chandos les avait laissés passer librement, ne voulant pas sans doute les avoir derrière lui pendant la lutte. — « Henri, Henri, s'écria Charles de Blois, en voyant arriver son capitaine, demain au jour vous serez délivré de tous points... Par la grâce de Dieu, j'ai en ma compagnie jusques à vingt cinq cents hommes d'armes d'aussi bonne étoffe qu'il en est au royaume de France. » — « Ainsi, dit Froissart, se ébattait de paroles le dit messire Charles[4]. »

Le lendemain matin, Jean de Beaumanoir voulut encore reprendre les négociations, qui avaient échoué la veille. Il eut même une altercation avec du Guesclin qui voulait se battre, traitait les

personnelle pour ne songer qu'à cette victoire commune, dont ils attendaient tout. Cette pensée leur donnait une cohésion plus grande, de même qu'un sang-froid et une discipline, qui manqua presque toujours à leurs adversaires.

Le chevalier français dans le combat ne songeait guère à ses compagnons d'armes : l'important à ses yeux était moins de vaincre, de *gagner*, que de se distinguer personnellement par quelque action d'éclat, comme d'arriver le premier à l'ennemi. Il oubliait que la bataille n'est pas un tournoi, où l'on sacrifie tout à l'ostentation, et qu'une manœuvre habile, exécutée au bon moment, avec précision, assure mieux le succès définitif que mille démonstrations de parade. Il faut chercher là un des secrets de nos grands désastres au moyen-âge, une des principales causes de ces lugubres journées qu'on appelle Mansourah, Crécy, Poitiers, et plus tard Nicopolis et Azincourt. — En Angleterre, Edouard avait défendu les tournois et ordonné à tous ses sujets de s'exercer au tir de l'arc et au maniement des armes.

[3] *Jean de Saint-Paul*, ch. II, p. 17.
[4] *Froissart*, l. I, p. 11, ch. 186.

Anglais d'*ordeux gars* et ne parlait que d'*en nettoyer la place*[1]. Néanmoins le sire de Beaumanoir se rendit encore au camp ennemi : cette fois les Anglais en avaient assez de toutes ces démarches et ils le repoussèrent durement. Au lieu de perdre leur temps en discussions et en fanfaronnades, les chefs français, dès la pointe du jour, auraient dû se mettre en marche : un mouvement tournant de trois ou quatre mille mètres, exécuté rapidement sur leur flanc droit, les amenait dans une heure sur le plateau, où les Anglais avaient leur camp et où fut plus tard bâtie la Chartreuse. Les habiles dispositions de Chandos, que la profondeur de deux vallées protégeait à l'ouest et au nord-ouest, seraient ainsi devenues inutiles.

Mais les Français coupèrent au plus court. Ils descendirent de leurs positions, disposés en trois corps de bataille. Ils s'avançaient en lignes larges et profondes « aussi serrés[2] et aussi joints, dit encore Froissart, que on ne put mie jeter une pomme qu'elle ne cheist sur un bassinet (casque) ou sur une lance. Et portait chacun homme d'armes son glaive droict devant lui, retaillé à la mesure de cinq pieds, et une hache forte, dure et bien acérée, à petit manche, à son côté ou sur son col; et s'en venaient ainsi tout bellement à pas, chacun sire en son arroi et entre ses gens... »

Les Anglais admirèrent en connaisseurs l'ordre parfait de ces trois corps compacts, dont chacun formait une armée presque aussi nombreuse que

---

[1] *Chronique des 4 Valois*, éd Luce, p. 160.
[2] *Froissart*, l. I, p. 11, ch. 188.

la leur[1]. A leur tour ils s'organisèrent dans le plus grand calme.

Clisson était à l'aile droite anglaise, avec Mathieu de Gournay et un des plus rudes combattants de cette époque, le sire Eustache d'Aubrecicourt. Ces trois guerriers s'apprêtaient à résister aux comtes d'Auxerre et de Joigny, qui arrivaient lentement avec leur corps d'armée. A l'aile gauche des Anglais, Robert Knolle et Gautier Huet attendaient le choc de du Guesclin. Le comte de Montfort, au centre de son armée, allait avoir devant lui Charles de Blois, accompagné des sires de Rohan, de Léon, de Dinan et de Malestroit.

Voyant un certain désordre dans les rangs français au passage du ruisseau, les soldats de Montfort auraient voulu précipiter l'attaque, Chandos les retint. La tactique anglaise est plutôt d'attendre l'assaillant de pied ferme et de le vaincre, moins en avançant qu'en ne reculant pas.

Les Français marchaient toujours au bruit des clairons et des trompettes[2]. Quand ils furent à portée, les archers anglais tirèrent, mais leurs flèches furent sans effet[3] contre des hommes « trop bien armés et forts et pavoisés contre le trait. »

---

[1] *Alain Bouchart*, l. IV, f. 129

[2] *Chronique Cuvelier*, V, 5891.

[3] La flèche anglaise lancée par un arc simple n'était guère redoutable contre des hommes vêtus de fer. Mais les archers anglais débarrassés de leurs arcs formaient encore une excellente infanterie légère. Ils évoluaient entre les gros et lourds bataillons (les batailles, comme on les appelait alors) ; partout présents à la fois, harcelant l'ennemi, se réfugiant au besoin derrière leurs compagnons plus pesamment armés, revenant à la charge, pénétrant dans les vides laissés par les fausses manœuvres de leurs adversaires, d'ailleurs toujours disciplinés et tenaces comme de véritables Anglais, ils contribuaient pour une grande part à la victoire.

Ayant épuisé leurs projectiles, les archers se replièrent entre les corps de bataille de leur armée. Les Français montaient déjà les pentes difficiles et broussailleuses des collines opposées, quand ils se heurtèrent aux bataillons ennemis. Le premier choc fut terrible : les adversaires, massés étroitement et cherchant à se pénétrer, se serraient jusqu'à l'étouffement : tout homme qui tombait était écrasé. Les archers anglais tournaient autour de leurs adversaires, les harcelant et frappant avec la force et l'adresse d'hommes rompus aux armes. Pour les assommer, ils s'emparaient des haches pendues aux flancs ou aux cols des Français[1]. Les coups pleuvaient; le sol était déjà couvert de sang.

Malgré l'avantage du terrain[2], les Anglais ne pouvaient arrêter le flot montant des masses françaises. Leur centre commençait à faiblir. Montfort, qui s'y trouvait, songea même à la retraite. Il se réfugia vers sa droite, du côté où combattait Clisson[3]. Il fut ramené à la lutte par son ami d'enfance, « qui tenait une hache, dont il ouvrait et rompait ces presses, et nul ne l'osait approcher. »

De son côté Jean Chandos « grand et fort chevalier et bien formé de tous ses membres » était partout à la fois, se frayant une issue à grands « horions » de sa hache d'armes. Sans perdre de vue l'ensemble de la bataille, il appelait des

---

[1] *Froissart*, t. 1, p. 11, ch. 188.

[2] « Estoient les Anglais en l'avantage du champ. » *Chronique Normande*, p. 176.

[3] *Chronique en prose de B. du Guesclin* ch. 41. — *Jean de Saint-Paul*, ch. II, p. 20.

groupes de soldats au secours de ceux qui faiblissaient et dirigeait les efforts de tous. « Il criait, dit Froissart, faites ainsi et ainsi ; et vous, tirez de ce côté et de cette part[1]. »

Du Guesclin, au contraire, trop mêlé à l'action faisait aussi des prodiges de valeur personnelle, mais il ne comptait plus dans la lutte que comme un simple homme d'armes. Il reçut à un moment tant de coups d'estoc qu'il fut renversé. Or, quand un guerrier enfermé dans sa carapace de métal était à terre, il ne pouvait se relever seul[2]. La Houssaie, Charles de Dinan, Louis de Châlons, dit le *vert chevalier*, accoururent, dégagèrent du Guesclin et le remirent sur pied. Charles de Dinan porta même à Richard de Cantorbéry un coup si terrible qu'il lui fit jaillir la cervelle.

Clisson, après avoir remis en lutte les gens du comte de Montfort, revint charger la gauche des Français, où combattaient les comtes d'Auxerre et de Joigny.

> Olivier de Clisson par la bataille va,
> Et tenant un martel qu'à ses deux mains porta,
> Tout ainsi qu'un boucher abattit et versa (renversa).
> Ce qu'il ateint du coup jamais ne s'en leva[3].

Ce martel, dont parle la *Chronique en vers de du Guesclin*, était sans doute une sorte de hache d'armes, avec laquelle Clisson s'ouvrait une sanglante trouée.

---

[1] *Froissart*, l. I, p. 11, ch. 189.
[2] *Institutions militaires*, Boutaric, l. IV, p. 286.
[3] *Chronique en vers de Bertrand du Guesclin*, V, 6136-6139. (*Bibl. Nat.* n° 7224).

Les trois *batailles* françaises s'étaient déjà confondues et mêlées : car Olivier se trouva en face de Beaumanoir. Il le rencontra au moment où le héros breton, après avoir tué Thomas de Cantorbéry, neveu de Chandos, venait de renverser Gautier Huet. Clisson le fait lâcher prise et lui crie : « Beaumanoir, Beaumanoir, vous ne pouvez résister, rendez-vous tantost : car mieux vaut pour vous aider au duc que d'être à Charles et grever vos amis[1]. »

Ce fut sans doute à ce moment de la lutte que Geffroy de Kerrimel porta à Clisson un coup de hache qui l'atteignit au travers du visage, brisa la visière de son casque et lui creva un œil. Mais cette blessure n'arrêta pas le guerrier, qui se battit encore tout le jour avec un acharnement inouï[2].

L'aile gauche française, celle que combattait Clisson, commençait à lâcher pied. Les charges des Anglais favorisées par la pente du terrain disloquaient ses rangs et la repoussaient vers la plaine. Un corps de Bretons, qui se tenait à l'arrière-garde, et que Charles de Blois s'était ménagé comme réserve, s'enfuit sans combattre, entraîné sans doute par les premiers fuyards, qui retraversaient le marécage[3].

Après s'être glissé avec quelques centaines d'hommes au milieu des genêts, Caverlé, un des Trente, comme Robert Knolle et Beaumanoir, se jeta par derrière[4] sur les Français déjà ébranlés.

[1] *Dom Lobineau*, H L XI. p. 873.
[2] *Alain Bouchart*, L. IV, f. 130.
[3] *Chronique des 4 Valois*, éd. Luce, p. 160 — *Chronique Normande*, éd. Molinier, p. 176. — *Alain Bouchart*, L. IV, f. 130.
[4] *Anciens mémoires du XIV° siècle*, ch. XII.

Cette manœuvre imprévue décida de la victoire.

Les Français furent surpris d'entendre retentir derrière eux le cri de guerre des Anglais : *Saint Georges ! Malo au riche Duc !*...[1] Toutes leurs bannières et leurs pennons furent jetés à terre et le carnage fut horrible. Dans cette bataille, comme dans tant d'autres, ce qui causa la perte des Français, c'est que, dit Froissart, « à parler loyalement d'armes, ils ne tinrent mie si bien leur pas et leur arroy ordre), ainsi qu'il apparut que firent les Anglais et les Bretons du côté du comte de Montfort[2]. »

L'armée française était vaincue : son aile gauche entraîna son centre dans la déroute. Charles de Blois continuait néanmoins à se battre en désespéré : on ne devait lui arracher son duché qu'avec la vie. Soudain un coup lui arrive en plein visage. L'arme, une sorte de dague, lui entre par la bouche pour sortir derrière le cou. Il chancelle et tombe lourdement[3].

Cette blessure fut-elle aussi grave et entraîna-t-elle la mort immédiate, ou bien Charles, moins grièvement blessé, fut-il conduit devant Montfort, qui l'aurait fait tuer par le chevalier Eon de Lesnerac ? Ce point d'histoire ne sera sans doute jamais bien éclairci[4].

Du Guesclin tenait encore avec quelques compagnons : mais entouré bientôt par l'armée an-

---

[1] *Gui laume de Saint-André*, v. 1344.
[2] *Froissart*, l. I. p 11, ch 189.
[3] *Pierre Le Baud*, ch XXX X, p. 328. — Enquête faite à Angers pour sa canonization *Test*. XXX.
[4] Un document récemment découvert au château de Limur par M. de l'Estourbeillon tendrait à prouver que Chandos, Caverlé et Lesnerac se seraient préalablement entendus pour se défaire de Charles de Blois, dans le cas où celui-ci tomberait entre leurs mains.

glaise victorieuse, il fut forcé de se rendre à Jean Chandos.

La bannière du comte de Montfort avait été arborée sur un buisson et servait de ralliement aux vainqueurs. Les chefs assis à l'ombre se reposaient en buvant le long d'une haie, se félicitant mutuellement de leur triomphe. Dans l'enivrement du succès, chacun aime à vanter ses exploits et s'imagine facilement, par sa valeur personnelle, avoir décidé de la victoire.

Le jeune Olivier de Clisson arriva alors tout couvert de poussière et de sang[1]. Au moment où commençait la déroute, il était monté à cheval et avait poursuivi les fuyards tuant sans merci, dans une course de plusieurs lieues. Au retour il avait recueilli un grand nombre de prisonniers[2].

Il vit en arrivant le comte de Montfort empressé autour de Chandos et lui attribuant tout l'honneur de la victoire. Le nouveau duc incontesté de la Bretagne, pour montrer à l'Anglais toute sa gratitude, lui disait : « Messire Jean Chandos, cette grande aventure m'est advenue par le grand sens et prouësse de vous : aussi je vous prie, buvez à mon hanap[3]. »

Clisson, froissé de cette marque de préférence accordée à un étranger, refusa de trinquer avec Chandos. Une scène pénible se produisit. On apaisa enfin le jeune et bouillant seigneur : mais il garda contre Chandos, et même contre Montfort, une sorte de rancœur qui contribua plus tard à l'é-

---

[1] *Chronique Cuvelier*, v. 6293.
[2] *Pierre Le Baud*, ch. 39, p. 318.
[3] *Froissart*, l. I, p. 2, ch. 191.

loigner peu à peu de son ancien camarade d'enfance devenu son suzerain.

Un tiers de l'armée française gisait sur le champ de bataille : le reste était pris ou fuyait en pleine déroute. Guillaume de Saint André[1] et, avec lui, les historiens anglais affirment que, du côté des vainqueurs, une vingtaine d'hommes au plus auraient succombé. Walsingham[2] ose même dire que les Anglais ne perdirent que sept hommes.

La sanglante querelle de Blois et de Montfort, que terminait pour un temps la bataille d'Auray, « avait duré vingt-trois ans, avec la ruine du pays.., et la mort de deux cent mille hommes... Le meurtre de Charles de Blois, dit l'historien d'Argentré, laissa même un sujet de querelles, qui a duré jusqu'à nos jours et durerait encore si la province ne fût tombée en la main du roi de France[3]. »

Clisson devait plus tard employer la moitié de sa vie à essayer de réparer le mal irréparable causé au parti des Penthièvre par cette bataille d'Auray, à l'issue de laquelle il avait si largement contribué. Il y avait montré pour la première fois ses grandes qualités militaires. Ayant fait preuve de sagesse et de prévoyance avant l'action, il avait encore hâté la victoire par l'irrésistible fougue de ses charges multipliées. De plus il avait aggravé le désastre des Français par son incroyable achar-

---

[1] *Guillaume de Saint-André*, v. 1389.

[2] *Walsingham* p. 174 — Cette disproportion entre le nombre des morts de l'une et l'autre armée s'explique par les désastreuses conditions où les Français engagèrent la lutte. Pris de panique, ils devaient être anéantis : leur retraite sur des pentes abruptes dégénéra vite en affreuse dégringolade.

[3] *D'Argentré*, l. VI. p. 155.

nement contre les vaincus. Il voulait sans doute venger, dans le sang français, la mort de son père ; mais cette ardeur, pour ne pas dire cette férocité dans le carnage, révélait déjà les instincts violents et terribles, le caractère dur et impitoyable de l'homme qui mérita dans la suite le surnom de *boucher*.

Après sa victoire, le comte de Montfort s'empara rapidement d'Auray, de Jugon, de Dinan et mit le siège devant Quimper-Corentin. Là vinrent le trouver les envoyés du roi de France, qui demandait à entrer en accommodements. La fortune des armes lui était contraire, et Charles V avait recours à la politique pour atténuer l'effet des revers qu'il éprouvait. Un accord provisoire fut ménagé entre les partis, en attendant un congrès, qui se réunirait à Guérande au printemps prochain. Le comte de Montfort vint alors passer l'hiver à Redon et à Blein, dans les terres du sire de Clisson[1], qui était le plus riche et le plus brillant seigneur de son entourage.

Le roi de France, sachant que c'était au fond le roi d'Angleterre qui établirait les conditions de la paix, s'efforça de gagner sa bienveillance. Il lui envoya divers cadeaux et jusqu'à des quartiers de venaison comme à un ami[2].

Au commencement du carême 1365, arrivèrent à Guérande les délégués royaux de France et d'Angleterre, le comte de Montfort, Olivier de Clisson, tous les grands seigneurs de Bretagne, qui n'étaient pas en prison anglaise, les évêques

[1] *Guillaume de Saint-André.* V. 1347.
[2] Bibl. Nat. Cab. des Titres. 1re série Dossier Boitault.

de tous les diocèses bretons, avec les prieurs des grands monastères. Ces grands personnages étaient accompagnés d'huissiers, de clercs, de secrétaires et d'hommes de loi.

Après des débats orageux, le traité de paix fut signé. Il assurait au comte de Montfort la possession du duché de Bretagne et spécifiait que l'amnistie plénière était accordée à tous ceux qui avaient pris part aux guerres précédentes. Chacun serait même remis en possession de tous les biens dont il jouissait avant les hostilités. « Toutes les confiscations, disait le traité, faites de côté et d'autre, par occasion de la guerre, de rébellion ou défaut d'obéissance, seront rappelées, pardonnées et remises au néant[1]... »

Le sire de Clisson recouvrait ainsi tous les biens confisqués à son père par le roi de France : il acquérait donc une nouvelle fortune : car, tout en reprenant possession de la totalité de ses biens patrimoniaux, il gardait encore les domaines que le roi d'Angleterre et Jean IV lui avaient assurés, comme dédommagement des confiscations anciennes.

Ce jeune seigneur semblait vraiment gâté par la Providence. A peine âgé de trente ans, il avait déjà acquis, dans une grande victoire, la réputation d'un véritable homme de guerre : ses domaines, déjà accrus par un mariage magnifique, s'agrandissaient encore de jour en jour : ami d'enfance de son suzerain, il en était comme le protec-

[1] Les rançons des captifs pris à Auray devaient être néanmoins payées intégralement, car les Anglais entendaient bien ne rien perdre. (Dom Morice, *Pr.* t. I, col. 1593).

teur et presque l'égal par sa situation et son prestige personnel.

Le 21 mai 1338, Olivier de Clisson fut tout naturellement désigné comme ambassadeur auprès du roi de France, pour représenter le duc de Bretagne et obtenir la ratification explicite du traité de Guérande[1]. Dans ce voyage il fut accompagné par le chevalier anglais, Guillaume de Latimer[2].

Pendant cette ambassade, Charles V et Clisson se virent pour la première fois. Le roi de France avait déjà sans doute eu connaissance du peu de sympathie de Clisson pour les Anglais, comme de ses difficultés avec Jean IV, et surtout avec Chandos. Or Charles V fit toujours preuve d'une grande habileté pour attirer à son service les hommes, dont il pouvait utiliser les capacités et l'influence. N'était-ce donc pas un Français de race que ce jeune chevalier, à qui tout semblait promettre un brillant avenir? Espérant déjà le gagner à sa cause, le roi lui fit l'accueil le plus flatteur, le combla de prévenances et se montra empressé à lui faire la remise des fiefs et des châteaux jadis possédés en France par son père[3]. Bien plus il n'exigea pas immédiatement l'hommage que Clisson lui devait pour les 2000 livres de rente à percevoir sur les foires de Champagne[4].

[1] Dom Morice. *Pr.*, t. I, col. 1599.
[2] Ce Guillaume de Latimer, comme tant d'autres aventuriers anglais, s'était surtout enrichi de pillages et de rapines. Gouverneur de Bécherel, il rançonna impitoyablement tout le pays voisin et devint si riche qu'il expédiait en Angleterre des tonneaux remplis d'or. *Ipse adeo est dilatus ut cados impleret de fulvo metallo et ad loca sua in Angliam destinaret.* (*Chron. Angliæ.* S. Albani, p. 77).
[3] *Froissart*, l. I, p. 2, ch. 196
[4] L'ordonnance royale datée du 10 janvier 1366 (n. s.) se trouve dans la collection de M. A. de la Borderie, membre de l'Institut.

Malgré toutes ces amabilités, Olivier ne reçut d'abord qu'avec hauteur les avances intéressées du roi de France. Entre eux, il y avait toujours le souvenir de l'exécution, qui avait eu lieu à Paris, 22 ans auparavant, alors que le père de Charles V avait fait tomber, sous la hache du bourreau, la tête du père de Clisson. — Le fils de de la victime s'était, il est vrai, déjà vengé : maintenant même, s'il se trouvait à Paris, c'était un peu comme un vainqueur, qui dicte des conditions de paix — Néanmoins le temps seul pouvait apaiser une telle cause de haine.

D'un caractère fier et orgueilleux, le jeune seigneur breton avait au plus haut point l'amour du luxe et des grandeurs. Pour la première fois peut-être, il lui était donné de satisfaire librement ses apirations et ses goûts : en effet, à la cour du roi d'Angleterre ou à celle du duc de Bretagne, il avait toujours été et ne pouvait être que dans la situation d'un obligé, qui ne doit ses titres et sa fortune qu'à la libéralité de ses bienfaiteurs. Ici les rôles étaient changés : il pouvait croire que les humbles condescendances de Charles V n'étaient dues qu'à ses mérites et à ses qualités personnelles. Or la nature humaine est ainsi faite que inconsciemment elle n'est jamais loin d'aimer ceux qui lui procurent la satisfaction de ses goûts les plus chers et les plus intimes.

Nous avons vu d'ailleurs que les circonstances amenaient peu à peu Clisson à se détacher du parti de Jean IV et d'Edouard III. Il souffrait sans doute, lui, aussi fier qu'eux, de la morgue des Anglais et de leur mépris pour la France.

Comment ne pas se rappeler qu'il était de cette race, que ses amis de circonstance détestaient et qu'ils devaient souvent railler et insulter dans leurs discours de vainqueurs insolents !

De plus, le beau-père d'Olivier, Guy X de Laval, avait toujours suivi le parti de la France : il avait même eu un fils tué par les Anglais à la bataille de Poitiers[1].

La nouvelle famille où il était entré, les froissements personnels qu'il avait subis, les avances flatteuses que lui faisait Charles V, tout contribuait donc à éloigner Clisson du parti anglais et déjà l'on pouvait prévoir que tôt ou tard la France profiterait de ses qualités et de ses services.

---

[1] *Annales d'Aquitaine*. Bouchet. 4ᵉ partie. Folio XIV.

VUE GÉNÉRALE DE JOSSELIN

CHAPITRE III

1366-1370

CLISSON CHANGE DE PARTI

ET REDEVIENT FRANÇAIS

Différend entre Clisson et Chandos. — Expédition d'Espagne et bataille de Najara. — Clisson contribue a la délivrance de du Guesclin. — Charles V l'attire de plus en plus dans son parti et l'emploie contre les Compagnies. — Ambassade de Paris. — Acquisition de Josselin. — Rupture entre Clisson et Jean IV.

Le traité de Guérande avait donné la paix à la Bretagne : cette province n'avait plus qu'à payer les frais de la guerre. Ils étaient énormes. A des populations ruinées, et qui auraient eu plutôt besoin de secours, le comte de Montfort fut obligé de demander les derniers sacrifices. Le nouveau duc devait en effet payer ses amis, qui lui avaient conquis le duché, payer ses alliés, qui l'avaient aidé, payer jusqu'à ses ennemis, la comtesse de Penthièvre ayant exigé une rente très élevée pour renoncer à ses prétentions.

N'ayant pas assez d'argent pour faire face à tout, le duc de Bretagne détermina les chefs anglais à accepter, au lieu du capital promis, des rentes viagères ou même des terres et des châteaux en Bretagne[1].

Jean IV, voulant dignement récompenser Jean Chandos de ses services, lui donna le château et la châtellenie de Gâvres, situés près de Blein, résidence de Clisson. Or ce dernier convoitait précisément cette terre de Gâvres pour arrondir ses domaines. En apprenant la décision de son suzerain, il éprouva la même colère que si on lui eût dérobé ses biens propres pour en enrichir un ennemi personnel. Il eut bientôt à ce sujet une altercation avec le Duc. — « Vous m'avez osté mes terres, lui cria-t-il, et je aurai nom Olivier sans terre, mais vous ne serez pas Duc sans guerre. » — Jean IV s'excusait de son mieux devant son terrible vassal, tout en disant que c'était un fait accompli et que le Gâvres était désormais à Jean Chandos. — « Je me donne au diable s'écria Clisson, si jà (jamais) Anglais sera mon voisin. »

Alors il partit avec des gens de guerre, vint au Gâvres, qu'il brûla tout entier, ville et château, et rentra à Blein. Peu après « il fit prendre et emporter grand nombre de pierres du château de

---

[1] C'est ainsi que Gautier Huet eut d'une part 400 livres de rente viagère, sans compter une autre rente de 800 livres, que les doyens de Nantes et de Clisson devaient lui verser chaque année. A Robert Knolle, fut assignée une rente de 1200 livres, en outre des seigneuries de Derval et de Rougé. — Aux archives de Nantes se trouvent encore les actes authentiques de ces donations.
(Archives de la Loire-Inférieure. S. E. 154).

Gâvre au dit lieu de Bleing[1], auquel lieu il en fit faire partie du chasteau de Bleing. »

Jean IV dut à ce moment faire preuve d'une grande longanimité pour apaiser le différend : car la rupture entre lui et Clisson ne fut pas encore consommée.

La remise de la terre de Belleville au roi d'Angleterre, qui devait la rendre à Clisson, n'était pas encore effectuée : chose curieuse, et qui prouve que les Anglais se défiaient déjà d'Olivier, c'est que les lenteurs à ce sujet venaient de leur côté. Dans une lettre écrite en juillet 1366[2], le roi de France se plaint au prince de Galles de ce que les commissaires français envoyés en Poitou, pour arranger l'affaire, n'y aient pas rencontré les commissaires anglais. On s'étonne moins quand on sait que les délégués anglais n'étaient autres que Jean Chandos et Thomas Felleton[3]. Sans se décourager, le roi de France déclara qu'il enverrait de nouveau ses commissaires pour le 9 septembre 1366. Le prince de Galles répondit qu'à cette date ses commissaires se trouveraient aussi à Montaigu, près Belleville. Mais, soit qu'une partie des commissaires aient encore fait défaut, soit qu'ils n'aient pu s'entendre, l'affaire resta en suspens et traîna en longueur pendant plusieurs années. Plus de trois ans après, elle fut même invoquée, comme grief de part et d'autre, quand la guerre éclata entre l'Angleterre et la France[4].

[1] Dom Lobineau. *Pr.*, col. 537.
[2] Bibl. Nationale, ms. Fr. 23, 592, B. 69.
[3] *Ibidem.*
[4] Voir les *Grandes Chroniques* Charles V. XX, p. 1577

Le roi de France ayant enfin ratifié le traité de Guérande, Jean IV, le 13 décembre suivant, se rendit à Paris pour lui faire hommage de son duché[1]. La paix était donc officiellement conclue entre les Français, les Anglais et les Bretons.

Le sire de Clisson ne pouvait rester longtemps inactif. Sa nature ardente et belliqueuse l'attirait partout où il y avait bruit de bataille Si la France et l'Angleterre vivaient en paix, l'Espagne était alors ensanglantée par les ardentes compétitions de deux frères rivaux, Pierre le Cruel et Henri de Transtamarre.

Du Guesclin ayant établi Henri de Transtamarre sur le trône de Castille, le prince de Galles prit le parti de Pierre le Cruel et franchit les Pyrénées avec 40.000 hommes[2].

Clisson n'avait pas encore abandonné le parti anglais : il répondit à l'appel du vainqueur de Poitiers et vint se ranger sous ses étendards.

L'armée anglaise traversa l'Ebre au-dessus de Logrono. Du Guesclin et les Castillans arrivaient du côté du sud, couvrant de leurs 80 000 soldats[3] les deux rives de la Najarilla, qui coulait vers l'Ebre. Le samedi, veille de Pâques fleuries, 1367, les deux armées étaient en présence. Dans un premier corps, qui devait opérer *à la senestre main*, se tenaient du Guesclin, Arnoul d'Andrehem, le Bègue de Vilaine, avec les étrangers, qui venaient surtout de Bretagne, de Provence et d'Aragon :

---

[1] Archives Nationales JJ. 58‹,³, n° 47.
[2] *Froissart*, l. 1, p. 2 ch. 214.
[3] *D'Ayala*, ch. X, folio 103.

ils étaient environ 4000 chevaliers et écuyers, sans compter quelques autres soldats plus légèrement armés. L'autre aile espagnole, forte de 16.000 hommes, était commandée par les deux frères du roi Henri. Le centre, sous les ordres du roi Henri, formait une énorme masse de 7000 cavaliers et de 40.000 fantassins[1]. Du côté des Anglais, Jean Chandos, avec les compagnies, faisait face à du Guesclin[2]. Au centre, le prince de Galles, Clisson, le captal de Buch, Hue de Caverlé, Eustache d'Aubrecicourt, s'apprêtaient à charger le gros de l'armée ennemie. A l'autre aile, étaient rangés les Gascons, sous la conduite du comte d'Armagnac et des deux d'Albret.

Les guerriers de Chandos et ceux de du Guesclin s'approchèrent les premiers et se battirent un assez long temps avant de pouvoir se pénétrer et se mêler.

La cavalerie espagnole s'enfuit presque sans combattre, entraînant dans sa panique les deux frères du roi Henri : mais l'infanterie tint bon. Elle fut chargée par Clisson et le captal de Buch. La masse centrale toute composée d'Espagnols et de Castillans et forte de 47000 hommes pouvait à elle seule lutter à armes égales contre toute l'armée anglaise. Mais cet énorme et lourd bataillon n'était pas formé de soldats habitués aux armes : il comptait trop de recrues inhabiles envoyées par les communes castillanes. La ténacité anglaise devait à la longue en avoir raison.

Les premières attaques des soldats d'Angleterre

[1] *Froissart.* 1 I, p. 2, ch. 229.
[2] *D'Ayala*, ch. X, folio 103.

furent accueillies par une grêle de pierres si vigoureusement lancées qu'elles défonçaient les heaumes et les casques. Le prince de Galles mit alors en ligne ses archers[1], qui eurent vite l'avantage. La lutte corps à corps put enfin s'engager.

D'un côté l'on criait : Castille au roi Henri! De l'autre : saint George! Guyenne!... La plaine de Navarette n'était plus qu'un immense champ clos, où plus de 100.000 hommes s'égorgeaient. Les uns tenant leurs lances à deux mains les poussaient avec furie, les autres plus serrés maniaient des dagues et de courtes épées[2].

Entre les soldats de Chandos et de du Guesclin la lutte fut si ardente que Chandos emporté dans un flot de combattants tomba sous une sorte de géant d'origine castillane, qui s'apprêta à lui couper la gorge. L'Anglais était perdu. Il voit un couteau de métal pendu au flanc de son ennemi, il l'arrache, l'enfonce dans le corps de l'Espagnol[2] et se dégage au moment où les siens, reconquérant de haute lutte la place où était tombé leur capitaine, arrivaient pour le remettre sur pied sain et sauf.

Dans cette bataille, comme dans tant d'autres, les compagnies, composées d'*hommes durement forts et usés d'armes*, lassèrent la fougue impétueuse de leurs ennemis et finirent par briser toutes les résistances.

L'aile droite espagnole fut la première rompue et dispersée. Clisson, le Captal, Caverlé, d'Aubre-

[1] *Chronique en prose de Bertrand du Guesclin.* ch. 87.
[2] *D'Ayala*, ch. X, folio 104.
[3] *Froissart*, l. I, p. 2, ch. 231.

cicourt redoublaient d'efforts contre la grosse phalange du centre : celle-ci, brisée de toute part, se débanda enfin pour la déroute. Elle couvrit de ses fuyards l'espace qui sépare le bourg de Navarette de la petite ville de Najara. Les vainqueurs montèrent à cheval et poursuivirent les Castillans, qui s'écrasaient aux portes de la ville ou se jetaient dans la rivière, dont les eaux roulèrent bientôt des milliers de cadavres[1].

Du Guesclin ne savait pas reculer. Quand presque tous ses compagnons furent tombés autour de lui, il s'adossa à un mur et se défendit comme un dogue en fureur. Il abattait de sa terrible hache tous ceux qui l'osaient approcher. Pierre le Cruel, qui s'aventura trop près du redoutable Breton, ne dut la vie qu'à la trempe supérieure de son bouclier, qui amortit le coup que Bertrand lui asséna. Les vainqueurs se mirent alors à lancer contre du Guesclin toute sorte d'armes pesantes et tranchantes, qui l'accablèrent malgré son armure. Il se rendit enfin au prince de Galles, ainsi que son compagnon le Bègue de Vilaine[2].

Le triomphe du Prince Noir et de Jean Chandos était complet. Ce dernier, pendant cette journée « avait gouverné le duc de Lancastre, comme il

---

[1] Cette rivière était la Najarilla et nom pas l'Ebre, comme l'ont répété beaucoup d'historiens français. En fuyant, les Espagnols tournaient le dos à l'Ebre.

[2] « A vous, Monseigneur le prince de Galles, je me rends prisonnier, dit-il, et non à autre : de « Dom Pedro (Pierre le Cruel) jamais je ne serai prisonnier, je mourrai plutôt en me défendant. » (*Chronique en prose de Bert. du Guesclin*, ch. 87).

fit jadis (pour) son frère, le prince de Gales, à la bataille de Poitiers[1]. »

Clisson, bien qu'il n'aimât guère le prince de Galles, ni surtout Chandos, était néanmoins, lui aussi, à bonne école pour s'initier à l'art de vaincre. Plus tard, quand sa haine contre les Anglais eut ouvertement éclaté, il sut retourner contre eux, pour le plus grand bien de la France, les leçons qu'il avait apprises dans leur compagnie.

Jamais victoire si grande que celle de Navarette ne procura moins de profit aux vainqueurs. Pierre le Cruel avait promis des montagnes d'or qu'il ne donna pas. Après un séjour en Espagne, pendant lequel l'armée victorieuse fut affreusement décimée par les maladies[2], elle dut reprendre misérablement, avec son chef malade[3], le chemin de la Guyenne.

Vers les derniers mois de l'année 1367, les plus grands seigneurs revenus d'Espagne était réunis à la cour de Bordeaux. Là se trouvèrent le comte d'Armagnac, le sire d'Albret, le sire de Clisson, Jean Chandos, Caverlé et beaucoup de chevaliers anglais. Le Prince de Galles traitait ses hôtes avec de grands honneurs. « Et en manière d'esbatement[4] devisaient d'amours, d'armes, de batailles, de prises de forteresse et des prisonniers rachetés. En ces paroles se délectait le prince qui, en fait d'armes, fut le plus vaillant qui en son

---

[1] *Froissart*, l. 1, p. 2, ch. 235.

[2] *Knigton*, col. 2, 629.

[3] *A quo tempore usque ad finem vitæ suæ nunquam gavisus est corporis sanitate.* (Walsingham. p 117).

[4] *Chronique en prose de B. du Guesclin*, ch. 10.

temps fut, et devant tous les barons, qui là furent, parla et dit en telle manière : « Seigneurs, quand « en bataille ou en assaut est pris un chevallier « vaillant, il doit être moult honoré, et ne doit on « point tant lui demander de sa fortune que une « autre fois il ne se puisse armer. »

Le sire d'Albret, enhardi par ses paroles, parla de Bertrand du Guesclin, qui était toujours en prison : il ajouta qu'il n'osait répéter tout ce que la chevalerie en disait à ce sujet — Le prince de Galles changea de couleur, piqué au vif par cette réticence, et ordonna de ne lui rien cacher. — « Partout conte la renommée, reprit le sire d'Albret, que vous retenez Bertrand du Guesclin prisonnier en vos prisons, sans vouloir de lui nulle rançon avoir, pour doute (crainte) de sa prouësse. »

L'Anglais vit à l'air des seigneurs, et surtout du sire de Clisson[1], que d'Albret parlait au nom de presque tous. Affectant alors le dédain il s'écria : « Je ne redoute aucun baron de mes prisonniers, si vaillant qu'il soit : allez quérir Bertrand, à moi ne tiendra pas que délivré ne soit. »

D'après Froissart[2], le Prince Noir était alors *en gogues* (en goguette), sans cela il n'eut pas cédé aussi facilement à un mouvement d'amour-propre si contraire aux intérêts anglais : il l'eût fait d'autant moins que ses conseillers, et surtout Jean Chandos, ne voulaient pas entendre parler de la mise en liberté de du Guesclin.

Le héros breton arriva bientôt assez pauvrement vêtu. Les riches seigneurs se mirent à rire

---

[1] *Chronique Cuvelier.* V. 13.410.
[2] *Froissart.* t. 1. p. II ch. 243

en le voyant : le prince reprit sa belle humeur pour lui demander de ses nouvelles. — « Voilà longtemps, répondit le captif, que vous ne me faites entendre d'autre musique que celle des rats et des souris : j'aimerais mieux être au champ pour ouïr les oiseaux[1]... Pourtant vous voyez le plus honoré chevalier du monde : car on dit parmi le royaume de France que vous ne m'osez mettre hors de prison. »

Le chroniqueur espagnol contemporain, Dom Lopez d'Ayala[2], prétend que le Prince aurait dit à Bertrand de fixer sa rançon lui-même et qu'il l'accepterait si petite qu'elle fût : alors le chevalier breton l'aurait fièrement fixée à 100.000 fr[3].

Un chevalier délivré sur parole ne pouvait s'armer contre celui à qui il devait sa rançon, avant de l'avoir payée intégralement. Les grands seigneurs présents à la scène de la délivrance de Bertrand lui présentèrent leur bourse. Clisson, qui n'était ni le moins riche, ni le moins admirateur des hauts faits de son compatriote, ne dut pas être le dernier à lui offrir ses services. Mais Bertrand n'accepta d'argent que de Caverlé, qui lui en devait.

---

[1] *Chronique en prose de B. du Guesclin*, ch. 103.
[2] *D'Ayala*, ch. XVIII. F. 117.
[3] Froissart, commensal du Prince de Galles, et connaissant bien l'avarice anglaise, affirme que ce fut le Prince qui exigea lui-même cette forte somme, s'imaginant que le pauvre Bertrand ne pourrait jamais la trouver et qu'ainsi il n'aurait pas repris de service contre l'Angleterre. La plupart des chroniqueurs racontent néanmoins le fait à la manière de l'auteur espagnol. C'est la *Chronique Cuvelier* qui prête à Bertrand les paroles si connues :

> N'a filarresse en France, qui sache fil filer,
> Qui ne gagnast aincois ma finance à filer.

C'est sans doute pendant les quelques jours passés à Bordeaux, qu'Olivier de Clisson lia pour la première fois connaissance avec Bertrand du Guesclin. Tout porte à croire qu'Olivier songeait déjà à changer de parti : c'est pourquoi il fut un de ceux qui insistèrent le plus pour obtenir la délivrance d'un homme, qui, à lui seul, valait pour la France une armée. De plus Clisson savait qu'il pouvait compter sur ce captif, breton comme lui, si plus tard les circonstances le forçaient à se mettre en révolte contre le duc Jean IV.

Du Guesclin, à peine hors de prison, recommença en Espagne la guerre contre Pierre le Cruel. Charles V, tout en favorisant les entreprises de du Guesclin, en Castille, songea à remédier aux désordres et aux excès commis par les aventuriers dans son royaume[1]. Le Prince de Galles, ne pouvant payer, ni nourrir les *compagnies*, après son retour d'Espagne, les avait renvoyées en France, où elles avaient recommencé à vivre aux dépens du pays. Par leurs déprédations les campagnes étaient réduites à la dernière misère[2]. Le roi exempta les paysans du droit de *molages*[3], qu'ils ne pouvaient plus payer, leur ordonna de porter dans des lieux fortifiés leurs provisions et tout ce qu'ils avaient de plus précieux[4], fit réparer les murailles des

---

[1] Archives Nationales. JJ. 103, 209.

[2] ... « Continue de die in diem... habitantes ceperunt, et secum prisonnarios duxerunt, ac ad magnas et excessivas redemptiones posuerint, uxores, virgines et alias contra eorum voluntatem carnaliter cognoverint... domos suas ignis incendio combusserint, tot et tanta alia maleficia dolenter referenda... commiserint et perpetrarint. *Archives Nationales.* JJ, 90, 255.

[3] Bibl. Nationale. *Fr. ms.* 20, 599, p. 45.

[4] Bibl. Nationale. C. D. T. *Chartes royales.* t. VI. n° 129.

châteaux et des villes, fortifia les passages des rivières[1], en un mot il fit tous ses efforts pour venir en aide à son peuple : mais ces moyens de préservation ne suffisaient pas. Une campagne en règle contre ces redoutables brigands était nécessaire. Or, du Guesclin absent, le roi n'avait plus un capitaine unissant à la science des armes assez d'énergie et d'autorité sur les troupes françaises pour les discipliner et les empêcher au besoin de se joindre elles-mêmes aux aventuriers, comme il n'arrivait que trop souvent. Charles V depuis longtemps songeait à Clisson qu'il flattait de plus en plus et cherchait à attirer à lui. Il le manda de nouveau à sa cour et le mit en possession effective de toutes les terres qu'il pouvait encore réclamer en France, comme partie de ses biens patrimoniaux[2]. Bref, il gagna le terrible guerrier et lui fit accepter un commandement dans les armées françaises.

« Si manda adonc, dit Froissart[3], le roi de France le siré de Cliçon, et en fit un grand capitaine contre ses compagnons, parce qu'il était bon compagnon et hardi, et s'enamoura le roi de France grandement de lui. »

Clisson convoqua ses hommes d'armes au mois de mai 1368, entre Tours et Vendôme[4]. A la tête d'une troupe peu nombreuse, mais aguerrie, il marcha contre les malandrins. Il les battit dans plusieurs rencontres, en accula toute une armée à

[1] Bibl. Nationale. *Fr. ms.* 20, 615, n° 16.
[2] Bibl. de Nantes, 1696, fr. 1540.
[3] *Froissart.*
[4] Archives Nationales, JJ. 122.

la Gironde, que sillonnait une flottille française. De ceux-là quelques bandes décimées par le fer et la fièvre parvinrent seules à traverser le fleuve et retournèrent offrir leurs services au Prince Noir[1].

Nous avons peu de documents sur cette brillante et courte campagne; mais nous savons que Robert de Beaumanoir y prit part[2] et que Charles V, pour montrer toute sa satisfaction, écrivait cette année même à Clisson, le 22 janvier 1368 : « Nous, pour consideracions des bons et loyaux services que nous a fais et fais chacun jour le dit chevalier (de Clisson) et *esperons* qu'il nous fera en tems avenir... donnons et ottroyons par ces lettres de grâce espécial les aides d'icelles quatre villes Bolon, Antressi, Saint-Laurend de Condeelz et Aignen de Gramesnil[3]... » Ces villes se trouvaient dans *la vicomté* de Falaise et avaient autrefois appartenu à la famille de Clisson, comme il est spécifié dans les lettres royales.

Le duc de Bretagne, dont toutes les sympathies étaient pour les Anglais, ne vit pas sans dépit son ami d'enfance combattre avec les troupes françaises. Prévoyant une défection définitive, il voulut prendre ses précautions et enleva à Olivier la garde de Chantoceaux, forteresse qui commandait le cours de la basse Loire : il lui défendit même de percevoir les rentes imposées aux pa-

---

[1] Malheureusement pour la France, d'autres compagnies se reformèrent et se maintinrent dans le nord-est, vers la Champagne et la Bourgogne. Elles désolèrent ces pays et les provinces voisines jusqu'à ce que la guerre eut été de nouveau déclarée entre l'Angleterre et la France. Ces brigands confondirent alors leurs méfaits avec ceux des armées anglaises.

[2] Archives Nationales, JJ. 122. Clisson.

[3] Bib. Nationale, ms. 789, Clisson, n° 2.

roisses voisines¹ pour l'entretien de la garnison. — Mais Jean IV s'effraya lui-même de ce coup d'autorité, qui pouvait lui aliéner le terrible homme de guerre.

Quand Clisson revint des bords de la Garonne, tout fut mis en œuvre pour l'apaiser. Comme il aimait la montre et l'ostentation, Jean IV le prit par son faible : lui donnant en même temps un poste de confiance et un poste d'honneur, il le chargea d'aller en ambassade à la cour de France en compagnie d'Hugues de Montrelais, évêque de Saint-Brieuc².

Clisson devait prier Charles V de permettre au Duc de différer son voyage à Paris : car Jean IV devait venir en personne témoigner de sa fidélité au roi de France. Il fallait aussi traiter certaines affaires au sujet du *Nivernais et du Rethelois* réclamés par le Duc.

Le roi avait trop intérêt à ménager Clisson pour ne pas se montrer de bonne composition. Il dispensa même le Duc de venir en France, pour faire campagne en personne contre les Anglais³.

---

¹ Archives de la Loire-Inférieure. S. E. 245.

² Les lettres de créance de deux ambassadeurs sont datées du 25 octobre 1369 et commencent ainsi : « Nous Jean duc de Bretagne, comte de Montfort, faisons sçavoir à tous que nous confians du bon sens et loyauté de nos tres chers et bien amez reverend Père en Dieu l'évesque de Saint-Briou, nostre chancellier et nostre tres cher et bien amé et féal cousin, le sire de Clicon... etc... » Archives Nationales JJ. 242.

Les envoyés avaient d'autres lettres, qui protestaient de la fidélité de Jean IV au roi de France... « Nous (lui) tiendrons toujours nostre loyauté comme nous sommes tenus, et lui ferons bon et vray hommage et sujet à la couronne de France... sans feintise, ni aucun mal engin... » Dom Morice. *Pr.*, t. I., col. 1637.

Comme en ce moment Jean IV entrait en secret dans l'alliance anglaise, ces lettres n'étaient qu'un témoignage écrit de sa duplicité.

³ Dom Morice. *Pr.*, t. I, col. 1136.

De plus il avança 7.000 écus d'or sur la somme due par Jean IV à la comtesse de Penthièvre[1]. C'était là de bonne politique : car le roi contentait en même temps Clisson et Jean IV : il donnait en outre à Jeanne de Penthièvre des moyens pour rouvrir au besoin la grande querelle de la succession de Bretagne.

Pendant ce temps, le duc de Bretagne nouait des intrigues avec les Anglais. Charles V informé de tout aurait lui-même dévoilé aux ambassadeurs l'astuce de leur suzerain.

Ce qui est certain, c'est que, rentré en Bretagne, Clisson s'aperçut vite que Jean IV s'était servi de lui pour masquer ses intrigues. Tout en protestant de sa fidélité à la France et de la neutralité qu'il garderait dans la guerre qui se rallumait de toute part, ce duc, entièrement dévoué aux Anglais, leur permettait sous main de débarquer à Saint-Malo et leur promettait un secret appui.

Après la bataille d'Auray, lassée par 25 ans de guerre civile, la Bretagne tout entière avait accepté Jean IV pour son unique souverain. Mais les lourdes charges qu'il avait imposées, pour payer ses victoires, l'avaient rendu impopulaire. De plus il avait froissé le sentiment national en prodiguant toutes ses faveurs aux Anglais. Ceux-ci, avec l'orgueil insolent propre à leur race, se regardaient à sa cour comme chez eux, et même comme en province conquise. De sourdes antipathies se manifestaient dans le peuple et dans la noblesse également humiliés[2].

[1] *Froissart*, t. I, p. II, ch. 263. *Dom Lobineau*, l. XII, p. 394.
[2] A. de la Borderie, *1re conférence*, année 1891-3. Imprimée chez Pihon et Hervé. Rennes.

Comme la haine de Clisson pour les Anglais était connue et s'affichait chaque jour davantage, les sympathies des Bretons allaient naturellement vers lui : il était en effet le plus en vue et le plus puissant des seigneurs de Bretagne : ses richesses, sa situation, sa valeur militaire le rendaient capable de conseiller et au besoin de braver un suzerain oublieux de ses devoirs.

Les haines mal éteintes des anciens partisans de Charles de Blois contre le comte de Montfort commençaient aussi à se réveiller. Or Clisson venait justement d'apporter au parti des Penthièvre l'appoint de sa popularité et de son influence. Voici comment il avait été amené à cette conversion. L'opiniâtre Jeanne de Penthièvre n'avait cédé qu'à la force en signant le traité de Guérande et en renonçant ainsi, pour un moment, à un duché, dont elle se regardait toujours comme l'héritière légitime. Elle avait deux fils, qui languissaient dans les prisons anglaises : elle semble moins s'être préoccupée de les délivrer que d'intriguer pour rouvrir l'ère des anciennes querelles entre Blois et Montfort. Prévoyant bien que la paix entre la France et l'Angleterre ne durerait pas toujours, elle songeait à se garder des partisans en Bretagne et à grouper autour d'elle tous les ennemis du duc Jean IV. L'important pour elle était d'avoir de l'argent et un homme capable de prendre la tête de son parti. Le traité de Guérande lui assurait une immense fortune[1] ; elle la trouva encore insuffisante pour soutenir son rang et surtout ses prétentions. Le 9

---

[1] Dom Morice. *Pr.* I, t I, col 1588.

mars 1369, elle empruntait mille écus à Marguerite de Rohan[1]. Peu après elle choisit Olivier de Clisson pour son lieutenant général en Bretagne, comme le prouvent des lettres du 9 mai de la même année.

Clisson accepta un titre qui flattait sa vanité et qui le posait en rival de Jean IV. Il entra même si bien dans les vues et dans les intérêts de Jeanne de Penthièvre, qu'il lui prêta l'année suivante 3000 écus d'or[2], et, afin qu'elle pût se procurer d'autre argent, il lui confia divers titres et joyaux précieux. Les originaux des reçus sont encore conservés à la bibliothèque de Nantes[3].

L'affaire de Chantoceaux, l'acceptation par Clisson d'être le lieutenant des Penthièvre en Bretagne, ne pouvaient que rendre de plus en plus difficiles les rapports entre Jean IV et son ancien compagnon d'enfance. Deux nouveaux faits achevèrent la rupture.

Les difficultés que Clisson avait eues avec Chandos au sujet de Gâvres n'étaient pas encore aplanies : le litige fut porté devant le Prince de Galles, qui naturellement donna raison à Chandos. Clisson irrité envoya provoquer le Prince de Galles à un combat singulier[4]. Celui-ci dédaigna de répondre à ce défi insolent : il en était d'ailleurs incapable depuis son expédition en Espagne, d'où il n'avait rapporté que l'hydropisie, maladie qui le conduisait lentement au tombeau.

---

[1] Bib. de Nantes, J, 1695, fr. 1529.
[2] Dom Morice. *Pr.* t. 1, col. 1631.
[3] Bib. de Nantes, 1693, fr. 1537. — *Ibidem* 1695 fr. 1539.
[4] P. Levot. *Biog. bretonne*, t. 1, 363.

La seconde difficulté fut encore une question de terres et de possessions — Le 14 mai 1370, Clisson abandonna à Pierre et à Robert d'Alençon sa baronnie de Tuis en Normandie[1], la forêt de Cinglais et une rente de 2000 livres tournois à percevoir sur les foires de Champagne. En retour il acquérait « le chastel, ville et chastellenie de Jocelin avec toutes les terres, boys, prés, rivières, estans, manoirs, moulins, fiez, arrières-fiez, hommes, hommages et toute juridiction, et justice haute moyenne et basse...[2] etc... » Cet échange acheva d'irriter le duc de Bretagne, qui voyait ainsi son redoutable sujet s'implanter dans une forteresse au cœur de ses états, à quelques lieues de Vannes sa résidence habituelle. Clisson lui-même, après cet acte audacieux, sentit le besoin de prendre ses sûretés contre les colères de son suzerain. Le 21 juillet suivant, il conclut avec le roi de France un traité, qui est la première preuve authentique de son changement de parti. Il s'engageait, par cet accord, à ne livrer la place qu'au roi de France « au cas, disait-il, que mon dit seigneur, le duc de Bretagne, pour cause dudit chastel ainsi à moi baillé et délivré, serait adversaire du roy, mon dit seigneur, et tiendrait le parti de ses ennemis[3]. »

---

[1] Quelques années plus tard en 1376, la baronnie de Tuis et la forêt de Cinglais, d'une valeur de 1500 livres de rente, furent données à Bertrand du Guesclin pour avoir « plusieurs fois exposé son corps à péril de mort à grant fruit et profit du bien publique. » Bib. nationale. Cabinet des Titres, *Chartes royales*, t. VII, n° 335.

[2] Dom Morice, *Pr.*, t. I col. 1639.

Clisson cédant, pour cette acquisition, 3500 livres de rente, on peut supposer que les revenus de Josselin étaient alors à peu près équivalents, c'est-à-dire qu'ils montaient à 175,000 francs de notre monnaie actuelle.

[3] Dom Morice, *Pr.*, t. I, col. 1640.

Cet acte contraire au droit féodal en Bretagne substituait à la suzeraineté ducale la souveraineté royale sur une ville fortifiée située au milieu du pays breton. C'était un véritable attentat contre les droits de l'ombrageux Jean IV. Avant de prendre de pareils engagements, Clisson dut obtenir en retour des promesses formelles et sans doute des lettres royales qui lui assuraient la protection de Charles V[1].

Jean IV furieux donna ordre de confisquer les revenus personnels que son vassal percevait sur les terres de Chantoceaux. Mais Olivier ne perdit pas les nombreuses sympathies qu'il avait en Bretagne. Tous les Bretons voyaient avec trop de peine les préférences de leur Duc pour les Anglais s'accuser chaque jour davantage, pour tenir rigueur à Clisson de sa nouvelle politique : loin de lui nuire, elle lui donna au contraire plus de prestige et même de popularité.

Il le savait : aussi, sans entrer en guerre ouverte avec son suzerain, il s'engagea plus avant dans le parti français, se souciant peu des colères de Jean IV, à qui il était assez puissant pour tenir tête.

D'ailleurs l'interminable guerre entre l'Angleterre et la France se rallumait de toute part. Dans ces luttes, qui vont ensanglanter de nouveau le sol de la France, et même de la Bretagne, si Charles de

---

[1] Charles V tenait beaucoup à s'assurer la possession de cette forteresse située au cœur de la Bretagne. Pour que les clefs lui en fussent plus tôt livrées, il assigna le 8 juillet 1370, 400 livres de rente aux comtes d'Alençon et du Perche. Au fond le roi de France ne faisait que rétrocéder à Clisson la propriété de Josselin, en se réservant le droit de l'occuper par les troupes royales, le cas échéant. Bib. Nat., Cabinet des Titres. *Chartes royales*, t. VII, n°s 195 et 198.

Blois n'est plus là pour attirer du côté des Français une grande partie des Bretons, Clisson par son influence, sa fortune et ses talents saura remplacer le vaincu d'Auray et, avec l'aide de du Guesclin, il contrebalancera, dans son propre duché, l'autorité de Jean IV et l'empêchera même, pendant plusieurs années, en lui inspirant une crainte salutaire, de favoriser trop ouvertement les entreprises des ennemis de la France.

CHAPITRE IV

1369-1370

CLISSON GÉNÉRAL DE CHARLES V

ET FRÈRE D'ARMES DE DU GUESCLIN

Faiblesse de la France, au point de vue militaire, lorsque Clisson entre a son service. — Causes des désastres passés. — Sages conseils de Clisson au roi de France. — Etroite alliance entre Clisson et du Guesclin. — Victoire de Pontvallain et brillante campagne de 1370.

Au moment où un grand général formé à l'école anglaise va passer au service de la France, et où la guerre va se rallumer entre les deux nations rivales, il peut être utile, pour mieux juger de l'influence exercée par ce nouveau chef dans les conseils et sur les champs de bataille, de jeter un coup d'œil sur l'organisation militaire des deux pays.

Siméon Luce a consacré un chapitre de son histoire de du Guesclin[1] à montrer les causes des dé-

---

[1] *Histoire de Bertrand du Guesclin*, ch. VI, p. 143.

sastres subis par les Français, pendant la guerre de Cent ans. Obsédé par le souvenir de nos malheurs de 1870 et désireux de faire le plus de rapprochements possibles entre les deux époques, qui au premier abord ont quelques points de ressemblance, le savant archiviste, malgré toute sa science, aboutit à des conclusions contestables et parfois même à certaines contradictions. D'après lui, les Anglais au XIVe siècle, comme les Allemands au XIXe[1], étaient mieux armés que les Français, et, comme ils avaient déjà le service obligatoire pour tous, ces deux supériorités devaient fatalement leur procurer la victoire.

Pour montrer que les insulaires avaient la supériorité dans l'armement, Luce s'appuie surtout sur un texte de Rymer, qui n'est autre qu'un sauf-conduit[2] donné par le roi d'Angleterre à des prisonniers français, qui reviennent dans leur pays. Il est défendu à ces Français d'emporter des arcs, flèches ou autres armes quelconques et d'emmener avec eux des chevaux valant plus de 40 sols. Cette interdiction toute naturelle, qui défend à des prisonniers de voyager comme de véritables hommes de guerre, devient, aux yeux de Siméon Luce, la preuve que les Anglais avaient des secrets dans la fabrication surtout de leurs arcs. C'est pour-

---

[1] *Luce* ne nomme pas les Allemands : mais on sent qu'il les a presque toujours dans la pensée. Surtout dans son chapitre sixième, où il parle au long de la bataille de Poitiers, à laquelle pourtant du Guesclin n'assistait pas, on voit que l'auteur a l'intention d'établir un long, quoique discret, parallèle entre Poitiers et Sedan.

[2] Proviso semper quod arcus vel sagittas aut armaturas aliquas non deferant, nec equos aliquos pretium quadraginta solidorum excedentes... *Rymer*, vol. IIIe p. 598.

VUE DU CHATEAU DE JOSSELIN (Côté du Canal).

quoi, dit-il, il était défendu de les apporter sur le continent. Cette remarque contient une naïve contradiction. En effet, si ces armes ne pouvaient passer la mer, comment les soldats anglais auraient-ils eu avec elles la supériorité dans des batailles livrées en France ? A qui d'ailleurs fera-t-on croire qu'un morceau d'if de 5 pieds de long, tendu en arc par une corde à boyau, est un secret militaire de premier ordre et que les Français, si mêlés aux Anglais pendant ces guerres[1], aient mis plus de 50 ans avant de s'en apercevoir ? En réalité l'arc anglais très maniable et permettant un tir plus rapide était une excellente arme d'exercice pour donner de l'adresse, développer les forces et assouplir les membres[2]. Quant à ses effets dans une bataille, surtout contre des hommes couverts de fortes armes, ils n'ont jamais été bien constatés[3]. L'arbalète au contraire, quoique plus lourde et d'un maniement plus compliqué, avait en revanche une plus grande force de projection : c'est cette raison qui la fit toujours préférer à l'arc simple par les Français. D'ailleurs au moyen-âge toutes les victoires furent gagnées à l'arme blanche : les armes de jet ne jouèrent jamais qu'un rôle secon-

[1] A cette époque, les transfuges étaient nombreux et les hommes d'armes se louaient souvent, tantôt à un parti, tantôt à un autre.

[2] C'est ce qu'il est justement affirmé dans les textes cités par Luce et dont il veut tirer un autre sens. — Quia populus regni nostri, tam nobiles quam ignobiles, in jocis suis, *artem sagittandi, antè hæc tempora, communiter exercebant*, undè toti regno nostro honorem et commodum, nobis in actibus nostris guerrinis.. subventionem non modicam pervenisse... *Rymer*, vol III, p. 704. — Luce, *B. du Guesclin*, ch VI, p. 154.

[3] L'excellence de l'arc anglais fut reconnue à la bataille de Navarette : mais les archers anglais avait alors devant eux, non des arbalétriers, mais des frondeurs.

daire dans les batailles : elles ne furent vraiment utiles que dans les sièges.

Les conclusions de Siméon Luce relatives au service obligatoire, qui selon lui existait en Angleterre et assurait la supériorité de cette nation, ne semblent pas non plus absolument rigoureuses. Le savant confond en effet, dans son argumentation, le service obligatoire avec les armées permanentes. Or l'institution des armées permanentes produit seule les vrais soldats de métier, qui seront toujours les plus solides : au contraire le service obligatoire ne pouvait fournir, alors surtout, que des milices communales ou seigneuriales ; celles-ci, ne quittant leur foyer qu'au moment de l'appel en masse, donnaient (ce qui fut d'ailleurs constaté en France) de gros effectifs, mais en réalité fort peu de soldats.

En quoi consistait donc la supériorité des armées anglaises sur les armées françaises. Comme l'a fort bien prouvé Siméon Luce, il ne faut pas l'attribuer au courage. D'ailleurs dans les luttes courtes et partielles, où il suffit d'un peu d'audace, les Français pouvaient se mesurer avantageusement avec les Anglais. Dans les grandes batailles au contraire, ils furent toujours vaincus[1]. C'est que les Anglais possédaient de véritables armées : les

---

[1] Les historiens français, à notre avis, exagèrent beaucoup l'importance de ce qu'ils appellent la bataille de Cocherel, qui fut un engagement, un combat heureux, mais non une bataille. Le chiffre des soldats mis en ligne de chaque côté ne s'élevait guère qu'à un millier d'hommes. Encore les adversaires de du Guesclin n'étaient-ils pas des Anglais, mais principalement des Normands et des Gascons. — A la manière détaillée et pompeuse, dont certains auteurs parlent de ce fait d'armes on pourrait croire que 50 000 hommes étaient engagés de part et d'autre (V. Luce. *B. du Guesclin*, ch. xiv).

Français ne manquaient pas de guerriers vaillants, ils n'avaient pas d'armées.

Une armée en effet, la question d'armement mise à part, se compose de soldats de cadres et de généraux.

Tout d'abord les soldats anglais, même pris individuellement valaient mieux que les nôtres par leurs qualités naturelles et leur formation militaire. En ce temps de lourdes armures, la lutte demandait une dépense de forces physiques considérable : elle exigeait donc, non seulement de la bravoure, mais une vigueur corporelle et une endurance à toute épreuve. Or les soldats anglais étaient d'abord triés parmi les paysans ou les montagnards les plus robustes : ces hommes étaient ensuite formés, entraînés, comme nous dirions de nos jours, par des exercices continuels, qui assouplissaient et fortifiaient leurs membres.

Parmi ces soldats, ceux qui paraissaient vraiment faits pour la guerre étaient choisis et envoyés sur le continent. Ces derniers étaient donc d'excellents soldats joignant aux aptitudes naturelles toutes les qualités acquises[1]. De plus, comme ils étaient enlevés à leur famille et même à leur pays, les armes devenaient pour eux une carrière où, par leur valeur, ils pouvaient s'enrichir et se faire une haute situation.

Au début de la bataille, les Français ont souvent l'avantage : mais la lassitude arrive, les chevaliers français étouffent sous leurs casques fermés, leurs membres ruissellent sous leurs habits

---

[1] *Rymer*. vol. II p. 1016. 1017. 1018. . etc. et vol. III. p. 67. 68... 675 etc...

de fer, ils sont haletants et leurs bras peuvent à peine lever leurs lourdes armes. A travers sa visière, le pauvre gentilhomme voit luire les dagues des coutilliers anglais, qui le harcèlent et attendent le moment favorable. S'il fait un faux pas, si un ennemi le saisit à bras le corps, il est renversé et perdu : car c'est l'égorgement ou la ruine honteuse de la rançon. Les soldats anglais, tous *durement forts et us's d'armes*, suivant l'expression des chroniqueurs, sentent leur vigueur s'accroître par l'exaltation de la bataille : ils se battent robustes, adroits, opiniâtres, invincibles. Chez les Français, le découragement suit la lassitude : la panique s'étend de rang en rang et affole les plus braves. Comme Tacite l'a dit de leurs ancêtres, ils étaient plus que des hommes au moment de l'attaque, ils sont moins que des femmes au moment de la déroute.

A une armée opérant en masse, il faut encore des cadres exercés et solides. Or ces cadres permanents, les Anglais les eurent toujours en France pour recevoir les recrues fraîchement arrivées de leur île. Les pays occupés par eux avaient été organisés militairement : les villes les plus fortes, telles que Bécherel, Derval, Saint-Sauveur-le-Vicomte[1] leur servaient de place d'armes, où résidait un général habile, rompu au métier, et pouvant au besoin commander à une armée : sous ses ordres, il avait tous les capitaines des garnisons disséminées dans les châteaux-forts voisins ou dans les villes. Ces troupes formaient une véritable

---

[1] Knolle était capitaine de Derval et Chandos l'était de Saint-Sauveur-le-Vicomte.

armée permanente, vivant aux dépens des vaincus et sans cesse alimentée par de nouveaux contingents venus d'Angleterre. Ceux-ci se formaient à leur tour dans mille expéditions journalières, qui n'étaient souvent, hélas! que des actes de brigandage et de piraterie. Ces hommes n'en étaient pas moins exercés, disciplinés, prêts à tout, montrant en face du danger cette bravoure froide propre à leur race et qui les rendait plus aptes que les Français à accomplir sur un champ de bataille des manœuvres d'ensemble.

Quant au génie de leurs chefs, les Anglais semblent avoir été merveilleusement servis par la Providence. D'ailleurs les Bentley, les Chandos, les Caverlé, les Knolle avaient été choisis uniquement à cause de leur valeur militaire. Le prince de Galles et le duc de Lancastre ne furent que les élèves de Jean Chandos. Chez les Français au contraire, pendant ces luttes contre l'Angleterre, les commandements suprêmes n'avaient guère été exercés jusque-là, dans les grandes batailles, que par les princes du rang le plus élevé. Aussi les désastres de Crécy, de Poitiers, de la Roche-Derrien, d'Auray, sont-ils en grande partie imputables à des chefs sans expérience, qu'ils portent le nom de Philippe VI, de Jean-le-Bon ou de Charles de Blois.

Charles V, avant la reprise des hostilités, s'était sérieusement préparé à la guerre. A l'exemple du roi Edouard, il défendit à tous ses sujets de s'amuser à d'autres jeux qu'au tir de l'arc et de l'arbalète[1]. Il organisa des compagnies d'archers

[1] Par une ordonnance du 3 avril 1369, le roi défendait « tous geux de Dez, de Tables, de Palmes, de Quilles, de Palet, de Soules, de Billes et

et d'arbalétriers, à qui il confia la garde des villes fortes[1]. Il mit ses ports[2] et ses forteresses en état de défense[3], créa des arsenaux et des fabriques d'armes[4]. Ayant conscience de son peu d'aptitude personnelle pour le métier militaire, il eut la sagesse de donner à ses troupes de vrais généraux depuis longtemps habitués aux armes et capables de diriger comme de réorganiser les forces du royaume. La flotte fut confiée à Jean de Vienne, en attendant que les armées de terre fussent commandées par du Guesclin et Clisson.

Ce dernier, qui connaissait mieux que personne l'excellence des armées anglaises, comprit qu'il était pour le moment impossible de mettre en ligne une armée française capable de réparer en un jour les honteux désastres de Crécy et de Poitiers. Aussi nous le verrons bientôt conseiller à Charles V une tactique nouvelle, moins glorieuse en apparence, mais plus profitable aux vrais inté-

---

tous autres telz geux qui ne chéent (contribuent) point à exercer ne habiliter nos subgez à fait et usaiges d'armes... » Bib. Nat., *Chartes royales*, t. vi, n° 145

[1] Ordonnances. Coll *Secousse*, t. v, p. 144. — T. vi, p. 150... etc... et Bib. Nat., ms. 20615, n° 16, etc...

[2] *Documents inédits*. Leop. Delisle, 260, 453, etc..

[3] Bib. nationale, ms. 20584, fol. 6, ms. 22468, fol 31, ms 20582, fol 65 et *Chartes royales*, t. vi, n°s 166 167, 112 118, etc..

[4] Les deux principaux arsenaux, d'où le roi put tirer, selon ses besoins, une énorme quantité d'armes et de machines de guerre, furent celui de Vincennes et surtout celui de Rouen. (V. Bib. Nat., Cab. des Titres. Dossier Brumare). Richart de Brumare était le garde d'artillerie « du cloz des galies, armoures et garnisons de Rouen... » Pendant les années 1367, 1368 et 1369, ce capitaine livre aux places et aux châteaux une formidable quantité d'arbalètes, de viretons, de canons, de « martinez les plus fors et les mieux getans, etc... » Le 6° volume des *Chartes royales* est rempli des mandats de ces livraisons.

rêts du royaume, tactique qui d'ailleurs produisit les meilleurs résultats.

Dès le commencement de la guerre, nous trouvons Clisson à guerroyer dans le Cotentin, devant Saint-Sauveur-le-Vicomte : sans doute parce que cette ville appartenait à Jean Chandos, son ennemi personnel. Il fut assez habile par ses négociations pour déterminer Charles le Mauvais à ne pas s'allier trop ouvertement avec les Anglais contre la France[1].

A ce moment, la guerre éclatait partout à la fois. Knolle sortait de son repaire de Derval pour batailler avec Chandos dans le Poitou. Caverlé, à la tête de 4000 hommes, ravageait le Périgord. Dans le midi, les sires d'Albret et d'Armagnac[2], gagnés comme Clisson par Charles V, résistaient à grand peine au prince de Galles, qui, furieux des défections et des résistances qu'il rencontrait de toutes parts, prenait d'assaut la ville de Limoges et, sans distinction d'âge ni de sexe, en massacrait tous les habitants. Ce fut son dernier exploit : l'hydropisie le força bientôt à se rembarquer pour l'An-

---

[1] *Chronique des 4 Valois*, p. 203 et 204.

[2] Charles V, par tous les moyens, s'efforçait d'attacher les grands seigneurs à sa cause. Le 28 novembre 1368, il donne 40,000 francs au sire de Périgord pour que « le dit cousin fust avecques nous » (au cas où) nostre frère, le roy d'Angleterre, et nostre neveu le Prince (de Galles) susciteroient et feroient guerre. » Un autre Gascon, Bernart de Gresignac recevait 1000 francs d'or « pour ses bons et agréables services » (Bib. Nationale, Cab. des Titres, 2ᵉ série, Périgord).

En juillet 1368, Raymond de Mareuil recevait une rente annuelle de 2000 livres. (Bib. nationale, *Chartes royales* t. VI 150).

Le 6 décembre 1368 il promettait 60,000 francs d'or au sire d'Albret. (Bib. Nat., Cab. des Titres, 1ʳᵉ série, Albret)

Nous verrons plus tard que Clisson ne fut pas oublié dans les largesses royales.

gleterre, où il s'en fut traîner dans la langueur les dernières années de sa vie.

Chandos fut tué dans un engagement près du pont de Lussac[1]. Geffroy Païen, le futur écuyer et ami de Clisson, assistait à ce fait d'armes, qui délivrait la France d'un de ses plus redoutables ennemis.

Le roi d'Angleterre mécontent de cette guerre de détails, dans laquelle s'usaient sans résultats sérieux les troupes anglaises, voulut écraser ses ennemis d'un seul coup.

Au printemps de l'année 1370, Robert Knolle débarqua à Calais avec 10,000 combattants[2]. Il s'avança au travers de la Picardie et du Vermandois pillant et brulant tout. Ce qu'il voulait, c'était une grande bataille, c'est-à-dire inévitablement pour les Anglais une grande victoire.

Le bruit courait que le roi de France avait convoqué à Paris beaucoup de gens d'armes, dont le comte de Saint-Pol et le sire de Clisson devaient prendre le commandement. Knolle croyant les rencontrer se dirigea vers Paris. Sur sa route, il ravagea la Champagne, la Brie et l'Ile-de-France.

De son hôtel de Saint-Pol, Charles V aperçut bientôt la fumée des incendies, que les envahisseurs allumaient sur leur passage. De toute part arrivaient aux oreilles des seigneurs français les plaintes indignées des paysans, qui fuyaient sans abri et sans ressources[3] — On les abandonnait à la merci de féroces étrangers, quand les villes

---

[1] *Froissart*, l. 1. p. 11. ch. 295.
[2] *Grandes chroniques*. VI. 323.
[3] *Chronique en prose de B. du Guesclin*, ch. 129.

du royaume regorgeaient de soldats, qui ne demandaient qu'à marcher contre un ennemi bien inférieur en nombre. Dans la seule cité de Paris, il y avait une armée innombrable[1] : elle avait à sa tête la fleur de la chevalerie française. Là se trouvaient le vieux connétable Moreau de Fiennes, le comte de Saint-Pol, Raoul de Coucy, Jean de Viennes, le sire de la Rivière et surtout le sire de Clisson. C'était ce dernier qui, ayant une vue claire de la situation, et ne se faisant pas illusion sur l'issue d'une grande bataille, avait persuadé à Charles V de ne pas aller au devant d'un nouveau Crécy ou d'un nouveau Poitiers. De pareilles journées coûtent en effet plus cher à un peuple que la ruine momentanée de quelques bourgades.

Le roi avait défendu aux soldats de sortir de leurs murailles : « car, dit Froissart, le sire de Clisson le plus spécial de ses conseillers, et le mieux cru de tous, y mettait grand détry (empêchement) et disait : Sire, vous n'avez que faire d'employer vos gens contre ces forcenés : laissez-les aller et s'user ; ils ne peuvent vous tollir (enlever) votre héritage, ni vous bouter hors par fumières (incendies[2]). »

Un matin les Anglais, voyant qu'on ne venait pas leur livrer bataille, s'éloignèrent, après avoir brûlé les villages où ils s'étaient logés.

Knolle se dirigea vers les campagnes de l'Anjou et du Maine[3].

---

[1] *Chronique Cuvelier.* v. 17.560.
[2] *Froissart*, L. I. P. II, 314.
[3] *Chronique en prose de B. du Guesclin*, ch. 130.

Pendant ce temps, du Guesclin combattait aux environs de Limoges : c'est là que le trouvèrent les envoyés du roi de France, qui le mandait en toute hâte. Bertrand ne fit qu'une chevauchée jusqu'à Paris. Le roi et la cour le reçurent en grand honneur et lui apprirent qu'il était choisi pour connétable. La grande place que tenait alors Clisson dans les conseils du roi, et les relations d'intimité qui s'établirent aussitôt entre lui et Bertrand, peuvent faire supposer qu'il n'était pas lui-même étranger à la royale décision. Bertrand eut beau s'excuser, alléguant son indignité, sa pauvreté de naissance et de fortune, rien n'y fit — « Messire Bertrand, messire Bertrand, lui dit le roi, ne vous excusez point par cette voie ; car je n'ai frère, cousin, ni neveu, ni baron en mon royaume, qui ne obéisse à vous ; et s'il en était un, il me courroucerait tellement qu'il s'en apercevrait : mais prenez l'office de bon cœur : et je vous en prie[1]. »

Le premier soin du nouveau connétable fut de s'assurer le concours des Bretons, ses compatriotes. La Bretagne et la Gascogne étaient presque les seules provinces de France, qui fournissaient alors des soldats sachant tenir une épée. Ces deux pays, moitié anglais, moitié français, vivaient en contact continuel avec l'élément britannique. Or, de leur nature les Bretons et les Gascons sont des peuples remuants et belliqueux. Formés à l'école des Anglais, les guerriers de ces deux provinces, que Charles V put enrôler dans ses troupes, furent toujours ses meilleurs soldats.

[1] *Froissart*, l. I. p. II, ch., 318.

Avec Clisson, du Guesclin se rendit sur les frontières de Bretagne et de Normandie. A Pontorson, ils firent une mutuelle alliance restée célèbre. Les deux guerriers se connaissaient déjà, ayant eu plusieurs fois occasion de se rencontrer sur les champs de bataille, comme aussi pendant la double captivité du vaincu d'Auray et de Navarette. Ils se complétaient l'un l'autre. Du Guesclin avait l'entrain, l'impétuosité, la bravoure chevaleresque, un ascendant irrésistible sur les troupes, dont il se faisait admirer et aimer ; Clisson joignait déjà à une expérience et à une science consommée des choses de la guerre une intelligence vraiment supérieure, capable de tout comprendre et de tout diriger vers le succès. Tant que l'influence de ces deux grands hommes, qui ne firent plus qu'un, fut prédominante dans les suprêmes conseils, la France n'eut plus à craindre de nouvelles fautes ni de nouveaux désastres.

Ce fut dans le château de Pontorson, en face des murailles du mont Saint-Michel, et devant cette mer, dont les flots battaient les rivages opposés d'Angleterre et de France, que du Guesclin et Clisson se jurèrent amitié et alliance éternelle. Le 25 octobre 1370, fut scellé ce pacte indissoluble inspiré par une haine commune contre l'envahisseur étranger. Ce jour fut un jour heureux pour la France. Sans doute ces deux grands guerriers[1] avaient déjà par intuition la grande idée de la patrie française et, 60 ans avant Jeanne d'Arc, ils allaient tenter de rendre à la France sa liberté et son hon-

---

[1] Du Guesclin avait alors environ 5o ans, (*Luce*, p. 42) et Clisson 33 ans.

neur en l'arrachant aux étreintes du Léopard anglais. Dans ce chaos de guerres interminables, au milieu de tant de ruines, de massacres, de trahisons et de lâchetés, qui déshonorent cette époque, on aime à se reposer un instant sur le spectacle de la grande et pure amitié, que se jurèrent ces deux frères d'armes. Leur alliance féconde en beaux exploits, en vraie et sage politique, en succès inespérés, est un fait trop important dans nos annales pour que nous ne donnions pas, au moins en partie, le texte même du document, qui nous a été religieusement conservé.

« A tous ceulx qui ces lettres verront, Bertrand du Guesclin, duc de Mouline, connestable de France, et Olivier de Cliçon, salut. Sçavoir faisons, que pour nourrir bonne paix et amour perpétuellement entre nous et nos hoirs (descendants), nous avons promises, jurées et accordées entre nous les choses qui s'ensuivent ; c'est à sçavoir que nous Bertran du Guesclin, voulons estre aliez et nous alions à toujours à vous, messire Ollivier, seigneur de Clisson, contre tous ceulx qui peuvent vivre et mourir, excepté le roy de France, le vicomte de Rohan, et noz autres seigneurs de qui nous tenons terre, et vous promettons aidier et confortier de tout notre pooir... Item, voulons et consentons que de tous et quelconques profitz et droictz qui nous pourront venir et escheoir, dore en avant, tant de prisonniers pris de guerre par nous ou nos gens, dont le prouffit nous pourroit appartenir, comme de pays raençonné, vous aïez la moitié entièrement. Item, en cas que nous sçaurions aucune chose qui vous peust porter aucun dommage ou blasme, nous le vous ferons sçavoir, et vous en accointerons le plus tôt que nous pourrons. Item, garderons vostre corps à nostres pooir, comme nostre frère.

« Et nous, Olivier, seigneur de Cliçon, voulons estre aliez et nous alions... etc. » Après que Clisson eut fait des promesses semblables à celles de du Guesclin, le traité finit ainsi : « Nous Bertran et Ollivier... promettons, accordons et jurons sur les seintz évangiles de Dieu, corporellement touchiés par nous et par chacun de nous, et par les loys et sermens de nos corps bailliez l'un à l'autre[1], tenir garder... et accomplir... etc.. Donné à Pontorson, le vingt-troisième jour d'octobre, l'an de grâce MCCCLXX.[2] »

Ayant uni leurs fortune et leurs destinées autant qu'il était en eux, du Guesclin et Clisson[3] se rendirent à Caën en Normandie. là ils convoquèrent tous ceux qui voulaient prendre ouvertement parti pour le roi de France et faire campagne contre les Anglais.

Charles V, sur l'avis de Clisson, n'avait donné à son connétable que 500 hommes d'armes et de quoi en payer 1500, pendant 4 mois.

A Caën arriva bientôt, avec les comtes du Perche et d'Alençon, toute la haute noblesse

---

[1] Cette expression fait affirmer à Siméon Luce que Bertrand du Guesclin et Olivier de Clisson se firent saigner ensemble et mêlèrent leur sang (Luce : *Bert. du Guesclin* ch. III, p. 70 note 4).

[2] Dom Morice. *Pr.* I., col. 1642, et dom Lobineau. *Pr.*, col. 538.

[3] De son côté le duc de Bretagne, sentant que son attachement aux Anglais lui rendait les Bretons hostiles, et prévoyant la défection de Clisson, avait songé à faire une alliance avec les seigneurs de son duché : mais il ne put s'assurer que du dévouement d'un petit nombre, dont aucun ne portait un grand nom. (Dom Morice, *Pr.*, t. I, col. 1641).

bretonne. Là vinrent Alain et Jean de Beaumont, Olivier et Alain de Mauny, le vicomte de Rohan, le sire de Rochefort et environ 4000 guerriers.[1]

Une aussi grande assemblée effraya Clisson, qui tenait à sa tactique d'embuscades et d'escarmouches ; il dit au connétable qu'il était impossible de garder tant de monde : d'ailleurs le roi n'avait donné d'argent que pour payer 1500 hommes — « Beau frère, dit Bertrand, tant que, ma vaisselle et les joyaux de ma femme dureront, aucun homme ne sera refusé par défaut de gages : ceux que nous renverrions deviendraient pillards en France.[2] »

Les soldats, dont disposaient en ce moment du Guesclin et Clisson, quoique trop nombreux aux yeux de ce dernier, formaient néanmoins une excellente armée. Ces hommes étaient des soldats de métier accourus d'eux-mêmes à l'appel de du Guesclin, attirés par leurs instincts aventureux, l'espoir d'une bonne paie et surtout par le prestige qu'exerçait sur tous les hommes de guerre le héros fraîchement arrivé d'Espagne. Comme on le voit par les noms de leurs capitaines, ils étaient pour la plupart Bretons[3] : ils se trouvaient, suivant l'usage de cette époque, organisés par compagnies d'une centaine d'hommes chacune. Ces hommes d'armes ainsi enrôlés et conduits par des chefs habiles, en qui ils avaient confiance, offraient tous les avantages d'une armée permanente. Avec de tels soldats on pouvait entreprendre une sé-

[1] *Chronographia regum Francorum*, p. 390.
[2] *Chronique en prose de B. du Guesclin*, ch 132.
[3] Dom Morice, *Pr*, t 1, col. 1 43 et suivantes.

rieuse et utile campagne, tandis qu'avec une cohue de milices seigneuriales ou bourgeoises, qui n'étaient tenues qu'à un service limité par les constitutions du royaume[1], on ne pouvait guère préparer qu'une grande bataille, c'est-à-dire aller au-devant d'un désastre.

Les débris de l'armée anglaise, qui fondait en route, marchaient par bandes séparées du côté de l'Anjou, ayant occupé successivement Ruillé, Vaaz, le Loroux et la Lude[2]. La mauvaise saison, qui arrivait, rendait leur ravitaillement difficile : aussi chaque corps d'armée, de plus en plus réduit, campait-il un peu à l'aventure. Certaines difficultés survenues entre les chefs nuisaient encore à l'entente commune[3]. Knolle allait d'un côté, Thomas Granson d'un autre, à la distance de plus d'une journée de marche. Mentersworth faisait bande à part[4].

Lorsque Knolle, qui avait la responsabilité de l'armée entière, apprit que du Guesclin venait d'être choisi pour connétable, il connaissait trop le caractère du héros breton pour ne pas s'attendre à une bataille. Par mesure de prudence, il dépêcha des courriers aux autres chefs anglais pour leur enjoindre de concentrer leurs forces.

Les Français, qui arrivaient à marche forcée du côté du Mans[5], apprirent bientôt, par leurs espions, que Thomas Granson se mettait en mouve-

[1] *Institutions militaires de la France*, l. IV, ch. I, p. 196, ch. II, p 204, 217...
[2] Archives nationales JJ 179, 12 et 103, 224
[3] *Walsingham*, E. III p. 180.
[4] *Froissart*, l. I, p. 2, ch. 319.
[5] *Anciens mémoires du XIV° siècle*, ch. XXI, p. 554.

ment pour rejoindre Knolle. C'était justement cette concentration de l'ennemi qu'il fallait à tout prix empêcher. Bertrand prend les devants avec 500 cavaliers et galope pour barrer la route aux Anglais. Après une course de nuit, il se heurte un matin[1] aux 800 hommes de Granson[2]. Son premier choc fut si terrible que le bataillon anglais fut enfoncé. Mais les insulaires se rallient : Granson les masse étroitement et à leur tête il se rue sur les Français, qui sont à leur tour rompus et pénétrés. La bataille se change en une mêlée, où les piques et les lances sont remplacées par les courtes épées et par les haches. Au fort de la lutte, Clisson[3] arrive à toute bride avec le comte du Perche, Jean de Vienne, les maréchaux de Blainville et d'Andrehem et plus de 700 lances. Sur leur route, ils avaient écrasé un détachement ennemi commandé par Ourselay et ils arrivaient au moment où de son côté David Hollegrave apportait à Granson l'appui d'une centaine de lances.

« Les Français, dit un vieux manuscrit, trouvèrent Bertrand fort engagé dans le combat et fort pressé par Thomas de Granson, qui, tout fier du renfort amené par David Hollegrave, et se prévalant du plus grand nombre, comptait déjà que Bertrand ne pourrait lui échapper. Vaine fut son attente, car ces quinze cents combattants commandés par Clisson vinrent tout-à-coup se jeter au travers des Anglais, avec autant de furie que

[1] *Chronique Normande*, p. 197.
[2] Froissart affirme qu'il n'y avait que 200 Anglais contre 400 Francais (*Froissart*, l. I, p. II, ch. 319).
[3] *Chronique en prose de B. du Guesclin*, ch. 133.

des loups affamés... Clisson fit voir en cette rencontre que ce n'était pas sans raison qu'on l'appelait le *boucher de Clisson*, car il charpentait à droite et à gauche tout ce qu'il rencontrait, sous la force et la pesanteur de son bras[1]. »

Du Guesclin s'attachait surtout à Thomas Granson[2], qu'il parvint à saisir à bras le corps et à jeter sous lui. L'Anglais se rendit aussitôt. Clisson survint alors et voulut assommer le capitaine ennemi ; mais Bertrand l'en empêcha.

« Il ne restait plus qu'à se saisir de Thomelin Folisset, qui se moquait de tous ceux qui se mettaient en devoir de le prendre, en se défendant avec un bâton à deux bouts dont il se couvrait le corps. Personne n'en approchait impunément : il y en eut même qui, pour avoir voulu trop risquer, y laissèrent la vie. Regnier de Suranville fut de ceux-là. La mort de ce chevalier, que Clisson considérait beaucoup, alluma si fort sa colère que se jetant sur Thomelin, il lui fendit son arme en deux d'un coup de hache. Celui-ci mit aussitôt l'épée à la main pour en percer Clisson : mais le coup qu'il porta ne fut d'aucun effet et l'épée se brisa sur la cuirasse d'Olivier. Thomelin se jeta alors aux genoux de son vainqueur, pour lui demander la vie[3]...»

On croit vraiment assister aux combats des héros d'Homère. On croit entendre les mêmes défis : ce sont les mêmes coups formidables qui brisent une arme ou tuent un ennemi ; ce sont aussi les mêmes supplications quand le vaincu se voit près

---

[1] *Anciens mémoires du XIV siècle*, ch. XXI
[2] Bibliothèque nationale. *Chron. française* 9,656.
[3] *Anciens mémoires du XIV° siècle*, ch. XXI.

de mourir. De nos jours, nous pouvons avec peine nous faire une idée de l'importance qu'un seul combattant prenait alors dans une bataille. Nous trouvons incroyable qu'un seul guerrier ait pu tenir tête à une armée, comme du Guesclin le fit un instant à Auray et à Navarette, comme ce Thomelin Folisset en eut l'audace à Pontvallain. Ces grands exploits d'un héros ne s'expliquent que par sa force prodigieuse, l'excellence de son armure et peut-être aussi par l'imagination des chroniqueurs.

Quoi qu'il en soit, les Anglais furent écrasés à Pontvallain. Le butin fut considérable : car les insulaires, après avoir traversé la France, ne rentraient pas chez eux les mains vides.

Apprenant l'échec de Thomas Granson, Caverlé, qui amenait quelques compagnies, rebroussa chemin et redescendit du côté de la Loire. Knolle se trouvant aussi trop isolé au milieu d'un pays ennemi se retira vers la Bretagne, où il avait son beau château de Derval[1].

Le succès des Français était complet[2] : cet engagement heureux produisit les mêmes effets qu'une grande victoire. Dans toute la France l'enthousiasme fut grand, quand on en apprit la nouvelle[3]. Les Anglais n'étaient donc pas invincibles — Non mais, pour triompher d'eux, il fallait des chefs habi-

---

[1] *Cabinet d'Orronville*, ch. IX.

[2] Siméon Luce fixe au 4 décembre 1370 la date de la bataille de Pontvallain, qui fut probablement livrée au confluent de l'Aune et du Loir. Autrefois une croix en bois, dite la croix *brette*, s'élevait à la place de l'obélisque actuel. (*Froissart*, t. VIII, Éd. S. Luce, *notes*).

[3] Cette victoire inspire à Catherine de Pisan des souvenirs classiques : l'historienne fait à ce sujet intervenir le brave Caton, qui, dit-elle, enseignait si bien *ses chevaliers* (*Christine de Pisan*, p. 2, ch. XXIII).

les et expérimentés, des soldats solides, une bonne tactique militaire et, autant que possible, l'avantage du nombre, sur un point choisi par un bon général.

Les Français, par la rapidité de leur marche et l'imprévu de leur attaque, avaient su vaincre, ils se hâtèrent de tirer parti de leur victoire. Malgré la mauvaise saison, ils enlevèrent le château-fort de Vaaz. Ruilly et Méroux furent évacués par les garnisons anglaises.

L'armée victorieuse arriva bientôt à Angers, passa la Loire aux Ponts-de-Cé et s'arrêta devant Saint-Maur, où commandait Cressoualle. Ce dernier avait été un des capitaines de du Guesclin en Espagne, il fut mandé au camp français. On l'y reçut très aimablement; on parla des anciennes campagnes de Castille, et, après boire, l'Anglais promit un peu à la légère de livrer la place, si elle n'était secourue avant peu par le prince de Galles en personne. Cet accord conclu, les Français prirent la route de Saumur. Là, ils apprirent que Cressoualle, blâmé par ses officiers pour avoir traité avec le connétable, avait pillé et incendié Saint-Maur[1] : ses soldats chargés de butin s'étaient ensuite dirigés vers Moncontour et Bressuire.

A Bressuire, le capitaine de la place, quoique anglais, refusa de recevoir ses compatriotes, craignant en cas de siège de n'avoir pas assez de vivres pour les nourrir. Après avoir parlementé, il consentit enfin à en laisser entrer 50 par jour, à condition que ces détachements poursuivraient leur

---

[1] *Chronique Cuvelier.* V. 18 23 et suivants.

route vers Niort et Poitiers. Les quarante premiers étaient à peine dans la place que le guetteur cria : « Trahis, trahis !...[1] Ces fugitifs nous ont vendus... Fermez la porte ! Voici Bertrand qui vient ! »

En effet le connétable, Clisson, les maréchaux d'Andrehem et de Blainville, toute l'armée française arrivait enseignes déployées.

A Bressuire, les 40 Anglais déjà introduits furent massacrés comme traîtres et l'on ferma la porte aux autres. Ces derniers se virent perdus : mais, au lieu de fuir et de se disperser, ils se mirent bravement en défense, pour mourir en vrais soldats, les armes à la main. Malgré leur courage ils furent accablés. Il ne resta d'eux que quelques prisonniers que les chefs français se disputèrent. Mais du Guesclin, conseillé par Clisson, coupa court à toutes les difficultés en donnant l'ordre d'égorger ces malheureux. — « Les grands et les petits demeureront ainsi en paix, dit-il. » L'ordre fut exécuté et « 500 Anglais moururent sur les prés verdoyants et 60 qui étaient entrés en un verger[2]. »

La *Chronique en prose de du Guesclin*[3] raconte ce massacre, de même que la *Chronique en vers* et les *Anciens mémoires du XIVe siècle*.

Bressuire était une place très forte et bien approvisionnée. Un long siège étant impossible à entreprendre à cause de la mauvaise saison, il fallait enlever cette ville de haute lutte. Du Guesclin commanda l'assaut. Trois fois le brave maréchal d'Andrehem toucha le sommet des murs,

---

[1] *Anciens mémoires du XIVe siècle.*
[2] *Chronique Cuvelier.* V. 18,6,6.
[3] *Chronique en prose de B. du Guesclin*, ch. 135.

trois fois il fut renversé ou repoussé. Du Guesclin et Clisson furent blessés tous les deux : mais ils revinrent à la lutte plus acharnés que jamais. Les deux chevaliers, Jean du Bois et Jean de Beaumont, se distinguaient par leur audace et leur opiniâtreté. On vit enfin Jean du Bois planter sur les murailles l'étendard de du Guesclin. Il creva l'œil à un Anglais qui voulait l'arracher : « désormais, lui cria-t-il, tu seras bon à garder les oies[1]. »

En même temps, les parois des murs, attaquées avec rage par le fer, étaient enfin percées à jour dans plusieurs endroits. Cinq cents Français pénétrèrent dans la place, dont les portes furent ouvertes à tous les assaillants. Tous les vaincus furent passés au fil de l'épée. Le gouverneur de Bressuire réfugié dans la cidatelle fut bientôt forcé d'ouvrir ses portes : on le pendit à la grosse tour, en face des prairies de Saint-Cyprien. Le maréchal d'Andrehem, qui s'était conduit en héros, ne tarda pas à succomber à la suite de ses blessures.

La prise de Bressuire terminait glorieusement cette courte campagne[2], où du Guesclin et Clisson avaient combattu ensemble pour la première fois.

Du Guesclin resta encore quelque temps dans le Poitou. Olivier de Clisson, ne pouvant assez assouvir sa haine contre les Anglais, prit avec lui un corps de soldats bretons et partit, avec les sires de Rochefort, de Rohan et de Beaumanoir, à la recherche des 800 hommes, que Knolle envoyait de Derval en Angleterre. Chargés d'un lourd bu-

[1] *Chronique Cuvelier*. V. 18,684.
[2] *Christine de Pisan*, p. 2, ch. XXIV.

tin enlevé aux paysans français, les insulaires arrivaient déjà en vue de Saint-Mahé[1], où ils devaient prendre la mer, lorsque Clisson fondit sur eux et les força à rendre gorge. « La réputation de Clisson *le boucher*, comme ils l'appelaient, parce qu'il coupait bras et jambes dans les combats, leur donna tant de crainte et de frayeur, qu'ils se laissèrent hacher en pièces et ne firent qu'une légère défense[2]. »

Leur chef, Robert de Neufville, fut durement rançonné, après s'être rendu à Clisson. Ainsi s'évanouissaient les derniers restes de cette redoutable armée d'invasion, qui avait débarqué à Calais, traversé la France et fait trembler Paris.

Clisson et le connétable furent mandés à la cour du roi de France. Ils y arrivèrent tout fiers de leurs victoires. Avec eux, notre pauvre pays se reprenait enfin à espérer les triomphes des anciens jours depuis si longtemps oubliés. Charles V accueillit les vainqueurs, et les Bretons de leur suite, « avec une grande louange ; desquels le roi se contentait tellement qu'il disait pour lors souvent vouloir être Breton, et que de plus vaillante nation ne se trouvait de ce temps-là, et fit aux capitaines de grands présents, de bagues, chaînes et draps de soie : aussi honora-t-il plus que tous les autres hommes de France messire Bertrand et le sire de Clisson, comme à la vérité le méritaient-ils bien[3]. »

[1] *Chronique Normande*, p. 198.
[2] *Anciens mémoires du XIVᵉ siècle*, ch. XXXI, p. 363.
[3] *D'Argentré*, l. VIII, ch. IV.

CHAPITRE V

1371-1373

CLISSON COOPÈRE A LA CONQUÊTE

DE L'ANJOU, DU POITOU ET DE LA SAINTONGE

Moncontour. — Clisson se fait dédommager de ses grandes dépenses par Charles V. — Coup d'œil sur l'organisation militaire de cette époque et sur la composition des armées conduites par Clisson et du Guesclin. — Clisson blessé a Loudun. — Enlèvements de Saint-Sévère, de Saint Jean-d'Angély, de Saintes. — Entrée a La Rochelle. — Cruauté des Anglais. — Terribles représailles de Clisson. — Equipée de Mortagne-sur-Sèvre. — Clisson au chateau de ses ancêtres.

Après leur désastreuse campagne de 1370, les Anglais ne pouvaient songer de sitôt à jeter sur la France une nouvelle armée d'invasion. Rassurés de ce côté, les généraux français pouvaient prendre une vigoureuse offensive. Les Anglais possédaient encore tout le sud-ouest de la France. Derrière une ligne allant de Loudun en Anjou à Usson en Auvergne, ils occupaient la plupart des villes et des châteaux-forts, maintenant sous leur joug une partie de la Touraine, de l'Anjou, de la Marche, de l'Auvergne, ainsi que tous les pays situés entre l'océan et ces provinces. Des places fortes de premier ordre, telles que Thouars, Poitiers, Saint-Sévère, la Roche-sur-Yon, la Rochelle leur servaient d'arsenaux et de centres de ravitaillement.

Le plan de campagne des Français en 1371 fut d'attaquer à la fois les deux extrémités des possessions anglaises et de refouler les insulaires vers Bordeaux. Pendant que du Guesclin opérait au sud, du côté de l'Auvergne et du Rouergue, Clisson fut nommé lieutenant du roi dans les provinces de Touraine, du Maine et de l'Anjou[1], avec mission de déloger les Anglais de leurs forteresses en les rejetant vers le sud-ouest.

Le duc de Bretagne, sachant qu'Olivier allait guerroyer sur les bords de la Loire, n'était pas rassuré sur le sort de Chantoceaux, auquel il tenait beaucoup, comme nous l'avons vu, à cause des profits qu'il tirait de ses douanes. Aussi, dès le 23 avril de cette année 1371, il recommanda à Colin de Tours, gouverneur de cette forteresse, de ne pas s'endormir dans une trop grande sécurité et de veiller aux fortifications, dont il avait la garde[2]. Nous possédons encore le texte de la lettre par laquelle Jean IV exprime sa défiance.

Mais Clisson avait alors trop à faire contre les Anglais pour se mettre en guerre ouverte avec son suzerain.

Il passa l'été à batailler en Anjou, en Touraine et en Poitou. Dans cette dernière province, à cause de la division des seigneurs, dont les uns tenaient

---

[1] Dom Lobineau. *Pr.* col. 570.
[2] Archives de la Loire-Infér. S. E. 233.

pour les Français et les autres pour les Anglais, la lutte dégénérait en guerre civile. « Ainsi étaient là les choses tellement embrouillées, et les seigneurs et les chevaliers l'un contre l'autre ; et le fort y foulait le faible ; il n'y avait ni droit, ni loi, ni raison à personne : et étaient les villes et les châteaux entrelacés les uns dedans les autres, les uns Anglais et les autres Français, qui couraient et rançonnaient et pillaient l'un sur l'autre, sans point de répit[1]. »

Clisson fut pourtant assez heureux pour s'emparer de plusieurs villes et forteresses et pour étendre ainsi l'influence française. Mais les Anglais réunirent bientôt une forte armée et mirent le siège devant Moncontour. De nombreuses machines, qu'ils avaient amenées de Poitiers et de Thouars, battirent les murailles pendant dix longues journées. Au bout de ce temps, plusieurs brèches étant ouvertes, un assaut emporta la place. Dans leur sauvage cruauté, les vainqueurs n'épargnèrent que le gouverneur, Jean de Coulonges, qui fut mis à rançon avec six autres chevaliers ; le reste de la garnison française fut massacré jusqu'au dernier homme. La guerre prenait un caractère de barbarie, auquel les rigueurs de Clisson n'étaient pas étrangères.

L'investissement de Moncontour ne fut connu à Paris que le 26 août : aussitôt Charles V avait chargé Clisson de débloquer la place[2] : ce dernier réunit à la hâte sa petite armée de Bretons. Dès le 5 septembre, il était prêt à quitter Saumur, pour

[1] *Froissart*. l. i, p. ii, ch. 327.
[2] Bib. Nationale, ms. 789, N° 6.

voler au secours de la forteresse assiégée, quand il apprit qu'elle avait succombé. Sur ces entrefaites, du Guesclin, qui, après deux sièges pénibles avait enfin réussi à s'emparer d'Usson, revint du côté de l'Anjou, pour joindre ses troupes à celles de son frère d'armes. Tous deux firent une démonstration devant Moncontour[1] : mais la saison était trop avancée pour tenir campagne et ils durent s'éloigner de cette ville, tout en se promettant d'y revenir au printemps prochain.

En somme, cette campagne de 1371 donna de moins brillants résultats que la précédente. Du Guesclin et Clisson avaient eu le tort de diviser leurs forces : chacune de leurs armées, trop réduite pour assiéger les fortes places, manquait en outre de machines de guerre. Les arsenaux du roi de France étaient en effet trop éloignés[2] : le mauvais état des routes et la masse encombrante de ces instuments rendait leur transport difficile et trop coûteux.

Enfin, Charles V ne voulant pas exiger de ses sujets, déjà ruinés par la guerre, de trop lourds impôts, lésinait un peu pour donner à ses capitaines l'argent nécessaire à leurs troupes[3]. Ainsi que du Guesclin, Clisson réclamait énergiquement, regardant les dépenses militaires comme de première nécessité[4].

---

[1] *Chronique Normande*, p. 202.

[2] Les principaux arsenaux des Français étaient à Vincennes et à Rouen. (Léop. Delisle. *Doc. inéd.*, passim.).

[3] *Anciens mémoires du XIVe siècle*, ch. xxxiii.

[4] La bibliothèque de la ville de Poitiers possède l'original d'une lettre dans laquelle Clisson, le 5 septembre 1371, enjoint au trésorier des guerres de payer diverses dépenses, notamment 1200 francs d'or lui-

D'ailleurs, comme son frère d'armes, Clisson n'attendait pas, pour payer ses troupes, que le trésorier des guerres lui eût envoyé de l'argent : aussi fut-il presque toute sa vie le créancier du Trésor pour de très fortes sommes[1]. En ce moment, malgré son immense fortune, il se trouvait sans doute embarrassé. Il avait emprunté 9,220 florins à un nommé Bartholomé Spifane, une espèce de juif italien[2].

D'un autre côté il avait avancé beaucoup d'argent à la comtesse de Penthièvre, celle-ci, après une entente, prit pour elle l'obligation souscrite par Clisson en faveur de Bartholomé Spifane[3]. Au commencement de l'année 1372, le 24 mars, Charles V, pour dédommager Olivier de ses sacrifices pécuniaires, lui abandonna les rançons dues par plusieurs garnisons anglaises. « Considérant que notre cher et féal cousin le sire de Clisson a plusieurs châteaux et forteresses sur la frontière du pays de nos ennemis, en Poitou, en Guyenne et en Bretagne, pour la garde et sureté desquelles, il a fait plusieurs grandes dépenses, tant en gages de gens d'armes qu'en vivres et réparations nécessaires et autrement…. pour lui aider à supporter les dites dépenses… donnons et octroyons, par la teneur de ces lettres, toutes les rançons que lui et

---

même pour le déplacement de sa compagnie amenée au secours de la forteresse de Moncontour. (Original à la bib. de Poitiers, communiqué par M. Lièvre).

[1] Bib. Nationale, Cab. des Titres, ms. 789. n° 55 et *passim*.

[2] Ce Bartholomé était banquier ou marchand de métaux précieux. Du mois de juin 1370 au mois de septembre 1373, il porta pour être monnayés, à l'Hôtel des Monnaies plus de 15.000 marcs d'argent : chaque marc lui était payé environ 108 ou 110 sols tournois. (V. *Ordonnances* coll. Secousse, t. v, *passim*).

[3] Bib. de Nantes, 1703, fr. 1547.

ses capitaines ont faites en l'obéissance de nos ennemis... sans que nous puissions rabattre de ses gages... »[1]

Le roi de France donna en outre 4000 livres à son dévoué capitaine, pour qu'il pût se construire à Paris un magnifique hôtel[2] : de cette manière Charles V l'attirait plus fréquemment à sa cour et lui faisait oublier de plus en plus la fidélité que, d'après les usages féodaux, il devait à son suzerain de Bretagne.

Un fait d'ordre tout-à-fait intime vint, cet hiver même, changer en haine véritable le peu de sympathie que Jean IV ressentait déjà pour Olivier de Clisson.

Quelques années auparavant, le duc de Bretagne avait épousé Jeanne Holland, fille de Thomas Holland, comte de Kent[3]. Or, s'il faut en croire certain chroniqueur, dont le récit explique bien des choses, le roi de Navarre serait passé par le

---

[1] Bib. de Nantes, 1596 fr. 1540. — Ce document dont nous avons modifié l'orthographe, montre que la coutume des rançons, dont les Anglais avaient tant usé et abusé, se retournait contre eux. Si Clisson fut tenace dans ses exigences, eux-mêmes lui en avaient donné l'exemple. Ceux-ci poussaient la cruauté jusqu'à torturer les prisonniers et les otages, afin de forcer les parents des victimes à payer plus vite. Même après la mort des prisonniers, ils exigeaient encore les sommes fixées par par leur avarice, comme ils le firent au sujet de Jean le Bon mort entre leurs mains. — Le sire de Tournebu avait laissé son fils en otage pour sortir de prison. Sa fortune n'ayant pas suffi à payer sa rançon intégrale, les Anglais firent mourir *aussement et mauvaisement* le jeune Tournebu, ainsi qu'un autre enfant *de l'âge de moins de dix ans.* Après le meurtre des deux victimes, ils réclamèrent encore le dernier terme de la rançon au malheureux père. (Bib. nationale, Cab. des Titres, Villevieille, XXIV. Tournebu).

[2] L'année précédente le roi avait donné à Clisson une somme égale pour la même destination. (V. *Fontenelle de Vaudoré*, t. I, 256, notes).

[3] *Hist. gén. de la maison de France*, t. I, p. 453.

château de Clisson en se rendant en Bretagne. Olivier le reçut avec beaucoup d'honneurs et lui fit *très bonne et très grande chère:* il l'accompagna même à Nantes, où était le Duc. Alors le roi de Navarre, ce prince de toutes les intrigues et de toutes les trahisons, pour remercier Clisson de son hospitalité, aurait tenu à Jean IV d'abominables propos entachant l'honneur de la duchesse de Bretagne. Charles le Mauvais affirma que lui-même avait été témoin de relations intimes entre Olivier de Clisson et Jeanne Holland, dans le château même de Clisson[1].

Il est désormais bien difficile de discerner quelle part de vérité contenaient ces accusations. D'ailleurs ce n'est pas encore le moment de parler des longues et sanglantes discordes, qui divisèrent et armèrent l'un contre l'autre le duc de Bretagne et son puissant vassal.

Reprenons donc le récit des campagnes de Clisson et de du Guesclin contre les Anglais. Mais auparavant il ne sera peut-être pas hors de propos de jeter un coup d'œil sur l'organisation militaire de cette époque, afin de montrer quelle était la constitution de ces armées, dont nous allons suivre les efforts.

Tous les hommes d'armes à cheval étaient encadrés par compagnies d'une cinquantaine d'hommes[2].

---

[1] *Histoire du comté d'Evreux* (p. 15 des Preuves) et *Mémoires sur Charles le Mauvais*, par Secousse, t. I, p. II, 149.

[2] Les renseignements sur cette organisation, exposée ici le plus clairement et le plus brièvement possible, ont été puisés dans les innombrables *montres* ou revues de l'époque, dans les études de Boutaric sur nos institutions militaires. (L. IV, *passim.*) et surtout dans les Ordonnances royales (Coll. *Secousse,* t. v, *passim.*).

Le chevetaine ou banneret, presque toujours chevalier, qui commandait chacune d'elles, devait veiller à ce que ses hommes fussent toujours bien armés, bien montés et en état de tenir campagne. Le banneret était d'ordinaire un seigneur jouissant d'une grande considération. Ses soldats, comme lui-même, étaient payés tous les mois, après une revue (ou *montre*) passée devant les délégués du roi, du connétable ou des deux maréchaux. Tous, le chef et les soldats, s'habillaient, s'armaient et se nourrissaient sur leurs gages.

Le prêt du chevalier banneret ou chevetaine était de 40 sols tournois par jour, les autres chevaliers avaient 20 sols, un écuyer 10 sols et un valet armé 5 sols. Les chevaliers portaient l'armure complète, les écuyers étaient armés *en côté de leurs armes*, et enfin les valets devaient porter *haubergeon avec bassinet à camail, gorgerette, gantelets et chape par dessus le haubergeon*.

Pour éviter les passe-volants, c'est-à-dire les soldats que des chevetaines peu scrupuleux auraient pu se prêter uniquement pour le jour des revues, celles-ci devaient être inopinées et fréquentes. Les chevaux étaient marqués sur la cuisse avec un fer rouge. Enfin le banneret devait connaître ses hommes par leurs noms et surnoms et s'engager par serment à remplir avec fidélité ses obligations.

Tous ces soldats étaient montés : mais, avant la bataille, ils confiaient le plus souvent leurs chevaux à la garde des *bidaux* et des *péquins*, sortes de domestiques qui les accompagnaient : alors seulement les guerriers mettaient leurs *bassinets* sur leurs têtes, resserraient leurs *plates* ou courroies d'armures et se massaient pour l'attaque ou la défense.

Quant aux soldats non montés, appelés plus tard fantassins, ils étaient eux aussi organisés par compagnies d'une trentaine d'hommes, commandés par un connétable, et ils se divisaient en *arbalétriers* et en *pavesiers*.

Les premiers, payés trois sols et demi par jour, devaient être munis d'une *arbalète selon la force de l'homme*, d'un *baudrier*, de *plates*, de *crevellière, gorgerette, épée, coutel, harnais* (cuirasse), *bras de fer et bras de cuir*.

Le *pavesier* payé deux sols et demi devait avoir *plates, haubergeon, bassinet à camail, gorgerette, harnais, bras, gantelets, épée, coutel, lance* et enfin il devait porter un *pavois ou autre armure* protectrice[1].

L'armée que Clisson avait directement sous ses ordres se composait de 57 chevaliers et de 399 écuyers[2], sans compter les valets armés, les fantassins et autres petites gens. Dans cette troupe, nous trouvons des grands seigneurs, comme le sire de Malestroit, des batailleurs de profession comme le sire de la Grésille, un des vétérans des campagnes de Normandie[3], Geffroy de Kerrimel, qui avait crevé un œil à Clisson lui-même pendant la bataille d'Auray, Jean de Keranlouët, un des

---

[1] Toutes ces troupes constituaient ce que nous appellerions de nos jours l'armée active : mais il y avait aussi des milices territoriales ou sedentaires, qui, organisées le plus souvent en confréries d'*archers* et d'*arbalétriers* étaient affectées à la garde des places fortes et pouvaient au besoins être convoquées pour concourir à une action militaire, par exemple, au siège d'une ville. (V. *Institutions militaires*, p. 220).

[2] Dom Lobineau, *Pr.* col. 571.

[3] Dom Morice, *Pr.*, t. 1, col. 1633, 1634.

braves qui avaient attaqué et tué Jean Chandos[1].

Olivier, dans le choix de ses soldats, ne tenait guère compte que de la valeur militaire : nous voyons dans son armée, chose rare à cette époque, de simples roturiers devenus chefs de compagnie, comme Jean Cerpillon et Jacob Lalain. Parmi les autres bannerets, qui vont faire la campagne de 1372, se distinguent Jean de Beaumanoir et Olivier de Montauban[2], fils de deux héros illustrés par le combat des Trente, Olivier du Guesclin, frère du connétable, Olivier de Mauny, son cousin germain, tous deux inséparables compagnons des exploits de leur célèbre parent ; nous trouvons encore le sire de Rais, voisin d'Olivier de Clisson, Pierre de Tournemine, Jacques de Penhodic, Jean du Rocher, tous Bretons habitués aux armes, tous chefs de compagnie. On comprend que le duc de Bretagne ait longtemps hésité avant d'entrer ouvertement au service de l'Angleterre : la fleur de sa chevalerie était avec Clisson et du Guesclin dans les armées françaises.

Autour de ces chevaliers se groupaient des hommes d'armes solides, des guerriers de profession formés en Bretagne, en Espagne et en France dans les luttes contre les Anglais ou contre les brigands des grandes compagnies ; d'ailleurs beaucoup d'entre eux avaient été brigands eux-mêmes à l'occasion. Nous rencontrons parmi eux des détrousseurs de grands chemins, comme Jean Malherbe[3], à côté d'humbles héros comme Geffroy

---

[1] *Froissart,* l. i, p. ii, ch. 294.
[2] Dom Morice, *Pr.*, t. i, col. 1650. — Du Paz, *Généal.* 101.
[3] Archives nationales, JJ, 98, 452.

Payen. Au demeurant, tous braves et forts, ayant embrassé librement et par goût la carrière des armes : leur âme, comme leurs membres, s'était endurcie dans les travaux de la guerre. Ils étaient capables de toutes les cruautés, mais aussi de tous les dévouements, sous la conduite d'un chef qui avait su gagner leur confiance. Plus d'un avait sans doute au fond du cœur quelques mauvais souvenirs de scènes atroces et quelque haine implacable contre les Anglais : plus d'un avait sans doute à venger, contre ces étrangers avares et brutaux, la ruine ou la mort de quelqu'un des siens... d'un père ou d'une mère peut-être.

La campagne de 1372 fut mieux préparée que la précédente. Toutes les troupes françaises furent concentrées pour opérer ensemble. Le manque d'arbalétriers s'était fait vivement sentir en 1371, surtout devant Moncontour. Or les meilleurs soldats de cette arme étaient les Génois. Charles V s'occupa activement d'en pourvoir ses armées. Dès le 31 octobre 1371, il retenait *Honoffle Spinart du pays de Gennes*, lui, deux *connestables* et 47 arbalétriers *en sa compagnie*, pour servir « soubz le gouvernement de nostre amé et féal cousin le sire de Clisson, lieutenant ès basses Marches[2]. » En effet, si le mécanisme délicat et compliqué d'une arbalète, l'attirail assez encombrant qu'elle nécessitait, la lenteur de son tir, la rendaient d'un usage assez difficile dans une bataille, en revanche elle pouvait rendre d'immenses services dans les sièges et les assauts. Alors il était facile à un adroit

---

[1] Bib. nationale, cab. des Titres, 1re série. Dossier Spinart.

tireur, masqué par son pavesier, de bander tranquillement son arme, de viser et de décocher son trait au bon moment : il obligeait les défenseurs des murailles à se cacher eux-mêmes et ceux-ci ne s'opposaient plus avec tant d'efficacité aux efforts des assaillants.

C'était autour des murs de Saint-Sévère que, par ordre de Charles V, devaient se rassembler tous les détachements français, qui avaient opéré l'année précédente dans le Berry, le Limousin et le Poitou[1]. Les Anglais n'avaient aucune force suffisante à opposer à l'armée française maintenant mieux organisée et habilement conduite. Le plan de Clisson et de du Guesclin fut de profiter de cette supériorité pour enlever aux ennemis les forteresses d'où ils dominaient et rançonnaient le *plat pays*. Ces deux généraux, sans s'arrêter à de longs sièges toujours coûteux et pénibles, souvent inutiles, préféraient brusquer l'attaque, lancer leurs troupes à l'escalade des murailles, renouvelant leurs assauts jusqu'à l'enlèvement de la place. Comme ils disposaient d'excellents soldats, leur audace et leur ténacité réussit toujours, tant qu'ils n'eurent pas devant eux des places de premier ordre défendues par des troupes nombreuses et aguerries.

Olivier de Clisson dut quitter Paris vers la fin de mars 1372[2] : il voulait à tout prix reprendre Moncontour, ville voisine de ses possessions personnelles : il crut avoir le temps de l'enlever avant

[1] *Christine de Pisan*, p. II, ch. xxv.
Bib. Nationale, ms. 789, n° 41.

de se rendre à Saint-Sévère. Il l'attaqua donc ; du Guesclin craignant de laisser seul son frère d'armes, arriva pour lui prêter main-forte[1]. Leurs efforts réunis eurent vite emporté la forteresse. Ils y trouvèrent Cressoualle et le firent prisonnier, ainsi que bon nombre d'Anglais. — Un de ces derniers, à qui Bertrand devait quelque argent, avait pendu par moquerie l'écusson renversé du connétable au-dessus d'une des portes de la ville[2]. Quand les Français furent les maîtres, Clisson n'eut rien de plus pressé que de rechercher l'auteur de l'insulte. Par de terribles menaces il força ses compagnons à le désigner[3]. Il se saisit alors de l'insolent et de sa propre main il le pendit à la place des armoiries renversées de Bertrand.

Mais, après cette exécution, il fut obligé de se retirer à Loudun, pour se guérir d'une blessure reçue pendant l'assaut. Ses hommes d'armes, parmi lesquels Geffroy Payen, son écuyer et son ami, se rendirent alors à Saint-Sévère avec le connétable. Les Poitevins avaient été fort éprouvés pendant les dernières campagnes et ne demandaient qu'à vivre en paix avec les belligérants. Avant de se quitter, Clisson et du Guesclin accordèrent une trêve ou *abstinence de guerre*, aux *prélats, barons, seigneurs et habitants du Poitou* : l'acte en fut signé le 9 juillet 1372[4].

D'après Froissart, Clisson ne tarda pas à rejoindre

---

[1] *Cabaret d'Orronville*, ch XXX et bib. Nationale. *Chronique française*, 96556.

[2] *Chronique en prose de B. du Guesclin*, ch. 144.

[3] *Chronique Cuvelier*. V. 19682.

[4] Archives Nationales JJ 103, f. 77, n° 141.

du Guesclin à Saint-Sévère ; cette ville fut enlevée après un vigoureux assaut[1], juste au moment où le captal allait arriver avec 3,000 hommes pour prendre à revers l'armée assiégeante.

La *Chronique en prose de B. du Guesclin* attribue tout l'honneur de la journée à Geffroy Payen et aux Bretons. Voici comment Payen aurait presque seul commencé l'assaut[2].

Pendant que l'armée française était au repos, cet écuyer de Clisson examinait les remparts. Sa hache d'arme tomba par accident au fond des douves. Le Breton y tenait comme à la prunelle de ses yeux. Grâce au secours de quelques compagnons, qui se prirent par la main, il descendit pour chercher son arme. Mais il était plus facile de descendre que de remonter : les Anglais se mirent à lui lancer une grêle de traits et de pierres. Payen se voyait perdu : il rugissait de rage à la pensée d'être tué sans pouvoir même se défendre. Il commença tout seul à monter à l'assaut, s'aidant de ses pieds et de ses mains : il fit si bien qu'il parvint presque au haut des murs. Ses compagnons avec une générosité chevaleresque et

---

[1] Froissart se trompe en affirmant que Saint-Sévère capitula : cette place fut emportée de vive force : tous les autres chroniqueurs sont d'accord sur ce point et donnent même beaucoup de détails sur la prise de la ville et sur les exécutions qui suivirent. Ce qui a induit Froissart en erreur, c'est que le duc de Berry, plusieurs fois auparavant, avait engagé des pourparlers avec les Anglais pour le rachat de Saint-Sévère, à cause des ravages causés par sa garnison dans le Berry, le Bourbonnais et l'Auvergne. Charles V, le 10 décembre 1371, avait même consenti à donner 6000 francs. L'accord projeté échoua et la ville fut prise 6 mois après. Mais on comprend que Froissart ayant entendu parler d'arrangements ait affirmé que Saint-Sévère se rendit à de bonnes conditions. (V. Bibl. Nationale, coll. Fontanieu. Portef. 92-93. n° 94 et Chronique fr., n° 9656)

[2] *Chronique en prose de B. du Guesclin*, ch. 145.

toute française firent la folie d'aller à son secours. Plusieurs se laissèrent comme lui glisser dans le fossé et montèrent à la muraille. D'autres accoururent : le coup de tête de Payen amenait un assaut véritable.

A cette heure, les chefs et le gros de l'armée des assiégeants étaient à manger et à boire. Le bruit que l'assaut est commencé se répand de proche en proche. Du Guesclin renverse tout et arrive. Il trouve les choses en bonne voie : aussitôt il commande une attaque générale et ordonne à tous ses soldats de vider les tentes et de se bien employer sous peine d'avoir la tête coupée. L'assaut dure longtemps, car les assiégés se défendent vaillamment, malgré les imprécations de du Guesclin, qui les traite de renégats et de ribauds et qui jure, selon son habitude, *par tous les saints du paradis et par le corps de Jésus*, qu'il les fera tous pendre.

En fait de machines de guerre, les assiégeants n'ont que des pioches, des échelles, des cordes à nœuds, des coins en fer qu'ils cherchent à enfoncer de plus en plus haut dans les jointures des murailles. Les projectiles de toutes sortes pleuvent sur leurs têtes ; ils se protègent de leur mieux avec des casques, des boucliers, des planches, des toits improvisés avec des merrains. Bientôt la soif épuise leurs forces : mais dans leur armée il y a des tonneaux de vin et des femmes[1]. Le connétable fait défoncer les tonneaux : quelques soldats y boivent à même, les femmes vont servir les autres. Les murs sont entamés dans plusieurs endroits.

[1] *Chronique Cuvelier*, V. 20112-20133.

Alain de Taillecol, dit l'abbé de Malepaie, a percé à lui tout seul un trou assez grand pour le *chef d'une baleine*. Enfin la ville est envahie... quel mauvais moment pour ces Anglais, qui ont tant pillé et rançonné, et qui croyaient rentrer bientôt dans leur pays, les poches pleines d'or. C'est le fer des bons soldats de Clisson et de du Guesclin qu'ils ont devant eux. S'ils se défendent, c'est la mort : s'ils se rendent, c'est une dure rançon, la pendaison peut-être.

On fit un triage des prisonniers : les Anglais de naissance sont mis à rançon : quant aux Français au service de l'Angleterre, ils furent pendus *aux prochains arbres de la ville*.

Tous y furent pendus les félons malotrus :
Et tant y en avait et dessous et dessus
Que l'on ne savait pas lequel était le plus
Des feuilles ou des morts, qui là furent pendus[1].

Personne n'est tenté de plaindre ces infâmes qui, profitant des malheurs de leur patrie, osaient se vendre à ses bourreaux.

Le captal de Buch, pour sauver Saint-Sévère, avait convoqué toutes ses troupes et trop dégarni ses places fortes. Par une marche rapide les Français enlevèrent Poitiers sans coup férir, les habitants étant de connivence avec eux[2].

Le roi de France fut si heureux de recouvrer Poitiers que, pour honorer le patriotisme de ses habitants, il accorda la noblesse hérédi-

[1] *Chronique* Cuvelier, v. 20440.
[2] *Froissart*, éd. Luce, t. 8, xxxiv.

taire au maire et aux échevins de cette ville[1].

L'armée du captal de Buch, composée de Poitevins, de Gascons et d'Anglais, s'était séparée en trois corps. Les seigneurs gascons emmenèrent leurs gens vers le sud, à Saint-Jean-d'Angély ; les Poitevins prirent le chemin de Thouars ; les insulaires se retirèrent à Niort, qu'ils furent obligés de reprendre de force : car la population s'était soulevée contre eux en leur absence.

Les Anglais n'étaient pas au bout de leurs déboires. Henri de Transtamarre, se souvenant qu'il devait sa couronne à l'appui de la France, équipa 53 gros navires de guerre, qui battirent complètement la flotte anglaise en vue de la Rochelle.

Vers ce temps, le captal de Buch tomba entre les mains des Français dans une escarmouche de nuit, sous les murs de Soubise.

En apprenant cette importante capture, Clisson ne songea qu'à en profiter pour frapper de grands coups. Il quitte le gros de l'armée française, avec le vicomte de Rohan, recueille en chemin le sire du Pons, qui revenait de prendre Soubise, et, avec une troupe assez forte, il va lui-même annoncer à la garnison de Saint-Jean-d'Angély la prise de son gouverneur, le captal de Buch. La ville ouvre ouvre ses portes, le 20 septembre, et jure foi et

[1] La possession de Poitiers, la capitale et la clef de tout le Poitou, était regardée comme si importante que le roi Jean, en 1355, avait voulu, par une ordonnance spéciale, assurer la garde et la défense de cette cité.... « Toutes manières de gens seront contraints à eulx armer.. les riches de toutes armures : les moïens de lance, pavois ou godaudac .. et les menus de godaudac, comme ils pourront... » Tout le monde devait largement contribuer à l'entretien des remparts. Cette ordonnance met en quelque sorte la ville en un continuel état de siège et y institue une garde nationale permanente. (*Archives nationales*, JJ. 84, 458).

obéissance au roi de France[1]. Clisson poussa alors une pointe de dix-sept lieues en pays anglais et se présenta devant la grosse ville d'Angoulême[2]. Cette cité n'osa se défendre : mais les Angoumois aimèrent mieux traiter avec le sire du Pons qu'avec les Bretons, qui jouissaient d'une assez mauvaise réputation chez leurs ennemis.

Clisson continue sa route vers Taillebourg, qui ouvre ses portes. A Saintes, Guillaume Farington avait soixante armures de fer : de gré ou de force, il commanda à toute la population de courir aux remparts. Le premier assaut des Bretons fut repoussé : mais, en se retirant jusqu'au lendemain, ceux-ci firent de telles menaces aux habitants de Saintes, que la nuit leur porta conseil. Ils s'en allèrent trouver leur évêque, qui leur dit que le moyen de tout arranger était de s'emparer de Guillaume Farington et de ses soixante compagnons : ils le firent très courtoisement d'ailleurs, et obtinrent des Français, en se rendant à eux, la permission de reconduire à Bordeaux leur gouverneur et sa troupe. Cette conduite plus habile que patriotique est pourtant bien explicable de la part de ces pauvres villes, qui le plus souvent n'attendaient du parti victorieux par les armes que le pillage et le massacre.

---

[1] Saint-Jean d'Angély érigé en commune depuis 1204 (*Ordonnances*, Secousse, t. v, p. 671), obtint, le 9 novembre 1372, de nombreux privilèges. Le roi de France faisant preuve de sage politique s'attachait ainsi les cités françaises (*Arch. nation.*, JJ, 105, 418).

[2] En mars 1373, cette ville obtint également de grands privilèges de la part de Charles V. Ces privilèges favorisaient l'autonomie communale des cités. Mais Charles V agissait ainsi par intérêt et non dans un esprit démocratique : ce roi se considéra toujours comme le maître absolu des villes et de leurs libertés. (V. *Louis XI et les villes*, par. H. Sée, p. 6).

La dame du sire de Pons n'avait pas suivi son mari, quand il *s'était tourné français*. La population avait pris parti pour la dame, de sorte que le sire de Pons avait perdu en même temps sa dame et sa ville. C'était le moment de les lui rendre. Voyant que toutes les villes autour d'eux abandonnaient les Anglais, les gens de Pons n'étaient pas sans inquiétudes. Leur sire avait promis d'en faire pendre soixante, quand il reviendrait dans sa *bonne ville*. Ce vœu les mettait dans de justes transes. Mais Clisson obtint le pardon de tous : aussi la population entière reçut-elle son légitime seigneur « à grand joie et lui fit grands dons et riches présents[1]. »

Le capital de Buch, avant d'être pris à Soubise, avait laissé la garde du château de la Rochelle à un homme plus vaillant que subtil nommé Philippot. Le maire de la ville l'invita à dîner : et, comme Philippot ne savait pas lire, il lui fit croire, en lui montrant une vieille charte, que le roi d'Angleterre ordonnait de passer une grande revue sur la place de la ville : après quoi, on paierait aux soldats l'arriéré de leur solde et on compléterait leur armement. — *Veci riches nouvelles!* s'écrièrent les Anglais, quand leur capitaine les informa du prétendu message. « Ils commencèrent à fourbir leurs bassinets, à rouler leurs cottes de fer et à éclaircir leurs épées ou armures telles qu'ils les avaient[2]. »

Quand les 60 Anglais furent sur la place, ils se trouvèrent entourés par 400 Rochellois bien armés

---

[1] *Froissart*, l. I. p. II, ch. 350.
[2] *Froissart*, l. I. p. II, ch. 351.

et furent obligés de se rendre. Le château-fort, privé de presque tous ses défenseurs, ne put résister. Maîtres de leurs destinées, les Rochelois se donnèrent au roi de France, après avoir exigé de sérieuses garanties pour leurs libertés municipales[1].

Clisson et du Guesclin se trouvaient en ce moment vers Bourgneuf; leurs troupes mal payées vivaient aux dépens du pays, qu'elles dévastaient et ruinaient, à tel point que plus tard Charles V, pour ramener un peu de prospérité dans cette contrée, lui accorda de grands privilèges[2]. L'armée française reçut l'ordre de faire son entrée dans la Rochelle.

Bertrand du Guesclin, le duc de Berri, Olivier de Clisson et toutes leurs troupes « entrèrent dans la ville en chantant : *Te Deum*. Le clergé vint à grande procession : là vous eussiez vu bourgeois, femmes et enfants choir en pâmoison devant les bons seigneurs : les barons pleurèrent de joie et de pitié, quand ils virent l'empressement du commun. Hommes, femmes et enfants, dès qu'ils aperçurent les nobles fleurs de lys, qui resplendissaient dans l'azur, qui étaient ouvrées noblement aux tuniques des seigneurs et aux bannières qui flottaient au vent, et l'ordonnance et l'équipement des seigneurs, tous se prirent à crier : Bien venus nos seigneurs de France! Bien venue est la fleur de lys, qui fut dignement transmise du ciel au roi Clovis le gentil. Douce fleur odorante sentant bien suavement, nous devons bien vous aimer, ainsi que

---

[1] *Ordonnances*, Secousse, v, p. 371.
[2] *Archives nationales*, JJ. 104, p. 104.

le jour où vous venez visiter cette dolente gent, qui a vécu longuement en grande crainte du léopard, qui nous montrait la dent.[1] »

Après s'être reposées onze jours à la Rochelle, les troupes françaises se remirent en campagne : leurs généraux voulaient enlever aux Anglais leurs derniers repaires. David Hollegrave, enfermé dans le château du Bennon, y couvait sa colère depuis la journée de Pontvallain ; la perte de la Rochelle acheva de l'exaspérer. Parmi ses gens d'armes se trouvaient six Rochellois : il leur fit couper le nez, les oreilles et une main et les renvoya dans cet état vers leurs compatriotes, pour leur annoncer le sort que les Anglais leur destinaient. Cette brute rêvait sans doute la gloire de quelque grand massacre, comme ceux que le Prince Noir avait ordonnés à Limoges.

Les six mutilés rencontrèrent l'armée française sortie de la Rochelle. A leur vue, du Guesclin jura, de par Dieu, qu'il couperait la tête à ces bourreaux d'Anglais. *Par la résurrection du Christ*, Clisson fit aussi le serment d'occire tous ceux qui lui tomberaient sous la main. Le chroniqueur ajoute qu'en ces sortes de promesses, jamais Olivier ne mentit.

La forteresse de Bennon fut investie étroitement[2]. Comme elle était presque imprenable, Da-

---

[1] *Chronique* Cuvelier, V. 21563 et suivants. Traduction Dufaux. — D'après Luce, les événements de la Rochelle eurent lieu avant la prise de Saint-Jean d'Angély et de Saintes. (*Froissart*, éd. Luce, t. 8. p. L.) En effet la Rochelle dut secouer le joug des Anglais vers le 15 août (*Froissart*, éd. Buchon, t. 1, p. 654, note). Mais on peut croire avec les chroniqueurs que l'entrée solennelle des Français n'eut pas lieu aussitôt, mais vers la fin de septembre, après la campagne de Saintes.

[2] Le château du Bennon ou Benon, avec sa châtellenie, dépendait de la ville et commune de La Rochelle. (*Arch. nation.*, JJ. 104, p. 55).

vid Hollegrave raillait les assiégeants : « Allez donc à Paris manger la soupe et coucher dans des lits, leur criait-il, vous ne savez pas faire la guerre. »

Une nuit les Anglais se jetèrent à l'improviste sur le camp des Français : ils réussirent à en tuer un certain nombre et à faire quelques prisonniers; parmi ces derniers se trouvait Geffroy Payen, l'écuyer et l'ami de Clisson.

« Seigneurs anglais, dit le soldat breton, je vous prie, laissez-moi revenir au camp pour me médiciner et me bander, car je suis fort blessé et douloureusement. Je vous jure, sur ma foi et sur mon baptême, que je reviendrai demain à votre commandement. Je paierai si large rançon qu'il vous en devra largement suffire. »

— « Seigneur, dirent les Anglais, ne nous le cachez point : comment vous nommez-vous par votre baptême ? »

— « J'ai nom Geffroy Payen, je suis de noble sang, sorti de nobles gens. Je suis à Olivier de Clisson : j'ai sous moi trente hommes à mon commandement. Vous n'aurez pas perdu cette nuit : car vous aurez assez d'or et d'argent de moi. »

— « Sire, dirent les Anglais, Dieu vous écrase ! Nous ne prendrions pas de vous tout l'or de l'Orient ; mais vous mourrez à douleur, en dépit d'Olivier de Clisson, qui prend son ébatement à mettre les Anglais à mort[1]. »

« Alors, continue le chroniqueur, les Anglais frappèrent tellement sur Geffroy Payen qu'ils

---

[1] *Chronique* Cuvelier, trad. Dufaux, ch. 59.

l'occirent à deuil et à tourment : puis ils s'en retournèrent en leur châtel. »

Clisson arriva bientôt et vit le cadavre sanglant de son ami étendu sur le sol. Quelques-uns prétendent même que Payen respirait encore et qu'il put, avant de mourir, tout raconter à son ami. Dans sa colère, le *boucher* des Anglais renouvela ses serments de vengeance et jura « par la mère de Dieu, que, en toute cette année, ni dans la matinée, ni dans la vêprée » il ne ferait quartier à aucun Anglais[1].

Le lendemain l'assaut fut commandé. Par malheur les Français n'avaient aucune machine de guerre, chose étonnante pour une nombreuse armée, mais qui s'explique, comme nous l'avons vu, par la rapidité des opérations militaires et les grandes difficultés des transports. Les troupes françaises n'avaient que des pics, pour saper les murs, et trois échelles[2].

L'audace des assaillants tint lieu de tout. Le château fut emporté de haute lutte. Les vainqueurs firent un tel carnage de la garnison, qu'il ne resta qu'une quinzaine de prisonnier. Clisson se les fit livrer et les enferma dans une tour, mais désarmés et bien gardés par des soldats, qui avaient

---

[1] *Froissart* prétend que Payen était l'écuyer de du Guesclin et non d'Olivier de Clisson. Dans plusieurs *montres* de cette époque, nous trouvons en effet le nom de Geffroy Payen inscrit parmi les gens du connétable. (Dom Morice, *Pr.* t. i, 1650 et suiv.) La dernière de ces *montres* est datée d'octobre 1371. Payen put entrer depuis au service de Clisson. D'ailleurs, qu'il fût l'officier de du Guesclin ou de Clisson, il pouvait toujours être fort estimé de l'un et de l'autre.

[2] Il s'agit sans doute ici de ces énormes échelles fabriquées spécialement pour servir dans les sièges et dont on peut voir la discription dans Viollet-le-Duc (*Dict. raisonné de l'architecture*, t. v, p. 366).

ordre de les faire sortir un à un par une même porte. Olivier saisit alors une hache « qui était fort grande et fort pesante et qui taillait durement. Il se posta à la porte de la tour et fit sortir les Anglais l'un après l'autre : il frappa le premier de sa hache et d'un coup seulement lui trancha la tête ; il abattit à terre le second et le troisième : en quinze coups de hache, il coupa quinze têtes : il ne resta là pas un Anglais en vie : il leur rendit malement la mort de Geoffroy Payen[1]. »

« Dieu ! dirent les seigneurs de France, par le corps de saint Benoît, les Anglais ne se trompent pas, quand ils l'appellent *le boucher*[2]. »

Les Français adressèrent en riant quelques plaisanteries à Clisson. Ils lui dirent d'aller boire pour se rafraîchir, mais qu'il se mettait bien en peine pour une besogne qu'il aurait pu laisser à des valets.

Où Clisson fut aussi cruel, c'est quand il répondit aux railleurs qu'il ne tenait pas plus de compte de la vie d'un Anglais que d'un gant et qu'il aurait eu plaisir à recommencer son travail, s'il y avait eu d'autres prisonniers. — Clisson savait que les insulaires n'avaient que du mépris pour les Français : à ses yeux le meilleur moyen de leur enlever ce sentiment, c'était de s'en faire craindre.

La saison devenait de plus en plus rigoureuse. Moitié par force, moitié par persuasion, les Français se firent encore ouvrir les portes de trois villes assez importantes : Surgères[3], Marans[4] et Fontenay-

---

[1] *Chronique en prose de B. du Guesclin*, ch. 156.
[2] *Chronique* Cuvelier, V. 21,843.
[3] *Chronique en prose de B. du Guesclin*, ch. 157.
[4] *Froissart*, l. 1, p. 11, ch. 352.

le-Comte[1] ; ils reprirent ensuite la route de Poitiers.

Cette brillante campagne, qui avait enlevé aux Anglais tout le bas Poitou et la Saintonge, s'était faite en deux mois. Poitiers, en effet, avait dû être pris le samedi, 7 août[2]. Le 21, Clisson était encore du côté d'Angers, à peine guéri de sa blessure[3]. Le 28 août, nous le trouvons non loin de Poitiers[4], à Miribel. Vers le milieu de septembre, il est successivement à Saint-Jean-d'Angély, à Saintes et à la Rochelle, où il joue aux dés, entre deux assauts, avec du Guesclin et les frères du Roi[5]. Le 11 octobre, il est arrivé à Fontenay-le-Comte se dirigeant sur Poitiers, son centre de ravitaillement. Enfin, le 27 octobre, Clisson était à Angers, revenu ainsi vers le Maine et les marches de Bretagne, que Charles V lui avait spécialement confiés.

Bien qu'on fût déjà à l'entrée de l'hiver, il crut pouvoir enlever Mortagne-sur-Sèvre, place voisine de ses possessions personnelles dans le pays nantais. Les Anglais, qui se trouvaient en force à Niort, résolurent de venger sur lui leurs échecs et les cruautés, dont ils étaient si souvent victimes. Ils se mirent en campagne bien montés et déterminés à tout entreprendre pour se débarrasser enfin de cet ennemi qu'*ils auraient mieux aimé*, disaient-ils, *tenir en leurs mains qu'une somme de 40,000 livres* (deux millions). Mais le terrible justicier du Bennon entretenait des espions dans

---

[1] Bibl. nation. *Itinéraire de Philippe le Hardy*, 489 4r. C. D T. (publié par E. Petit).

[2] Luce. *Froissart*, t. vii, 8, p. XXXIV.

[3] *Itinéraire*, p. 494.

[4] *Ibidem*.

[5] *Itinéraire de Philippe le Hardy*, p. 489-490.

tout le pays et il n'était pas facile de le surprendre.

Les cavaliers anglais, après plusieurs journées de course, n'étaient plus qu'à un quart de lieue de Mortagne[1] et croyaient bien par leur rapidité avoir précédé même la nouvelle de leur entrée en campagne, quand un espion se précipita dans le lieu où Clisson soupait avec ses gens — « A cheval ! A cheval ! Les Anglais croient déjà vous tenir. » — « Aux chevaux !... » dit Clisson en renversant les tables — Les chevaux étaient toujours sellés et prêts à partir. En un clin d'œil, les Français furent en selle et galopèrent sur la route de Poitiers. Bien leur en prit : car une troupe formidable d'Anglais se précipita aussitôt dans le camp, se croyant sûre de sa proie. Les Anglais ne rencontrèrent que le souper tout servi et jeté par terre : ils le mangèrent sans doute avec des appétits d'Anglais, mais en maugréant d'avoir laissé échapper le meilleur morceau.

Cette aventure mit fin à la belle et fructueuse campagne de 1372. L'hiver était venu. Clisson passa une partie de la mauvaise saison à Paris[2], où il dut s'occuper activement de la construction de son magnifique hôtel, dont nous reparlerons plus tard Charles V confirma tous les traités conclus par ses frères et par ses deux lieutenants, du Guesclin et Clisson, pendant leur dernière campagne[3].

La bonne Christine de Pisan se réjouit de voir

[1] *Froissart*, l. I. p. II, ch. 354.
[2] *Itinéraire*, p. 490.
[3] *Archives Nationales* J. 241 n° 40.

les deux guerriers bretons se dévouer tout entiers aux intérêts du roi qu'elle aimait tant. « Pour le plus grand bien du roi Charles, dit-elle[1], se rendirent auprès de lui plusieurs hauts barons, qui vinrent se mettre en sa juridiction et en son hommage. Pendant que besognaient les susdits barons, qui n'étaient pas apprentis de conduire leurs gens et leurs batailles, il fut, par leurs sens et vaillance acquis au royaume de France honneur et profit. »

Nous avons peine de nos jours à nous faire une juste idée de la vie de ces rudes batailleurs. Nous sommes portés à croire qu'ils vivaient toujours en armes, ne rêvant qu'escalades de châteaux, sacs de villes, prenant à peine le temps d'essuyer leur épée après un combat, avant de courir à un autre. Les vers du poète nous reviennent alors à la mémoire :

> Ah ! pardieu, s'il est beau d'être *guerrier*, c'est rude :
> Avoir du combattant l'éternelle attitude,
> Vivre casqué, suer l'été, geler l'hiver,
> Etre le ver affreux d'une larve de fer,
> Coucher dans le harnais, boire à la calebasse,
> Le soir être si las qu'on va la tête basse...
> Guerroyer tout le jour, la nuit garder le camp.
> Marcher à jeun, marcher vaincu, marcher malade,
> Sentir suinter le sang par quelque estafilade[2]...

A part de rares exceptions, l'hiver amenait pourtant, en fait, une suspension d'armes et quelques jours de joie et de repos pour ces durs soldats. Les simples hommes d'armes étaient congédiés jusqu'au printemps suivant : ils rentraient dans leurs foyers ou tenaient garnison dans les villes,

---

[1] *Christine de Pisan*. p. II. ch. 31.
[2] *La Légende des Siècles*, D. Hachette. p. 115.

ou bien encore ils vivaient de brigandages et de maraude.

Quant aux chefs, presque tous grands seigneurs, ils revenaient dans leurs châteaux, où les attendaient leurs enfants et leurs femmes.

Une légende du pays de Clisson nous apprend qu'après une campagne, où il avait vaincu les Anglais, Olivier revenait avec joie et fierté au château de ses ancêtres. Arrivé sur les hauteurs situées en face de sa forteresse, il rencontra un messager, qui lui apprit la naissance d'un de ses enfants. Ce bonheur de famille venant s'ajouter à la joie de la victoire, le guerrier s'écria : « Toutesjoies !... » Dans la suite il fit bâtir une chapelle à l'endroit même où il avait reçu l'heureux message. De nos jours une église portant ce nom de *Toutesjoies* rappelle encore, d'après les bonnes gens du pays, les transports de bonheur paternel, qui firent battre le cœur du terrible homme de guerre.

La forteresse de Clisson précédemment décrite est située dans un pays des plus pittoresques. « Ce que la nature a de plus aimable : arbres variés et touffus, coteaux couverts de moissons et de vignes, constellés de fermes blanches aux toits de briques roses, collines abruptes, rochers moussus, grottes, ruisseaux, cascades, rivières limpides, tantôt molles et calmes entre leurs rives voilées de chênes, de sapins et de peupliers, tantôt murmurantes et se brisant aux blocs de granit émergeant de leur fond, le tout présenté en un tableau vaste et plein de lumière, toujours changeant à chaque pas et toujours harmonieux : c'est Clisson[1]. »

---

[1] *Clisson et son château.* Nantes, 1885, p. 6.

C'est ainsi qu'un voyageur parle de la campagne arrosée par la Sèvre et la Moine : ce qui de nos jours frappe surtout les regards en ce pays, c'est en effet le côté agréable et gracieux. On se croit transporté dans une campagne italienne, dans ce délicieux paysage de Tibur si cher à Horace :

> Domus Albuneæ resonantis,
> Et præceps Anio, ac Tiburni lucus, et uda
> Mobilibus pomaria rivis[1].

Le vieux château-fort met encore dans ce coin de terre toute la poésie des temps passés. Devant ce témoin de tant de choses évanouies, l'historien laisse errer son imagination et ressuscite tout un monde chevaleresque et sanglant. Rois, ducs, barons, chevaliers et nobles dames, tournois, joyeux sourires et coups de trahison, tout revit dans sa pensée. Il tressaille parfois croyant avoir vu, sous les arceaux baignés de lumière, le reflet de cette hache, qui, dans la main du terrible *boucher*, s'abattit si souvent dans les mêlées et brisa tant de crânes humains.

Ici Olivier de Clisson était tout à la joie. C'est ici qu'il se reposait de ses travaux militaires et que, en seigneur magnifique, il se réjouissait dans les fêtes et dans les banquets. La cheminée effraie par ses proportions colossales ; un bœuf tout entier pouvait y rôtir[2]. Cet âtre immense s'illuminait d'une claire flambée à l'arrivée du maître. Pendant tout l'hiver que de festins et de réjouissances ! Une fenêtre de plusieurs mètres de large donne

---

[1] Horace. *Carm.* l. i. VI.
[2] Viollet-le-Duc, *Diction.* t. III, p. 200.

sur la prairie, dite *des chevaliers* où, sous les yeux des dames, ceux-ci se distinguaient dans des joutes et de brillants tournois.

Mais ce repos, quoique charmé par les images de la guerre, pesait vite à la nature ardente et farouche de Clisson. Le printemps revenu, de même que le marin reprend la mer, Olivier remontait sur son cheval de bataille et, avec ses compagnons d'armes, s'en allait vers le péril, poussé par un irrésistible besoin d'action, par sa passion pour les choses de la guerre, et aussi par son implacable haine contre les Anglais.

CHAPITRE V

1373-1375

LA GUERRE SURTOUT EN BRETAGNE

Rôle joué par Clisson dans l'expulsion de Jean IV hors de Bretagne. — Longs sièges de la Roche-sur-Yon, de Brest et de Derval. — Nouvelle invasion anglaise : sagesse et compétence de Clisson dans les choses de la guerre. — Quimperlé.

Niort, Thouars et la Roche-sur-Yon, qui formaient à l'ouest de Poitiers un triangle d'une trentaine de lieues de côté, étaient les plus fortes places que les Anglais occupaient encore entre Bordeaux et la Bretagne. Dans la Roche-sur-Yon, ils se trouvaient au cœur de la Vendée; avec Thouars et Niort, ils tenaient les deux extrémités du Poitou. Chacune de ces places était pour les insulaires comme un centre d'action, autour duquel ils maintenaient dans leur parti des villes et des forteresses de moindre importance.

Clisson se porta sur la Roche-sur-Yon, qu'il bloqua étroitement[1], pendant que du Guesclin était

[1] *Archives Nationales*, KK. 251 f° 94 et f° 127.

assez heureux pour battre Jean d'Evreux et s'emparer de Chizey, de Luzignan, de Thouars et même de Niort.

Le siège de la Roche-sur-Yon dura longtemps : mais Clisson n'y parut que par intervalles. Il faisait de fréquents voyages à la cour de France[1] : Charles V et lui commençaient à se préoccuper vivement des intrigues de Jean IV, qui cachait de moins en moins ses sympathies pour l'Angleterre.

Depuis plusieurs années, Clisson avait rompu toute relation avec le duc de Bretagne et le roi d'Angleterre : il n'en fréquentait que plus assidûment la cour de France et celle du duc d'Anjou. Or, le duc d'Anjou était le gendre de la comtesse de Penthièvre, le beau-frère de Guy et de Jean de Blois, qui languissaient dans les prisons anglaises, et dont Clisson était chargé de défendre les intérêts. Ne pouvait-il pas songer à les délivrer un jour et à les opposer au duc, son suzerain actuel, qu'il haïssait ?... D'ailleurs, ce duc n'avait pas encore d'enfants et le traité de Guérande avait spécifié que, dans le cas où il s'éteindrait sans postérité, le duché reviendrait aux enfants de Charles de Blois.

La couronne ducale assurée aux Penthièvre, c'était la prédominance du parti français. Cette perspective n'effrayait nullement les Bretons. Ils préféraient encore la sotte jactance des vaincus de Poitiers, de la Roche-Derrien et d'Auray à la rapacité et à la morgue insolente des insulaires. Les grands vassaux de Jean IV étaient bretons avant

---

[1] *Itinéraire*, p. 490.

tout ; mais ils aimaient mieux néanmoins être français qu'anglais : c'est pourquoi, belliqueux de leur nature, ils n'avaient pu assister en simples spectateurs aux luttes des Français contre leurs ennemis. A la suite des Clisson, des du Guesclin, des Kerrimel, des Beaumanoir, ils avaient pris la plus grande part aux dernières campagnes, bien qu'au point de vue officiel leur pays fût tenu d'observer la neutralité.

Au contraire, toutes les préférences de Jean IV allaient vers cette cour de Londres, où il avait été élevé : il ne comprenait pas que la raison d'Etat lui faisait un devoir de ne pas violenter ses sujets dans leurs sentiments les plus intimes : il les humilia dans leur fierté nationale. Au risque de froisser leurs susceptibilités les plus légitimes, il affectait de n'avoir que des Anglais dans son entourage : il ne gouvernait que par leurs conseils. Invité à chasser en Angleterre, il confiait son duché à deux ou trois Anglais, qu'il nommait *gouverneurs et gardiens pour le temps de son absence*[1].

Charles V n'ignorait pas ces dispositions du duc de Bretagne : mais il le ménageait par politique et faisait semblant de croire à ses protestations de dévouement. Il avait même fermé les yeux sur certains procédés assez louches du duc, tels que les permissions accordées par lui aux Anglais de traverser la Bretagne pour venir guerroyer en France.

Pourtant vers la fin de 1372, du Guesclin était entré en Bretagne avec une armée : puisque les

---

V. Mr. de la Borderie, *1re Conférence*, Rennes 1892.

Anglais pouvaient pénétrer en armes dans ce pays, le roi de France, suzerain du duc de Bretagne, donna le même droit à ses soldats. La peur des Français porta le duc à redoubler d'hypocrisie. Comme il sentait que les Bretons étaient peu disposés à une rupture ouverte avec la France, il envoya à Paris une ambassade pour protester de sa fidélité envers Charles V. Parmi ces déclarations pleines de fourberie, Clisson n'était pas oublié. En effet les ressentiments du duc contre Olivier devenaient de plus en plus vifs. Déjà, pendant que le frère d'armes de du Guesclin combattait pour la France, Jean IV lui avait suscité des procès et des difficultés de toute sorte pour ses terres et possessions de Bretagne. Clisson avait même dû s'en plaindre au roi de France : car le duc s'exprime ainsi, par la voix de ses ambassadeurs : « Quant au sire de Clisson, Monsieur (le duc) procède contre lui par longues dilacions et voie de justice et il lui fera droit et raison[1]. »

Le roi fit savoir au duc que la haine dont il poursuivait Clisson lui causait un vif déplaisir : il désirait sincèrement voir se réconcilier les deux anciens compagnons d'enfance. Clisson est prêt, disait le roi au duc, à comparaître devant vous et à se justifier, pourvu que ce soit en un lieu sûr et qu'il n'y ait pas d'Anglais dans votre conseil. D'autre part, vous n'avez pas raison de vous étonner que j'aie retenu à mon service un homme qui a si bien mérité du royaume : aussi ses services ont-ils été récompensés comme ceux des autres

---

[1] Dom Lobineau, *Pr.* col. 582.

serviteurs du roi. Souvenez-vous d'ailleurs qu'il a été pris à mon service, alors que « le dit Clisson était mieux en grâce » avec vous, qui l'aviez même envoyé *en légation* à notre cour.

Un événement fortuit fit bientôt éclater au grand jour la mauvaise foi du duc et força Charles V à lui déclarer ouvertement la guerre. Au mois de juillet 1372, ce duc, qui accablait le roi de France de ses protestations d'amitié, avait signé avec le roi d'Angleterre certaines conventions, qui n'étaient autres qu'un traité d'étroite alliance offensive et défensive. Sans se contenter de ces engagements, il signait encore à Brest, le 22 novembre suivant, un acte par lequel il devenait véritablement sujet anglais : « Nous, nos enfants, nos héritiers, disait-il, nés ou à naître, seront toujours à perpétuité à notre très redouté seigneur (le roi d'Angleterre), *enfants et sujets, vrais, féaux et entiers amis.... et nous garderons et maintiendrons contre tous ceux qui pourront vivre et mourir...* etc.[1] » C'était donc faire, entre les mains du roi d'Angleterre, cet *hommage-lige*, au sujet duquel les ducs et les légistes bretons ont tant chicané avec les rois de France.

L'original du traité d'alliance conclu par Jean IV avec l'Angleterre tomba, par un heureux hasard, aux mains de du Guesclin, qui le fit publier par toute la Bretagne[2]. La connaissance de ce pacte dessilla les yeux à tous les seigneurs de la pro-

---

[1] *Rymer*, t. vi, p. 750.
[2] La duchesse de Bretagne fut arrêtée dans les environs de Rennes par les soldats de du Guesclin, qui fouillèrent ses bagages et apportèrent leur chef le document en question.

vince, qui jusque-là croyaient, malgré tout, avoir un duc breton, quand ils n'avaient plus qu'un valet des Anglais. L'arrivée à Saint-Malo d'une flotte anglaise, qui brûla quelques vaisseaux montés par des Espagnols, alliés de la France, acheva d'irriter les esprits[1].

Charles V, informé de tout, et n'ayant plus rien à attendre de Jean IV, donna ordre à du Guesclin de prendre possession de la Bretagne. Par un acte du 22 mai 1373, il confisquait tous les biens du duc et donnait à Clisson « pour ses bons services la terre de Guillac, terre mouvant de château-Josselin[2]. »

Les portes des villes et des châteaux fermées pour Jean IV s'ouvraient d'elles-mêmes devant les troupes françaises. Le duc affolé, voyant que ses états lui échappaient, courut de Vannes à Auray, d'Auray à Saint-Malo, qui lui ferma ses portes : enfin il s'embarqua pour l'Angleterre au mois d'avril 1373[3].

La *Chronique de Saint-Brieuc* attribue le départ de Jean IV à l'influence de Clisson sur l'esprit des Bretons, ses compatriotes. « Le duc de Bretagne, dit-elle, passa en Angleterre, ayant au cœur une grande haine contre Olivier, sire de Clisson, son sujet rebelle et révolté, qui lui faisait refuser l'entrée dans ses villes et forteresses[4]. »

---

[1] *Alain Bouchart.* l. IV. F. 139.
[2] *Arch. Nationales*, JJ. 104, n° 27.
[3] *Jean de Saint-Paul*, ch. III, p. 28.
[4] Johannes, dux Britanniæ transfretavit in Angliam motus et turbatus contra Oliverium de Clicio subditum suum sibique tunc rebellem et inobedientem, pro eò quod denegabatur sibi ingressus in villis et castris suis... » (*Chron. Brioc.* A. D. MCCCLXXIII).

Cette fuite ne prouve pas précisément que Jean IV ait été le héros que les chroniques bretonnes ont tant exalté. Voici le portrait que trace de lui celle de Saint-Brieuc. « Il était généreux, toujours prêt à donner, très brave à pied, encore plus à cheval et très habile dans l'art de conduire une armée. Quand il guerroyait contre la France, personne n'osait lui tenir tête. »

Quelle que soit la valeur de ces éloges, Jean IV n'attendit cette fois ni du Guesclin, ni Clisson. Laissant ses sujets s'arranger avec les Français comme bon leur semblait, et mettant la mer entre eux et lui, il se réfugia en Angleterre, dans son comté de Richemond, dont Edouard III venait de le mettre en possession pour ses loyaux services[1].

Les troupes françaises trouvèrent dans la Bretagne un pays ami : les Bretons en avaient assez des Anglais. D'ailleurs les armées venant de France avaient à leur tête les représentants les plus puissants et les plus populaires de la noblesse bretonne : du Guesclin, Clisson, Rohan, Rieux et Beaumanoir.

Presque toutes les villes ouvrirent leurs portes. Un gros détachement commandé par Clisson arriva bientôt devant Quimperlé avec de l'artillerie : la ville résista, mais fut vite enlevée et son capitaine, un nommé Jacques Ros, écuyer anglais, fut tué de la propre main d'Olivier, ainsi que plusieurs autres vaincus : « car, dit un vieil auteur, Clisson n'avait ni pitié, ni merci d'Anglais, quand il en avait le dessus[2]. »

[1] *Rymer*, t. vi, p. 643.
[2] *Alain Bouchart*, l. iv. F. 139.

Concarneau fut aussi pris de force et tous les Anglais passés au fil de l'épée, excepté Jean Longuai, leur capitaine[1].

Les troupes françaises se concentrèrent alors devant Brest. Robert Knolle s'y trouvait enfermé derrière de solides murailles et pouvait être par mer secouru et ravitaillé. Le siège traîna en longueur. L'armée assiégeante trop nombreuse fut affamée la première : les chevaux mal abrités et mal nourris périrent par centaines. Knolle tua aussi les siens pour nourrir sa garnison : il le fit gaîment envoyant dire à du Guesclin : « Vous me faites manger mes chevaux en ce chastel de Brest, comme je fis à vous les vôtres manger au siège de Rennes : ainsi va le changement de fortune et de guerre[2]. »

Clisson quitta le siège de Brest, pour aller prêter main-forte au duc d'Anjou, qui assiégeait toujours la Roche-sur-Yon[3] : une autre partie des troupes se détacha encore pour assiéger Derval. Bécherel était aussi bloqué depuis longtemps. C'était trop de sièges entrepris à la fois. « Mais vous devez savoir, dit Froissart, qu'en cette saison tous les gens d'armes, de quelque pays qu'ils fussent, s'en allaient en Bretagne ; car ils n'avaient à faire autre part, et aussi le roi de France les envoyait là tous les jours[4]. »

---

[1] *Dom Lobineau*, l. xii, p. 407.

[2] *Cabaret d'Orronville*, ch. xvi.

[3] Cette place avait été prise par les Anglais en 1363. Pierre de Craon chargé de la protéger ne le fit pas : il réclama néanmoins à Charles V 1400 francs d'or pour des services qu'il n'avait pas rendus. (*Bibl. Nat.*, Clairambault, Sceaux. 73, p. 5735).

[4] *Froissart*, l. 1, II, ch. 362.

Bientôt le connétable arriva devant Derval, dont le siège n'avançait pas, pendant que Clisson, revenu de Vendée, s'en allait presser le blocus de Brest amenant avec lui plusieurs engins, dont il s'était servi contre la Roche-sur-Yon. Il est probable que la capitale de la Vendée avait promis de se rendre, après un délai.

La marine française, au lieu de bloquer Brest du côté des flots, s'épuisait dans de stériles combats partiels en pleine mer ou sur les côtes anglaises. Pendant ce temps, les vaisseaux anglais, maîtres de Brest et de son port excellent, ravageaient les côtes voisines et ravitaillaient la ville assiégée, dont la nombreuse garnison avait besoin de continuels arrivages.

Enfin du Guesclin accorda à Broite[1], capitaine de Derval, une trêve de quatre-vingts jours[2], à condition que la ville capitulerait, si elle n'était secourue au bout de ce temps par une armée anglaise assez forte pour tenir tête aux Français. On stipula qu'avant l'arrivée de cette armée aucun homme d'armes n'entrerait dans Derval et que la garnison serait entretenue aux frais de du Guesclin[3]. Broite accepta les conventions et livra des otages.

Un messager fut envoyé de Derval à Brest pour prévenir Robert Knolle de l'accord conclu avec les Français. Celui-ci « moult subtil et cauteleux » songea aux moyens de conserver à tout prix « son

---

[1] *Archives nationales*, J. 642, n° 20.
[2] *Froissart* se trompe quand il dit que la trêve ne fut conclue que pour 20 jours.
[3] Dom Morice. *Pr.* t. ɪɪ, col. 77.

beau chastel de Derval, que tant aimait, et qui tant lui avait coûté[1]. » Mais les Français le serraient lui-même étroitement dans Brest. « Pas un oiselet par terre n'en fut point issu qu'il n'eut été vu. » Pour comble d'infortune, Robert Knolle venait d'apprendre que les gens de Clisson avaient enlevé le Conquet[2], château-fort voisin, et que leur chef avait, selon son habitude, passé au fil de l'épée la garnison anglaise.

Après plusieurs jours de réflexion, voici à quoi se décida Robert Knolle. Il entra en pourparlers avec Clisson : celui-ci ne voulut pas traiter luimême avec les messagers de Knolle, mais il les renvoya à du Guesclin, qui se tenait à Nantes. Il fut convenu par un traité, en date 6 juillet[3], que Brest se rendrait, comme Derval, à une époque déterminée, si une armée anglaise ne se présentait pas devant ses murs pour combattre les Français.

Ce pacte conclu, le rusé capitaine anglais ne songea qu'à en profiter au mieux de ses intérêts : il fit prévenir le comte de Salisbury, qui, avec 120 vaisseaux de guerre, ravageait les côtes de Guérande. Quant à lui, il se rendit en toute hâte à Derval. Pas un homme de guerre n'avait le droit d'y entrer pas plus que dans Brest. Aussi du Guesclin avait-il dispersé les troupes qui assiégeaient ces deux villes, et il attendait, en pleine quiétude, l'exécution des contrats.

Knolle, en dépit du traité, entra dans Derval, sans doute avec plusieurs de ses gens, et profita

---

[1] *Froissart*, l. 1. p. 11, ch. 344.
[2] *Archives nationales*, JJ. 105, n° 26 : et *Chroniques des 4 Valois*, p. 245.
[3] *Dom Lobineau*, H. 1. xii, p. 408.

de la trêve pour ravitailler la ville et la mettre en défense, employant ainsi l'argent que payait naïvement du Guesclin pour nourrir la garnison anglaise[1].

Bientôt le comte de Salisbury aborda avec sa flotte du côté de Brest ; il ne parut pas devant la ville elle-même, mais il se tint à plusieurs lieues à l'ouest près de la haute mer. Aux termes des conventions, du Guesclin arriva devant la place avec son armée. Les Anglais restèrent au loin dans leurs positions. Le dernier délai étant passé, ceux-ci prétendirent avoir tenu leurs engagements et vinrent par mer ravitailler la ville, qui ne s'était pas rendue.

Du Guesclin prit alors le chemin de Derval, où la même déception l'attendait. Knolle prétendit que le traité passé par Broite n'était pas valable, puisque lui, Knolle, ne l'avait pas signé : la chose eût été difficile en effet, puisqu'il était alors assiégé dans Brest, à 60 lieues de là.

Le duc d'Anjou avait en sa possession les otages livrés par Broite, comme garants de sa parole : c'étaient deux chevaliers et un écuyer. La première pensée des Français fut de les faire mourir : mais un capitaine gascon fit comprendre que, si Derval n'ouvrait pas ses portes, ces pauvres prisonniers n'y étaient pour rien. Le duc d'Anjou chargea alors ce capitaine de reconduire les otages à Derval.

Chemin faisant, ce dernier rencontra Clisson,

---

[1] Cette étrange et onéreuse stipulation avait sans doute été souscrite par du Guesclin au profit des campagnes voisines que les Anglais n'auraient pas manqué de piller.

qui, s'étant informé de tout, ordonna de surseoir à la remise des otages. Le boucher des Anglais était accouru du fond de la Champagne pour *tenir sa journée* devant Derval et il n'entendait pas être ainsi leurré. Il vola chez le duc d'Anjou, lui reprocha sa faiblesse envers des ennemis sans foi et finit par jurer que jamais il ne reprendrait le casque, ni l'épée, pour faire la guerre, si on ne donnait pas une leçon à ce Robert Knolle, dont le manque de loyauté coûtait aux Français plus de 60.000 fr. déjà dépensés pour le siège de Derval[1].

Le duc d'Anjou n'osa tenir tête à son terrible ami et lui remit les prisonniers. Clisson les fit sur le champ traîner devant la forteresse et décapiter sous les yeux de leurs compatriotes[2].

Knolle ordonna aussitôt de dresser une sorte de table, avec des pièces de bois allongées hors des fenêtres du château, et, sur cet échaffaud improvisé, il fit trancher la tête à quelques prisonniers français, dont les corps furent jetés dans les douves.

Ces exécutions eurent lieu sans doute le 30 décembre 1373, le lendemain du jour où la place aurait dû être livrée[3].

Froissart, sans dire que Clisson fut l'auteur de ces cruautés, les raconte en détail ; il porte à huit le nombre des victimes : quatre Français et quatre Anglais. L'historien de la chevalerie s'apitoie un

[1] Clisson était d'autant plus irrité qu'il avait réuni lui-même à grands frais des forces assez imposantes, pour *tenir sa journée* devant Derval. Son ami, Bureau de la Rivière, chambellan du Roi, était aussi venu en personne amener des troupes pour grossir l'armée française. (*Bibliothèque Nationale*, ms. 20,684, p. 451).
[2] *Chronique des 4 Valois*, p. 246.
[3] Léopold Delisle. *Actes de Charles V*, n° 984.

peu sur leur sort à cause de leur noble condition. « De quoi vraiment tout considéré ce fut grand pitié, dit-il, quand pour l'opinion (des chefs), huit gentilshommes furent ainsi morts[1]. »

On ne pouvait songer à recommencer de nouveau les sièges de Brest et de Derval : c'eût été s'exposer à rester tout l'hiver devant ces places fortes. D'ailleurs, les généraux français étaient appelés en toute hâte pour protéger d'autres provinces du royaume.

Quelques semaines auparavant, le duc de Lancastre avait débarqué à Calais avec 13,000 hommes. Le duc de Bretagne, qui avait laissé les Anglais défendre seuls son duché, écrivit une lettre injurieuse à Charles V[2], et, en compagnie du prince anglais, se mit à ravager les campagnes de France. — Les envahisseurs marchaient en trois corps, sur un front de six lieues, dévastant le Boulonnais, l'Artois, le comté de Saint-Pol. Ils ne s'attardaient pas au siège des villes. En revanche, ils n'épargnaient que les villages qui pouvaient se racheter de la destruction en payant une énorme contribution de guerre.

Ces ravageurs n'osaient pourtant trop se débander : car Jean de Bueil et Guillaume des Bordes les harcelaient, enlevant leurs pillards. Bientôt Clisson, mandé en toute hâte de Bretagne, était arrivé avec Rohan, Laval et quelques centaines de lances. Dès le 13 septembre, nous le trouvons

---

[1] *Froissart*, l. I, p. II, ch. 369.
[2] Dom Morice. *Pr.* t. II, col. 67.

à Sézanne, au milieu de la Champagne¹. C'est de là qu'il revenait, quand nous l'avons trouvé sous les murs de Derval.

Le nombre des Français grossissant autour d'eux, les Anglais furent obligés de resserrer leur front de marche : pour faire face aux attaques imprévues, ils devaient être toujours en éveil. A Ribeaumont, Jean de Bueil leur tua 140 soldats : à Ouchy, une centaine d'Anglais furent encore exterminés : parmi les morts se trouvaient le fameux Gautier Huët, ancien compagnon d'armes de Clisson : surpris au moment où il délaçait son armure, après une marche de nuit, il fut percé d'outre en outre par un soldat de Jean de Vienne.

Comme aucune armée française ne se présentait pour livrer une grande bataille aux envahisseurs, le peuple des campagnes affreusement pillé et ruiné murmurait contre l'inaction des seigneurs, qui se retiraient dans leurs châteaux-forts, au lieu de se réunir en masse et d'attaquer les Anglais. Quand le duc de Lancastre, après avoir ravagé l'Artois, le Vermandois, le pays de Soissons, s'avança en pleine Champagne, le roi Charles V, ne sachant trop s'il devait persévérer dans sa politique d'expectative, qui lui avait pourtant si bien réussi pendant les autres invasions anglaises, réunit à Paris un grand conseil².

A cette délibération si grave n'assistaient que le Roi, ses trois frères, son beau-frère, le duc de Bourbon, du Guesclin et le sire de Clisson. Ce dernier était spécialement mandé comme l'homme

---

¹ *Archives de la Côte-d'Or*. Reg. B. 1436.
² *Cabaret d'Orronville* ch. XVII.

de France le plus compétent et le plus capable, dans ces circonstances difficiles, d'indiquer le meilleur parti à prendre[1].

Lorsque les sept personnages les plus importants du royaume furent réunis *en une chambre*, le roi prit le premier la parole et pria chacun de dire librement son avis, sur la question capitale qui les réunissait. Fallait-il risquer une grande bataille ou attendre encore ?

Le connétable fut prié d'exposer le premier son sentiment : il s'en défendit longuement d'abord : enfin, pressé par les assistants, il déclara qu'avant tout on devait *moins chercher à combattre qu'à avoir l'avantage*.... Il fallait se rappeler Crécy et Poitiers. Les victoires précédentes avaient donné aux ennemis beaucoup d'orgueil, de grandes richesses et une grande confiance dans leur valeur. Il ajouta : « vecy mon compagnon, le sire de Clisson, qui plus naturellement pourrait parler que je ne fasse, car il a été avec eux nourri d'enfance : aussi connaît-il mieux leurs conditions et leurs manières que nul de nous : aussi, je le prie, si ce soit votre plaisir, cher Sire, qu'il me veuille aider à parfournir ma parole. » — « Adonc, continue Froissart[2], le roi regarda vers le seigneur de Clisson et lui pria doucement, à grand amour, que il en voulut dire son entente. Le sire de Clisson ne fut mie ébahi de parler, en disant qu'il conseillait le roi moult loyaument et aussitôt il mit la raison pourquoi. « A Dieu le veut, mes Seigneurs ! Anglais sont

---

[1] Luce croit que ce grand conseil dut se tenir vers le 10 septembre. (*Froissart*, t. VIII, notes).

[2] *Froissart*, l. 1 p. II, ch. 370.

si grands d'eux-mêmes, et ont eu tant de belles journées, que il leur est avis qu'ils ne puissent perdre, et, en bataille, ils sont les plus confortés gens du monde ; car plus ils voient grand effusion de sang, soit des leurs ou leurs ennemis, tant sont-ils plus chauds et plus arrêtés de combattre, et ils disent que jamais leur fortune ne mourra tant que le roi vive : si bien que tout considéré, de mon petit avis, je ne conseille pas que on les combatte, si ils ne sont pris à meschef (en situation désavantageuse), ainsi que on doit prendre son ennemi. Je regarde que les besognes (les affaires) de France sont maintenant en grand état, et que, ce que les Anglais y ont tenu par subtilement guerroyer, ils l'ont perdu. Donc, cher Sire, si vous avez eu bon conseil et cru, ainsi le croyez encore. »

Le roi se rangea de l'avis de Clisson et dit qu'il n'exposerait pas son royaume, ni sa chevalerie, *pour un peu de plat pays*. Le duc d'Anjou, l'ami de Clisson et le lieutenant du roi en Bretagne, parla ensuite et dit qu'il était prêt à attaquer les Anglais, sur les points où ils étaient les moins forts « avec l'aide des deux compagnons que je vois là. »

On ne parle plus, dans ce conseil, des ducs de Berri et de Bourgogne ; ils durent sans doute être mécontents de la décision royale et du cas que faisait le roi de deux chevaliers, qui n'étaient pas de leur rang. Quant au duc de Bourbon, il appuya l'avis des deux guerriers bretons.

Mieux que personne, Clisson était capable d'apprécier la réelle valeur des forces que les deux nations rivales pouvaient mettre en présence. L'Angleterre, possédant toujours le même roi et la même organisation militaire, avait toujours des armées exercées, disciplinées et solides, semblables à celles qui avaient déjà vaincu les nôtres. De notre côté, les efforts de du Guesclin et de Clisson, joints à la sage administration de Charles V, avaient réalisé certains progrès : mais les réformes n'avaient porté que sur les détails sans toucher au fond des choses. La noblesse, jalouse de ses privilèges, tenait beaucoup à l'honneur exclusif de porter les armes. Les roturiers, qu'elle employait étaient plutôt considérés comme des servants, des aides nécessaires, que comme de vrais guerriers. Or, les seigneurs, arrivant avec leurs gens pour répondre à l'appel du roi, ne pouvaient former que des groupements séparés, fort inégaux en qualité et en nombre, manquant d'unité et de cohésion. Tous ces gentilshommes braves sans doute, mais trop pleins de confiance en eux-mêmes, étaient en général peu faits pour les grandes fatigues de la guerre et surtout pour cette obéissance calme et oublieuse de soi au moment du péril, sans laquelle il n'est pourtant pas de véritable armée.

Les vraies troupes royales ne comptaient guère que douze à quinze cents hommes d'armes divisés en compagnies plus ou moins nombreuses[1]. C'était peu pour tenir tête aux treize mille soldats du duc de Lancastre. De graves abus nuisaient encore à la bonne organisation des troupes françaises. Les soldats de du Guesclin et de Clisson avaient un peu conservé leurs vieilles habitudes de pillage et

---

[1] Vers les dernières années du règne de Charles, l'armée royale comptait 1180 hommes d'armes, qui étaient payés, 6,476 francs d'or par mois. (*Bib. Nationale*, Clairambault, 50, p. 5733).

de rapine, se dédommageant ainsi d'une solde parfois aléatoire et insuffisante. De plus, les contingents de chaque compagnie n'étant pas fixés par des règlements rigoureux, le nombre des bannerets s'était trop multiplié par rapport à celui des simples soldats. Enfin une foule de gens interlopes, et même des femmes de mauvaise vie, suivaient les armées en marche : de là encore des désordres sans nombre, et, pour le soldat, des libertés très nuisibles au véritable esprit militaire. Si l'armée stationnait longtemps en un même lieu, comme au siège d'une place forte, les désordres augmentaient au point de compromettre le succès des entreprises. C'est là sans doute une des raisons qui porta toujours les généraux français à préférer les assauts, même les plus meurtriers, à ces sièges interminables, qui d'ailleurs ne réussissaient que médiocrement.

Charles V, informé des abus par ses lieutenants, avait, il est vrai, pris de sages mesures. Il avait rendu les capitaines de compagnie responsables des désordres commis par leurs subordonnés ; il obligea les trésoriers des guerres ou leurs clercs à payer les troupes régulièrement et en argent comptant, et non en armes, chevaux ou provisions de bouche : ce qui était une source continuelle d'exactions[1]. Toute compagnie à l'avenir dut être composée de cent hommes au moins. Des ordres précis avaient aussi été donnés pour rejeter hors des rangs tous les hommes qui n'avaient pas les connaissances ou les aptitudes nécessaires au métier

---

[1] *Ordonnances*. Secousse, t. v, p. 845.

des armes. En outre, il fut interdit à quiconque n'était pas inscrit sur le rôle des troupes de suivre les armées ou de s'introduire dans les campements[1].

Ces réformes, quoique excellentes, n'étaient que de petits remèdes appliqués à un grand mal. Il fallait de plus sérieuses réformes. La noblesse eut fourni d'excellents officiers, à la condition que ces officiers fussent soumis à une forte discipline. Quant aux simples soldats, il était nécessaire de les choisir, de les trier soigneusement parmi les rudes paysans des campagnes ou les ouvriers des villes. Ces hommes en effet étaient plus aptes à supporter les grandes fatigues de la guerre et à se plier à une obéissance aveugle et purement passive[2]. — Il est évident qu'il eût fallu longuement exercer de telles recrues, les encadrer solidement, en un mot, les former avec soin à leur métier nouveau : de plus, il eût été nécessaire de les payer régulièrement et de les entretenir, autant que possible, en armées permanentes. Cette organisation eût un peu coûté au Trésor, mais elle eût vite délivré le royaume des vautours anglais ou même des anciens hommes d'armes français, qui s'abattaient sur les campagnes à chaque saison pour le dévaster et le ruiner[3].

[1] *Ordonnances*, t. v, p. 657.

[2] *Institutions militaires de la France.* l. iv, ch. i, p. 197 et ch. ii, p. 216-217.. « Le tiers état *exercé au maniment des armes* fournissait d'excellents soldats. » *Ibidem*, p. 218.

[3] En 1368, une ordonnance royale avait ordonné aux paysans de s'exercer au tir de l'arc. « En peu de temps les archers de France furent tellement habiles à l'arc, qu'ils surmontaient les Anglais à bien tirer... si ensemble ils se fussent mis, ils eussent été plus puissants que les princes et les nobles. Et pour ce, fut enjoint par le roy qu'on cessast... » N'eut-il pas été préférable de recruter les officiers parmi la noblesse et les soldats dans le tiers état, (V. *Juvénal des Ursins, 1384*).

Charles V ne fit rien dans cette voie. Clisson lui-même, qui constatait si durement l'infériorité de la chevalerie française en face des paysans de Galles et des montagnards d'Ecosse, ne proposa jamais ces réformes radicales, qui eussent en effet un peu troublé la société française. Il jugea néanmoins la situation avec une grande profondeur de vue et donna, dans la circonstance, les meilleurs conseils.

Si toute la chevalerie du royaume avait été convoquée, il est probable que, malgré les talents d'un Clisson et d'un du Guesclin, la France eut revu les mauvais jours de Crécy et de Poitiers, comme elle les retrouva plus tard aux champs d'Azincourt. Voici au contraire quelles furent les conséquences de la tactique recommandée par Clisson.

Les Anglais dévastant toujours le pays remontèrent la Marne jusqu'à Châlons ; de là ils descendirent vers Troyes à petites journées : mais le connétable et Clisson, avec 1200 lances, s'attachaient à leurs pas, coupant les ponts devant eux, enlevant leurs bagages, massacrant leurs fourrageurs.

Arrivés devant Troyes, les deux Bretons firent un moment de cette place leur quartier général, et, sans se soucier des provocations de leurs ennemis, qui leur proposaient la bataille, s'en tinrent à leur guerre de surprises et d'escarmouches.

Enfin le duc de Lancastre, ne pouvant plus vivre dans la Champagne, fut obligé de changer de pays.

Il descendit vers l'Auvergne par le Nivernais et le Bourbonnais. On pouvait le suivre à la fumeuse traînée des incendies qui obscurcissaient le ciel : tous les villages, abbayes, ou villes non fortifiées, étaient la proie des flammes. Ce duc anglais mettait par avance en pratique le mot d'Henri V : guerre sans feux ne vaut pas mieux qu'andouilles sans moutarde. Mais les soldats de du Guesclin et de Clisson faisaient souvent payer cher aux insulaires les andouilles volées : car des deux côtés la lutte était sans merci.

A deux lieues de Sens, Clisson dressa à un corps ennemi une embuscade qui réussit à souhait. Il posta deux cents hommes, comme pour surprendre la troupe ennemie. Après un semblant d'attaque, les deux cents Français s'enfuirent en désordre vers l'endroit où Clisson attendait les insulaires avec 1200 bons compagnons. « Adonc se découvrit le seigneur de Clisson de son aguet ô (avec) sa compagnie et courut férir sur les Anglais, qui venaient en desroi (en désordre) et follement. Le sire de Clisson et ses gens les reboutèrent par force d'armes et en ce lieu occirent des Anglais jusques au nombre de six cents[1]. » Depuis cette sanglante leçon les Anglais n'osaient plus s'écarter du gros de leur armée.

Déjà l'hiver était commencé : chaque jour plus nombreuse, l'armée française harcelait les Anglais, tantôt sur leur flanc droit, tantôt derrière eux, devant eux, sur leur flanc gauche. Les Français n'étaient nulle part et ils étaient partout[2].

[1] *Cabaret d'Orronville*, ch. x.
[2] *Guillaume de Saint-André*. v. 2011.

Ils profitaient à leur gré du terrain pour l'attaque ou la défense, logeaient la nuit « ès forts et bonnes villes, où ils se tenaient tout aises¹. » Les Anglais au contraire, toujours en pleins champs, ne pouvaient plus s'arrêter : il fallait sans cesse marcher, aller plus loin pour trouver des vivres.

En Auvergne, le pays fut trop pauvre pour les nourrir : la mauvaise saison engendrait des maladies : les chevaux mouraient de faim et les hommes aussi : l'armée fondait en marchant². Les chevaliers eux-mêmes « mouraient de froidure et de povreté. » Quand le duc de Lancastre arriva à Bordeaux, après Noël, il avait perdu tous ses chevaux et les trois quarts de ses soldats, sans avoir livré une grande bataille. Un grand nombre de ceux qu'il ramenait moururent encore des suites de cette campagne désastreuse³.

Quand la belle saison arriva, en 1374, le duc de Lancastre n'était plus à même de tenir campagne. Quarante mille hommes furent rassemblés à Périgueux par le duc d'Anjou, du Guesclin et Clisson. Les sires de Laval, de Rohan et de Beaumanoir se trouvaient dans cette armée. C'était le moment d'entreprendre d'utiles conquêtes en Guyenne et en Gascogne. Beaucoup de villes du parti anglais ne se défendirent pas. Lourdes résista, fut enlevée d'assaut et détruite. Le vicomté de Castelbon fut saccagé. Le comte de Foix fit sa soumission. De cette sorte, sans avoir couru les risques d'une

---

¹ *Froissart.* l. 1. p. ch. 373.

² *Walsingham.* E iii. p. 183.

³ Le duc de Bretagne, à la suite d'une querelle avec le duc de Lancastre, s'était séparé de l'armée anglaise, un peu avant la fin de la campagne, et était rentré en Angleterre. (*Jean de Saint-Paul.* ch. iii. p. 32)

grande bataille, qui eût peut-être tout perdu, l'habile tactique préconisée par Clisson donnait de nouvelles provinces à la France.

Après avoir pénétré dans Moissac, qui commandait le cours du Tarn, et de l'Aveyron, l'armée française vit bientôt s'ouvrir devant elle les portes de Mauléon, Langon, la Réole et de plus de 40 villes et châteaux-forts. Les deux tiers de la Gascogne étaient reconquis presque sans efforts et sans dangers.

La mauvaise saison allait de nouveau venir : on se contenta des résultats acquis et les troupes furent licenciées ou dispersées dans les garnisons. Le roi de France manda alors, pour la Toussaint prochaine, le duc d'Anjou, du Guesclin, Clisson, et les autres seigneurs bretons, qu'il dirigea sur Saint-Omer, où avaient lieu des négociations en vue de la paix : mais, après avoir discuté pendant tout l'hiver, les délégués des deux puissances se séparèrent sans pouvoir s'entendre.

Charles V songea alors à s'assurer l'entière possession de la Bretagne, où plusieurs villes fortes restaient encore aux mains des Anglais. Dès le commencement de l'année 1375, les généraux français étaient dans cette province[1]. Ils voulurent en finir avec le siège de Bécherel, qui durait depuis quinze mois[2]. Derval excepté, Bécherel était

---

[1] Le 7 mai précédent Clisson, avait acheté à Nantes une maison, avec jardins et dépendances. Il l'avait payée « douz cens escus d'or du coign du Rey Jehan. « (*Bibl. de Nantes*, ms. 1700, français 1544).

[2] Des canons de siège furent employés contre cette place : mais ces engins encore peu perfectionnés ne semblent pas avoir produit plus d'effet que les machines de guerre : celles-ci d'ailleurs étaient réellement redoutables et paraissent avoir acquis à ce moment de l'histoire leur plus

la seule ville occupée par les Anglais dans l'intérieur des terres bretonnes : elle capitula. Le gros des forces françaises fut alors emmené vers Saint-Sauveur-le-Vicomte, ville et forteresse bâtie par Jean Chandos, en Normandie. Cette place était très forte et bien pourvue de vivres : de plus sa garnison avait été renforcée par les défenseurs de Bécherel.

Instruits par ce qui s'était passé aux autres sièges, qu'un nombre insuffisant de canons et de machines de guerre avait fait traîner en longueur, Charles V et les généraux français avaient pris à l'avance de sages précautions. Dès le premier août 1374, le roi avait ordonné « de faire faire engins, mantiaux, pics, artillerie et autres abillemens, tant de charpenterie comme de machonnerie et feronnerie et toutes autres choses nécessaires pour assaillir et pour mettre ou tenir siège ou bastides devant ledit fort[1]. » Des subsides furent levés dans tout le pays environnant. D'ailleurs toutes les campagne du Cotentin, depuis longtemps pillées et ruinées par les Anglais de Saint-Sauveur, étaient prêtes à tous les sacrifices. Ce fut un concours de toutes les patriotismes et de toutes les bonnes volontés. Des volontaires firent la campagne à leurs frais. Grâce à la sagesse du roi et à l'habileté de ses généraux, la France s'était ressaisie et ne demandait qu'à réparer et à venger les anciens

grande perfection et leur maximum de puissance (Voir Viollet-Leduc, *Diction.*, t. v, Engin). C'est à un autre siège de Bécherel, en 1363, que fut fait en Bretagne le premier usage du canon. » (*Hist. de la Petite Bretagne*, Manet, t. II, p. 404).

[1] *Bibl. nationale Franç.*, 22,451 f° b.

désastres. Jean Le Mercier, grand chambellan du roi, le bailli de Caën, l'évêque de Coutances montrèrent à ce siège un zèle digne de tout éloge et prodiguèrent sans compter leur fortune personnelle[1]. Plusieurs forts fut construits autour de la place pour servir d'abri et de protection aux assiégeants. Nuit et jour les machines jetèrent par-dessus les murailles d'énormes pierres, qui effondraient les toits des maisons. Bientôt l'intérieur de la ville ne fut plus tenable et tout le monde dut se porter derrière les créneaux ou dans les tours : encore n'y était-on pas en sûreté, car les projectiles brisaient les grilles des ouvertures et défonçaient les planchers des réduits[2].

Pendant ce temps le duc de Bretagne, débarqué à Saint-Mahé avec 10,000 Anglais, enlevait Saint-Pol de Léon et mettait le siège devant Saint-Brieuc, « où il y avait un fort naguères basti autour de l'Eglise par Messire Olivier de Clisson, qui y avait mis une bonne garnison[3]. »

Clisson, Rohan, Laval, Beaumanoir et Rochefort étaient venus, avec 400 lances, escarmoucher contre l'armée anglaise ; ils firent de Lamballe leur quartier général. Aux environs de Quimperlé, Jean d'Evreux, arrivé par mer dans la contrée, s'était construit une forteresse nommé *le nouveau-fort :*

---

[1] *Documents inédits*, Léop. Delisle 1161, 1166, 1123... (et *passim*). — L'évêque de Bayeux vint même habiter en personne « en la bastide de Beuseville, assise nouvellement devant le dit fort. » (*Bibl. nat. Fr.* 20881, n° 8.

[2] Jean Le Mercier, fit construire à Caën un grand canon de fer, qui fut amené devant Saint-Sauveur, vers la fin du siège. *Histoire de Saint-Sauveur*, *Preuves*, p. 235). Ce canon ébranla une tour : ce qui détermina les assiégés à traiter.

[3] *D'Argentré*, l. VIII, ch. XX, p 568.

de là il exerçait ses brigandages dans tout le pays, pillant, brûlant, rançonnant, enlevant les femmes, n'épargnant personne. Les cinq chevaliers bretons entendirent parler des tristes exploits de cet aventurier et résolurent de le châtier[1].

Comme sa retraite n'était pas construite pour soutenir un long siège, ils l'assaillirent vigoureusement pendant trois jours. Tout à coup un messager arrive vers le sire de Clisson. Les cinq chevaliers n'ont que le temps de monter sur leurs chevaux, toujours sellés par crainte d'une surprise, et ils s'élancent sur la route de Quimperlé[2]. Tous les cavaliers de l'armée du duc de Bretagne arrivaient sur eux à toute bride.

Jean IV avait appris que Clisson était du côté de Quimperlé. Aussitôt n'écoutant que sa haine : « Tôt à cheval, dit-il, je paierais plus cher la prise de Clisson que ville ou cité de Bretagne. » Suivi des meilleurs cavaliers anglais, il avait quitté Saint-Brieuc : tous galopaient, sans s'attendre les uns les autres, aiguillonnés par le désir de surprendre et de saisir Olivier. Leur trop grande précipitation fit échouer l'entreprise.

Les cavaliers venus de Saint-Brieuc arrivèrent d'abord assez près des cinq chevaliers : mais, lorsque commença la poursuite, les chevaux des Anglais étaient lassés d'avance, tandis que ceux des Français sortaient du repos. Arrivés à Quimperlé, les seigneurs bretons decendirent et, la

---

[1] Clisson fut d'autant plus promptement déterminé à attaquer Jean d'Evreux, que ce dernier exerçait ses brigandages sur les fiefs de Pontcallec et de la Roche-Moisan, c'est-à-dire sur des fiefs appartenant à Clisson lui-même. (*Géographie féodale*, A. de la Borderie).

[2] *Froissart*, l. I. p. II, ch. 380.

lance au poing, repoussèrent les premiers cavaliers ennemis, jusqu'à ce que leurs gens fussent tous entrés dans la ville. Alors ils fermèrent les portes et levèrent les ponts. Ils n'étaient pas néanmoins hors de péril. Derrière le duc de Bretagne arrivaient 10,000 Anglais. Celui-ci savourait déjà sa vengeance et voulait commencer l'assaut incontinent. On lui fit comprendre que les cinq chevaliers ne pouvaient s'envoler et que, la ville étant bien cernée, une armée nombreuse se rendrait facilement maîtresse de ses murailles peu en état pour résister longtemps.

Le lendemain, au soleil levant, le duc de Bretagne fit commencer l'attaque, qui dura jusqu'à midi.

La population de Quimperlé savait gré aux cinq chevaliers d'avoir voulu la délivrer de Jean d'Evreux : aussi se porta-t-elle en masse aux remparts. Pas un homme ni une femme, qui ne s'ingéniât à défendre la ville. Les uns dépavaient les rues, pour jeter des pierres sur les assaillants ; d'autres remplissaient des pots avec de la chaux vive et les lançaient du haut des murs sur la tête des Anglais ; tout trempés de sueur, les défenseurs de la ville s'agitaient sur les remparts et les enfants leur portaient à boire. Dans l'après-midi, il fallut repousser deux autres assauts. Le lendemain, l'attaque dura toute la journée : car les assaillants très nombreux pouvaient se relayer. Les assiégés étaient sur les dents. Clisson se vit perdu. Nul secours à espérer. Du Guesclin était à Saint-Sauveur, à plus de 60 lieues de là : d'ailleurs il ignorait la situation critique de son frère d'armes.

A tout instant la ville pouvait être prise : le nombre des défenseurs diminuait. On les minait sans doute et la chute d'un pan de murailles, c'était le massacre sans merci. Le duc et les Anglais ne se sentaient pas de joie et disaient qu'ils *aimaient mieux être là qu'en aucun lieu du monde.*

Les assiégés envoyèrent un héraut au camp ennemi, annonçant qu'il étaient disposés à traiter. Jean IV se mit à rire et renvoya cet homme n'acceptant aucune condition. Le héraut insista pour plaider la cause de ses maîtres et dit : « Cher sire, ce serait grand dureté, si, pour loyaument servir leur seigneur, ils se mettaient en tel danger. » — « Leur seigneur ! répondit le duc, ils n'ont d'autre seigneur que moi ; et, si je les tiens, ainsi que j'ai espérance que je ferai, je leur remontrerai que je suis leur sire : ainsi, héraut, retournez : vous n'emporterez autre chose de moi.¹ »

Quand les seigneurs bretons connurent les dispositions de Jean IV, ils n'en furent pas « bien réjouis. » On les vit pourtant retourner à leur « labeur, ainsi qu'il faut à gens d'armes, qui sont en dur parti. »

Une seule chance de salut leur restait : reculer le plus possible le moment fatal et compter sur quelque événement imprévu, comme l'arrivée de

---

¹ Ces seigneurs, que leur duc voulait traiter comme des chevaliers félons, étaient-ils en réalité criminels et coupables de rébellion, d'après les lois féodales ? Question difficile et épineuse, que les historiens bretons trancheront dans le sens de l'affirmative contrairement aux auteurs français. Le roi de France était-il, oui ou non, véritable suzerain du duc de Bretagne et un Breton pouvait-il servir le roi, même contre le duc ? En d'autres termes, l'hommage fait au roi par le duc était-il un hommage lige ? Les juristes des deux pays ont trop chicané à ce sujet et trop embrouillé la question pour qu'il soit désormais possible de la bien éclaircir.

du Guesclin, ou la conclusion d'une trêve qui se négociait à Bruges depuis plusieurs mois sans résultats.

Le héraut fut envoyé de nouveau au camp ennemi. Les assiégés promettaient de se rendre sans condition, s'ils n'étaient secourus avant quinze jours. C'était beaucoup plus de temps qu'il ne pouvaient tenir contre les assauts multipliés. Le haineux duc devint perplexe. Refuser, c'était forcer les seigneurs à se faire tuer en braves et il les voulait en sa possession. D'un autre côté, du Guesclin pouvait à la rigueur arriver dans une quinzaine de jours. Enfin il accorda huit jours, délai que les assiégés furent encore heureux d'accepter.

Charles V avait des coureurs, qui le renseignaient jour par jour de ce qui se passait en Bretagne, en Normandie et du côté de Bruges : ces cavaliers, changeant de chevaux à des relais préparés, faisaient de 80 à 100 lieues par 24 heures[1]. Le roi n'eut pas plutôt appris le danger couru par ses fidèles Bretons, qu'il mit tout en œuvre pour les sauver. Une heure de retard pouvait les perdre. Le moyen le plus sûr et le plus rapide de les tirer d'embarras était une trêve immédiate. Il dépêcha des ordres en conséquence au duc de Berry, qui négociait à Bruges avec le duc de Lancastre. Des trêves furent signées sans délai : elles devaient durer du 27 juin 1375 au 1er mai 1376. Aussitôt deux coureurs spéciaux emportèrent les actes signés et scellés par Lancastre. Ils avaient ordre de ne s'ar-

---

[1] *Christine de Pisan*, p. i, ch. xvi.

rêter que pour changer de chevaux et de courir jour et nuit jusqu'à ce qu'ils eussent trouvé le duc de Bretagne.

Les assiégés n'avaient plus qu'un jour devant eux, quand les messagers entrèrent dans le pavillon, où le duc de Bretagne jouait aux échecs avec le comte de Cantorbéry. Après s'être agenouillés, ils remirent leurs lettres : le duc reconnut le sceau de Lancastre. Quand il eut ouvert la missive, il resta quelque temps sans parler, suffoqué de colère et de dépit — « Maudite soit l'heure, s'écria-t-il enfin, quand oncques je m'accordai à donner trêves à mes ennemis[1]. » — Il fallut pourtant ramener l'armée anglaise à Saint-Mahé, où les vaisseaux étaient restés à l'ancre[2].

Quand Clisson et ses amis apprirent leur délivrance, « si furent trop grandement réjouis ; car ce matin ils voulussent avoir payé 100.000 francs (5 millions) et qu'ils fussent à Paris. »

La haine de Jean IV contre Clisson et sa chevauchée sur Quimperlé permirent aux Français de presser le siège de Saint-Sauveur et d'entrer enfin en possession de cette forteresse d'où les Anglais avaient si longtemps exercé leurs brigandages sur un des pays les plus fertiles et les plus riches de France[3].

---

[1] *Froissard*, l. I. p. II, ch. 381

[2] Charles V fut le créateur et l'organisateur de la poste en France. Un des nombreux services que lui rendit cette institution, fut la délivrance de ses meilleurs soutiens et amis en Bretagne.

[3] Les trêves de Bruges signées à la hâte pour sauver Clisson faillirent faire perdre Saint-Sauveur. *La journée* pour la remise de la place avait été fixée au 3 juillet, 6 jours après les trêves. Les Anglais voulurent bénéficier des nouvelles conventions qui stipulaient que la place ne serait remise qu'au bout d'un an et à des conditions onéreuses. Les Français

Clisson resta quelque temps en Bretagne, pour administrer cette province, avec le vicomte de Rohan, au nom du roi de France.

Déjà Charles V songeait à annexer définitivement la Bretagne à son royaume. Cette année même, il prit une mesure, qui était un premier pas fait dans cette voie. Le 27 juillet, un édit régla la fabrication des monnaies dans le duché. Un exemplaire du décret royal fut donné à Clisson, un autre au vicomte de Rohan, déjà très probablement le beau-frère de Clisson, remarié avec Marguerite de Rohan : enfin un troisième exemplaire fut remis au capitaine de Rennes. — Les monnaies nouvelles devaient être en tout semblables aux anciennes, avec cette petite différence qui indiquait bien les intentions de Charles : l'inscription *Johannes Dux Britanie* était remplacé par celle-ci : *Moneta Britanie*[1].

avaient devant la place une armée formidable avec de nombreuses machines de guerre, 2 gros canons de siège et 24 plus petits. Ils menacèrent d'exterminer la garnison, si elle n'ouvrait ses portes. Celle-ci céda. (*Histoire de Saint-Sauveur*, par Léop. Delisle. *Preuves*, 341 ., etc.) Par ce qui se passa aux sièges de Saint-Sauveur et de Quimperlé, on voit que le peuple comprenait que les Anglais étaient les véritables auteurs de tous ses maux : pour s'en débarrasser, il était prêt à tous les sacrifices. Parmi les hommes de cœur, qui se dévouèrent pour la reprise de Saint-Sauveur, citons Jean Tabari, Guérin Auber, Guy Crestien, Jacques Monque et beaucoup d'autres, qui assemblèrent à leurs frais « manouvriers de braz, charetes, chevaux, charpentiers, machons... nécessaires pour la dite entreprise... avec grandes diligences de nuiz et de jours. » Le roi de France leur accorda des gratifications variant de 200 à 2000 francs d'or, tout en s'excusant de leur donner si peu... « considéré les grans missions, fraiz, despens... pertes et domages... euz et soutenuz au fait dessus dit. »

(*Documents inédits*, Léop. Delisle, 1208 — et 1184, 1185, 1161, 1338, 1358, etc.)

[1] ... « Donnons pouvoir de faire ouvrer à Nantes, à Rennes et à Vannes.. telles et semblables monnoyes blanches et noires, de poix, loy et cours comme celles qui derrenierement ont este faictes ou dit païs : excepté

Les troupes françaises traitèrent la Bretagne en pays conquis, se souciant peu de respecter les droits et privilèges de chaque cité bretonne. Néanmoins Charles V était trop avisé pour brusquer les choses et froisser trop tôt les susceptibilités de cette province. Le 1ᵉʳ octobre, il donna ordre à Clisson de restituer à l'évêque de Saint-Malo la garde de cette place, dont les Français s'étaient emparés par surprise. — Il est vrai que l'évêque désigné n'était plus l'incapable Guillaume Poulart peu sympathique aux Malouins, mais bien Josselin de Rohan, frère du vicomte de Rohan[1]. C'était un grand et riche seigneur comme beaucoup d'évêques à cette époque; défenseur acharné des libertés et franchises de Saint-Malo, il devait plus tard s'appuyer sur le roi de France pour résister au duc de Bretagne. Guillaume Poulart s'étant retiré cette année même, pour être remplacé par Josselin de Rohan, il est probable que les seigneurs de Clisson et de Rohan n'étaient pas étrangers à ce changement d'évêques.

Dans le courant d'octobre, Clisson rentra à Paris pour assister, avec les princes du sang et du Guesclin, à un grand conseil que le roi tint à Melun. Charles V avait sans doute le pressentiment de sa mort prochaine : il voulut régler d'avance

---

que par devers l'Escu qui est des armes de Bretaigne, là où il est dit *Johannes Dux Britannie*, l'on mectra en ce lieu *Moneta Britanie* seulement. (*Ordonnances*, Secousse, t. vi. Reg. E. de la cour des monnaies de Paris, f° 7. verso). Comme une de ces lettres fut adressée au capitaine de Rennes, une autre au vicomte de Rohan qui, nous le savons, commandait à Vannes, il est vraisemblable de conclure que la lieutenance de Clisson en Bretagne s'exerçait surtout dans le pays nantais et qu'il reçut un exemplaire de l'édit pour le faire exécuter à Nantes.

[1] *Pouillé historique de Rennes*, t. i, p. 589.

la législation à suivre « au cas que le roi decedast avant que son fils aisné fut majeur. » La majorité de l'héritier de la couronne fut fixée à quatorze ans[1]. Charles V jugeait que, pour le bien du royaume, un roi de quatorze ans était plus desirable que la tutelle de plusieurs princes du sang royal. Il ne connaissait que trop ses trois frères : les ducs d'Anjou, de Berry et de Bourgogne, et son beau-frère, le duc de Bourbon. Le premier, le duc d'Anjou, était l'ami d'Olivier de Clisson, mais c'était un prince fastueux et prodigue : de plus il manquait de sagesse et d'esprit de suite. Le second, le duc de Berry, avait une intelligence très bornée : en revanche il était entêté, haineux, se souciant fort peu des intérêts généraux du royaume. Le plus intelligent des trois frères était le duc de Bourgogne : mais ce prince était le **plus** jeune et montrait un caractère fier, ombrageux et fort jaloux de son autorité. Comme ses deux frères, il mettait toujours ses propres intérêts au-dessus du bien général. Quant au duc de Bourbon, son influence dans les conseils fut toujours assez restreinte, parce qu'il n'était pas de sang royal, comme les trois autres princes.

Tous ces personnages, principalement les ducs de Berry et de Bourgogne, devaient avoir plus tard de graves démêlés avec Olivier de Clisson.

Ordonnances, Secousse, t. vi, p. 36.

CHAPITRE VII

1375-1380

OCCUPATION ET PERTE DE LA BRETAGNE

PAR CHARLES V

Clisson lieutenant du roi en Bretagne. — Difficultés de sa situation. — Fortifications qu'il construisit : leur caractère spécial. — Ingratitude de Charles V envers les Bretons. — Clisson presque seul reste fidèle au roi de France. — Jean IV rentre dans ses États. — Mort de du Guesclin. — Influence qu'exerça sur lui Olivier de Clisson.

Nous avons vu qu'Olivier de Clisson n'avait pas peu contribué à l'expulsion de Jean IV hors de son propre duché. Ce n'étaient pas seulement ses talents et ses qualités personnelles, ni même sa fortune, qui lui donnaient en Bretagne une influence alors prépondérante, c'étaient aussi ses étroites relations de parenté avec les plus puissantes familles bretonnes. Par sa première femme, dont il avait eu deux filles, il était le beau-frère du sire de Laval : il le devint également du vicomte de Rohan, dont il épousa la sœur, Marguerite de Rohan, veuve de Beaumanoir. Ses deux sœurs à lui-même s'étaient mariées aux sires de Rieux et de Harpedanne[1]. Clisson, Rohan, Laval, Rieux, Beaumanoir, n'étaient-ce pas alors les plus grands noms de la noblesse Bretonne ?

Après l'éviction de Jean IV, Charles V avait nommé le duc d'Anjou, comme *lieutenant du Roi en Bretagne*[2].

Son éloignement ne permettant pas au duc d'Anjou d'administrer effectivement cette province, deux autres lieutenants du roi furent nommés : Olivier de Clisson et le vicomte de Rohan, qui furent chargés le premier de la Bretagne gallo[3] et le second de la Bretagne bretonnante.

On pressentait déjà sans doute ce que méditait Charles V contre l'autonomie de la Bretagne. D'ailleurs les hommes d'armes venus de France traitaient le duché sans aucun ménagement. Aussi les Bretons se montraient-ils mal disposés envers ceux qui se prétendaient leurs maîtres. La tâche des lieutenants du roi était délicate et fort diffi-

---

[1] La généalogie de la famille Clisson est établie longuement dans les dossiers bleus de la *Bibliothèque nationale*. Reg 197. p. 5027

[2] « Tant en Bretaigne Bretonnant, comme en Bretaigne Gallo, et tanpour le fait de la Justice, comme pour le fait de la guerre », avec pouvoir d'établir « seneschaux, baillis... et Receveurs pour y recevoir les revenus tant du domaine, comme des aides... et de donner et octroïer lettres de sauvegardes, de saufconduits, et aussi de légitimer bastards, de anoblir non nobles, d'affranchir gens de toute condicion... de pardonner et remettre tous crimes... de imposer et faire cueillir sur ledit païs aides et subsides... de oster et changier touz capitaines des chasteaux, villes et forteresses... et de faire emparer et fortifier celles que il verra qui seront proffitables à tenir pour la garde et seurté dudit païs... *de ordener et establir pour luy et dessouz lui un ou pluseurs sur le gouvernement dudit pais, qui aient pooir, comme dessus est dit.* »
Dom Morice. *Pr.*, t. II, col. 78 et 79.

[3] Le sire de Clisson, de Belleville et de Porhoët fut spécialement nommé, le 15 décembre 1377, « garde de la ville et païs nantais. » (*Bib. de Nantes*, 1684 fr. 1528.)

cile. Ils ne voulaient pas violenter leurs compatriotes et perdre leur popularité dans leur propre pays. Pourtant les impôts ne rentraient pas. Charles V avait en vain statué que les revenus de tout le duché seraient désormais versés aux mains des officiers royaux; les taxes restaient impayées, ou étaient remises aux anciens officiers du duc : ceux-ci déposaient l'argent en lieu sûr, en attendant la rentrée en Bretagne de celui qui restait, malgré tout, dans l'esprit public, le légitime suzerain[1].

Les Français ne purent guère recueillir que le produit des gabelles, qu'il était impossible de leur soustraire, puisqu'ils gardaient militairement le pays. Parmi les rares documents qui nous restent de cette époque, il en est deux qui se rapportent à la perception de ce droit et qui sont signés par Clisson. Mais ce ne sont pas des ordres donnés pour agir avec rigueur : au contraire, ce sont deux exemptions momentanées du droit de gabelle accordées l'une à Geffroy Pontglou, capitaine de Nantes[2] et l'autre à un certain Geffroy Leroy, qui devait mener 60 muids de sel à Champtoceaux[3].

Irrités de la mauvaise volonté qu'ils rencontraient partout et de la sourde antipathie, qui croissait de plus en plus contre eux, les Français se vengeaient par de nombreuses exactions. Le duc de Bretagne, dans une lettre du 2 septembre 1375, écrite à du Guesclin et à Clisson se plaint des brigandages et des cruautés commises par les

---

[1] *Dom Lobineau*, II. l. XII, p. 424.
[2] *Bibl. nationale*, ms. 789, n° 39 *bis*.
[3] *Archives de Nantes*, S. E. 225, c. 102.

hommes d'armes français en Bretagne. Ceux-ci se permettaient de brûler les maisons, de tuer les paysans, et d'extorquer tout ce qui leur semblait bon à prendre, comme si l'état de guerre eût encore duré. Aussi Jean IV, voyant que les Français et leurs amis en Bretagne osaient tout entreprendre, se mettait peu en peine de son côté pour exécuter les clauses du dernier traité : l'une d'elle lui prescrivait de n'entretenir que deux cents hommes d'armes dans les places bretonnes, qui lui restaient, et de ne pas séjourner dans le pays. Il répondait au connétable et à Clisson, qui le sommaient d'observer strictement ces conventions : quant à vos *semonces* et *mandements* « nous ne pensons à faire, si ce n'est que nous semblera qui sera de raison[1]. »

On comprend donc qu'en Bretagne l'anarchie régnât un peu partout, puisqu'il n'y avait plus de gouvernement reconnu. Les Bretons ne considéraient nullement les Français comme leurs maîtres : d'un autre côté, leur duc fut bientôt contraint de quitter ses États. — Toutes les affaires de justice restaient en souffrance[2]. Chaque ville s'administrait un peu à sa guise et les seigneurs profitaient de cet état de choses pour agir en maîtres à peu près indépendants et pour se mieux fortifier dans leurs châteaux. Clisson ne songeait nulle-

---

[1] Dom Morice. *Pr.*, t. II 99.
[2] Une pièce curieuse trouvée à Nantes nous prouve que Clisson ne donnait pas lui-même l'exemple du désintéressement et d'une scrupuleuse justice. Depuis cinq ans, il détenait et exploitait indûment certains domaines situés à Loyat et appartenant à Thomas de Parthenay. Ce dernier, à force d'instances auprès du parlement de Paris et auprès du roi lui-même, obtint enfin le 31 juillet 1377 que son cas fût réservé au roi (*Bibl. de Nantes* 1690 fr. 1534).

ment à s'opposer à ces tendances des seigneurs. Le vieux sang des barons féodaux, jaloux de leurs privilèges et prêts à entrer en lutte contre l'autorité ducale, ne coulait-il pas dans ses veines? D'ailleurs un retour de Jean IV était toujours possible, et, favoriser l'indépendance de la haute noblesse, c'était rabaisser d'autant l'autorité suzeraine et en rendre l'exercice plus difficile.

Clisson s'inquiétait surtout d'assurer l'occupation militaire et la garde du pays. Il passait fréquemment en revue les hommes d'armes disséminés dans les garnisons : il donnait aussi tous ses soins à réparer les anciennes forteresses ou à en construire de nouvelles. A l'extrémité occidentale de la Bretagne, il fit rebâtir le fort de Coueznou, pour fermer à la garnison anglaise de Brest l'accès du continent[1]. Ce fut aussi très probablement pendant ses années de lieutenance qu'il construisit les fortifications actuelles du château de Josselin et qu'il répara celles de Blain[2]. Nous voyons en effet qu'il dépensa énormément pendant ces quelques années de paix. Il fit abattre beaucoup de bois sur ses terres de Blain[3]. De son côté le roi de France, pour qui le dévouement de Clisson était si précieux, lui prodiguait ses trésors. Dans l'espace d'une seule année, Charles V donna à Olivier jusqu'à 11,200 francs d'or[4], qui représenteraient de nos jours une valeur de 600,000 francs.

[1] *Dom Lobineau.* H l. xii p. 415.
[2] En une seule fois il prit livraison à Blain de « six vingt pipes de chaux » la veille de la Pentecôte 1376. *Bibl. de Nantes* 1684 fr. 1528).
[3] *Bibl. de Nantes*, 1690 fr, 1534.
[4] *Bibl. Nationale.* ms 789 n⁰ˢ 3 et 4 et *Documents inédits*, par Léop. Delisle 1678, 1491, 1549.

Toutes ces sommes jointes à ses revenus personnels n'empêchaient pas Clisson d'être un peu embarrassé pour faire face aux frais énormes de ses nouvelles fortifications. Nous le voyons en effet réclamer énergiquement à la vieille comtesse de Penthièvre le paiement de plusieurs prêts qu'il lui avait autrefois consentis[1].

Olivier de Clisson avait la plus grande compétence dans l'art des constructions militaires. Le château de ses pères était, nous l'avons vu, un assemblage assez compliqué de tout ce que l'art de la défense avait successivement inventé depuis plusieurs siècles. Olivier avait donc pu étudier à loisir cette science si utile à un homme de guerre. Mais ses longues campagnes, pendant lesquelles il avait assiégé ou défendu tant de villes et de châteaux-forts, avaient surtout formé et étendu toutes ses idées et connaissances en cette matière. Le Couëznou a été détruit. Il ne reste que la base de la tour de Saint-Brieuc, que Clisson fit également construire : mais plusieurs autres de ses ouvrages subsistent encore de nos jours. Le principal et le mieux conservé est le château de Josselin.

C'est peut-être le moment de donner ici quelques notions sur l'art des fortifications à cette époque et de montrer quels perfectionnements furent apportés par Olivier de Clisson dans ce genre d'ouvrages.

[1] Nous verrons bientôt la comtesse de Penthièvre entrer en procès avec Clisson pour ces questions d'argent. Les misérables difficultés qu'eut cette femme avec son ancien protecteur expliquent peut-être en partie son attitude dans les événements qui vont suivre ; les auteurs bretons affirment néanmoins que sa conduite fut alors uniquement inspirée par le plus pur patriotisme.

Toute forteresse ou château-fort comprenait cinq parties : les douves ou fossés, le mur d'enceinte quelquefois double ou triple, la cour intérieure, les logements, et enfin le donjon ou dernier réduit de la défense.

Les fossés étaient larges et profonds : Clisson semble en avoir augmenté les dimensions autour de ses forteresses. A Blain, mais surtout à Josselin, leur largeur et leur profondeur est vraiment extraordinaire. Ces douves pouvaient facilement être inondées, puisque Blain et Josselin, ainsi que le château qui porte le nom de Clisson, avaient été construits à bord de rivières. Les douves de Chastel-Josselin, comme on disait alors, avaient de 15 à 20 mètres de large, sur dix de profondeur et même beaucoup plus en certains endroits. Elles étaient creusées dans le roc : mais le côté sud, baigné par l'Oust, n'avait pas de contrescarpe : la rivière large et profonde formant de ce côté une protection suffisante.

Le mur d'enceinte était la principale défense d'une place. Il se composait de courtines, ou murs droits, et de flanquements, ou ouvrages en saillie. On admettait, en principe, que moins les courtines avaient d'étendue, plus la place était forte[1] : car les courtines étaient toujours plus vulnérables que les flanquements, qui d'ordinaire étaient d'énormes tours complètes et fermées en dehors comme en dedans de l'enceinte. Les courtines de Chastel-Josselin étaient fort épaisses et leurs pa-

---

[1] D'après un auteur contemporain, les flanquements, pour bien assurer la défense, ne devaient pas être espacés de plus de dix brasses. (Coll. Dca. d. 147. F° 282).

rois à pic s'élevaient à plus de 25 mètres au-dessus des fossés.

Un des caractères observés dans les forteresses bâties ou restaurées par Clisson est justement ce grand relief donné aux tours et aux courtines : leur excessive élévation rendait en effet impossibles les assauts et les coups de main : de plus elle facilitait la défense en donnant aux projectiles tombés de plus haut une plus grande force. Des masses de bois ou de pierres précipitées d'une telle hauteur, et ricochant sur les rocs des escarpes taillées en glacis, devaient produire des effets foudroyants Au haut des courtines était un chemin de ronde couvert à l'occasion, mais très large et d'accès commode par le côté intérieur, pour rendre plus facile la montée des projectiles et des machines, qu'on installait au besoin sur les plates-formes.

Il est probable qu'une autre modification apportée par Clisson dans le plan de ses forteresses fut la suppression des créneaux et des mâchicoulis, sinon au couronnement des courtines, du moins au sommet des tours. Nous avons vu en effet qu'à ce moment de l'histoire les machines de guerre devenaient de plus en plus redoutables et pouvaient même rivaliser avec les canons encore assez mal construits. Or les merlons découpés en encorbellement ne pouvaient guère avoir plus de 30 à 40 centimètres d'épaisseur. Ils étaient vite brisés par les projectiles, ainsi que les échauguettes et les hourdages en bois. Leur destruction exposait à de grands dangers leurs défenseurs et démoralisait le reste de la garnison. Clisson avait dû remarquer que ces inconvénients n'étaient pas compensés par les services que rendait cette complication de corbeaux, de créneaux, d'archères et de mâchicoulis. En outre, par l'ouverture des mâchicoulis, qui n'avait guère que 30 centimètres de côté, on ne pouvait jeter de fortes masses capables d'écraser les *manteaux*, les *beffrois* et les *chats-châtels* approchés des murailles par les assiégés : au contraire les aspérités et les inégalités du hourdage permettaient aux assaillants, pendant un assaut, d'utiliser les angles morts et d'accrocher plus facilement leurs échelles de bois ou de cordes. Un petit mur uni et plus épais ayant un relief d'un mètre environ au-dessus du chemin de ronde était plus solide et rendait à peu près les mêmes services que les créneaux : d'autant plus que les défenseurs, quand ils se montraient au-dessus de ce mur, pouvaient se protéger contre les traits par des boucliers, qui remplaçaient ainsi les merlons.

Un énorme cylindre en maçonnerie, dont les parois avaient 3 mètres d'épaisseur, et qui était couronné par un toit gigantesque et très incliné, voilà tout le plan des tours construites par Clisson. Le toit, soutenu par de fortes charpentes, que l'on peut voir encore à Blain et à Josselin, pouvait résister aux projectiles. Les murs épais, dénués de hourds et de créneaux, défiaient eux aussi les grosses boules de pierre, ou de fer même, lancées de plein fouet : car à ce moment l'artillerie était plus redoutable par le poids des masses projetées que par leur force de pénétration. Enfin la tour, par sa forme circulaire, résistait mieux qu'un mur droit aux coups de pioche ou de bélier, puisque l'effort de la percussion se dirigeant vers le centre tendait plutôt à resserrer les pierres qu'à les désagréger. La rareté des ouvertures était aussi une garantie contre les projectiles incendiaires.

Clisson s'était sans doute aperçu que ces énormes cylindres étaient le plus simple et le meilleur système de défense. A Josselin, il les multiplia. Il flanqua également son château de Blain d'une nouvelle tour semblable à celles de Josselin. Cette construction très élevée et dépourvue de créneaux fait contraste avec les anciennes plus basses et munies de hourdages : elle porte encore le nom de tour du Connétable[1].

La défense active de ces tours était assurée à chaque étage par deux fenêtres à meneaux ; elles enfilaient les courtines et les douves adjacentes. La paroi la plus avancée de chaque tour était sans ouvertures : elle résistait ainsi plus facilement au choc des projectiles. On pourvoyait à sa défense par les courtines et les fenêtres les plus proches. Le nombre très restreint des ouvertures exigeait moins de défenseurs, c'est-à-dire moins d'hommes à nourrir : ce qui était capital, quand le siège traînait en longueur. Le même escalier desservait tous les étages, dont chacun était semblable : le service de défense se faisait donc avec une grande unité et une grande régularité, chose très importante, surtout pendant les assauts, où une assemblage de fortifications bizarres et enche-

---

[1] Il est probable au contraire que la haute tour, qui subsiste encore à Clisson, ne fut pas construite par Olivier : elle est en effet moins épaisse que les autres, ses fenêtres sont larges, sa base moins solide, enfin il est difficile d'y reconnaître l'idée d'un même architecte.

vêtrées égarait encore plus, dans un moment difficile, les assiégés que les assiégeants.

D'après Viollet-le-Duc, Clisson imagina de mettre dans une tour l'entrée d'une place ou d'un château, et non pas dans une courtine, comme c'était l'usage commun. L'entrée du château de Blain, ménagée dans une grosse tour construite par Olivier-le-Vieil, suggéra sans doute à Clisson cette idée. Pour mieux prévenir les trahisons et forcer les défenseurs à ne compter que sur leur courage, il isola parfois ces tours-entrées au milieu d'un pont. « Ce sont, dit Viollet-le-Duc, de petites bastilles à cheval sur un pont, de sorte que les assiégés enfermés dans ces postes, n'ayant que des moyens de retraite très-peu sûrs, étaient plus disposés à se défendre à outrance. Il arrivait assez fréquemment, en effet, que les portes se reliant aux courtines, si bien munies qu'elles fussent, devenant l'objet d'une attaque très-vive et tenace, étaient abandonnées peu à peu par les défenseurs, qui trouvaient, par les chemins des courtines voisines, un moyen de quitter facilement la partie, sous le prétexte d'étendre le champ de la défense. Enfermée dans une tour isolée servant de porte, la garnison n'avait d'autre ressource que de lutter jusqu'à la dernière extrémité. La disposition qui semble avoir été systématiquement adoptée par le connétable, Olivier de Clisson, est d'ailleurs conforme au caractère énergique jusqu'à la férocité de cet homme de guerre[1]. »

---

[1] *Dictionnaire de l'architecture*, t. VII. p. 308. — Viollet-le Duc a contribué à détruire la légende des oubliettes en affirmant qu'il n'a rencontré, dans tous les vieux châteaux qu'il a visités, qu'un endroit ou deux qu'il soit possible de regarder comme d'anciennes oubliettes. — A Blain,

A Josselin, cette tour gardienne de l'entrée, si jamais elle exista, a été si complètement détruite, qu'on ne peut en retrouver aucune trace.

Dans la cour intérieure, où était creusée une immense citerne, on voyait l'habitation du seigneur ou le château proprement dit : d'ordinaire il était adossé aux murs d'enceinte. On comprend que, dans la suite des siècles, il subit de plus grandes modifications que les parties fortifiées : chaque maître arrangeait et réparait sa demeure suivant le goût et le style de son époque. Une partie du château de Josselin doit remonter à Clisson lui-même : mais la grande façade si richement décorée fut l'œuvre de son petit-fils Alain IX de Rohan[1].

A Blain, comme à Josselin ce n'est donc pas à l'extérieur du château lui-même qu'il faut rechercher l'œuvre d'Olivier, mais dans les épaisses murailles et les ouvrages les plus massifs. Ces parties seules ont pu résister au temps et se passer de réparations[2]. Dans l'intérieur du château de Blain, se trouve la plus ancienne poutre à armature que l'on connaisse[3]. Il n'est pas invraisembla-

tout dernièrement, on a découvert une sorte de trou large et carré, creusé dans le roc, tout près de la tour prison. Un étroit corridor en plan incliné aboutit brusquement à ce précipice profond d'une vingtaine de pieds et n'ayant que l'étroite ouverture de son sommet. En creusant le fond de cette citerne cachée, on a rencontré une couche de chaux vive de vingt centimètres et au dessous une terre meuble semblable à la terre pourrie des vieux cimetières. (Renseignements communiqués par Mme la marquise de Larcinty, qui dirigeait les fouilles, Blain, 21 octobre 1896).

[1] Inscriptions du château.

[2] Les vieux Josselinais se rappellent encore que leur château aujourd'hui si magnifiquement restauré, était tellement en ruine que du fond des caves on apercevait les étoiles.

[3] Cette poutre armée se compose de deux pièces horizontales, dont l'une plus large est posée sur l'autre et forme lambourdes pour recevoir

ble d'attribuer cette invention à Clisson lui-même, qui, vu sa grande compétence, devait s'occuper des moindres détails. Alfred Ramé a décrit cette poutre fort curieuse, et Viollet-le-Duc, dans son grand *Dictionnaire*, à l'article *charpente*, en signale l'originalité !

Dans la cour de Blain, tout près de l'entrée, on voit encore les logements des domestiques et de la garnison ; ils sont adossés aux courtines. — Mais chacun des étages des tours formant une grande salle circulaire servait en même temps de poste et d'habitation aux hommes d'armes.

Le donjon de Josselin n'était pas comme à Blain au milieu de la cour intérieure : il était construit à l'est, en dehors des murailles de l'enceinte, avec laquelle il communiquait. Il contribuait ainsi à la défense générale de la place, qu'il rendait sur un point beaucoup plus forte. Une énorme roche, que les flots de l'Oust battaient de trois côtés lui formait une base inébranlable et s'était merveilleusement prêtée à sa construction.

En résumé, les modifications introduites par Clisson dans les constructions militaires paraissent inspirées par l'idée de faciliter la défense au moyen d'une grande unité et d'une grande simplicité dans la disposition des bâtiments : les défenseurs étaient ainsi dirigés plus aisément : car leurs chefs les avaient toujours sous la main. De plus Clisson s'efforça de donner à une forteresse

---

les solives du plancher. L'armature consiste en une autre pièce courbe assemblée dans la plus large et reliée à la flèche par deux boulons de fer serrés au moyen de clavettes.

Dictionnaire de l'architecture, t. III, p. 55.

son maximum de puissance défensive avec la moindre garnison possible. C'est pourquoi il diminua les ouvertures extérieures, supprima ou accorda peu d'importance à tout ce qui était difficile à garder et vite détruit, tels que les merlons, créneaux, hourds, échauguettes, en un mot à tous ces ouvrages construits en encorbellement et qui étaient plutôt des épouvantails que des défenses solides et vraiment utiles. Pour résister à la sape, il édifia ses murailles sur des rocs profondément taillés en glacis : d'autre part, la hauteur extraordinaire, qu'il donna aux tours et même aux courtines, pouvait défier toutes les surprises et même tous les assauts.

Un château-fort ainsi imaginé par Clisson avait moins d'apparence que les anciens, il ressemblait un peu, élévation à part, à ces forts ou à ces cuirassés modernes aussi lourds que disgracieux ; mais en revanche une telle forteresse tenait plus longtemps les ennemis au pied de ses murailles, quand elle ne les forçait pas à s'en aller honteusement. Par malheur pour la gloire d'Olivier en fait d'architecture militaire, les perfectionnements apportés aux canons vinrent bientôt modifier de fond en comble tout l'art de la défense et toute la science des fortifications.

Les trêves conclues avec l'Angleterre expirèrent en 1377. Le sire de Clisson fut alors chargé par le roi de tenir campagne dans le nord de la France, avec le duc de Bourgogne et les sires de Beaumanoir, de Rieux et de Rochefort. Leur armée se présenta d'abord devant la cité d'Ardre, à cinq lieues de Calais[1]. Cette ville n'était pas en état de défense, grâce à l'incurie de son gouverneur. Aussi, sur la simple menace de passer au fil de l'épée ceux qui résisteraient, elle ouvrit ses portes.

Les Français entrèrent dans Planche et Balinghehem[2]. Odruick voulut se défendre, mais les Bretons firent décider un assaut immédiat, disant que les fossés pleins d'eau ne les effrayaient pas. Une énorme quantité de bois fut apportée pour combler les douves et les canons commencèrent à briser les murailles. Les Anglais effrayés entrèrent en pourparlers et se rendirent.

Pendant que Clisson guerroyait ainsi autour de Calais, il apprit qu'une armée anglaise était débarquée à Saint-Mahé et qu'elle construisait des forts aux environs de Brest : alors il prit avec ses gens la route de Bretagne[3], pendant que le duc de Bourgogne rentrait à Paris.

Du Guesclin, qui venait de faire campagne en Normandie contre le roi de Navarre, put joindre ses troupes à celles de son frère d'arme. Les deux guerriers se dirigeaient vers Brest, quand ils apprirent que le duc de Lancastre en personne était débarqué près de Saint-Malo[4], sur la fausse nouvelle que les Malouins se trouvaient disposés à lui ouvrir leurs portes. Or la vieille cité bretonne était bien pourvue de vivres et de défenseurs et n'avait nulle envie de se donner aux insulaires. Néanmoins l'armée française suspendit sa marche

[1] *Christine de Pisan*, ch. 35.
[2] *Froissart*, l. i, p. ii, ch. 290.
[3] *Actes de Charles V*, Léop. Delisle, n° 1422.
[4] *Pierre Le Baud*, ch. 41. p. 348.

sur Brest et se tenait prête à secourir Saint-Malo, quand elle apprit que les Anglais déçus dans leur attente s'étaient rembarqués.

La guerre en Gascogne réclamait le connétable, qui se rendit dans cette province, pendant que Clisson restait en Bretagne. Ce dernier mit le siège devant Auray, ville occupée par les troupes ducales[1]. Les Alréens craignirent les horreurs d'une prise d'assaut ; ils *convinrent d'une journée*, qui fut fixée au 15 août. A cette date Jean Le Mercier et de nombreux renforts arrivèrent de France pour soutenir Clisson[2], qui craignait le débarquement d'une forte armée anglaise[3]. Celle-ci n'ayant pas parue, Auray se rendit. « Ainsi demoura, disent les *Grandes Chroniques*, toute la duchié de Bretaigne au roy de France, excepté seulement le chastel de Brest, devant lequel avait bastides pour le roy de France, afin que ceux dudit chastel ne peussent saillir hors[4]. »

Clisson ne pouvait songer à enlever Brest. D'ailleurs, en Normandie, les sires de Coucy et de la Rivière portaient à grand'peine le poids de la campagne contre les Anglais et les partisans du roi de Navarre. Olivier arriva à leur aide avec ses troupes de Bretagne : il rétablit rapidement en Cotentin les affaires du roi de France et s'empara même d'Avranches, de Carentan, de Conches et de quelques autres forteresses[5].

[1] *Chronique latine*, n° 6618. (*Bibl. Nat.*).
[2] *Bibl. Nat.* Pièces originales, dossier 44, 418, pièce 23.
[3] Pour prévenir ce danger, Clisson manda l'amiral d'Espagne, qui garda l'embouchure de la rivière d'Auray, pendant quelques semaines. (*Fontenelle*, t. I, l. II, note 80).
[4] *Grandes Chroniques*, Charles V, XLIX, p. 1628.
[5] *Froissart*, l. II, ch. 27.

Le duc de Lancastre et le duc de Bretagne se remirent alors en mer avec de nombreux vaisseaux, ne sachant trop s'ils devaient aborder en Normandie ou en Bretagne. Le vent les poussa du côté de Saint-Malo, dont ils entreprirent le siège pour la seconde fois en deux ans.

Ils avaient amené avec eux quatre cents canons et des machines de guerre de toute sorte, qui ne cessèrent de battre les murailles et d'appuyer les assauts[1].

Bientôt du Guesclin arriva en vue de Saint-Malo, avec une brillante armée, où l'on voyait les plus nobles seigneurs de toute la province, qui avaient répondu à l'appel du roi. Là se trouvaient aussi les ducs de Berry, de Bourgogne, de Bourbon, ainsi que le comte de la Marche, le comte de Genève et une multitude de gentilshommes. Le sire de Clisson ne tarda pas à les rejoindre, avec les sires de Laval, de Rochefort, de Rais, de Rohan et de Léon. L'armée française s'établit à Saint-Servan, qui n'est séparé de Saint-Malo que par un étroit bras de mer laissé à sec par chaque reflux, et que les gens du pays appelaient le *petit courant*. Les jeunes chevaliers des deux camps, désireux de montrer leur courage, s'avançaient sur le sable à chaque marée basse, pour se provoquer et se battre. Parfois même les deux armées tout entières se rangeaient ostensi-

---

[1] Ce nombre paraît prodigieux. M. de la Borderie cherche à l'expliquer en disant que ces canons étaient d'un tout petit calibre (*Conférences* 1892-93, p. 19.) Comme les ribaudequins étaient déjà en usage, on peut aussi supposer que les Anglais en possédaient un certain nombre et que les chroniqueurs considéraient chacun des tubes comme une unité distincte.

blement en bataille et semblaient attendre le retrait des eaux pour engager une action générale : mais, quand l'heure de la basse mer arrivait, des deux côtés les troupes restaient sous les armes sans avancer. Les Anglais étaient toujours des Anglais, c'est-à-dire des soldats aussi prudents que braves. Les Français avaient toujours leur nature ardente et même cette fougue inconsidérée, qui les avait perdus tant de fois sur les champs de bataille : mais ils étaient alors commandés par des chefs expérimentés et capables de les contenir dans les règles de la prudence et d'une élémentaire stratégie. Sous les murs de Saint-Malo, comme à Poitiers et à Auray, tout l'avantage était à la défensive : le flot montant de la marée devait en effet isoler de son camp l'armée assaillante, très probablement la couper en deux pendant la bataille, et fermer toute retraite aux combattants vaincus.

Après quelques semaines, les Anglais commencèrent à souffrir de leur inaction. Le pays d'alentour n'était plus un champ libre ouvert aux pillages de leurs fourrageurs. Les Bretons de l'armée française, grâce à leur connaissance des lieux, remportaient le plus souvent l'avantage dans des escarmouches continuelles. A l'abondance des premiers jours la disette avait succédé. Il y avait, suivant Froissart, plus de 100,000 chevaux à courir les campagnes de Saint-Malo

Les Anglais n'osaient plus risquer un assaut général, « car ils étaient de si court tenuz par ceux de l'armée française, qu'il fallait qu'à toute heure ils eussent le visage tourné de ce côté, sans pouvoir entendre vers la ville. »

Le duc de Lancastre fit creuser une mine à grand effort et à grands frais : elle fut détruite, dans une sortie, par les assiégés.

L'hiver approchait : les Anglais n'étaient pas plus avancés qu'au premier jour de leur débarquement. Comme le vent soufflait vers l'Angleterre, ils crurent le moment venu d'en profiter pour mettre à la voile et rentrer chez eux.

Clisson, pendant qu'il administrait la Bretagne, résidait ordinairement à Vannes. Après la campagne de Saint-Malo, il s'établit au fort du Couëznou, qui devait être à peu près terminé. Nous avons vu que, s'il gouvernait officiellement le duché au nom du roi de France, il ne pouvait néanmoins en toucher les revenus, puisque les Bretons les gardaient en lieu sûr. Grâce à son immense fortune, il put néanmois soutenir son rang, élever de nombreuses fortifications et entretenir ses hommes d'armes. Pour cette dernière dépense, le trésor royal lui devait 920 francs d'or par mois[1] : mais Clisson n'attendait pas l'argent du roi de France pour payer ses troupes et faire toutes les dépenses qu'il jugeait nécessaires. Le 22 septembre 1377, un mois après la prise d'Auray et de Derval, le roi lui expédia en une seule fois 20,000 francs d'arriéré pour les « sièges qu'il avait tenuz en Bretagne devant plusieurs forts occupés par les ennemis, tant par terre que par mer et pour le rembourser de ce qu'il avait avancé à l'amiral d'Espagne, pour être un certain temps en mer devant le château d'Auray[2]. »

[1] *Actes de Charles V*, Léop. Delisle, n° 1830.
[2] Fontenelle de Vaudoré, *Clisson*, t. I, l. II, note 80.

D'ailleurs Charles V laissait à son lieutenant entière liberté soit pour choisir ses soldats, soit pour en augmenter ou en restreindre le nombre selon les circonstances[1].

Pendant que Clisson séjournait en Bretagne, le connétable, avec le gros des troupes françaises, avait entrepris le siège de Cherbourg. Bertrand voulait venger son frère tombé récemment devant cette place aux mains des Anglais. Le siège devenant de jour en jour plus difficile, le connétable demanda des renforts à Clisson qui arriva bientôt en personne avec un millier de combattants. Clisson put sauver d'un désastre l'armée française attaquée de toute part, et parvint à refouler les Anglais dans leurs murailles. Mais les tentes des Français avaient été incendiées et l'hiver approchait. Du Guesclin s'était pris de querelle avec le chambellan du roi, Jean Le Mercier, et l'avait traité « d'ordeux gars, traistre et larron au roi de France. » Ces divisions et le mauvais état des troupes mal approvisionnées rendirent nécessaire la levée du siège[2].

Malgré cet échec partiel, la Normandie était redevenue française à part Cherbourg, comme la Bretagne, excepté Brest.

A ce moment, le duc de Bretagne, Jean IV, avait même complètement perdu son duché, puisqu'il avait livré Brest aux Anglais, le 1ᵉʳ dé-

---

[1] Le 9 août 1377, le roi donne 30 francs d'or à Jean des Mons pour aller « par devers nostre amé et féal cousin, le sire de Clisson... pour « nous servir en la compaignie de nostredit cousin... *s'il voit qu'il en soit besoing.* »
Bibl. Nation., C. D. T. 1ʳᵉ série. Dossier Mons.
[2] *Chronique des 4 Valois*, p. 278-279.

cembre 1377[1]. Les troupes françaises occupaient toutes les autres places de cette province ; les plus puissants seigneurs bretons étaient dévoués à Charles V et fréquentaient sa cour : c'étaient même les Bretons qui, dans l'armée du roi, formaient le contingent le plus nombreux et le plus solide.

Cette situation excellente, que son habileté favorisée par les circonstances lui avait acquise en Bretagne, aveugla complètement Charles V et lui fit commettre la plus grande faute politique de son règne. Il crut le moment venu d'annexer cette province à son royaume, en lui enlevant son autonomie.

Le 4 décembre 1378, Jean IV fut ajourné à comparaître devant le parlement royal : le 18 du même mois, il fut déclaré déchu de tous ses droits au duché de Bretagne[2], comme traître, félon et criminel de lèse-majesté. Mais, au lieu de décider que la Bretagne reviendrait aux héritiers de Charles de Blois, conformément au traité de Guérande, on proclama la réunion du duché à la couronne. Les énergiques réclamations de Jeanne de Penthièvre ne furent pas admises.

Quelque temps après, le roi manda à Paris les quatre personnages les plus importants de Bretagne : du Guesclin, Clisson, Rohan et Laval : il s'imaginait que ces hommes, qui avaient donné à la France tant de preuves de dévouement, se soumettraient facilement à ses volontés[3].

---

[1] Cet abandon de Brest fut ratifié le 5 avril, 1378. (Dom Morice, *Pr.* II, col. 193).
[2] *Archives Nationales.* XI[a] 14·1, f. 133.
[3] *Chron. Brioc,* A. MCCC LXXIX.

Du Guesclin était engagé trop avant et depuis trop longtemps dans le parti français, pour n'avoir pas un peu oublié son pays. Tous les honneurs et toutes les richesses, dont il avait été comblé par Charles V, avaient excité en lui une fidélité inaltérable. Quant à Clisson, pour rester attaché au roi de France, il avait les mêmes raisons que son frère d'armes; de plus une haine personnelle l'éloignait de Jean IV. Enfin une autre pensée le décidait sans doute à ne pas s'opposer aux projets de Charles V. La Bretagne une fois devenue française, c'était lui, Clisson, qui selon toute vraisemblance en deviendrait le gouverneur et le véritable maître. Il ne faut donc pas trop s'étonner que ces deux grands hommes aient faibli devant les volontés du roi de France. Néanmoins leur conduite en cette circonstance leur a été vivement, et à bon droit, reprochée par les historiens bretons[1].

Le vicomte de Rohan fit quelques difficultés pour céder aux instances du roi : mais, ne se sentant pas en lieu sûr à Paris, il promit tout, quoiqu'à regret[2]. Le sire de Laval fut plus énergique : il s'excusa de ne pouvoir prendre aucun engagement, en disant que le duc de Bretagne était son cousin germain et « qu'il ne le voulait pas détruire[3]... » ; on ne pouvait, disait-il, trouver mauvaise sa réserve : bref, il ne s'engagea à rien. Dès le soir, ce même sire de Laval aurait réuni ses trois compagnons et leur aurait re-

---

[1] *Guillaume de Saint-André*, v. 2909 et suivants.
[2] *Pierre Le Baud*, ch. 41, p. 363.
[3] *Jean de Saint-Paul*, ch. 3, p. 36.

proché d'avoir failli à leurs devoirs de Bretons[1].

Les nouvelles, qui arrivaient de Paris depuis plusieurs mois, en dévoilant de plus en plus l'arrière-pensée de Charles V, produisaient sur l'esprit public en Bretagne l'impression la plus fâcheuse. C'était donc en enlevant toutes leurs libertés que la France payait aux Bretons leurs services. L'indignation succéda bientôt à l'étonnement. Seigneurs et paysans

> Pensèrent à défendre fort
> Leur liberté jusqu'à la mort :
> Car liberté est délictable
> Belle, bonne et bien prouffitable.
> Pour ce chacun la désiroit
> Garder très bien, c'était son droit.
> De servitude (ils) avaient horrour
> Quand ils voyaient trêtouz (tous) à l'entour
> Comment en France elle régnait.
> Fol était qui paour n'en avait[2].

« Les Français, se disaient les Bretons entre eux, de tout temps sont remplis d'orgueil et d'avarice démesurés... la Duché serait détruite et perdue et serait toujours en guerre et division, ainsi que est toujours le royaume de France[3]. »

Les parents, les amis et même les serviteurs de Clisson et de du Guesclin passaient dans le parti du duc.

---

[1] *D'Argentré*, l. 9. ch. 3. D'après les *Grandes Chroniques* (*Charles V*, c. p. 1692) les quatre Bretons auraient juré d'exécuter les volontés de Charles V « sur les saintes évangiles de Dieu et sur la vraye croix ». Il est plus vraisemblable d'admettre, avec les historiens bretons, que Laval ne jura pas.

[2] *Guillaume de Saint-André*, v. 2872.

[3] *Jean de Saint-Paul*, ch. 3, p. 35.

« Il se formait, dans toutes les classes de la société, une vaste association patriotique pour le rétablissement de l'indépendance nationale ou, comme on le disait alors, le maintien du droit ducal en Bretagne[1]. »

Bientôt Jean IV reçut en Angleterre des lettres, qui l'informaient de l'état des esprits : ses anciens ennemis[2], oubliant par patriotisme leurs griefs passés, étaient les premiers à le supplier de revenir au milieu de ses sujets.

Les seigneurs formèrent une ligue, dans laquelle entrèrent les sires de Laval, de Rohan, de Beaumanoir, de la Hunaudaie, et presque toute la noblesse du duché[3].

Le 3 août 1379, la flottille, qui ramenait Jean IV, fut signalée à l'embouchure de la Rance.

Une foule immense couvrait le rivage. Ce n'était plus un chef de parti qui arrivait, c'était le souverain légitime de la Bretagne, en qui s'incarnaient les aspirations de tout un peuple vers son indépendance. Quand les Bretons virent leur duc venant à eux dans une barque, ils furent saisis d'une émotion indescriptible : les uns se mirent à l'eau pour arriver à lui plus promptement ; d'autres se jetaient à genoux sur le rivage. Partout retentissait le vieux cri national : Malo ! Malo ! au riche Duc !...

« Cette journée fut une des plus belles, la plus belle peut-être de notre histoire, dit M. de la Bor-

---

[1] A. de la Borderie, *Conf.* 1892-3, II, p. 24.

[2] Le vicomte de Rohan, s'il faut en croire les *Grandes Chroniques* aurait été un des premiers à rappeler le duc. (*Grandes Chroniques, Charles V*, p. 1693).

[3] Dom Morice, *Pr.*, t. II, col. 214 et suivantes.

derie ; il n'y avait plus, dans cette foule, de partisans de Blois ou de Montfort, plus de seigneurs ou de bourgeois, d'amis de l'Angleterre ou de la France, mais une nation, un peuple, une race, une Bretagne[1] ! »

Jean IV se rendit d'abord à Dinan, où il reçut l'hommage de tous ceux qui redevenaient ses sujets. La vieille comtesse de Penthièvre, à qui le traité de Guérande avait gardé le titre de duchesse de Bretagne, salua elle-même solennellement Jean IV, comme seul duc de Bretagne[2]. A Rennes, il fut reçu avec des processions. Sans coup férir, il recouvrait tout son duché, excepté certaines places qui, comme Saint-Malo, Josselin, Ploërmel, Pouancé, appartenaient à Clisson ou à du Guesclin, ou qui étaient occupées par des garnisons françaises.

Charles V embarrassé de cette situation nouvelle donna ordre au duc d'Anjou de rassembler l'armée française sur les frontières de Bretagne, du côté de Pontorson[3]. Mais cette concentration s'opéra difficilement, la masse des Bretons refusant de faire la guerre contre leur pays et rentrant chez eux.

A son retour de Paris, Clisson était revenu dans sa forteresse de Coueznou[4], non loin de Brest, où il était resté jusqu'au mois de juin. Voyant que tout le pays se tournait vers le duc de Bretagne, il se rapprocha bientôt du territoire français et

---

[1] A. de la Borderie. *Conf.* 1892-3, II, p. 26.
[2] *Chron Brioc.* A. MCCC LXXIX.
[3] *Guillaume de Saint-André*, v. 3140.
[4] Dom Morice, *Pr.*, t. II, col. 188, 202.

vint à Montrelais ou Morlaix[1]. Au mois d'août, il se trouvait dans la ville de Nantes : c'est de là qu'il informa le duc d'Anjou de l'arrivée de Jean IV en Bretagne[2]. Il l'avertit que « le Duc qui fut » est débarqué dans la province, et qu'il mène avec lui environ 400 combattants « et vous savez, ajoute-t-il, c'est moins que néant. » Il se tenait d'ailleurs au courant de tous les faits et gestes de Jean IV, au point qu'il pouvait donner au duc d'Anjou jusqu'à l'itinéraire projeté par son ennemi. Pour plus de sûreté, il conseilla de faire venir l'amiral d'Espagne sur les côtes bretonnes.

Guillaume de Saint-André dit que Clisson « courait par bois et par landes[3]. » En effet nous le trouvons successivement au Couëznou, à Morlaix, à Nantes, à Redon, à Josselin, à Guérande, à Dinan[4]... Il semble partout à la fois[5]. Comme c'étaient ses propres troupes, qui tenaient garnison à Nantes, il voulut en profiter pour engager les Nantais à se déclarer ouvertement contre Jean IV. Mais ceux-ci lui représentèrent avec beaucoup de modération qu'ils ne lui avaient livré leur ville qu'à la condition qu'elle appartiendrait toujours à son légitime suzerain. Clisson avait

---

[1] Dom Morice, Pr., t. II, col. 204, 6, 8

[2] Après la confiscation, Charles V avait nommé le duc d'Anjou son lieutenant de Bretagne. Le connétable et « nos cousins, les sires de Clisson et de Rohan », étaient désignés comme tenant le duché au nom du roi de France (Dom Morice, Pr., t. II, col 392).

[3] Guillaume de Saint-André v 2130.

[4] Dom Morice, Pr., t. II, col. 202, 206, 230, 211. Bib. Nationale, Clairambault, 33, n° 2437.

[5] De Redon, Clisson écrivait au duc d'Anjou pour l'avertir de se défier des paroles qu'il dit dans son intimité, car, ajoute-il, « l'on rapporte ce que vous avez dit (où) vous ne voudriez pas qu'on le sût. » (Dom Morice, Pr., t. II, col. 230).

trop intérêt à ménager les Nantais pour ne pas comprendre leurs scrupules : il serait même entré dans leurs vues au point de leur conseiller de ne laisser pénétrer dans leurs murailles aucune armée étrangère[1]. D'un autre côté, pour garder la faveur du roi de France, Clisson s'ingénia à faire croire qu'il avait chaleureusement défendu à Nantes la cause française : mais qu'il avait échoué, malgré tous ses efforts. Comme le duc de Bourbon arrivait à Chantocé avec une armée, pour prendre possession de Nantes au nom du roi, Clisson continua à jouer double jeu, ne voulant se brouiller ni avec les Nantais, ni avec les Français. Devant le duc de Bourbon, il se donna comme la victime des Nantais, qui l'avaient, disait-il, chassé de chez eux : d'autre part, afin de servir les Nantais, il affirma au duc de Bourbon qu'à Nantes tout était prêt pour opposer aux troupes royales une résistance désespérée et que, pour celles-ci, le parti le plus sage était de rebrousser chemin. Le duc de Bourbon reprit alors la route d'Angers.

Du Guesclin ne défendait pas la cause française avec plus d'énergie — Quelques chroniqueurs, parmi lesquels Cabaret d'Orronville[2], ont même affirmé que du Guesclin renvoya à Charles V l'épée de connétable : car il apprit bientôt que son dévouement à la France devenait suspect. Il fallut les instances du duc d'Anjou et du duc de Bourbon pour faire revenir sur sa décision le

---

[1] *Chron. Brioc.* A. MCCC LXXIX.
[2] *Cabaret d'Orronville*, ch. 38.

vieux guerrier, à qui il répugnait de porter les armes contre son pays.

Clisson, pour donner des gages de fidélité au roi de France et aussi pour satisfaire ses ressentiments personnels, tenta un coup de main contre la ville de Guérande, dont les habitants, passés malgré lui au parti de Montfort, faisaient des courses jusque sur le territoire nantais. Mais il échoua dans sa tentative. Pour se venger de cet échec, il attaqua Dinan, qu'il surprit sans doute en remontant la Rance par bateaux : car cette ville fut rapidement enlevée et saccagée par les Français, qui s'y établirent[1].

La situation du duc de Bretagne, malgré des succès inespérés, restait au fond assez difficile. Se remettre complètement aux mains de l'Angleterre, c'était exciter le mécontentement des Bretons, qui lui avaient déjà fait prendre une fois le chemin de l'exil : d'un autre côté, il prévoyait que, seul, il ne pourrait résister aux troupes françaises, ni à la politique de Charles V. Il avait déjà eu des difficultés avec ses vassaux, peu après sa rentrée en Bretagne. Il avait chargé le vicomte de Rohan de percevoir les impôts dans tout le duché : quelques jours après, il retira le mandat accordé à cet effet, se défiant sans doute du dévouement de cet ami de Clisson et du duc d'Anjou[2]. Peut-être avait-il raison de se tenir ainsi sur la réserve, puisque, trois jours après avoir reçu avec enthousiasme son suzerain venu d'Angleterre, Rohan écrivait au duc d'Anjou une lettre, qui était au fond une pro-

[1] *Froissart*, t. II, ch. 59.
[2] *Archives de Nantes*, S. E. 154.

testation de dévouement envers la France. Le sire de Laval et le sire de Châtillon écrivaient, eux aussi, à peu près dans les mêmes termes. La haute aristocratie bretonne, qui avait opposé l'autorité ducale aux empiétements de la France, se rapprochait déjà de Charles V, pour s'assurer un appui contre cette même autorité.

Un petit corps breton commandé par Beaumanoir obtint un léger succès aux frontières de Normandie[1] : mais cette heureuse équipée ne modifiait en rien la situation générale. Au fond, l'état des esprits en Bretagne restait ce qu'il avait toujours été : on ne voulait pas des Français pour maîtres, encore moins des Anglais : la noblesse surtout se montrait défiante et inquiète, autant pour sa propre indépendance que pour celle de la province : pourtant tout le monde, lassé de la guerre, eût désiré vivre en paix aussi bien avec les Anglais et les Français qu'avec son légitime suzerain.

Jean IV, fidèle à sa politique cauteleuse et équivoque, négocia en même temps avec tous les partis. Le 13 avril 1380, il se réconcilia avec le vicomte de Rohan : il obtint de ce puissant seigneur, moyennant l'abandon de plusieurs terres, un serment spécial de fidélité surtout dirigé contre Clisson[2].

Le duc de Bretagne chargeait en même temps le comte de Flandre de le raccommoder avec Charles V. Le 18 avril, les états de son duché

---

[1] *Chron. Brioc.* A. M 'CCLXXIX.

[2] « Jehan, vicomte de Rohan, fait serment de fidélité au duc envers et contre tous, sans nul excepter, et par espécial contre messire Olivier de Clisson... »
Dom Morice, *Pr.* t II col. 228.

réunis à Rennes, repoussant toute idée de révolte, reconnaissaient la suzeraineté du roi de France et demandaient à rentrer en grâce avec lui : le roi devait se « souvenir de la doulce parole, que Nostre Seigneur dit à Monsieur Saint Pierre, que non seulement par sept fois pardonnast, mais par plus![1]... »

Le roi de France répondit, le 22 mai, aux états de Bretagne qu'il ne demandait qu'à vivre en paix avec tous ses sujets, et qu'il leur présentait « toutes grâces, miséricorde et amour[2]. » — Pendant ce temps, les ambassadeurs de Jean IV concluaient une étroite alliance offensive et défensive avec l'Angleterre et bientôt 6,000 Anglais débarquaient à Calais, avec le comte de Buckingham, pour se diriger vers la Bretagne en ravageant les campagnes françaises. L'anglomanie était pour Jean IV une maladie absolument incurable.

Nous avons vu que le connétable, assez mécontent de la tournure qu'avaient pris les événements en Bretagne, se trouvait sollicité en sens contraire et par son amour pour son pays et par la fidélité qu'il avait jurée à Charles V. Bureau de la Rivière, presque tout puissant à la cour, intriguait de son côté pour rendre suspecte la loyauté de du Guesclin[3]. Jean Le Mercier, autre favori du roi, ne pouvait non plus pardonner au connétable les insultes proférées devant Cherbourg[4]. A entendre ces deux ministres, Clisson eût été plus sûr et plus

---

[1] Dom Morice, Pr., t. II, col. 235.
[2] Ibidem, col. 285.
[3] Cabaret d'Orronville ch. 37.
[4] Chronique des 4 Valois, p. 277

dévoué aux intérêts français. Tout cela se tramait probablement en dehors d'Olivier : mais du Guesclin peiné aurait renvoyé l'épée de connétable en disant : « puisque le Roi, que j'ai loyaument servi, me tient pour suspect, je ne demeurerai jamais en son royaume : mais je m'en vais en Espagne, où j'ai ma vie très honorable, car j'y suis duc, et je lui renvoie son épée[1]. »

Charles V fit tous ses efforts pour garder son vieil homme de guerre : mais celui-ci était blessé au cœur. Une chose surtout lui était sensible, c'était le vide que les Bretons faisaient autour de lui. « Puisque les Bretons lui manquaient, qui bons étaient en bataille... son aigle ne pouvait plus voler : les plumes et les ailes lui étaient faillies[2]. »

Bertrand fut bientôt enlevé à la France par une brusque maladie : mais la mort le trouva les armes à la main attaquant encore une place occupée par les Anglais. Sur son lit de souffrance, le héros se serait fait apporter l'épée de connétable et l'aurait donnée à Olivier de Clisson, chargeant son frère d'armes de la remettre au roi. « Il saura bien, dit-il, en regardant fixement son ami, la donner au plus digne[3]. » Cette assertion de Fontenelle de Vaudoré est en opposition formelle avec les auteurs contemporains[4], qui affirment que la glorieuse épée fut confiée au maréchal Louis de Sancerre. Il est d'ailleurs peu croyable que Clisson, qui avait alors tant à faire en Bretagne, ait suivi du Gues-

---

[1] *Cabaret d'Orronville*, ch. 38.
[2] *Jean de Saint-Paul*, ch. 3, p. 40.
[3] *Fontenelle de Vaudoré*, l. II, p. 190.
[4] *Cabaret d'Orronville*, ch. 39. — *Chronique en prose de B. du Guesclin*, ch. 146.

clin dans sa dernière marche vers le midi du royaume.

La mort de du Guesclin privait la France d'un de ses héros les plus populaires et les plus vaillants. — Néanmoins, si on ne se laisse pas éblouir par l'auréole merveilleuse, que l'imagination du peuple et des historiens a mise sur le front de cet étonnant guerrier, on reconnaîtra qu'il fut redevable à Clisson d'une grande partie de sa gloire et de ses plus sérieux succès. La journée de Cocherel et la seconde expédition d'Espagne étant exceptées, on peut dire que Bertrand remporta peu d'avantages réels qu'il ne dût, au moins en partie, à l'heureuse influence de Clisson. Ce dernier apporta dans leurs communs conseils cette sagesse froide et prévoyante propre aux Anglais, chez qui il avait longtemps vécu ; il modéra la fougue impétueuse et imprudente du vaincu d'Auray et de Najara ; il l'aida puissamment à organiser nos armées, à les discipliner, à leur donner une nouvelle éducation militaire. Aux généraux français aussi bien qu'à leurs troupes, il apprit qu'en toutes circonstances il fallait s'attacher aux plus sûrs moyens de vaincre, et ne pas céder à cet instinct inné qui pousse toujours les Français vers les belles prouesses, les brillants exploits, souvent aussi dangereux qu'inutiles.

Ayant commencé par être un capitaine d'aventuriers, Bertrand en garda toujours un certain esprit de ruse et de finesse, qui lui servit dans plusieurs cas difficiles : mais on retrouvait vite en lui le chevalier français prêt à toutes les audaces et à toutes les imprudences : Clisson fut mieux pénétré des responsabilités et des devoirs d'un général en chef.

D'ailleurs l'influence que, sur les soldats, du Guesclin exerçait par sa rude franchise, son entrain, sa générosité proverbiale, Clisson l'obtenait également, mais par la terreur, que son seul nom inspirait, et par la confiance que donnaient aux hommes d'armes ses grandes qualités militaires.

Comme tacticien et comme organisateur, Clisson montra sans nul doute plus de talents que du Guesclin : au contraire, si, en dehors des attributs de l'intelligence, on cherche les qualités du cœur et du caractère, on doit avouer qu'Olivier ne peut pas soutenir la comparaison avec son frère d'armes. A ce point de vue il exerça même sur lui une influence fâcheuse. Les exemples et les conseils du *boucher des Anglais* entraînèrent souvent du Guesclin à commettre des actes de rigueur et même de cruauté envers les vaincus.

En outre Clisson fut toujours insatiable d'honneurs et de richesses, tandis que du Guesclin était aussi prodigue de son or que de ses services, qu'il trouvait d'ailleurs toujours trop récompensés.

Nous avons vu que, vers la fin de sa vie, Bertrand oublia un peu ses devoirs de Breton : or la conduite d'Olivier était peu propre à les lui rappeler. Ce dernier en effet se posait déjà comme le rival de Jean IV et ne faisait aucun cas du respect et de l'obéissance que, d'après les institutions féodales, il devait à son suzerain légitime.

En résumé, la gloire de du Guesclin sera toujours plus brillante et plus pure que celle de son frère d'armes : néanmoins les historiens oublient trop que, dans les choses de la guerre et dans les succès que ces deux guerriers obtinrent ensemble, il serait injuste d'attribuer à Clisson une part moins grande qu'à du Guesclin.

CHAPITRE VIII

1380-1382

CLISSON CONNÉTABLE

SA RÉCONCILIATION MOMENTANÉE AVEC LE DUC BRETAGNE

Etat de la France a la mort de Charles V. — Secrètes antipathies des princes contre Clisson nommé néanmoins connétable. — Bureau de la Rivière est sauvé par Clisson. — Affaires de Bretagne. — Un duel au moyen-age. — Apaisement général. — Jean IV fait alliance avec tout le monde et même avec Clisson.

Charles V mourut quelques mois après du Guesclin.

Comme il l'avait dit lui-même sur son lit de mort, Charles V laissait « les besognes du royaume en bonne voie. » L'ordre avait été rétabli dans la perception des impôts et dans l'administration des finances. Les *compagnies*, cette plaie du royaume si longtemps ruiné par leurs brigandages, n'existaient plus[1]. Partout la prospérité renaissait. Les

---

[1] Leurs *pilleries* n'étaient plus que des faits isolés et les gens du roi étaient assez forts pour y mettre bon ordre. En 1378, quelques bandes avaient en vain tenté de se reformer du côté de Caën. Jean Le Mercier es dispersa facilement avec une troupe d'hommes d'armes qu'il emmenait en Bretagne. (*Bibl. Nationale*, C. D. T. 1re série, doss. Le Mercier).

PORTRAIT D'OLIVIER DE CLISSON
Tiré de l'histoire de Bretagne de dom Lobineau.

coffres du trésor royal, trouvés vides par le roi à son avènement, regorgeaient d'or et d'argent[1] mis en réserve pour faire face aux difficultés de l'avenir. Les fortifications des villes et des châteaux-forts étaient en excellent état[2] : les villes pouvaient se garder elles-mêmes, grâce à de nombreuses confréries d'archers et d'arbalétriers organisées et entretenues avec soin[3]. Aussi des armées anglaises traversaient la France sans pouvoir faire une seule conquête. — La marine surtout avait été complètement transformée. La victoire de la Rochelle, en portant un grand coup à la souveraineté maritime de l'Angleterre, fut pour Charles V un encouragement à tourner ses vues et ses projets vers les choses de la mer[4]. Les vaisseaux français étant maîtres de la Manche et de l'Océan, les Anglais ne pouvaient plus se ravitailler chez eux, ni grossir sans cesse leurs troupes par l'arrivée de nouvelles recrues. Vers la fin du règne de Charles V, la flotte commandée par Jean de Vienne opéra même plusieurs débarquements heureux sur les rivages de l'Angleterre et força les agresseurs à songer à leur propre défense.

Les attaques de l'étranger n'étaient donc plus le péril suprême et quotidien. Pour la France le danger véritable allait naître du changement même

---

[1] En 1377 et 1378, le roi acheta ou donna à ses amis un nombre considérable de pièces d'orfèvrerie (*Léop. Delisle*, 1599, 1601, 1602). Il payait des charretiers pour mener « le chariot de nos joyaux. » (*Bibl. Nat.* O. Fr. 20,619, n° 7).

[2] Les sommes dépensées pour cela furent considérables. Le roi consacra 3000 francs par mois aux seules fortifications de Vincennes. (*Bibl. Nat.* O Fr 21,443, F. 29).

[3] *Ordonnances*, t vi, p. 183, 538...

[4] Léop. Delisle, *Charles V*, 1411, 1412, 1445, etc.

de l'autorité, qui passait aux mains des frères du roi, princes cupides, pleins d'ambition, et plus soucieux de leurs intérêts personnels que de ceux de l'État[1]. Le roi de son vivant avait contenu leur turbulence et leurs convoitises : mais, par sa mort, ils devenaient les maîtres du royaume, le jeune dauphin ayant à peine une douzaine d'années (onze ans et trois mois).

Le duc d'Anjou, comme étant l'aîné des princes du sang, revendiqua la régence : les ducs de Bourgogne et de Bourbon, en vertu du testament de Charles V, réclamèrent la tutelle du Dauphin avec l'administration financière du royaume. Nous avons vu que la sage prévoyance du roi défunt avait mis en réserve de grands trésors ; le duc d'Anjou usa de violence pour s'en emparer[2]. Le peuple de Paris, et même des provinces, ne se sentant plus gouverné, s'agitait prêt à se soulever. Chacun des oncles du roi avait à son service des compagnies d'hommes d'armes : ces mercenaires se livraient pour leur compte à toutes sortes d'excès. La guerre civile menaçait partout d'éclater.

Depuis la mort de du Guesclin, la connétablie restant vacante, il n'y avait plus de haute direction militaire. Charles V avait bien désigné Clisson pour remplir cette charge, ne voyant personne *plus propice que lui*[3] : mais les ducs de Berry, et

[1] Le duc d'Anjou aimait l'argent pour le garder, le duc de Berry pour le prodiguer sans discernement, et le duc de Bourgogne, pour le dépenser à conquérir des créatures et à se les attacher au préjudice de l'autorité du souverain. (Voir l'*Histoire de France* du P. Daniel, t. VI, p. 210.

[2] Voir à ce sujet une étude de Siméon Luce, dans la *Bibliothèque de l'Ecole des Chartes*, t. XXXVI, p. 301.

[3] *Froissart* t. l. II, ch. 70.

surtout le duc de Bourgogne, n'aimaient pas ce personnage, qu'ils trouvaient sans doute trop fier de ses mérites et peu disposé à se plier à tous leurs caprices. Leurs candidats étaient Louis de Sancerre ou le sire de Coucy. Le premier refusa, se sentant trop faible pour porter un pareil fardeau[1]. Quant au sire de Coucy, il affirmait « que messire Olivier de Clisson était mieux taillé de l'être (connétable) que nul : car il était vaillant homme et sage et amé et connu des Bretons[2]. »

Le duc d'Anjou, quoique l'ami de Clisson, aurait préféré laisser vacante la connétablie, trouvant trop étendus les pouvoirs qui y étaient attachés[3]. — Un grand conseil fut réuni : l'avocat général, Jean Desmarès et le grand chancelier, Pierre d'Orgemont, y discutèrent toutes les questions et tous les intérêts en jeu, proposant différentes solutions. Il fut enfin convenu qu'on s'en remettrait à la décision d'arbitres choisis par les princes eux-mêmes. Ces arbitres décidèrent que le dauphin serait sacré le plus tôt possible et qu'en attendant la cérémonie du couronnement, le duc d'Anjou garderait le titre de régent : après le sacre, le régent partagerait la garde et la tutelle de Charles VI avec les ducs de Bourgogne et de Bourbon. Quant au connétable, il fut décidé qu'il serait nommé par le roi lui-même, après son couronnement. Cette dernière décision déplut au jeune

---

[1] *Juvénal des Ursins*, 1380, p. 325.
[2] *Froissart*, l. II, ch. 64.
[3] D'après le religieux de Saint-Denis, le duc d'Anjou aurait voulu simplement créer un Porte-Oriflamme, n'ayant qu'une partie des pouvoirs du connétable.

Charles VI, qui aimait les armes et les parades militaires. Qui donc à son sacre remplirait les fonctions de connétable, qui tenaient une si grande et si belle place dans le cérémonial officiel ? Pour tout concilier, il fut convenu qu'un grand conseil désignerait immédiatement ce grand officier, qui pourtant ne recevrait qu'après le couronnement l'acte authentique de sa nomination[1].

Or tous ceux qui prenaient part à l'élection d'un nouveau connétable, comme nous l'apprend le moine de Saint-Denis, devaient jurer de voter pour le plus digne. Ils s'engageaient à choisir le capitaine sachant le mieux établir un camp, approvisionner une armée, prévenir les embûches, choisir le moment favorable pour l'attaque, habile enfin à ranger une armée en bataille pour lui assurer la victoire[2].

[1] Voilà, croyons-nous, la réponse la plus simple et la plus naturelle à la question que se sont posée plusieurs historiens pour savoir si Clisson fut nommé connétable avant le couronnement du roi, comme l'affirment Juvénal et le moine de Saint-Denis, ou bien s'il ne fut élevé à cette dignité que le 28 novembre, comme le portent ces lettres de nomination. (Voir à ce sujet une assez longue dissertation du P. Griffet, le commentateur du P. Daniel. (*Hist. de France*, t. VI, p. 577 : et les *Ordonnances*, Secousse, t. VI. Préface).

[2] Après le roi, la reine et les princes du sang, le connétable était le premier personnage du royaume : il était *du lignage* du Roi (*Ordonnances*, Secousse, t. V, p. 33) et un attentat contre sa personne était qualifié de crime de lèse majesté. (*Arch. Nat.* J. 179). Au sacre royal, le connétable était chargé d'escorter la sainte ampoule et de servir le roi à cheval dans le banquet qui suivait. (*Juv. des Ursins*, 1380). Il avait la haute main sur toutes les choses de la guerre, enrôlements de troupes, choix et avancement des officiers, direction des opérations militaires. Le roi ne décidait rien à ce sujet en dehors de lui. (*Arch. Nat.* Reg. Pater. f. 184). En campagne, le connétable choisissait les lieux de campement, commandait l'avant-garde et, en l'absence du roi, avait la conduite de l'armée entière. Il commandait alors même aux princes du sang. (*Froissart*, l. I, p. 2, ch. 318). Tout le butin lui appartenait, excepté

Après qu'on eut beaucoup contesté au sujet de plusieurs candidats également dignes de cette grande charge, le religieux de Saint-Denis nous dit que le choix du suprême conseil se porta « sur Olivier de Clisson, puissant baron de Bretagne, guerrier audacieux et robuste, déjà célèbre pour avoir brisé plusieurs fois sous son glaive victorieux l'opiniâtreté britannique[1]. »

Le jeune roi fut heureux d'apprendre que Bertrand du Guesclin avait pour successeur son frère d'armes, le compagnon de ses travaux et de ses victoires. Il voulut être accompagné à Reims par son nouveau connétable, dont il reçut le serment de fidélité et à qui il remit l'épée, insigne de ses hautes fonctions[2].

Le roi fut sacré le 4 novembre. L'archevêque de Reims chanta la messe. « Et là était assis le jeune roi en habit royal, en une chaire élevée

l'or, l'argent et les prisonniers réservés au roi, et l'artillerie donnée au maîtres des Arbalétriers. Quand le roi n'était pas à l'armée, le seul étendard du connétable était arboré sur les villes prises à l'ennemi. Il avait le droit de passer des *montres* ou revues et même de nommer un lieutenant pour les passer en son nom. (*Ordon.* Secousse, t. IV, p. 67, et t. V, p. 645). Quand la guerre éclatait, on lui versait une somme égale à une journée de la solde de chacun de ses soldats, depuis le plus grand officier, jusqu'au dernier des *coustilliers*. Il avait en outre, en temps de paix comme en temps de guerre, deux mille francs par mois d'appointements fixes. (*Bibl. Nationale*, D 27,273, ms. 789).

[1] « Tandem in dominum Oliverium de Clichonio, insignem baronem de Britanniâ oriundum, audacem militem et robustum, bellis quoque egregium, cujus victrici gladio anglicana cervicositas pluries victa succubuerat, convenerunt. » *Le Rel. de Saint-Denis*, l. IV, ch. 3. Trad. Le Laboureur.

[2] L'épée du connétable avait la poignée en or émaillé de fleurs de lis. Quant à ses insignes héraldiques, ils consistaient en deux épées nues placées de chaque côté de l'écu de ses armoiries, la pointe haute et soutenue par un dextrochère armé de gantelets mouvants d'un nuage. Dans les cérémonies officielles, le connétable était revêtu d'un manteau de velours bleu, enrichi de fleurs de lis d'or.

moult haut, parée et vêtue de draps d'or, si très riche que on ne pouvait avoir plus; et tous les jeunes et nouveaux chevaliers dessous, sur bas échaffauds couverts de drap d'or, à ses pieds.

« Ainsi se persévéra l'office en grand noblesse et dignité ; et là était le nouveau connétable de France, messire Olivier de Cliçon, qui avait été fait et créé connétable depuis peu, qui bien faisait son office et ce que à lui appartenait. Là étaient les hauts barons de France vêtus et parés si très richement que merveille serait à recorder ; et séyait le roi en majesté royale, la couronne très riche et outre mesure précieuse au chef. L'église Notre-Dame à Reims fut à cette heure de la messe et de la solennité si pleine de nobles qui on ne savait son pied où tourner[1]. »

Après la cérémonie religieuse, un banquet magnifiquement préparé attendait cette société si brillante. Mais les ducs d'Anjou et de Bourgogne s'y disputèrent la première place à côté du roi[2]. Ces deux princes se détestaient : quelques jours auparavant, le duc d'Anjou avait même cassé aux gages tous les gens d'armes que le duc de Bourgogne[3], pour se faire une armée à lui, avait enrôlés. Le duc d'Anjou n'avait retenu sous les armes que les cent soixante hommes de Clisson et deux cents autres[4]. La cour, émue de la querelle des deux princes, décida de former immédiatement un conseil, pour trancher le différend. Le jury

[1] *Froissart*, l. ii, ch. 74.
[2] *Archives Nation.* A. B. XIX, 200, *Chronique* 10, 746, f. 50.
[3] Dom. Mor. *Pr.*, t. ii, col. 291.
[4] *Juvénal des Ursins*, 1380, p. 326.

improvisé décida en faveur du duc de Bourgogne, premier pair de France. Le duc d'Anjou s'assit quand même le plus près du roi : mais il fut bousculé par son frère, qui resta enfin maître de la première place.

Pendant le festin, les faits les plus célèbres de l'antiquité furent représentés pour intéresser les convives Le sire de Clisson et le maréchal, Louis de Sancerre, montés « sur hauts destriers couverts de draps d'or[1] », apportèrent eux-mêmes les plats sur la table royale.

Après son couronnement, le roi rentra à Paris en triomphe. Presque tous les jours de ce mois de novembre furent marqués par des fêtes ou par des émeutes, qui menaçaient de dégénérer en révolution. Le peuple fut pourtant un peu calmé par de belles promesses.

Le 28 novembre, trois semaines après le sacre, furent enfin scellées les lettres royales qui conféraient officiellement à Clisson la dignité de connétable[2].

A ce moment, la situation générale était assez embrouillée. Pendant que les Anglais de Buckingham ravageaient les campagnes de France, la division était partout, et parmi le peuple mécontent, et parmi les princes, qui ne s'entendaient que pour satisfaire leur ambition ou leurs rancunes contre certains personnages jadis en faveur auprès de Charles V, mais qui s'étaient attirés leurs ressentiments. Les ducs de Bourgogne et de Berry ne pouvaient surtout pardonner à ces auxiliaires du roi défunt, gens d'assez humble condition pour la plupart, d'avoir tenu si longtemps les premières

---

[1] *Froissart*, l. II, ch. 74.
[2] *Bibl. de Nantes*, 1694 fr 1538 et *Bibl. Nationale*, ms. 789, n° 72.

places dans les conseils souverains. Ils se regardaient, eux, les princes du sang, comme lésés dans leurs droits et se seraient volontiers vengés de tous ces parvenus.

Sa nouvelle dignité, la faveur dont il jouissait près du jeune roi et près du duc d'Anjou, mettaient Clisson à l'abri de toute atteinte. D'ailleurs le duc de Berry lui avait emprunté de l'argent et était encore dans ses dettes[1]. Il eut donc été difficile et imprudent de s'attaquer au nouveau connétable.

On craignit également d'inquiéter l'avocat général, Jean Desmarès, alors très populaire à Paris. Cet homme avait froissé les ducs de Berry et de Bourgogne en donnant trop librement son avis sur les attributions à accorder à chacun des régents : mais au moment où le peuple était en pleine effervescence, son arrestation eut été un acte impolitique. D'ailleurs cet éloquent et sage tribun pouvait servir d'intermédiaire entre la cour et les rebelles Parisiens.

Restaient les membres du conseil du roi[2].

Charles V, estimant assez peu ses frères, ne les avait guère consultés dans les affaires d'administration. Son conseil secret ou habituel se composait d'une douzaine de membres, qu'il avait discernés et qu'il avait formés d'après ses idées personnelles sur le gouvernement[3].

[1] *Bibl. de Nantes*, 1699 fr. 1534.
[2] Le conseil du roi, dont les membres choisis par le souverain étaient révocables à sa volonté, formait ce que nous appellerions aujourd'hui son ministère. Ces serviteurs dévoués et compétents, chacun dans sa partie, suivaient souvent même en voyage le roi, qui se déchargeait sur eux de la plupart des soins de l'administration. (Voir *Étude historique sur le Conseil du Roi*, par Noël Valois, Paris, 1886).
[3] *Le Conseil du Roi*, par Noël Valois, p. 73.

L'évêque d'Amiens, Jean de la Grange, avait partagé avec Jean Le Mercier la haute administration des finances. Ce prélat s'était attiré bien des haines, et même celle du dauphin qui, après la mort de son père, aurait dit à Savoisy : « Savoisy, à ce coup serons vengés de ce prêtre.[1] » Jean de la Grange, à qui le propos fut rapporté, mit ses trésors en lieu sûr et s'enfuit à Avignon.

Jean le Mercier, général des Aides, avait eu aussi l'entière confiance de Charles V, dont il avait été le lieutenant toujours en voyage, toujours chargé des missions les plus délicates, surtout en matière de finances. Son maître étant mort, cet homme habile se tint prudemment à l'écart et ne devait reparaître que peu à peu, quand il eut senti qu'on avait besoin de ses services[2]. Les princes, n'ayant plus à craindre son influence et s'en croyant débarrassés, ne l'inquiétèrent pas.

Le plus intime conseiller du roi défunt avait été Bureau de la Rivière. Charles V en avait fait son premier Chambellan et lui avait toujours témoigné une grande affection[3]. C'était un seigneur courtois et serviable d'un commerce facile et joignant à une grande bonté naturelle tous les brillants dehors d'un courtisan. Les princes du sang ne l'aimaient pas, à cause de l'ascendant qu'il avait exercé à leur détriment, croyaient-ils, sur l'esprit du roi. N'était-ce pas lui qui avait exhorté Charles V à désigner Clisson comme connétable ? Sans doute par défiance pour ses propres frères,

---

[1] *Juvénal des Ursins*, 1380, p. 325.
[2] *Etude sur la vie de Jean Le Mercier*, par H. Moranvillé, p. 84.
[3] Voir *Le Conseil du Roi*, l. II, 1, p. 75.

l'ancien roi avait encore imposé la Rivière au conseil de régence, au point de défendre de faire « sans son conseil et délibération..... aucune chose sur le gouvernement... ou sur les autres grosses besoignes[1]... »

Le sire de la Rivière fut accusé de haute trahison par un proscrit nouvellement arrivé d'Angleterre, le comte de Saint-Pol. On escomptait déjà sa condamnation et la confiscation de ses biens.

En apprenant le danger couru par son ami, Clisson, qui partait déjà en campagne contre les Anglais, revint précipitamment à Paris, décidé à agir énergiquement. Fort de l'amitié du jeune roi, du prestige que lui donnait sa situation nouvelle, il osa jeter son gant, en signe de défi, en présence de toute la cour, se portant garant du patriotisme de Bureau. Il fit sienne la cause de son ami et provoqua en combat singulier quiconque serait assez osé pour soutenir l'accusation. Naturellement chacun se le tint pour dit : et l'ancien favori ne fut plus inquiété[2].

D'ailleurs les princes comprirent qu'à ce moment où leur autorité n'était pas encore bien affermie et où les Parisiens se livraient à des excès difficiles à réprimer il leur fallait contenir leurs ressentiments personnels et suivre une politique de conciliation.

Ils traitèrent donc avec les Parisiens et s'enten-

---

[1] Charles V avait désigné quarante-deux personnages, parmi lesquels on en devait prendre au moins douze pour former le conseil de régence. (*Ordonnances*, t. vi, p. 45 et 49).

[2] *Juvénal des Ursins*, 1380, p. 326.

dirent entre eux pour se partager le pouvoir. Le duc d'Anjou resta à Paris auprès du jeune roi et garda la haute main sur les affaires, tandis que le duc de Berry prenait les provinces du midi et le duc de Bourgogne celles de l'est et du nord.

Le nouveau connétable put alors s'occuper des affaires de Bretagne. Depuis quelque temps, grâce aux bons offices de leurs amis communs, les haines qui divisaient Clisson et Jean IV s'étaient un peu calmées. Le duc de Bretagne se voyait d'ailleurs obligé de céder à l'opinion publique qui, dans tout son duché, réclamait un rapprochement avec la France. Il avouait lui-même que, Charles V étant mort, ses antipathies contre le royaume de France étaient grandement diminuées. D'autre part, il était survenu un grave événement, qui favorisa beaucoup en Bretagne cette tendance des esprits à rompre toute attache avec l'Angleterre. Deux ans plus tôt, le grand schisme d'Occident avait éclaté, troublant et divisant tout l'univers chrétien. Or la Bretagne, où l'influence française était toujours prédominante parmi la noblesse, le clergé et le peuple, s'était rangée, avec la France, dans l'obédience du pape d'Avignon, tandis que l'Angleterre avait reconnu l'autorité du pontife de Rome. Jean IV lui-même suivit ses sujets et se déclara pour le pape d'Avignon[1].

[1] « Pour que Jean de Montfort ait cru devoir prendre une attitude aussi contraire aux exemples, et peut-être aux conseils de Richard II, roi d'Angleterre, il faut qu'il y ait été en quelque sorte forcé par ses sujets. Nul doute que le sentiment public ne se soit prononcé en Bretagne en faveur du pape d'Avignon. » (*La France et le Grand Schisme d'Occident*, par Noël Valois, t. I p. 252).

Plusieurs nobles bretons, les sires de Dinan, de Laval et de Rochefort étaient venus à Paris pour s'entendre avec Clisson et préparer les voies à une réconciliation entre Jean IV et le jeune Charles VI[1]. A leur retour ils engagèrent tous les Bretons à fermer leurs portes aux Anglais, qui arrivaient du côté de l'est et avaient déjà mis le siège devant la ville de Nantes, défendue par Amaury de Clisson, cousin du nouveau connétable. Le sire de Beaumanoir, un de ceux qui avaient rappelé Jean IV en Bretagne, entretenait maintenant des correspondances avec Clisson et se montrait violemment hostile aux Anglais[2].

Le nouveau connétable réussit à faire pénétrer dans Nantes un corps de troupes françaises et, rassuré sur le sort de la ville, il commença contre les Anglais sa guerre habituelle de surprises et d'escarmouches. Ceux-ci harcelés et manquant de tout prirent enfin le chemin de Vannes, où se tenait leur allié, le duc de Bretagne. Mais ils durent faire un long détour par Messac, Mauron et la Trinité-Porhoët, afin d'éviter les villes ennemies de Rieux, Rochefort, Redon, Ploërmel et Josselin, qui leur barraient la route. Ils marchaient lentement, avec mille difficultés, décimés par les attaques partielles, obligés de reconstruire les ponts, que les gens du pays coupaient devant eux.

Les Vannetais auraient bien voulu leur fermer leurs portes : mais ils cédèrent enfin aux ordres de leur duc. Celui-ci s'en alla au devant des Anglais

---

[1] Dom Lobineau, *Pr.*, col 610.
[2] *Juvénal des Ursins*, 1380, p. 327.

à une lieue de Vannes, sur la route de Saint-Jean, leur fit force, révérences, salut et protestations d'amitié, s'excusant de n'avoir pu les secourir[1]. Clisson, Rohan, Laval, Rochefort gardaient le pays. « Tous ceux, dit le duc aux insulaires, qui s'étaient conjoints avec moi, tant chevaliers et prélats comme de bonnes villes, sont maintenant tout rebelles, dont je suis grandement courroucé[2] ».

Le comte de Buckingham n'entra à Vannes qu'après avoir juré aux habitants, sur les saints évangiles, de partir quinze jours après qu'ils le lui auraient ordonné. Ce fut la seule ville bretonne qui reçut dans ses murailles les débris de l'armée étrangère. Les Anglais furent bientôt obligés de se disperser pour trouver des vivres : Thomas de Percy emmena ses gens près d'Hennebont ; Knolle et Caverlé conduisirent les leurs aux environs de Quimper : l'arrière garde se dirigea vers Quimperlé : encore ces trois villes refusèrent-elles énergiquement d'ouvrir leurs portes. Il fallut loger dans la campagne, à la fin de l'hiver, souffrir le froid et la faim, manger du pain de chardons[3], payer douze deniers ce qui en valait trois, sans pouvoir rien trouver. « Si mouraient leurs chevaux de faim, de froid et de povreté, et ne savaient où aller au fourrage ; et, quand ils y allaient, c'était en grand péril, car les terres voisines leur étaient toutes ennemies.[4] »

---

[1] *Pierre Le Baud,* l. II, ch. 76.
[2] *Froissart,* l. II, ch. 76.
[3] *Dom Lobineau,* l. XIII, p. 437.
[4] *Froissart,* l. II, ch. 76.

Clisson et Rohan, dans leurs villes de la Chaise, de Josselin et de Moncontour, aidés par leurs gens d'armes et les habitants du pays, tuaient aux Anglais le plus de monde possible. Le comte de Buckingham et le duc de Bretagne n'osaient trop se plaindre, ni se venger, de peur d'un soulèvement général qui eut anéanti tous les Anglais, trop loin les uns des autres pour se porter mutuellement secours.

Pendant ce temps, les soldats de Clisson pouvaient se retirer et se refaire dans les châteaux-forts du voisinage. Les plus grands seigneurs français de la garnison de Nantes, le Barrois des Barres, le comte de la Marche, Chastel-Morant et *grant foison* de chevaliers et écuyers avaient, eux aussi, serré de près l'armée ennemie, dans sa retraite sur Vannes. Le connétable les reçut généreusement dans son château de Josselin[1], dont il avait fait son quartier général.

Comme on en était en hiver, il fallut songer à passer le temps agréablement. Or la distraction préférée de tous ces batailleurs consistaient dans les tournois et les joutes. On se souvint qu'un défi avait été porté à trois chevaliers français par trois chevaliers anglais, quand le comte de Buckingham traversait le Poitou. Les trois Anglais furent sommés de venir à Josselin pour tenir leurs engagements. Ils le firent volontiers et le tournoi eut lieu sous les yeux du connétable. Tout se passa loyalement, sans grandes blessures de part et d'autre. Mais à leur tour les trois Français défièrent leurs adversaires et une nouvelle rencontre fut décidée.

[1] *Cabaret d'Orronville*, ch. 43.

Le comte de Buckingham, informé du nouveau défi, voulut jouir, lui aussi, du spectacle et fit des instances pour que les champions se rendissent à Vannes. Le connétable reconnut que le désir de Buckingham était juste et envoya demander des sauf-conduits pour tous les chevaliers français qui voudraient aller de Josselin à Vannes. Une trentaine de gentilshommes profitèrent de la permission. Clisson ne fut pas de ce nombre, ne voulant pas sans doute se rencontrer avec Jean IV.

Les champions français se couvrirent de gloire et revinrent bientôt à Josselin raconter au connétable les péripéties du tournoi.

Nous allons faire le récit d'un autre duel entre un soldat français et un soldat anglais, qui se battirent à Josselin même, quelques mois après : car ce combat singulier fournit d'assez curieux renseignements sur les mœurs militaires de cette époque.

Plusieurs soldats anglais avaient obtenu du connétable un sauf-conduit pour s'en retourner sans armes à Cherbourg. Ils passèrent par Josselin comptant seulement dîner dans cette ville et en repartir aussitôt.

A peine arrivés à leur hôtel, non loin du château, ils reçurent la visite de plusieurs soldats de la garnison de Josselin, « car, dit Froissart, gens d'armes s'entrevoient volontiers et espéciallement Français et Anglais. »

Or, parmi les gens du connétable, se trouvait un certain Jean Bourcinel, écuyer du comte de la Marche ; cet écuyer avait eu autrefois des démêlés avec un des Anglais présents à Josselin.

Bourcinel reconnut son adversaire, lui rappela les anciennes provocations, et dit que c'était le moment de se donner les trois coups de lance qu'ils s'étaient promis. L'Anglais, nommé Nicolas Cliffort, s'excusa alléguant que lui et ses compagnons ne traversaient le pays que comme des pèlerins, sans armes, avec le sauf-conduit du connétable et sous les ordres de plusieurs chefs.

Après une petite discussion, les adversaires se quittèrent sans s'accorder. Mais, pendant le dîner, les Anglais parlèrent beaucoup de la provocation. Au château de Josselin, il n'était aussi question que de l'affaire. Le connétable en eut connaissance : il « y pensa un petit », et dit qu'il ne voyait pas d'inconvénients à ce qu'une rencontre eût lieu entre les deux rivaux.

Dans l'après-midi, les chefs anglais vinrent au château demander au connétable un chevalier pour les conduire à Cherbourg suivant les conventions. — Attendez, leur dit-il, demain « au matin, après messe, vous verrez fait d'armes de votre écuyer et du nôtre, et puis vous dinerez avec moi ; le dîner fait, vous partirez sous bonnes gardes. » Les Anglais n'osèrent rien refuser, ils burent de son vin et s'en retournèrent à leur hôtel.

Le lendemain matin, les deux champions entendirent la messe, se confessèrent et communièrent. — Près du château, du côté du levant, se trouve un endroit tout uni. Par terre on étendit les deux armures complètes — « Prenez premier, dit Jean. » — « Par ma foi, répondit l'Anglais, non ferai, vous prendrez premier. »

Deux chaises furent placées un peu loin l'une

de l'autre pour qu'il fut facile aux combattants de se reposer après chaque passe. Jean Bourcinel s'arma le premier de toutes pièces : son compagnon en fit autant. Ils prirent alors deux lances égales, à *bons fers de Bordeaux*, et s'en vinrent au pas l'un contre l'autre. Arrivés à portée, ils abaissèrent leurs armes et s'attaquèrent. *Tout du premier coup* l'Anglais frappa *si durement* que son fer glissa sur la cuirasse de son adversaire, sauta de bas en haut par-dessus le camail en acier et s'enfonça profondément dans le cou du pauvre Jean Bourcinel. L'arme se brisa à la naissance du fer, qui resta dans la plaie.

L'Anglais ne s'aperçut pas du coup mortel qu'il venait de porter. Il revint à sa chaise, ainsi que l'écuyer français. Mais celui-ci avait une affreuse blessure : on voyait le fer de lance fixé dans son cou. Les seigneurs accoururent, lui ôtèrent son bassinet et arrachèrent l'arme de la plaie. Alors le blessé se tourna du côté opposé, sans rien dire, et tomba mort.

Son adversaire très habile à soigner les plaies arriva pour porter secours : mais Jean Bourcinel n'était plus.

Le comte de la Marche était furieux et s'agitait en pleurant la mort de son écuyer, qu'il aimait beaucoup. Nicolas Cliffort lui-même *avait grand' pitié* en voyant le cadavre d'un si vaillant homme d'armes. Mais Clisson leur dit : « En tels faits, ne doit-on attendre autre chose : il est mésavenu à notre écuyer, mais l'Anglais ne le peut amender. » Alors il dit aux chevaliers d'Angleterre. « Allons, allons dîner, il est temps. »

Les Anglais n'osaient entrer au château, tant la mort de Bourcinel les affectait. Le comte de la Marche continuait à pleurer. Nicolas Cliffort s'en alla tristement à son hôtel. Le connétable l'envoya chercher. Quand il fut venu, presque malgré lui, Clisson lui dit : « Vous n'avez fait autre chose que je n'eusse fait moi-même en pareil parti : car mieux vaut grever son ennemi que d'être grevé par lui. Ce sont conditions d'armes. »

Quand les seigneurs eurent dîné à loisir et pris le vin, le connétable donna ordre au Barrois de conduire lui-même les chevaliers anglais, en faisant ouvrir devant eux les villes et les châteaux pour les mieux traiter. Le Barrois obéit volontiers. Ils s'équipèrent ensemble pour monter à cheval et ne se séparèrent qu'à Cherbourg au fond du Cotentin

Cet épisode nous montre bien Olivier de Clisson, tel que d'ailleurs nous le connaissons déjà. Dans sa vie, on rencontre beaucoup d'actes de bravoure, d'énergie, de loyauté, et même de grandeur d'âme : mais un témoignage de sensibilité, de bonté naturelle, de pitié compatissante, jamais.

Les quatre seigneurs bretons, qui s'étaient entremis entre Jean IV et le duc d'Anjou, régent de France, parvinrent enfin à fixer les conditions de la paix entre la France et la Bretagne.

Le 15 janvier 1381, fut signé un arrangement préalable, à l'insu des Anglais, à qui Jean IV continuait à faire bon visage. Cet accord stipulait[1]

---

[1] Dom Morice, *Pr.*, t. II, col. 293.

que le duc de Bretagne pourrait avoir des Anglais dans sa maison, mais aucun dans son conseil : de plus il paierait au roi de France 200,000 francs : et, six semaines au plus après le traité, il irait en personne faire hommage au roi. En retour, toutes ses places de guerre lui seraient rendues. Quant aux difficultés pendantes entre le duc et Clisson, elles étaient réservées pour être soumises à l'arbitrage de Charles VI[1].

Le traité fut juré sur la croix et les saints évangiles par les ambassadeurs du duc et les commissaires royaux. Le roi le ratifia le jour même, au bois de Vincennes et Clisson y acquiesça aussi par lettres du 23 février.

Quand les Anglais, qui hivernaient en Bretagne, connurent les agissements de Jean IV, qui les abandonnait ainsi pour se rapprocher de la France, ils s'embarquèrent au plus tôt, sans écouter les protestations de dévouement et d'amitié personnelle que leur prodiguait leur cauteleux allié[2].

A Guérande, le 4 avril de cette même année, fut solennellement conclue la paix entre la Bretagne et la France.

Dans le traité, se trouvait la formule habituelle, à savoir, que le duc devait aider le roi « contre tous ceux qui pouvaient vivre et mourir. » Cette clause déplut à Jean IV : il fit signer au vicomte de Rohan et aux principaux seigneurs bretons un acte par lequel ceux-ci promettaient de ne pas l'abandonner dans sa résistance au roi, si celui-ci refusait de donner un second acte scellé déclarant

[1] Dom Morice, *Pr.* t. II, col. 298.
[2] *Alain Bouchart*, l. IV, f. 143.

que le duc de Bretagne serait dispensé de s'armer contre le roi d'Angleterre[1].

Cet étrange souverain breton passa sa vie entière à intriguer, à batailler, à se brouiller et surtout à faire des traités avec tout le monde.

Une difficulté étant sans doute survenue entre Clisson et le duc d'Anjou, Jean IV en profita pour conclure encore une alliance personnelle avec le duc d'Anjou, régent de France, contre le connétable de Clisson. Ce traité fut signé, le 9 mai 1381[2]. Or, le 30 mai suivant, le duc de Bretagne et Clisson se rencontraient à Vannes.

Qui le croirait? Le duc conclut un traité avec Clisson lui-même! « Jehan, duc de Bretagne... eue considération à la parfaite amour et affinité que nous avons eue et avons à notre très cher et bien amé cousin et féal Messire Olivier, seigneur de Clisson... connestable de France... et des tres grands et bons services et plaisirs qu'il nous a fais au tems passé... Promettons être bons vrais et loyaux seigneur alliez et bienveillans audit seigneur de Clisson... et garder honneur bien et estat de sa personne... contre tout homme qui peut vivre et mourir... Promettons sur les saintes évangiles de Dieu touchées corporellement par la foi et serment de notre corps... » etc.[3] Clisson promit une amitié réciproque et la paix fut signée entre les deux ennemis.

Il est à remarquer que, dans cette alliance,

---

[1] Dom Morice, t. II, *Pr.* col. 280.
[2] *Dom. Lob.* l. XIII, p. 441.
[3] *Bibliothèque de Nantes,* col. Bizeul, 1694 fr. 1558 et 1703 fr 1547. Un vidimus de ce traité se trouve aussi à la *Bibliothèque Nationale,* ms. 789, n° 46.

Clisson ne se dit pas le sujet, mais l'allié du duc de Bretagne[1].

Le même jour, Jean IV accordait des lettres de « pardon et rémission » pour tous ceux de ses vassaux, qui avaient embrassé contre lui le parti du roi de France.

Le roi d'Angleterre avait également des traités d'alliance en bonne et due forme signés par Jean IV : mais il trouvait toutes ces palinodies peu à son goût. Sa sœur, mariée au duc de Bretagne, était alors en Angleterre ; il l'empêcha de retourner avec son mari. De plus il proposa la liberté aux deux fils de Charles de Blois, qui languissaient dans les prisons anglaises, depuis une vingtaine d'années, mettant comme condition qu'ils lui feraient hommage du duché de Bretagne. Les deux jeunes gens, abandonnés de tous depuis si longtemps, refusèrent énergiquement de trahir les intérêts de la France. Ils restèrent dans leurs prisons, où, peu après, l'un d'eux mourut de langueur et d'ennui.

Bien qu'il fût officiellement réconcilié avec le duc de Bretagne, Clisson ne se hâtait pas de lui rendre ses places de guerre : elles étaient en effet sa garantie contre le duc et aussi contre le roi de France : ce dernier lui devait en effet 80,000 livres (4 millions), à cause « des gens d'armes qu'il avait eux pour la garde des forteresses en Bretaigne[2], » pour le compte du roi de France, et qu'il avait

---

[1] Cette dérogation aux habitudes et au style du monde féodal s'explique moins par la haute situation d'Olivier que par la dignité du connétable, dont il était revêtu.

[2] *Bibl. de Nantes*, col. Bizeul, 1696 fr. 1540.

payés de ses propres deniers. Il était plus facile aux princes de persécuter les financiers choisis par Charles V que d'assurer la bonne administration du royaume et la paie régulière des troupes. En effet, le 1ᵉʳ octobre 1380, il n'était dû à Clisson que 44,320 livres ; cinq mois après, au 1ᵉʳ mars 1381, la dette de l'État à son égard s'était donc accrue de 35,680 livres, qui vaudraient de nos jours 1,784,000 francs[1].

Le roi voulut charger de sa créance les Juifs de Paris : mais d'un moment à l'autre ceux-ci pouvaient être chassés du royaume : Clisson exigea des garanties plus sûres. Pour le contenter, le roi lui signa, le 2 mars, deux obligations. Il est dit dans la première : « Nous promettons en bonne foy et parolle de Roy à nostre dit cousin que au cas que les dits Juifs se partiraient de nostre royaume paravant ce qu'ils eussent payés nostre dit cousin de la ditte somme, nous lui paierons cette somme ou la ferons païer et l'en contenterons[2]... » Dans le second acte, le roi fixe les échéances de paiement et promet 22,216 francs « pour estre paiez à la saint Jehan-Baptiste prochaine venant[3]... » De plus, il donne à son connétable « par manière de gage (caution) la ville et le chastel de Pontorson... » avec les revenus de cette seigneurie[4].

[1] Il avait pourtant touché, le 17 décembre 1381, 4,520 francs d'or (*Bib. Nat.* Clairambault, 33-2437).
[2] *Bibl. de Nantes*, 1696 fr 1540 Il paraît étrange que le roi se soit déchargé sur les Juifs du soin de payer Clisson ; c'était sans doute pour se faire payer par eux la protection intéressée qu'il accordait à cette triste race.
[3] *Bibl. de Nantes*, 1696 fr. 1540 et *Bibl. Nation.*, ms. 789, n° 62.
[4] La châtelenie de Pontorson, achetée au roi de Navarre, avait été donnée à du Guesclin, le 16 décembre 1376. (Dom Morice, *Pr.*, t. II col. 173).

Nous savons d'autre part que le duc de Berry devait au nouveau connétable 10,000 francs « de bon or et de bon pois, laquelle somme il (avait) prestée amiablement¹. »

La comtesse de Penthièvre, qui devait aussi à Clisson 9,220 francs d'or, s'engagea enfin à les lui rendre le plus tôt possible : c'est pourquoi le connétable reprit avec elles ses anciennes relations d'amitié.

Toutes ces avances nous donnent déjà une idée de la grande fortune de Clisson, dont nous reparlerons plus tard. Ces sommes, dont il s'était dessaisi, ne l'avaient pas empêché d'acheter, le 3 mars 1380, pour 22,000 francs, la châtellenie de Monfaucon² et de fonder, dans la ville même de Clisson, au mois d'octobre de la même année, un collège de chanoines « à la louange de Dieu et de toute la court de Paradis, pour le salut et remède de son âme. »

Le haut rang qu'il occupait, son immense fortune, sa grande connaissance des affaires donnaient alors à Olivier une telle autorité et un tel prestige que plusieurs nobles familles le prirent comme

---

¹ *Bibl. de Nantes*, 1690 fr 1534.

² A cette occasion le duc d'Anjou, « pour reconnaître, disait-il, les tres grans et notables services que nostre cousin ledit Clisson nous a fait au temps passé » lui avait accordé l'amortissement de son acquisition nouvelle, dont les revenus étaient affectés à l'entretien « des chanoines, chappelains et clercs d'iceluy collège. » Cette fondation, faite quelques mois seulement après la mort de du Guesclin, était sans doute, dans la pensée du nouveau connétable, destinée à assurer des prières pour le repos de l'âme de tous les siens, mais surtout du glorieux frère d'armes, dont il pleurait la perte. (Dom. Morice, *Pr*, t. II. col. 575) ayant sans doute mal lu la date de ce document, le reporte dix ans plus tard, en 1390, plusieurs années après la mort du duc d'Anjou, son auteur. (V. *Archives Nationales*, p 1399, n° 448).

arbitre pour trancher les difficultés survenues entre elles, au sujet de terres et d'héritages à partager[1].

En fait, la guerre était suspendue entre la France et l'Angleterre. Le duc de Bretagne fut enfin mis en possession des places qu'il réclamait : il se prépara à se rendre à Paris, pour faire au roi de France hommage de son duché, suivant les conventions du second traité de Guérande.

Vers le mois de septembre, il se mit en voyage muni de toute une provision d'actes scellés et de sauf-conduits, qu'il avait exigés pour lui et deux cents personnes de sa suite. Le duc de Bourbon, le connétable de Clisson et l'amiral Jean de Vienne l'attendaient aux frontières de France pour l'escorter jusqu'à son retour.

A son arrivée à Paris, le duc apprit que le roi était à Compiègne, où il l'alla trouver[2].

Comme c'était prévu, tous les seigneurs présents supplièrent le roi de pardonner au duc, ce qu fut fait de bonne grâce. Alors le duc ôta son chaperon, fléchit le genou et mit sa main entre les mains du roi[3]. Ils s'embrassèrent ensuite : et le duc, ayant remis son chaperon, jura debout, la main sur un morceau de la vraie croix, qu'il serait fidèle au roi et à ses successeurs.

De Tours, Jean IV revint en bateau jusqu'à Nantes. Dans tout ce voyage, il déploya un luxe inouï. Peut-être Clisson, qui aimait beaucoup le faste et les richesses, envia-t-il le luxe étalé par

---

[1] *Archives Nationales*, X^{ic} 38^a.
[2] *Bibl. Nationale*, ms. 78⁰, n° 65
[3] *Jean de Saint-Paul*, ch. 3, p. 75.

son suzerain, surtout dans sa navigation fluviale. Ce qui est certain, c'est que le roi de France, qui désirait tant faire plaisir à son connétable, lui fit cadeau deux mois après de la plus belle de ses *barges*, à prendre au choix[1].

Le roi d'Angleterre, mécontent du voyage de Jean IV en France, lui confisqua le comté de Richemond : mais le duc de Bretagne se consola en achetant la baronnie de Rais. Prévoyant en outre qu'il n'aurait rien à craindre en Bretagne, tant qu'il serait en paix avec Clisson, il renouvela alliance avec ce dernier, le 27 février suivant. Dans cette déclaration nouvelle, Jean IV emploie les termes d'une affection encore plus chaleureuse que l'année précédente. « Nous jurons, dit-il, sur les saints évangiles, que nous voulons et voudrons le profit et honneur de nostre très cher et féal cousin, le sire de Clisson..... Nous lui aiderons à garder ses franchises, honneurs et libertés, son corps et l'état de sa personne, sa vie et ses héritages, sans fraude, ni malengin, en aucune manière, autant que nous ferions pour nostre corps, nostre vie et nos héritages[2]... »

Nous verrons comment un peu plus tard Jean IV, quand il se fut emparé par un guet-apens de la personne du connétable, prit soin de garder le corps, la vie et les héritages de son ancien ami d'enfance.

On peut croire que toutes ces protestations du

---

[1] Bibl. Nationale. *Chartes royales*. Français 25,705, fol. 26. La barge était un vaisseau de haut bord, ayant deux châteaux, l'un à l'avant, l'autre à l'arrière, reliés entre eux par une galerie couverte.

[2] Dom Morice, *Pr.*, t II, col. 379.

duc avaient surtout pour but de décider Clisson à lui délivrer les dernières places de guerre occupées encore en Bretagne par les Français. Cette restitution ne fut en effet terminée que quatre semaines après, le 20 mars 1382[1].

[1] *Archives Nationales*, JJ. 244

CHAPITRE IX

1382-1384

CLISSON EN FLANDRE

Le passage de la Lys. — Rosebecque : dispositions prises par Clisson et leur heureux effet. — Pillage des Flandres. — Miséricorde ou Marguerite. — Clisson prépare une seconde expédition contre les Flamands et les Anglais. — Le duc de Bretagne sauve ces derniers.

La guerre était interrompue en fait entre la France et l'Angleterre, parce que chacune des deux nations se débattait aux prises avec des difficultés intérieures.

Dans toutes les grandes villes de France, les communes s'organisaient et s'armaient, refusant d'obéir aux oncles du jeune roi et de payer les impôts, dont on voulait les charger injustement, disaient-elles, puisque la guerre à peu près terminée ne devait plus être aussi lourde à soutenir.

L'agitation des basses classes de la société prenait même un caractère politique : c'était la révolte du peuple contre la noblesse; la bourgeoisie prenait la tête du mouvement, croyant le diriger et le faire tourner à son profit.

En outre, encouragées par les Anglais, qui gardaient encore quelques forteresses en Guyenne, des compagnies ou bandes de brigands se reformaient dans les campagnes du midi[1].

Le duc châtia avec rigueur les révoltés de Rouen ; mais quand il rentra dans Paris, la capitale était ensanglantée par l'insurrection des *Maillotins*.

L'ordre fut rétabli à Paris, en partie par la force, en partie par des accommodements et des concessions réciproques.

Le vrai foyer de la révolte était en Flandre, surtout dans la ville de Gand, qui, ayant chassé son légitime suzerain, le comte Louis-le-Mâle, voulait s'administrer à sa guise et ne dépendre de personne. Née dans les communes de Flandre, l'effervescence révolutionnaire s'étendait de proche en proche avec autant de puissance que de rapidité[2].

Le comte de Flandre, qui avait couru les plus grands dangers, implora le secours du roi de France contre ses sujets en révolte. Cet appel fut entendu de toute la noblesse française désireuse d'écraser, par la destruction de Gand, le germe de toutes les rébellions.

Le jeune Charles VI ne rêvait que guerres et batailles[3]. Des lettres royales furent partout expédiées : les troupes françaises avaient ordre de se

---

[1] Sept *montres* ou revues passées à Carcassonne prouvent qu'on était obligé d'entretenir de nombreux archers et arbalétriers « contra Anglos et latrunculos patriam .. discurrentes et deproedantes » *Archives Nationales*, K. 53, 15.

[2] *Le religieux de Saint-Denis*, l. III, ch. 3.

[3] Charles V montra un jour à son fils « une belle et riche couronne et un beau bacinet, et lui demanda lequel il aimait le mieux .. il répondit plainement qu'il aimerait mieux le bacinet que la couronne .. On lui fit faire un gentil harnois, lequel on fit pendre au chevet de son lit » (*Juvénal des Ursins*, 1380, 325).

concentrer le long de la Lys, rivière qui coulait sur les frontières de Flandre.

Grâce à l'activité intelligente du connétable, l'armée fut rapidement réunie au point assigné. Tous les ponts jetés sur la Lys avaient été coupés par les Gantois. Pierre du Bois, un de leurs capitaines, occupait la ville de Comines, sur la rive droite : Clisson arriva bientôt sur la rive gauche, en face de cette place, avec l'avant-garde de l'armée française.

Au moyen d'un chaland qu'ils trouvèrent et de cordes soutenues par des pieux fixés dans l'eau, quelques détachements français réussirent à passer la rivière, un peu au-dessous de la ville. A leur tête étaient les sires de Rieux, de Rohan, de Laval, Olivier du Guesclin, le Barrois des Barres et le maréchal, Louis de Sancerre. Cette troupe d'environ cinq cents lances remonta vers Comines par la rive opposée. Quand le connétable la vit s'avancer « bannières et pennons ventilants, en une belle petite bataille. — Ha! saint Yves, s'écria-t-il, ha, saint Georges! ha, Notre-Dame! Que vois-je là? Je vois toute la fleur de notre armée qui se sont mis en dur parti. Ha! messire Louis de Sancerre, je vous cuidais plus amesuré que vous n'êtes..... Je vous plains, quand, sans mon conseil, vous vous êtes mis en tel danger. Pourquoi, pourquoi, suis-je connétable de France? Car, si vous perdez, j'en serai tout inculpé et on dira que je vous ai envoyés en telle folie[1]. »

Les Français n'avaient pas changé : ils étaient

---

[1] *Froissart*, l. II, ch. 183.

bien les mêmes imprudents et les mêmes fanfarons qu'autrefois : mais Clisson avait au plus haut point le sentiment des responsabilités d'un général en chef.

Les gens de son entourage lui dirent : « Monseigneur, ne soyez pas tant en peine de ceux qui sont là-bas : ce soir on n'osera pas les combattre et demain nous les réconforterons. »

Ces prévisions se réalisèrent. La nuit parut longue de l'autre côté de la Lys. On était en novembre par un temps froid et triste. Les chevaliers, massés debout les uns contre les autres, de peur d'être attaqués, avaient les pieds enfoncés dans la boue. Ils tenaient leurs lances droites et immobiles, accablés à la longue par le poids de leurs armures, et, pour réparer leurs forces, n'avaient rien à boire, ni à manger. Cette action « doit leur être tournée à grand vaillance », nous dit le bon chroniqueur.

Après minuit, la pluie se mit à tomber. Au point du jour le sire de Sempy qui, de temps à autre, allait voir en se tapissant si les Flamands arrivaient, s'écria : « En avant ! Messeigneurs, il n'y a que du bien à faire. Les voici qui viennent le petit pas... Or, montrons que nous sommes droites gens d'armes. »

Les cinq cents braves abaissèrent vers l'ennemi leurs longues lances « à bons fers de Bordeaux ». Le connétable les entendit pousser leurs différents cris de guerre, comme ils abordaient les masses flamandes, et il s'écria : « Nos gens sont en armes. Dieu les veuille aider ! »

Les soldats de Pierre du Bois ne rencontrèrent que longues pointes aiguës, « dont ils se voyaient empalés : les mailles de leurs cottes ne leur servaient néant plus que toile doublée en trois doubles, mais les fers passaient tout outre, et les enfilaient parmi ventres, parmi poitrines et parmi têtes. »

Tous ces bons chevaliers se battaient dans la boue jusqu'à mi-jambe, poussant leurs fers avec furie vers les endroits les plus serrés de la bataille. Pierre du Bois tomba, l'épaule transpercée : ses valets l'emportèrent du champ de bataille. Les Français criaient : Sempy! Laval! Sancerre! et ne s'épargnaient pas pour *occire* leurs ennemis « non plus que chiens » ; car si les Flamands avaient eu le dessus, « ils eussent fait pareillement. »

Plus de deux cents fuyards se noyèrent : les autres mirent le feu aux maisons de Comines. Les Français entrèrent quand même dans la ville et, à la lueur des incendies, poursuivirent et égorgèrent les vaincus au fond de tous leurs refuges. Les cloches sonnaient à toutes volées dans les villes voisines pour annoncer que tout était en péril : partout c'était la terreur, le désarroi et la confusion.

Pendant ce temps, le pont sur la Lys ayant été rétabli, cinquante mille hommes entrèrent dans le pays des Gantois.

La guerre devait prendre un caractère sauvage. Aux environs de Comines, des centaines de Flamands furent tués dans les moulins à vent et les monastères[1]. Les Bretons commencèrent aussitôt

---

[1] La *Chronique* 10,746 dit que, dans ces affaires, « furent les occis nombrés environ XIIII¹ᵐ hommes (14,000). » *Archives Nationales,* A.B. XIX, 200

à piller le pays, qui était « gros et riche ». Wérin fut pris, brûlé « et ceux qui étaient dedans morts. Là eurent les Bretons grand pillage et profit ». On trouvait, dans cette opulente contrée, des draps et des marchandises de toutes sortes. Les premiers arrivés ne saisirent que l'or et l'argent : « mais ceux qui vinrent après rançonnèrent tout au net le pays et rien n'y laissèrent. »

Philippe Artewelle, chef des Gantois, courut d'Oudenarde à Gand pour organiser la résistance. Il oubliait qu'il n'avait sous la main qu'un peuple de marchands, braves il est vrai, mais peu habitués à la guerre : tandis qu'avec le jeune roi de France marchaient beaucoup de soldats exercés et endurcis à la lutte, conduits par d'habiles généraux comme Clisson, le Bègue de Vilaine et Jean de Vienne. Les Français avaient en outre une grande supériorité dans leur armement. Ils étaient invulnérables sous leurs cuirasses en acier ou en fer battu : les Flamands au contraire étaient mal protégés par des hoquetons cerclés des lames en métal ou garnis de baguettes de baleine.

Ypres tua son capitaine gantois et demanda « grâce et miséricorde » au roi de France. Non loin de là, les Français tuèrent quatre mille personnes « et furent tant riches de joyaux de femmes, de vaisselle d'argent... que, dit un choniqueur, ce fut merveille[1]. »

Terrifiées, une foule de petites villes envoyèrent liés et garrottés à Charles VI les capitaines venus de Gand pour les défendre.

[1] *Cabaret d'Orronville*, ch. 56.

Toutes les campagnes furent ravagées, les villes taxées à de grosses rançons. Quant aux capitaines gantois livrés au roi de France, ils furent tous décapités sur le mont d'Ypres. Sur cette même montagne arrosée du sang des chefs gantois, les Français tinrent une grande foire, où ils vendirent aux marchands de Lille et de l'Artois les dépouilles, dont leurs milliers de pillards dévalisaient le pays. Des charrettes pleines de « nappes, coutils, or, argent en plate et en vaiselle » arrivaient de tout côté. Les Bretons surtout se distinguèrent par leurs violences et leur avarice impitoyable. Clisson qui, en qualité de connétable, pouvait régulièrement disposer de tout le butin ne dut pas s'oublier dans le partage.

Malgré la défection du sire de Harcelle[1] et les hésitations des Brugeois, Philippe Artewelle put mettre en ligne une cinquantaine de mille hommes. Il remonta la Lys jusqu'à la hauteur de Courtray.

L'armée française était plus à droite dans la direction de Rosebecque. Comme le temps devenait de plus en plus mauvais, celle-ci souffrait beaucoup du froid, de la pluie et de maladies de toutes sortes. — Si Artewelle s'était retranché du côté d'Oudenarde, il est probable qu'on n'eût pas osé entreprendre de le déloger. Mais il ne pouvait guère garder la défensive, à cause des défections qui se multipliaient autour de lui. Il espérait tout d'une grande victoire. Aussi, laissant la Lys à sa gauche, il marcha en droite ligne vers le nord où se trouvait l'ennemi.

[1] *Junéval des Ursins.* 1382, p. 340.

Arrivé près du mont d'Or, il campa, le mercredi 28 novembre, dans une bonne position, entre un bois et un grand fossé. Des deux côtés, on s'attendait à la bataille pour le lendemain. Les Français, en pleine campagne, étaient déployés devant les Gantois.

Le soir, le roi de France soupa en compagnie de ses oncles, du connétable et de plusieurs grands seigneurs étrangers. Quand les autres convives furent partis, Olivier de Clisson resta pour communiquer au jeune roi certaines dispositions qu'il avait prises, en vue de la lutte prochaine. Alors Charles VI, qui avait été conseillé par ses oncles, dit très aimablement au sire de Clisson : « Nous voulons que demain vous cédiez votre office de connétable au sire de Coucy et que vous demeuriez près de nous pour veiller sur notre personne. »

Clisson fut bien étonné de telles paroles. Il vit bien que le roi ne parlait pas ainsi de lui-même et que c'était sans doute une petite intrigue formée par les ducs de Berry et de Bourgogne, dont l'orgueil souffrait de voir que l'honneur de la journée reviendrait surtout au connétable. Déjà peut-être ces deux personnages avaient au fond du cœur la haine qu'ils témoignèrent à Clisson dans la suite. Mais celui-ci n'était pas homme à se laisser duper, sous le faux prétexte d'être honoré — « Très cher sire, dit-il au royal enfant, je sais bien que je ne puis avoir plus haut honneur que d'aider à garder votre personne ; mais il viendrait à grand contraire et déplaisance à mes compagnons et à ceux de l'avant-garde, s'ils ne m'avaient en leur compagnie, et plus (vous) y pourriez perdre que gagner.. Depuis quinze jours je n'ai autre chose entendu qu'à expliquer aux uns et aux autres comment ils se doivent maintenir. Si demain je les privais d'ordonnance et de conseils, moi, qui suis usé (accoutumé) et fait en telles choses, ils en seraient tout ébahis et j'en recevrais blâme... Aussi je vous prie, très cher sire, que vous ne veuilliez pas briser ce qui est fait et arrêté pour le meilleur, et je vous dit que vous y aurez profit[1]. »

Le soldat, qui n'avait jamais été vaincu dans une bataille, qui avait exercé un commandement à Auray, à Navarette, à Pontvallain et dans cent combats, avait le droit de parler avec cette fierté et cette confiance en soi.

Alors le roi s'excusa disant qu'il n'avait pas voulu déplaire à un homme que son royal père avait aimé plus que tout autre et honoré de sa confiance entière ; mais que son désir avait été d'avoir un homme de si bons conseils en sa compagnie. Le connétable lui répliqua que les hommes de bons conseils ne manqueraient pas autour de lui : « Je vous prie, pour Dieu, très cher sire, ajouta-t-il, laissez-moi en mon office et vous aurez demain en votre jeune avènement si belle journée et aventure que tous vos amis en seront réjouis et tous vos ennemis courroucés. »

Le roi répondit : « Connétable, faites, au nom de Dieu et de Saint-Denis, votre office : car vous y voyez plus clair que je ne fais et que tous ceux qui ont mis en avant ces paroles : soyez demain à ma messe. » — « Sire, dit le connétable, volontiers. »

[1] *Froissart*, l. II, ch. 194.

Alors le roi le congédia amicalement et il put retourner vers ses gens et ses compagnons.

Le jeudi matin, une brume épaisse couvrait tout. Après la messe, il fut décidé en conseil royal que Olivier de Clisson et deux autres chefs s'en iraient à cheval se renseigner sur l'ennemi. Quand ces trois seigneurs français approchèrent des Flamands, ceux-ci abandonnaient leurs bonnes positions du matin, ne voulant pas rester là à souffrir du froid dans le brouillard. Artewelle les menait vers le mont d'Or. Bientôt le capitaine gantois aperçut les trois cavaliers, qui passaient et repassaient pour tout observer à loisir — « Mettons-nous en bataille, dit-il aux siens ; nos ennemis sont tout près... Souvenez-vous que nous avons vaincu à Bruges en nous tenant si bien serrés les uns contre les autres que l'ennemi n'a pu nous ouvrir. Croisez vos épieux : et, quand nos canonniers et nos archers auront tiré, marchez toujours en avant, sans tourner à droite, ni à gauche. »

Les hommes du métier avouent qu'Artewelle se conduisit en homme brave et avisé : mais qu'il fit une grande faute en abandonnant de bonnes positions pour rencontrer plus vite l'ennemi.

Quand les trois Français furent revenus vers leurs compagnons, Olivier de Clisson, qui avait retiré son bassinet pour prendre un petit chapeau de castor, se découvrit devant le roi et dit : « Sire, réjouissez-vous, ces gens sont nôtres, nos gros varlets les combattraient. » Clisson avait du premier coup d'œil jugé la faiblesse de l'armement et même de l'organisation des Gantois. Ils avaient l'air de bons bourgeois armés vaille que vaille, et non d'une armée véritable.

Clisson se rendit ensuite à son poste à l'avant-garde.

Quand le soleil eut dissipé la brume, les Flamands s'ébranlèrent en une seule masse serrée et profonde[1] — Clisson avait prévu que cette lourde phalange chargeant sur un front peu étendu produirait un choc irrésistible. Il comprit que la meilleure tactique était de garder la défensive au centre, pour lasser peu à peu la fougue des Gantois : on dirigerait au contraire les charges d'attaque contre les flancs de l'ennemi.

Le connétable emmena donc son avant-garde sur un des côtés ; dans la direction opposée, les comtes d'Eu et de Saint Pol conduisirent l'arrière-garde ; l'armée française eut ainsi deux ailes ne faisant face à aucun adversaire.

Le centre français, que cette manœuvre avait découvert, reçut bravement la décharge des traits et des carreaux que lui envoyèrent d'abord les Gantois : ceux-ci abordèrent ensuite résolument l'ennemi à l'arme blanche : ils se jetèrent « comme des sangliers forcenés[1] et si fort enlacés ensemble qu'on ne les pouvait ouvrir, ni dérompre. » Les Français perdirent d'abord du terrain, plus de six brasses, au témoignage de Cabaret d'Orronville, et le sort de la journée paraissait se décider contre eux.

Mais, pendant que leur centre était en pleine lutte, l'avant et l'arrière-garde des Français

---

[1] *Chronique des 4 Valois*, p. 306.

s'étaient avancées et rabbatues sur les flancs de la grosse colonne ennemie, qui se trouva enserrée, comme la proie saisie entre les deux puissantes mandibules d'un insecte broyeur. La poussée en avant, que les Gantois croyaient irrésistible et capable de tout renverser, se trouva arrêtée tout-à-coup. Alors se produisit un fait presque unique dans l'histoire des batailles. La masse des Gantois pressée en tête et en flanc se resserrait toujours[1]. Les longues lances des chevaliers français plongeaient dans cet amas de chair, au milieu de laquelle les bras et les épieux ne pouvaient plus se mouvoir. Les poitrines comprimées ne respiraient plus : il devenait impossible de frapper ou de crier. Dans la fureur de la lutte, les haches et les lances des Français continuaient leur œuvre sanglante. A mesure que des grappes de Flamands tombaient sur le sol, les pillards achevaient les agonisants avec de grands couteaux et se hâtaient de les dépouiller. On n'entendait que le bruit des coups : mais c'était un tel bruit qu'on eût dit que tous les corps de métier de Paris et de Bruxelles travaillaient ensemble.

Quelques Français, qui avaient pénétré dans les rangs flamands au début de l'action, furent étouffés dans cette horrible presse. « Là fut un mont et un tas de Flamands occis moult long et moult haut[2]. Et de si grand bataille et de si grand foison de gens morts comme il y eut là, on ne vit oncques si peu de sang sortir qu'il sortit ; et c'était

---

[1] *Le religieux de Saint-Denis*, l. III, ch. 16.
[2] *Froissart*, l. II, ch. 197.

parce qu'ils étaient beaucoup d'éteints et d'étouffés dans la presse, car iceux ne jetaient point de sang. »

L'arrière-garde flamande put seule se mettre en déroute, encore fut-elle vigoureusement poursuivie et massacrée par petits groupes dans les fossés, les aulnaies et les bruyères. Les fuyards couraient vers Courtray, vers Gand, vers Bruges, laissant derrière eux vingt-cinq mille cadavres de leurs concitoyens[1].

Philippe Artewelle mourut à son poste transpercé de plusieurs coups et écrasé dans la presse. Son cadavre fut pendu à un arbre.

Quelques jours après, il s'éleva de ce champ de carnage des miasmes et des puanteurs insupportables : les morts jonchaient une lieue de terrain… « et les mangeaient les chiens et maint grant oisel, qui furent vus en icelle place, ce dont le peuple avait grand merveille[2]. »

Les chefs français avaient en effet défendu d'enterrer les vaincus, « gens mécréants, » dignes de devenir « la proie des chiens et des corbeaux[3]. » Les Flamands, ayant reconnu pour pape Urbain VI, étaient regardés comme hérétiques par les Français soumis au pape d'Avignon, Clément VII.

Le connétable envoya un *chevaucheur*, immédiatement après la victoire, annoncer la bonne nouvelle au pape d'Avignon[4].

[1] D'*Ayala*, f. 192. La *Chronique* 10.746 s'exprime ainsi : « … fut l'occision nombrée de vingt-huit à trente mille hommes. » (*Archives Nationales*, AB. XIX, 200).

[2] *Chronique manuscrite*. Bruxelles, 801, D. fol. 153.

[3] Kervyn de Lettenhove. *Histoire de Flandre*, t. III, p. 531.

[4] Le courrier envoyé par le connétable reçu du pape Clément VII 53 florins et 16 sols. (*Archives du Vatican*. Introitus et exitus, fol. 107).

Dans le pays, les pillards bretons[1] promenèrent partout la terreur. A Bruges on s'écriait : « Voici notre destruction qui est venue : si les Bretons viennent jusqu'ici et s'ils entrent dans notre ville, nous sommes tous pillés et morts ; ils n'auront de nous nulle merci. »

Mais un homme de caractère sauva cette situation désespérée. Le blessé de Comines, Pierre du Bois, se fit porter en litière à Gand : il reprocha à ses compatriotes leur défaillance. Si Artewelle était mort, n'avaient-ils pas d'autres capitaines ? Lui, Pierre du Bois, leur restait encore. François Ackermann reviendrait d'Angleterre... « Jamais la guerre leur dit-il, ne fut si bonne, ni si forte comme nous la ferons. Nous valons mieux seuls qu'avec tout le reste de la Flandre[2]. »

Devant ces exhortations et cette énergie, les familles gantoises cachèrent leurs larmes et songèrent à la défense commune.

Pendant les quinze jours qui suivirent, Charles VI, poussé sans doute par Clisson et ses oncles, exécuter tous les soldats flamands, qui lui tombèrent sous la main et livra la grande ville de Courtray aux fureurs de ses soldats.

Les habitants de Bruges lui envoyèrent bientôt douze bourgeois pour traiter de la soumission de leur ville. Le roi de France se contenta de 120,000 francs. Les Bretons en étaient furieux. On ne savait plus, à leurs yeux, faire la guerre, puisqu'on n'en tirait pas tout le profit possible. Ils

---

[1] « . . espécialement Bretons firent prosécutions sans pitié. » (*Chronique Bruxelles*, II, 139).

[2] *Froissart*, l. II, ch. 202.

voulurent se dédommager en se jetant sur le Hainaut; le comte Guy de Blois, à force d'instances auprès de leurs chefs et auprès du roi, réussit à les empêcher. — On ne voit pas, durant toute cette campagne, que Clisson ait rien fait pour contenir la rapacité de ses compatriotes.

Nul doute qu'il ne se soit attribué à lui-même une large part dans ces immenses rapines. Bien plus, le roi voulant lui témoigner son entière satisfaction, « pour ses bons et notables services, » lui donna, par un acte daté de Courtray, le 2 décembre 1382, tous les biens que les Anglais pouvaient posséder « en la ville de Bruges et ailleurs au pays de Flandre[1] ». Ce don royal dut causer à Clisson une double joie, d'abord parce qu'il en avait profit; en second lieu, parce qu'il l'enrichissait au dépens des Anglais, qu'il détestait encore plus que les Flamands.

Après deux semaines passées à Courtray, voyant que les Gantois étaient devenus aussi arrogants qu'avant leur défaite de Rosebecque et qu'on ne pouvait songer à les réduire, l'armée royale revint sur ses pas. Mais, avant de partir, Charles VI non content de l'avoir mise à sac, brûla entièrement la ville de Courtray[2].

Toutes ces cruautés commises en Flandre s'expliquent un peu par l'influence de Clisson toujours dur et impitoyable : mais aussi par la double

[1] *Archives Nationales*, JJ. 128, n° 78.
[2] La magnifique horloge de la cathédrale fut démontée, chargée sur des charrettes et transportée à Dijon, par ordre du duc de Bourgogne. Tous les soldats de la garnison furent tués, les autres habitants dispersés. Plusieurs chevaliers et écuyers emmenèrent « par manière de servage... de beaux enfants, fils et filles, à grand foison. » (*Froissart*, l. ii, ch. 203).

haine politique et religieuse que les Français ressentaient contre les Flamands : la noblesse de France ne pardonnait à ce peuple de bourgeois, ni ses idées démocratiques, ni son attachement au pape Urbain VI, qui résidait à Rome. Le comte de Flandre, Louis le Mâle, qui avait suivi l'armée française avec six mille Flamands, était, il est vrai, urbaniste comme ses sujets : mais, pour cette raison même, il était suspect et peu écouté dans les conseils[1].

A Tournay, les partisans d'Urbain VI furent mis en prison : comme ils étaient riches, on leur extorqua 1,200,000 francs (60 millions en monnaie actuelle).

Dans Arras, ville française, les Bretons voulaient continuer encore leurs pillages, comme en pays ennemi ; le connétable et les maréchaux parvinrent à grand'peine à leur faire entendre raison. Il fallut leur promettre qu'à Paris on les dédommagerait.

Quand les Parisiens apprirent que leur roi revenait victorieux, ils sortirent en armes au nombre d'environ vingt mille hommes et, pour lui faire honneur, se rangèrent en bataille sur le versant nord de Montmartre. Ils avaient aussi une autre pensée, c'était de montrer leur force au roi et à la noblesse, afin qu'on les traitât désormais avec plus de ménagements. Leur attitude montra surtout cette dernière intention et ce fut ce qui les perdit.

Les vainqueurs de Rosebecque arrivèrent enflés

[1] *La France et le Grand Schisme*, t. 1, l. 11, ch. 1, p. 360.

de leur triomphe ; quand ils virent rangée en bon ordre cette véritable armée, dont ils ne soupçonnaient pas l'existence, ils s'arrêtèrent étonnés — « Voyez-vous l'orgueilleuse ribaudaille, s'écrièrent-ils, pourquoi se montre-t-elle ainsi, au lieu de venir humblement et en procession vers son roi et sonner les cloches de Paris en louant Dieu de la belle victore qu'il lui a envoyée en Flandre. »

Après quelques hésitations, on résolut de députer vers les Parisiens les chefs militaires Clisson, d'Albret, Coucy et Jean de Vienne.

Les envoyés royaux s'avancèrent au milieu de ces vingt mille hommes armés de lourds maillets et soutenus par une foule encore plus nombreuse portant épieux, arbalètes et armes diverses. Les premières lignes inclinaient leurs armes au passage des seigneurs, qui arrivèrent bientôt au centre de l'armée, où le connétable dit tout haut : « Et vous, gens de Paris, qui vous pousse maintenant hors de cette ville en telle ordonnance ?[1]. » On lui répondit que des hommes s'étaient ainsi rangés en bataille pour faire honneur au roi et lui montrer la puissance des Parisiens et comment il en serait servi, s'il en avait besoin. Le connétable leur ordonna alors, de par le roi, de s'en retourner chez eux paisiblement : ordre qu'ils exécutèrent volontiers.

Les bourgeois de Paris crurent peut-être avoir agi au mieux de leurs intérêts. Il n'en fut pas ainsi. L'armée entra dans Paris comme dans une ville conquise. Les portes furent arrachées, avec défense de les rétablir : les chaînes, que l'on ten-

---

[1] *Froissart*, l. ii, ch. 205.

dait la nuit, pour assurer la sécurité des rues, furent brisées[1]: des postes militaires furent distribués aux points principaux[2]. Le jeune roi affectait de prendre un air terrible : il refusa les honneurs accoutumés et renvoya chez eux durement les différents corps de métiers venus pour lui faire hommage.

Les habitants s'attendaient d'heure en heure à voir les bandes de soldats envahir leurs maisons et les mettre au pillage : mais le connétable prit des mesures sévères pour maintenir l'ordre. Deux ribauds bretons, qui s'étaient déjà « chargés de robes de femmes, d'argent et de joyaux »[3], furent pendus sur le champ aux fenêtres des maisons qu'ils avaient pillées.

Toutes les vieilles franchises de la cité furent abolies : on supprima les magistats nommés par élection : prévôts, échevins, syndics, centeniers, dizainiers[4]. Ordre fut donné, sous peine de mort, d'apporter au Palais ou au Louvre toutes les armes gardées dans les maisons : il en fut ainsi entassé une quantité suffisante pour armer quatre-vingts mille hommes. Les exécutions suivirent ce désarmement : la plus tragique fut celle du prévôt, Jean Desmarès. Les ducs de Berry et de Bourgogne ne pardonnaient pas à ce vieillard d'avoir soutenu, en 1380, les prétentions du duc d'Anjou, en ce moment hors de France[5].

[1] *Le religieux de Saint-Denis*, l. III, ch. 18.
[2] *Chronique des 4 Valois*, p. 309.
[3] *Cabaret d'Orronville*, ch. 57.
[4] *Ordonnances*, t. VI, p. 685.
[5] Ce fut dans cette circonstance que l'Université, qui jusque-là avait hésité à reconnaître l'un ou l'autre pape, se soumit à celui d'Avignon. *La France et le Grand Schisme*, t. I, l. II, ch. I, p. 365).

Voici comment, au bout d'un mois, prirent fin les châtiments des Parisiens. — Une sorte d'estrade fut dressée sur les degrés du palais ; le roi y monta ainsi que ses oncles, le connétable et toute la cour. Au pied de cette tribune se pressèrent échevelées et en larmes les femmes de ceux que l'on gardait en prison

Alors le chancelier, Pierre d'Orgemont, fit un discours terrible, où il accumulait toutes les rébellions et tous les forfaits des Parisiens: le peuple épouvanté redoutait de nouvelles rigueurs, quand il vit toute la cour se jeter aux pieds du roi demandant qu'aux coupables on fît au moins grâce de la vie. Cette mise en scène se termina comme il avait été prévu.

« L'assemblée finie, on relâcha tous les prisonniers, mais ce ne fut pas sans qu'il leur en coûtât ce qui est plus cher après la vie: car il leur fallut payer comptant une amende, qui égalait la valeur de tous leurs biens ; encore leur disait-on qu'il fallait bien remercier le roi de ce qu'ils se rachetaient de choses si caduques.. Ceux qui maniaient les finances demeurèrent d'accord que le roi n'en fut guère plus riche ; il n'entra pas la moitié de cet argent dans ses coffres et le reste, qui fut dispersé entre les grands et les officiers de l'armée sous prétexte de paiement des gens de guerre, fut encore plus mal employé, parce qu'ils retinrent tout pour eux et que leurs soldats continuèrent leurs brigandages à la sortie de Paris.[1] »

Si ce religieux dit vrai, le connétable, à qui ap-

---

[1] *Le religieux de Saint-Denis*, l. III, ch. 8 (Trad. Le Laboureur).

partenait le paiement des gens de guerre, serait un des premiers en faute. Mais un autre historien contemporain entre dans plus de détails, pour faire la part des responsabilités. — Après avoir dit que, dans les autres villes, à Reims, à Châlons, à Sens, à Orléans, se passèrent les mêmes faits qu'à Paris, Froissart[1] ajoute : « Les villes furent taxées à grands sommes de florins... et tout allait au profit du duc de Berry et de Bourgogne, car le jeune roi était en leur gouvernement. Au voir dire, le connétable de France et les maréchaux eurent leur part, pour payer les gens d'armes, qui les avaient servis en ce voyage de Flandre. »

Dans cette circonstance, on s'explique l'emploi des sommes données aux chefs militaires : mais on ne voit pas à quel titre les princes du sang s'appropriaient l'argent, dont ils frustraient le trésor royal.

Reconnaissants envers Clisson, qui avait maintenu l'ordre dans Paris, quand ses soldats y entrèrent et qui avait aussi, dit-on[2], engagé le roi à se montrer clément, les Parisiens lui donnèrent un terrain pour agrandir le magnifique hôtel, qu'il s'était construit quelques années auparavant dans la capitale. Nous avons vu que Charles V, pour fixer Clisson à la cour de France, lui avait donné à plusieurs reprises de fortes sommes d'argent pour la construction de ce véritable palais[3], dont l'entrée a été dégagée au XIXe siècle. Cette curio-

---

[1] *Froissart*, l. II, ch. 205.
[2] Voir *Fontenelle de Vaudoré*, l. III, note 33
[3] Voir précédemment, au chapitre V.

sité architecturale fait maintenant partie des monuments occupés par les Archives nationale et l'Ecole des Chartes. Par ce fragment si heureusement conservé, on peut juger de la magnificence vraiment princière déployée par Clisson dans la construction de tout son palais. Ce précieux échantillon de l'architecture seigneuriale au XIVᵉ siècle donne actuellement sur la rue des Archives, au bout de la rue de Braque. Il se compose d'une entrée à double embrasure flanquée de deux tourelles semblables en encorbellement : le tout forme un ensemble du goût le plus pur et de l aspect le plus agréable[1].

Un détail particulier à cette construction a exercé la sagacité des historiens de Paris. — La lettre onciale M parfois surmontée d'une couronne est prodiguée à profusion dans les ornements de l'hôtel, et jusque sur les carreaux employés au pavement. Quelques auteurs[2] ont prétendu que ces M étaient la première lettre du mot miséri-

---

[1] Voici comment Jules Quicherat décrivit cette découverte dans la *Revue Archéologique* (15 février 1848), au moment où, par les soins de M. Letronne, cette partie de l'hôtel Clisson fut retrouvée et restaurée.

« La porte de l'hôtel Clisson est pratiquée dans un petit pavillon flanqué de deux tourelles en encorbellement. Elle s'ouvre par une double embrasure sur un couloir de quatre mètres six centimètres de longueur, par lequel on entre dans une cour entourée de constructions du XVIᵉ siècle. La première embrasure forme une arcade gothique de 5ᵐ3o de haut, encadrant la seconde embrasure qui, elle, est en cintre surbaissé et haute seulement de 3ᵐ8o. Toutes deux ont pour pieds-droits des colonnettes continuées au-dessus de leur chapiteau pour faire archivoltes autour de l'un et de l'autre arc. Dans l'épaisseur de la première embrasure et à son sommet, existe une de ces meurtrières qui servaient au besoin à verser de l'eau bouillante du premier étage sur les gens amassés devant la maison » (*Notice sur la porte de l'hôtel Clisson*, Quicherat, p. 1, Paris, 1848).

[2] *Fontenelle de Vaudoré*, l. III, note 33.

corde et que le connétable aurait ainsi voulu perpétuer le souvenir de cette clémence, dont, grâce à ses conseils, le roi aurait fait preuve à l'égard des Parisiens. Cette opinion, contraire à la vérité historique, puisque la prétendue clémence ne fut qu'un acte de rigueur, est d'ailleurs inadmissible pour une autre raison. En effet le signet de Clisson trouvé sur une charte de 1370, dix ans avant *l'acte de clémence*, portait déjà les M couronnés[1]. Aussi Jules Quicherat, qui a fait une étude sur ce sujet, renonce-t-il à donner une explication plausible : il croit néanmoins que ces M étaient destinées à rappeler le souvenir de quelque aventure galante.

Quicherat ignorait sans doute que la femme, que Clisson avait épousée en secondes noces, s'appelait Marguerite. Nous savons d'autre part que les seigneurs se plaisaient à rappeler, dans leurs devises et leurs armoiries, le nom des personnes qu'ils aimaient : enfin, c'est du temps de Clisson lui-même que, suivant Quicherat, « la mode s'établit entre les nobles d'ajouter à leurs amoiries et à leur devise une lettre qui depuis a été appelée chiffre. » Il est donc tout naturel de conclure que ces M couronnées étaient une allusion au second mariage d'Olivier avec Marguerite de Rohan, veuve de Beaumanoir. Ces M sont d'ailleurs reproduites au château de Josselin et dans l'église Notre-Dame du Roncier reconstruite par les dons du connétable. La couronne qui surmonte l'M est exactement semblable à celle que porte le lion

---

[1] Voir *Paris Pittoresque,* par Dessalles, t. II, p. 101 et *Archives Nationales,* J. 400, n° 66.

d'argent qu'on voit dans les armes de Clisson. Tout porte donc à croire que les M couronnées ne sont autre chose que le chiffre Clisson-Rohan.

La guerre contre les Gantois n'avait été qu'interrompue. Aux yeux de Clisson, la conquête des Flandres n'était sans doute qu'un acheminement vers celle de l'Angleterre. Il songeait déjà sans doute à ce dernier projet, que plus tard il tenta d'exécuter. Maître des Flandres, de leurs ports nombreux situés en face de l'Angleterre, dominant sur la Manche par une flotte puissante et bien armée, il espérait pouvoir jeter de l'autre côté du détroit les forces militaires de la France, qui soutiendraient les Ecossais toujours en révolte, et qui rendraient aux insulaires tous les maux commis pendant leurs invasions en France.

Une flotte était déjà concentrée à l'embouchure de la Seine[1]. Jean le Mercier, le fidèle exécuteur des pensées de Charles V, était chargé d'approvisionner ces navires de canons, de munitions et de vivres de toutes sortes. Plus tard le connétable devait prendre en personne le commandement de tous ces vaisseaux, qui pour le moment avaient ordre de transporter en Flandre des vivres et de l'artillerie[2]. Il était nécessaire en effet de réunir

[1] *Archives Nationales*, K. 53, n° 8.
[2] ... « Jehan le Mercier, maistre de nostre hostel... avons commis, commettons par ces présentes... de retenir... soulz le gouvernement de nostredit cousin et connestable, tel nombre de gens d'armes, arbalestriers, mariniers, charpentiers, maçons, mineurs, canonniers et autres gens... tout et telz comme bon semblera... de prendre ou faire prendre chevaulx, charrettes, barges, nefs et autres vaisseaux, vins, blefs, pain, chaux, lart et autres vives et pourveances, etc. » Ordonnance du 5 mai 1383. *(British Museum.* Additional Charters, 39).

de grands approvisionnements dans ce pays, que cent mille Français devaient envahir pour en chasser les Anglais et briser l'opiniâtre résistance des bourgeois de Gand.

Comprenant que la neutralité, sinon l'appui du duc de Bretagne, était d'un précieux avantage pour l'exécution de ses desseins, Clisson fit tous ses efforts pour se réconcilier complètement avec son suzerain et le gagner au parti français. Le meilleur moyen de s'assurer de cet homme « cauteleux et divers » était de le faire prendre part aux campagnes des Français en Flandre. Jean IV avait jusque-là refusé de quitter la Bretagne, prétextant mille raisons, telles que la crainte d'un soulèvement de ses sujets contre lui. Le connétable réprima alors le zèle intempestif de certains Bretons et menaça de faire pendre[1] quiconque se mettrait en rebellion contre son suzerain.

Enfin le duc de Bretagne se rendit à Compiègne, où avait été convoqués le ban et l'arrière-ban de tous ceux qui devaient hommage à la couronne de France. On réunit bientôt 20,000 hommes d'armes et 60,000 archers — Avec les 2000 lances qu'amenait le duc de Bretagne, se trouvaient Eon de Lesnérac, capitaine de Clisson, Robert de Beaumanoir et la fleur de la chevalerie bretonne.

Croyant avoir plus à gagner qu'à perdre, grâce à l'expérience de l'année précédente, chacun s'était hâté de se rendre à l'appel royal, amenant avec soi le plus de chevaux possible, pour rapporter une plus grande part du butin. Froissart parle de 360,000 chevaux et il s'étonne qu'on ait pu

[1] *Dom Lobineau*, H. 1. XIII, p. 445.

trouver des vivres et des fourrages pour tant d'hommes et d'animaux. Clisson assura le ravitaillement d'une telle multitude en dirigeant d'avance, comme nous l'avons vu, des munitions et des vivres aux points prévus de concentration et aussi en passant des traités avec de riches particuliers, qui se chargèrent à forfait des approvisionnements. Un seul marchand nommé Colin Boulard[1] s'engagea à fournir assez de blé pour nourrir 100,000 hommes pendant quatre mois[2].

Quand l'avant-garde du connétable arriva à Saint-Omer, l'ennemi leva précipitamment le siège d'Ypres. Les Gantois rentrèrent chez eux et les Anglais se retirèrent à Bergue.

Cassel fut enlevé par le connétable, et ceux qui échappèrent aux lances des Français rejoignirent à grand'peine les trois mille hommes de Caverlé retranchés dans Bergue. Trois cents Anglais déterminés tenaient le château de Dricheham : mais Clisson fit donner à cette forteresse un vigoureux

[1] *Juvénal des Ursins*, 1383, p. 347.
[2] Il faut probablement faire remonter au temps de Clisson les premiers essais de ce que nous appelons aujourd'hui l'intendance, c'est-à-dire l'approvisionnement des armées en campagne. Au moyen-âge, toutes les troupes devaient s'équiper et se nourrir à leurs frais. Charles V, pour éviter les malversations, avait même défendu de les payer en nature (armes, vivres ou marchandises). Les receveurs des aides, ainsi que les trésoriers des guerres, devaient toujours donner de l'argent comptant. (*Ordonnance*, Secousso, t. v, p. 645). Ce système simplifiait l'aministration, mais il était sujet à de multiples inconvénients : c'était mettre les troupes dans la tentation continuelle de prendre, sans payer, tout ce qui leur convenait. De plus, cette organisation rendait difficile le long séjour d'une nombreuse armée dans un pays, dont les ressources s'épuisaient bien vite. Voilà pourquoi les Anglais préférèrent souvent opérer avec des troupes moins nombreuses, mais aguerries et disciplinées, qu'ils pouvaient diriger et entretenir plus facilement que de grandes masses sans cohésion.

assaut, qui réussit, et tous les défenseurs furent tués : « car le connétable[1] ne voulait prendre aucun Anglais à merci. » — On trouva dans les écuries du château un cheval si beau et si bien fait qu'on n'en eût cherché en vain un pareil dans toute l'armée française, qui pourtant, comme nous l'avons vu, en possédait un bon nombre. Le connétable[2], qui connaissait les goûts du roi, et qui voulait toujours lui être agréable, lui envoya l'animal. Le jeune Charles VI, en enfant qu'il était, passa sur ce cheval toute la journée du lendemain, bien que ce jour fût un dimanche.

Hue de Caverlé[3] mit Bergue en défense : mais, quand il vit la masse innombrable des Français défiler sous ses murailles, le vieux batailleur s'écria : « Allons, allons, montons à cheval sauvons nos corps : il ne fait pas ici trop sain demeurer. » Les siens ne se firent pas répéter deux fois cet ordre et, avant que la ville ne fût complètement investie, ils sortirent et galopèrent jusqu'à Bourbour.

Les Français entrèrent dans Bergue, qu'ils livrèrent aux flammes : les hommes qu'ils y trouvèrent furent tués : les femmes furent envoyées à Saint-Omer — Sur ces entrefaites, les Gantois tentèrent un audacieux coup de main sur Oudenarde et enlevèrent la place[4].

[1] *Froissart*, l. II, ch. 211.
[2] Parmi les chevaux enlevés à l'ennemi, c'était d'abord au roi, s'il était présent, à faire son choix : le connétable faisait ensuite le sien.
[3] Ce général anglais s'était distingué, trente-deux ans auparavant, au combat des *Trente* en Bretagne. Siméon Luce (*Hist. de du Guesclin*, p. 347), a tracé de ce géant anglo-saxon, grand batailleur et grand mangeur, un portrait fort original.
[4] *Walsingham*, R. II. p. 330.

Les trois mille Anglais de Caverlé se retranchèrent dans Bourbour ; mais cette ville n'était pas en état de résister à un siège, ni même à quelques assauts bien conduits. Le connétable disposa d'abord l'armée française de manière à fermer toute issue aux assiégés. Il fit ensuite lancer contre Bourbour une telle quantité de traits enflammés et de matières combustibles que toutes les maisons prirent feu. L'assaut fut alors donné aux remparts, ou plutôt aux fortes palissades qui servaient de défenses : mais les Anglais se défendirent avec un tel acharnement qu'ils prolongèrent la lutte jusqu'à la nuit. Ils repoussaient les assaillants avec des broches de fer rougies au feu de l'incendie : ceux qui voulaient les saisir se brulaient et retombaient à terre.

Les Français, s'étant battus plusieurs heures dans les douves boueuses, se retirèrent jusqu'au lendemain, qui était un dimanche.

Dès l'aube, le roi de France fit promettre par les hérauts un *blanc de France* à tout homme qui apporterait un fagot de branchage : avant la fin du jour, il y eut « une très grande moye (tas) de ces fagots », au point que les fossés étaient devenus praticables.

Le lundi toute l'armée se disposait à en finir avec les Anglais, quand un ordre fut publié à son de trompe, dans tout le camp : ce n'était pas un appel au combat, mais le signal de poser les armes : — Les Anglais, à bout de ressources et d'expédients, avaient songé à leur vieil ami, le duc de Bretagne. Au grand conseil tenu pour délibérer sur leurs propositions, Jean IV, chargé de leurs intérêts, réussit à obtenir pour eux un accommodement[1]. On ne voit pas que Clisson, qui assistait au conseil royal, et qui pourtant avait son franc parler, se soit opposé aux demandes faites par Jean IV. Il est donc probable qu'il fit taire, en cette circonstance, ses haines personnelles contre les Anglais, donnant ainsi à son suzerain ce témoignage de haute déférence.... Bref, les Anglais sortirent de Bourbour avec armes et bagages, traversant fièrement les lignes françaises. En voyant passer les lourdes malles pleines des objets volés par les insulaires, les Français, et surtout les Bretons, trépignaient de rage. Ces derniers ne purent se contenir jusqu'au bout : quand passa l'arrière-garde anglaise, ils se jetèrent sur elle et la dévalisèrent.

Les assiégés ne se retirèrent pas moins vers Calais : dans leur retraite, pour remercier le roi de France de sa courtoisie, ils incendièrent Gravelines.

D'après Walsingham[2], les Français revinrent chez eux cruellement éprouvés par la dissenterie et les maladies de toutes sortes. — En partant en guerre contre les Anglais, le duc, Jean IV, leur fut en réalité plus utile que s'il était resté en Bretagne. Sa campagne de Flandre lui valut la remise de 200,000 francs, qu'il devait au roi de France. Il fut en outre payé pour négocier la paix avec l'Angleterre. Les plénipotentiaires des deux nations signèrent d'abord une trêve jusqu'à la saint Michel (29 septembre) 1384 : cette paix provisoire fut ensuite prolongée jusqu'au 1er mai, 1385.

[1] *Le religieux de Saint-Denis*, l. IV, ch. 4.
[2] *Walsingham*, R. II, p. 330.

CHAPITRE X

RELATIONS PERSONNELLES DE CLISSON

LA FORTUNE QU'IL POSSÉDAIT

Profitons du temps d'arrêt produit par les dernières trêves dans les événement militaires, pour examiner quelle était à ce moment la situation personnelle de Clisson par rapport aux différents personnages de l'état. Nous essaierons ensuite de dresser une sorte d'inventaire de toutes les richesses et de tous les biens qui constituaient son immense fortune.

Le jeune Charles VI avait une grande affection pour son connétable ; il se souvenait des dernières paroles de son père mourant, qui lui avait recommandé de se servir d'Olivier de Clisson et d'utiliser ses grandes qualités militaires. Nous avons vu que l'intervention personnelle du royal enfant contribua à la nomination de Clisson à la connétablie.

Le tempérament ardent et passionné de Charles VI avait un continuel besoin d'activité. Il aimait les fêtes, les tournois, les voyages, mais surtout la guerre avec ses aventures, ses dangers et sa gloire[1].

[1] *Juvénal des Ursins*, p. 325, 366.

Son imagination ardente avait encore été surrexcitée par les premières victoires remportées en Flandre et par les horreurs qui suivirent. Loin de modérer son ardeur fougueuse, Clisson flattait au contraire les instincts belliqueux du jeune roi : il se montrait indulgent pour toutes ses dépenses folles[1]. De son côté le jeune Charles VI était fier de chevaucher dans la compagnie d'un guerrier qui, depuis trente ans, avait pris part à tous les grands faits militaires de l'époque, qui avait été le compagnon du prince de Galles et de Jean de Chandos, et surtout le frère d'armes de l'illustre Bertrand, dont les légendes exaltaient déjà les exploits merveilleux.

Pour récompenser ses services en Flandre, le roi avait donné à son connétable, non seulement tous les biens possédés par les Anglais en ce pays[2], mais le commandement et la garde de la forteresse de Montléry[3] ; cette place, située aux portes de Paris, avait une grande importance et pouvait être très utile, dans un temps où les grands n'avaient jamais trop de sûretés, ni de refuges, en cas de revers et de disgrâce.

Après s'être magnifiquement acquitté de son nouvel office de connétable au sacre du roi, Clisson ne tarda pas à remplir les mêmes fonctions dans une autre circonstance aussi solennelle. Le 18 juillet 1385, le roi célébra à Amiens son mariage avec Isabeau de Bavière. Clisson assista à toutes les cérémonies. Il avait même tenu auparavant,

---

[1] *Froissart* et *Juvénal des Ursins*. Passim.
[2] *Arch. Nationales*, JJ. 128, n° 78 et J. 400, n° 70.
[3] *Ibidem*, K. 53, 17 bis.

au sujet de ce mariage, des propos un peu légers, mais qui prouvent la familiarité de ses relations avec le jeune Charles VI[1].

D'ailleurs Clisson, ainsi que le roi, aimait le luxe, les fêtes extraordinaires et la grande vie de la cour. Si, à l'hôtel Saint-Pol, le roi donnait de splendides festins et se livrait à de folles réjouissances, de son côté le riche seigneur breton pouvait rivaliser, en son hôtel de la rue du Chaume, avec l'opulence somptueuse déployée par le roi et ses oncles.

Charles VI avait un frère un peu plus jeune que lui, mais comme lui d'un caractère passionné et ardent, aimant le faste et la dépense. Clisson se lia avec ce jeune homme d'une amitié qui ne se démentit jamais. Déjà ce jeune duc de Touraine, plus tard duc d'Orléans, prenait parfois l'hôtel Clisson pour le théâtre de ses folies. « On s'efforçait de fixer son caractère impétueux : mais la fougue de la jeunesse se trahit souvent. C'est ce qui arriva un certain soir où, chez le connétable, le duc « avait rompu et despecié » le luth d'un pauvre ménestrel. Le compte de février 1389 nous apprend que le ménestrel reçut 10 francs[2]. » Plus tard, Clisson fut heureux de trouver l'appui du duc d'Orléans, quand il fut aux prises avec les menées et les attaques haineuses des ducs de Berry et de Bourgogne, alliés contre lui avec le duc de Bretagne.

Le duc d'Anjou, l'aîné des oncles du roi, mourut vers cette époque. Clisson perdit en lui un ami

---

[1] *Froissart*, l. II, ch. 229.

[2] Voir la *Vie politique de Louis de France, duc d'Orléans*, par E. Jarry, ch. I, p. 47.

véritable : car les relations, qu'il avait eues jusque-là avec les ducs de Berry et de Bourgogne, n'avaient jamais été aussi cordiales qu'avec le duc d'Anjou[1]. Ce dernier mourut à Bar, *le plus pauvre de tous les hommes*, n'ayant plus qu'une cotte d'armes en toile peinte. Ses immenses trésors fondirent, comme ses soldats, au soleil de l'Italie. Quelque temps avant de mourir, il avait envoyé en France Pierre de Craon, pour lui apporter l'argent que sa femme, la reine de Sicile, lui tenait en réserve. Mais le faux ami, de retour à Venise, y resta à dissiper les richesses de son maître, qui languissait alors dans la maladie et dans la misère.

Le dissipateur n'en eut pas moins l'effronterie de revenir à Paris, aux obsèques du malheureux duc d'Anjou, en un somptueux équipage. Dans sa colère, le duc de Berry voulut faire arrêter ce « faux traître, mauvais et déloyal. » Mais personne n'osa obéir et mettre la main sur le futur assassin d'Olivier de Clisson[2].

A ce moment Clisson vivait en assez bonne intelligence avec le duc de Bourgogne, qui avait épousé la fille du comte de Flandre, cousine germaine de Jean IV. Cette femme exerça toujours sur son mari une grande influence : nous la verrons bientôt, par sympathie pour son cousin, exciter les ressentiments du duc de Bourgogne contre le connétable. Mais à cette époque le duc de Bourgogne, venant de perdre son beau-père, le comte de Flandre, avait besoin de l'appui de toute la cour, et même des services du connétable, pour

[1] Dom Morice, *Pr*, t. II, col. 229, 230.
[2] *Le religieux de Saint-Denis*, l. v. ch. VII.

soutenir ses projets ambitieux sur la Flandre, qu'il revendiquait, comme l'héritage de son beau-père. Ses prétentions furent en partie la cause des dernières expéditions des Français contre les Flamands.

Ce qui prouve qu'alors Clisson n'était nullement brouillé avec le duc de Bourgogne, c'est un document conservé aux Archives nationales et qui nous apprend que le connétable, s'étant rendu en Bretagne, à la mort de Jeanne de Penthièvre, y reçut une provision d'excellent vin (dix queues de vin de Beaune) que le duc de Bourgogne lui avait gracieusement envoyé[1].

Au contraire, les relations de Clisson avec le duc de Berry étaient déjà difficiles.

En 1380, Olivier avait prêté au duc de Berry 10,000 francs « de bon or et de bon pois.[2] » Trois ans plus tard, le duc de Berry avait rendu au connétable ces dix mille francs, que celui-ci avait « baillé en pur prest. » Pour avoir la somme prêtée, le duc avait livré en gage les « chastel, ville et chastellenie de Fontenay-le-Comte[3]. » Le connétable ayant recouvré son argent rendit la caution. Le duc de Berry, loin de se plaindre alors des procédés de Clisson à son égard, dit expressément: « nous nous tenons bien contens de nostre dit cousin et de ses gens et officiers, qui en son nom ont eu la garde et gouvernement » de Fontenay-le-comte. » Mais d'autres difficultés, qui mirent

---

[1] *Bibliothèque Nationale.* Comptes généraux, col. Bourgogne, t. LXV, f. 37.

[2] *Bibl. de Nantes,* 1690 fr. 1534.

[3] *Archives Nationales,* K. 53, 17 bis.

en complète discorde le duc de Berry et le connétable, surgirent peu de temps après. Voici quelle fut leur origine.

En 1374, Charles V avait reconnu au duc de Berry tous les droits attachés aux titres de duc de Berry, de duc d'Auvergne et de comte de Poitou. Le roi ne s'était réservé que les *cas royaux* et les affaires des églises cathédrales. Or, en qualité de comte de Poitiers, le duc de Berry réclamait ses droits seigneuriaux sur toutes les terres du Poitou. Clisson possédait d'immenses domaines dans cette province. Des aides avaient été établies dans tout le Poitou pour subvenir aux frais de la guerre. Mais le sire de Clisson avait obtenu, sur les terres qu'il y possédait, la permission de prélever, pour lui-même, d'abord la moitié, et ensuite la totalité de ces impôts[1]. Or Clisson ne leva pas ces aides dans ses fiefs, de sorte qu'une foule de marchands et de gens riches vinrent s'établir et trafiquer dans les lieux exempts d'impôts, amenant avec eux le commerce et la prospérité, au détriment des pays voisins. Bien plus, l'habile grand seigneur accorda la remise personnelle des aides à tous ceux « qui se voulaient advouer ses subgiez[2] » et qui mettaient ses armes sur leurs maisons. Il s'arrogeait en outre sur ses terres et même dans tout le Poitou les droits d'un véritable souverain, jetant dans ses prisons les seigneurs qui, comme les sires d'Argenton et de la Sepoye, osaient lui résister.

---

[1] *Bibl. de Nantes,* 1690 fr. 1534.
[2] *Archives Nationales,* J, 186, Berri, 69.

Le duc de Berry envoya des officiers pour s'opposer aux empiétements et aux violences du connétable : ils furent mis en prison. Le sénéchal du Poitou voulut arranger les différends : les officiers de Clisson se moquèrent de son intervention et de ses exploits. Toutes ces audaces étaient d'autant plus sensibles au duc de Berry, qu'elles semblaient dirigées contre lui personnellement et qu'elles lui causaient de grands dommages matériels. Clisson en effet ne payait même pas les droits de rachat (ou de mutation) pour les fiefs qu'il acquérait par héritage[1], dans le comté de Poitiers.

Le roi en personne fut obligé d'intervenir. Sur les plaintes de son oncle, le duc de Berry, il rendit un arrêt, qui était la condamnation du connétable. Réparation fut accordée à tous ceux à qui Clisson avait causé des dommages. Ceux de ses officiers qui avaient insulté les officiers royaux, et qui les avaient même maltraités, furent punis. Enfin le connétable fut obligé de consentir à ce que les aides fussent à l'avenir levées dans ses domaines, comme dans le reste du Poitou[2].

Malgré cet accord, et toutes les satisfactions qu'il obtenait; le duc de Berry n'en garda pas moins contre Clisson un vif ressentiment. Nous verrons comment il le lui témoigna dans la suite.

Parmi les grands personnages de la cour qui n'étaient pas de sang royal, ceux qui entretenaient

---

[1] « Il (le duc de Berry) avoit droit de prendre le rachapt des fiefs, « terres, chasteaux et chastellenies de Montagne, Palluau, Casteaumur et « les Deffens (qui) de nouvel estoient avenues audit M. de Clicon par le « deces de feu Mme Louyse de Châteaubrient... » *Archives Nationales*, J. 382,7.

[2] *Archives Nationales*, J. 186, nos 69 et 69 bis.

avec Clisson les relations les plus intimes étaient Bureau de la Rivière et le sire de Coucy. Nous connaissons déjà le premier, dont le connétable avait si vigoureusement pris la défense, en 1830[1]. Le second était un seigneur si puissant et si riche, qu'il avait pu épouser la fille du roi d'Angleterre. Il avait refusé l'épée de connétable, qu'il aurait pu ambitionner après la mort de du Guesclin : il croyait que son ami, le sire de Clisson, avait plus de droits que lui à cet honneur. Ces deux puissants barons vécurent toujours dans la plus parfaite harmonie. A propos du futur mariage du roi Charles VI, c'est au sire de Coucy que Clisson communiqua ses impressions en termes des plus familiers[2]. Quand il fut question de tirer Jean de Penthièvre des prisons anglaises ; le sire de Coucy, qui savait combien Clisson s'intéressait à cette délivrance, souscrivit un des premiers pour une forte somme[3]. Un peu plus tard quand il faillit être assassiné par Pierre de Craon, le connétable, au moment même où il fut assailli, parlait à ses gens des préparatifs d'un grand dîner, où il recevrait ses meilleurs amis. Or, de tous les personnages invités, Froissart ne nomme que le duc d'Orléans, le seigneur de Coucy et messire Jean de Vienne[4].

Nous avons vu que Clisson s'efforçait d'entretenir de bonnes relations avec le duc de Bretagne,

---

[1] En 1399, un an avant la mort du sire de la Rivière, Clisson lui prêtait encore 2,000 écus d'or. *Bibl. de Nantes*, 1703 fr. 1532.

[2] *Froissart*, l. ii, ch. 229.

[3] *Bibl. de Nantes*, 1697 fr. 1541.

[4] *Froissart*, l. iv, ch. 28.

son suzerain. Au fond, ces deux hommes se détestaient toujours : l'intérêt du moment et une certaine peur qu'ils avaient l'un de l'autre pouvaient seuls contenir leur haine mutuelle et l'empêcher d'éclater en guerre ouverte. Nous savons, par ses procédés à l'égard du duc de Berry, comte de Poitiers, que Clisson était un vassal peu pacifique et fort incommode pour les divers suzerains des provinces, où étaient situés ses immenses domaines. Or une grande partie de ses possesions se trouvaient en Bretagne : de là de fréquentes occasions de conflit entre lui et Jean IV.

Dès l'âge de vingt-huit ans, Clisson avait arraché au duc de Bretagne la forteresse de Gâvre et l'avait démolie : plus tard, malgré le duc, il s'implanta à Josselin. Un différend déjà ancien, qui s'était élevé entre eux à propos de la terre de Guillac, n'était pas encore aplani. Néanmoins le duc et le connétable se voyaient parfois, au moins dans les cérémonies officielles[1] ; les Bretons pouvaient donc les croire réconciliés, quand surgit un nouveau sujet de discorde plus grave que les précédents. Dès maintenant nous allons en indiquer les causes, bien que les effets aient assez longtemps tardé à se produire.

La vieille comtesse de Penthièvre, veuve de Charles de Blois, mourut à Guingamp, en 1384[2].

[1] En 1384, l'évêque de Quimper prête serment de fidélité au duc, en présence du connétable de Clisson. (Dom Morice, *Pr.*, t. II, col. 446).

[2] En apprenant que Jeanne de Penthièvre venait de mourir, Clisson se rendit à Guingamp : il assista avec les sires de la Hunaudaie et de Beaumanoir à l'inventaire des valeurs mobilières laissées par la défunte. La liste des « joyaux, ornements de chapelle, vaisselle d'argent » contient environ 90 à 100 objets de grands prix : « ... une vieille coupe de

Selon les usages féodaux, les fils de la comtesse devaient faire hommage à Jean IV en héritant de leurs fiefs en Bretagne. L'aîné et le principal héritier, Jean de Penthièvre, captif à Londres, ne put évidemment pas accomplir cette formalité et ses biens furent mis sous séquestre par les officiers ducaux[1]. Sur le continent, il fallait à ce prince un représentant dévoué et assez puissant pour défendre ses intérêts si gravement compromis. Par des lettres du 6 janvier 1385, Jean de Penthièvre désigna Clisson[2], comme son lieutenant en Bretagne et en France. Pour sa peine et ses dépenses (pro pœnâ et labore), Clisson pouvait prélever deux mille francs par an sur les revenus de son protégé.

Le duc Jean IV n'avait pas encore d'enfants. Or, à défaut d'héritiers directs, le duché de Bretagne devait revenir à Jean de Penthièvre, c'était une des clauses stipulées au traité de Guérande. Clisson, dont l'ambition grandissait à mesure qu'il s'élevait à une situation plus haute, songea sans doute dès ce moment à marier sa seconde fille, Marguerite, avec le fils aîné de Charles de Blois. — Béatrix, la fille aînée du connétable, s'était déjà mariée au vicomte de Rohan et de Léon[3]. — Nous

l'ancienne façzon et deux angelots ; un petit tableau d'or à pierres, un coffre où sont deux coupes d'argent... etc. » Au lieu de payer la rançon de ses fils, et de les arracher aux prisons anglaises, la vieille duchesse thésaurisait. Peut-être le roi d'Angleterre tenait-il beaucoup par politique à garder ses prisonniers. Malgré tout, on serait heureux de retrouver la preuve d'efforts sérieux faits par la mère pour délivrer ses enfants. (La liste des objets inventoriés se trouve aux *Archives de Nantes*, S. E. 163).

[1] Dom Morice, *Pr.*, t. II, col. 480.
[2] Dom Morice, *Pr.*, t. II, col. 482.
[3] Les Rohan avaient jadis possédé le château de Josselin, avec le comté

verrons bientôt comment l'ombrageux duc de Bretagne, craignant qu'on ne lui enlevât sa couronne, même de son vivant, prit ses mesures pour empêcher le mariage projeté et quels procédés déloyaux il employa contre le connétable.

Maintenant que nous connaissons la situation d'Olivier de Clisson par rapport aux principaux personnages du royaume, il sera sans doute intéressant de jeter un coup d'œil sur l'état de sa fortune et sur les richesses dont il pouvait disposer.

En Bretagne, sa mère, Jeanne de Belleville et son beau-père, Gautier de Bentley, avaient laissé à Olivier la châtellenie de Pontcallec, les paroisses de Bubry et de Questergus et de nombreuses terres à Guémené, Brorot et Lizquel[1], sans compter la seigneurie de la Roche-Moysan et une partie de l'île de Groix, dons du roi d'Angleterre[2]. Les forteresses de Blein et de Clisson, avec leurs dépendances, appartenaient aussi au connétable, comme biens patrimoniaux. Le roi de France lui avait donné la terre de Guillac confisquée au duc de Bretagne[3]. Quant à Josselin et aux droits seigneuriaux sur le comté de Porhoët, Clisson les avait acquis pour des terres en Normandie et pour ses droits sur les foires de Champagne[4]. Les droits qu'il aban-

de Porhoët, ancien apanage de Guethenoc, cadet de Bretagne ; mais ils l'avaient perdu, quand leur branche aînée s'éteignit en 1231. En s'alliant avec la fille aînée du connétable, ils recouvrèrent ce comté, qui fut nommément assuré à Béatrix de Clisson. (Voir *Fontenelle de Vaudoré*. L. III, p. 50.)

[1] Dom Lobineau, *Pr.*, col. 491.
[2] *Bibl. de Nantes*. 1703 fr. 1547.
[3] *Archives nationales*. JJ. 104. 270.
[4] Dom Morice, *Pr.*, t. I, col. 1639 et 1640.

donnait ainsi s'élevaient à 2,000 livres de rente annuelle : il les tenait de sa première femme, Catherine de Laval, qui lui avait encore apporté en dot la seigneurie de Villenomble¹. Sa seconde femme, Marguerite de Rohan lui procura les terres et baillages de Pleugriffet, Pontguégan et Gourmené².

Au moment de l'attentat de l'Hermine, nous verrons que Clisson occupait encore Lamballe, Broon³ Jugon et le Guido. En ajoutant Cesson et Erqui⁴, des maisons et des jardins à Nantes⁵, nous avons la liste des principales possessions de Clisson en Bretagne⁶. Tous ces domaines ajoutés à ceux du vicomte de Rohan et de Jean de Penthièvre comprenaient le quart de toute la province.

Dans le Poitou, nous pouvons énumérer comme appartenant à Olivier, du chef de sa mère, Belleville⁷, Beauvoir, Ampant, La Baye, Châteauneuf, Noirmoutiers, Chauvet et Boyn⁸. Il s'acquit encore en ce pays : Châteaumur, Montagu, le fief Lévesque⁹, Palluau, Mauléon : à cette dernière seigneurie se rattachaient les Deffans¹⁰, Thouarçais, Saint-James et Biron¹¹.

---

¹ Collect. A. de la Borderie.
² Dom. Mor. *Pr.*, t. 1, col. 1507.
³ En 1385, il avait acquis Bron, Turbalot, Comsoust et des terres situées près de Dinan, au moyen d'un échange fait avec Olivier du Guesclin. (*Bibl. de Nantes.* 1697 fr. 1541.)
⁴ Dom Mor. *Pr.*, t. II, col. 540.
⁵ *Bibl. de Nantes.* 1700 Pr. 1544.
⁶ Voir dans la *Géographie féodale* de M. de Laborderie (Rennes, 1889) la situation de ces divers domaines.
⁷ *Bibl. de Nantes*, 1695 fr. 1639.
⁸ *Rymer*, t. VI, p. 151.
⁹ *Archives nationales.* J. 186 A. 69
¹⁰ *Arch. nationales.* J. 382.
¹¹ *Arch. de Nantes.* S. E.

En Anjou, Clisson possédait La Garnache et les terres de Champtoceaux[1]. Il avait aussi acheté pour 22,000 fr. d'or[2] la magnifique seigneurie de Montfaucon.

Dans la Normandie, le roi de France avait donné en gage au connétable la garde et les revenus de Pontorson[3] : plus tard il lui céda cette seigneurie par un engagement indéfini. Olivier de Clisson possédait encore dans cette province « les minières de fer » de Beaumont les terres de Goulaine et de l'Epine[4], les quatre gros villages de Bolon, Antressi, Saint-Laurent de Condeels et Aignen de Gramesnil[5]. La baronnie de Tuis lui avait aussi appartenu[6] : mais il l'avait échangée contre Josselin et le Porhoët.

Non loin de Paris, le connétable avait la garde de la forteresse de Montléry[7], sur la route de Bretagne. A Paris même, nous connaissons le magnifique hôtel qu'il s'était construit. Du chef de sa mère, il avait encore le privilège de délivrer des *Brefs*[8] (brevets de navigation) aux navires sortant du port de Bordeaux : mais il est probable que les Anglais, qui occupaient ce port, lui enlevèrent cette source de revenus, quand il se déclara ouvertement contre eux.

---

[1] *Bibl. de Nantes*. 1695 fr. 1540.

[2] *Bibl. de Nantes*, 1695, fr. 1639.

[3] Le château de Pontorson, donné précédemment à du Guesclin avait été complètement restauré par Charles V, en 1369 (Léop. Delisle. *Doc.* 656).

[4] *Archives nationales*. JJ. 75. P. 185. F. 70.

[5] *Bibl. nat.* C. D. T. Ms. 789, n° 2.

[6] *Archives nationales*, JJ. 75. P. 141. F. 72.

[7] *Archives Nationales*. J. 400. N° 70.

[8] *Rymer's fœdera*. II. III. p. l. 192.

Toutes ces possessions, que nous venons d'énumérer, ne constituaient qu'une partie de la fortune d'Olivier de Clisson : ses valeurs mobilières étaient encore très considérables.

Au moyen âge, on ne connaissait guère ce que nous appelons aujourd'hui les valeurs en portefeuille (actions, obligations, bons au porteur...) : en revanche, l'usage des métaux d'or et d'argent, surtout à l'état non monnayé, était plus fréquent que de nos jours[1]. Les divers souverains, se réservant le droit de battre monnaie, modifiaient fréquemment, mais toujours à leur profit, les lois qui réglementaient la frappe des métaux[2]. La refonte des anciennes pièces n'était autre chose qu'une soustraction opérée sur chacune d'elle, au profit du trésor. En fait, l'argent monnayé avait donc toujours une valeur intrinsèque inférieure à son titre légal. De là, avantage pour les financiers et les riches à garder le plus longtemps possible leurs valeurs en métal, au lieu de les convertir en espèces.

En cas de nécessité, le souverain était obligé de porter à la Monnaie ses vases d'or et d'argent, ou bien il traitait avec les financiers et les riches, qui possédaient les métaux précieux. Clisson fournit au roi de France, à plusieurs reprises, de

---

[1] L'argenterie, les bijoux, les objets d'or et d'argent étaient d'un emploi journalier dans les châteaux et les familles riches. Bien plus, Siméon Luce nous dit : « Ce qu'on n'apprendra pas sans surprise, c'est que l'argenterie entre alors pour une large part, plus large peut-être que de nos jours, dans la vaisselle du peuple des campagnes. » (Luce, *B. du Guesclin*, ch. III, p. 60.)

[2] De nos jours, la liberté de la frappe du métal ou des métaux étalons est un principe admis par les gouvernements.

grandes quantités d'or. En une seule fois, le 6 janvier 1385, il apporta au roi, pour être monnayés, 600 marcs d'or[1]. Il reçut en retour « 67 livres et 10 sols pour chacun marc[2]. »

Les grandes richesses de Clisson lui venaient d'abord de tous les revenus que produisaient ses nombreux domaines, mais aussi de tous les profits que la guerre lui avait procurés. Depuis vingt-cinq ou trente ans qu'il portait l'épée, il s'était toujours trouvé du côté des vainqueurs. Elevé à l'école des Anglais, pour qui la guerre était un moyen de faire fortune, il dut largement profiter de leurs leçons. Quand il passa au service de la France, on avait trop intérêt à ménager un tel homme pour ne pas le laisser libre de faire la guerre à sa façon. Il commença par prendre à Chandos des pierres pour se bâtir un château, mais il ne tarda pas à s'emparer d'une infinité d'autres villes, châteaux et forteresses, où beaucoup de riches Anglais étaient enfermés et qui furent mis à rançon. Or Clisson se montra toujours fort exigeant pour ceux qu'il n'aimait pas et qui s'étaient mis dans ses dettes.

En une seule fois, le roi de France lui abandonna, comme nous l'avons vu, « toutes les rançons payées ou à payer par les garnisons des forteresses occupées par les Anglais sur les frontières de Poitou, de Guyenne et de Bretagne. » Un autre

---

[1] *Ordonnances*, Secousse, t. VII, p. 123.

[2] La livre tournois (ou le franc d'or) valait intrisèquement dix francs d'or de notre monnaie : elle se subdivisait en 20 sols. L'écu valait 22 sols et demi : le mouton 25 sols : cette dernière valeur égalait la livre Parisis. (Voir pour les monnaies à cette époque la pièce imprimée aux preuves de l'*Histoire de Jean de Vienne* XCVII,. N° 100.)

jour, il reçut comme gratification tout ce que les Anglais possédaient en Flandre.

Cette malheureuse Flandre fut sillonnée, pillée et ravagée, pendant plusieurs années, par les troupes de Clisson ; c'était une riche province, peut-être la plus commerçante et la plus industrieuse de l'Europe, dans tous les arts textiles. Nous pouvons à peine nous faire une idée de ces immenses rapines, de ce pillage en grand de tout un peuple jusque-là si prospère, alors que les simples soldats amenaient avec eux des bêtes de somme, pour emporter une plus lourde charge de larcins. — Tout le butin, excepté l'or, l'argent, et les prisonnniers, appartenait d'abord au connétable : il est donc probable que ce dernier, dont le désintéressement n'était pas la vertu favorite, retira d'incroyables profits de toutes ces expéditions.

En outre, Olivier de Clisson, avant même qu'il ne fût connétable, réclamait toujours énergiquement sa solde intégrale et pour lui et pour ses troupes : car il entendait bien ne pas faire la guerre au dépens de sa fortune privée. Il est vrai qu'il fut souvent obligé de faire quelques avances personnelles, mais il en tenait un compte exact et, le moment venu, réclamait les 50 ou 60,000 francs que lui dut souvent le trésor royal[1].

Devenu connétable, ses appointements se montèrent à 24,000 francs par an[2]. Quand on tardait trop à le payer, ce qui arrivait fréquemment, il

---

[1] *Bibl. nationale.* C. D. T. Ms. 789, passim.
[2] *Bibl. nationale.* Ms. 789. N° 8. *Archives nationales.* K. 53. 17.

en profitait pour obtenir de magnifiques gages, tels que les seigneuries de Pontorson, de Montléry et de Champtoceaux, dont les revenus lui permettaient de prendre patience et d'attendre le paiement des capitaux qui lui étaient dus.

Bien qu'il achetât toujours de nouveaux domaines, qu'il restaurât à grands frais ses château-forts et qu'il se fût construit à Paris même un véritable palais, il trouva le moyen de prêter de l'argent à tout le monde, au roi de France, au duc d'Orléans, au duc de Berry, à la reine de Sicile, à la comtesse de Penthièvre, au comte de Flandre, au sénéchal du Hainault, à Bureau de la Rivière, au pape lui-même ! Un document trouvé aux archives du Vatican nous aprend en effet qu'au mois de juin 1384, Olivier de Clisson prêta à Clément VII, pape d'Avignon, une somme de 7,500 florins[1] (472. 600 fr. en monnaie actuelle).

Cette petite étude sur la situation politique et financière du connétable Olivier de Clisson nous fera mieux saisir les causes de beaucoup d'événements qui vont suivre. Si sa haute dignité, l'amitié du roi, ses services passés, ses grandes richesses lui assuraient à la cour de France une influence considérable, il avait néanmoins à craindre les jalousies et les haineuses persécutions de personnages, qui étaient plus élevés que lui par la naissance, et à qui sa haute situation portait secrètement ombrage.

---

[1] *Archives du Vatican.* Introitus et exitus. N° 337.

CHAPITRE XI

1384-1387

PRÉPARATIFS CONTRE L'ANGLETERRE

ATTENTAT DE L'HERMINE

Dernière campagne de Flandre. — Clisson délivre Jean de Penthièvre. — Armements inutiles a l'Écluse. — Le connétable prépare a Tréguier une nouvelle expédition. — Jean IV attire Clisson dans un guet-apens. — Récit de l'attentat. — Délivrance de Clisson sauvé par le sire de Laval.

Jusqu'à l'expiration des trêves négociées avec les Anglais, c'est-à-dire jusqu'au mois de mai 1385, Clisson séjourna habituellement à Paris[1].

La paix n'ayant pu être conclue, la reprise des hostilités et contre les Anglais et contre les Flamands était inévitable.

Les Gantois recommencèrent la lutte en s'emparant de la ville de Damme. A cette nouvelle, le roi de France chargea son connétable et les seigneurs d'appeler à eux le plus de troupes possible et, dès le 26 juillet, huit jours après son mariage,

---

Bibl. nationale, ms. 789 N° 41, Itinéraire de Philippe le Hardi, 1383.

Charles VI chevauchait sur les routes de Flandre. Le 1ᵉʳ août, il se trouvait sous les murs de Damme avec cent mille hommes. Il planta sa tente si près des remparts que les traits volaient par-dessus sa toiture[1]. François Ackermann était dans la ville avec une bonne garnison. Clisson, voulant emporter la place de vive force, disposa ses nombreuses troupes de manière à ce que l'assaut ne fût jamais interrompu. Les Gantois résistaient vaillamment ; ils comptaient sur des secours qu'ils avaient demandés aux Anglais. Mais ceux-ci ne voulurent pas en envoyer, prétextant que l'amiral Jean de Vienne était débarqué en Ecosse avec une armée[2]. Le connétable lui-même, disaient-ils, est en mer avec une flotte redoutable et vient ravager les côtes d'Angleterre. Or Clisson était sous les murs de Damme ; mais les gentilshommes d'Angleterre se mettaient peu en peine de secourir les bourgeois de Gand.

A bout de ressources et surtout de munitions, François Ackermann songea à se tirer lui-même des mains des Français. Il fit enfermer dans un monastère toute la population incapable de porter les armes et une nuit il sortit avec ses soldats par un endroit marécageux que les Français n'avaient pas gardée[3]. La ville fut incendiée par les Bretons et les Bourguignons, la population en grande partie massacrée, mais les Gantois arrivèrent chez eux sains et saufs.

L'hiver approchait ; des maladies décimaient

[1] *Juvénal des Ursins*, p. 352.
[2] *Walsingham*. R. II, p. 342.
[3] *Le religieux de Saint-Denis*, l. VI, ch. 8.

l'armée française ; le roi se décida à reprendre le chemin de Paris. Auparavant il fit courir par ses troupes tout le pays dit *des quatre métiers*, dont les habitants étaient très dévoués aux Gantois et surtout très riches. Toute cette région fut pillée et brûlée. La destruction fut telle qu'on ne laissa « entière maison, ni hameau, ni hommes, ni femmes, ni enfants ; tout fut chassé dans les bois ou occis[1]. »

Pendant l'hiver, les Gantois firent la paix avec le duc de Bourgogne, devenu leur légitime suzerain, depuis la mort de son beau-père, le comte Louis le Mâle.

La France restait toujours en guerre avec les Anglais : mais ceux-ci ne déversaient plus comme autrefois sur le sol de la France leurs envahissantes marées de soldats pillards et incendiaires. — Pourquoi, disaient maintenant les seigneurs, n'allons-nous pas en Angleterre pour apprendre le chemin de ce pays, comme les Anglais en leur temps ont appris celui de France[2]?

Les plus chauds partisans d'une grande expédition étaient le roi, jeune et impatient, le connétable, toujours plein de haine contre les insulaires, le duc de Bourgogne, les sires de Coucy et de Saint-Pol.

Quand l'invasion de l'Angleterre par les Français eut été décidée, tous les premiers mois de l'année 1386 furent consacrés aux préparatifs. On devait prendre la mer au port de l'Ecluse, dernier point de concentration : mais le connétable fut chargé de réunir à Tréguier tous les vaisseaux et

[1] *Froissart*, l. II, ch. 232.
[2] *Juvénal des Ursins*, p. 354.

toutes les forces militaires de Bretagne et de Normandie. De là, il s'embarquerait pour rejoindre à l'Ecluse le reste de l'armée navale, avant de passer en Angleterre.

A Tréguier, Clisson imagina de construire une sorte de ville toute en bois[1], pour que les seigneurs arrivés en Angleterre pussent « dormir plus aise et plus assur (en sûreté). » Cette ville était démontable, au moyen de fortes charnières, et facile à transporter. Une multitude de charpentiers furent employés à la construire et payés à *grands gages*[2].

Les dépenses occasionnées par ces armements furent considérables[3]. On taxa les riches jusqu'au quart et au tiers de leurs revenus : « et plusieurs menues gens payaient plus qu'ils n'avaient vaillant... les tailles étaient si grandes pour assouvir ce voyage que les riches s'en dolaient et que les pauvres s'enfuyaient[4]. »

Tout en s'occupant avec une grande activité de ces préparatifs militaires, le connétable qui n'oubliait jamais ses affaires personnelles, avait entamé des négociations pour arracher aux mains des Anglais Jean de Penthièvre, à qui il voulait marier sa seconde fille, Marguerite de Clisson[5].

Par des serments solennels faits à Guérande, Jean IV avait promis de délivrer son cousin, le

---

[1] *Walsingham.* R. II, p. 351.

[2] *Bibl. nationale.* Ms. 789. N°s 10, 11, 13.

[3] Les ordres les plus rigoureux avaient été donnés aux commissaires royaux pour la levée des aides, taxes et emprunts. *Arch. nat.* K. 53. N° 57.

[4] *Jurénal des Ursins,* p. 355

[5] En 1375, cette jeune fille avait déjà été promise au sire d'Amboise : on trouve en effet à la bibliothèque de Nantes le projet de mariage rédigé en cette circonstance. (*Bibl. de Nantes,* 1703fr. 1547.)

comte de Penthièvre, et même de payer sa rançon. Mais ces serments inquiétaient peu le duc de Bretagne et, aux sollicitations de Clisson, il répondait que l'argent lui manquait pour payer une si grande somme.

Clisson le pressait d'amasser l'argent nécessaire[1] et l'engageait à imposer dans ce but les fouages de son duché : les Bretons ne pourraient se plaindre d'une mesure si juste. « Taisez-vous, messire Olivier, disait le duc, mon pays de Bretagne n'en sera jamais grevé : quand j'ai juré, mon intention était que d'autres paieraient les deniers et que je les aiderais de ma parole[2]. »

Clisson vit bien qu'il n'avait pas à compter sur Jean IV. Il avait à Josselin un serviteur dévoué nommé Jean Rolland, ancien écuyer des Penthièvre. On se rappelle que, en 1381, Clisson avait hébergé en son château de Josselin quelques Anglais de la garnison de Cherbourg. Le connétable, d'après Froissart, aurait dès ce moment parlé au chef anglais, Jean de Harleston, afin que celui-ci procurât à Jean Rolland l'occasion de voir le comte de Penthièvre[3].

En effet il est certain qu'un peu plus tard Jean de Harleston emmena Jean Rolland en Angleterre et qu'il lui fournit l'occasion de voir son maître absent de France depuis plus de trente années. Le pauvre prince, son frère Guy étant mort, vivait désormais seul, consumé d'ennui, loin de son pays natal. « Il pleurait moult tendre-

---

[1] *Alain Bouchart*, l. IV, f. 146.
[2] *Froissart*, l. III, ch. 52.
[3] *Dom Lobineau*, l. XIII, p. 458.

ment et eut plus cher à être mort que vif[1]. » Le fidèle écuyer annonça au captif que, s'il voulait accepter la main de la seconde fille de Clisson, ce dernier le délivrerait, malgré l'énormité de la rançon exigée par les Anglais. Jean de Bretagne accepta ce qu'on lui proposait.

Le duc d'Irlande, qui « gouvernait alors l'esprit du roi d'Angleterre » fut mis dans le secret et promit son concours. « Le duc d'Irlande, dit dom Lobineau, demanda Jean de Bretagne au roi, comme récompense de ses services et le roi le lui donna. Aussitôt le duc traita avec le connétable, qui promit de lui faire toucher six vingt mille francs en deux termes : soixante mille aussitôt que Jean de Bretagne serait rendu à Boulogne-sur-Mer, et le reste à Paris ou en tel autre lieu qu'il souhaiterait[2]. »

En apprenant ces nouvelles, Jean IV entra dans une violente colère. — « Sans doute, disait-il, Olivier de Clisson croit me mettre hors de mon héritage. Il en montre les signifiances. Il a mis hors d'Angleterre Jean de Bretagne pour lui donner sa fille : telles choses me sont moult déplaisantes, et, par Dieu, je lui montrerai un jour qu'il n'a pas bien fait, *quand il se donnera le moins de garde*[3]. »

Le connétable avait convoqué à Tréguier toutes les troupes qu'il put tirer des garnisons de Bretagne, de Normandie et de Poitou. Du seul château de Clisson, il fit venir deux chevaliers et qua-

---

[1] *Froissart*, l. III, ch. 51.
[2] *Dom Lobineau*, l. XIII, p. 458.
[3] *Froissart*, l. III, ch. 52.

rante-trois écuyers conduits par leur capitaine Eon de Lesnérac[1].

Quand tout fut prêt, Clisson mit à la voile avec toute sa flotte pour aller rejoindre à l'Ecluse le gros de l'expédition. Il était accompagné de 72 vaisseaux de ligne, sans compter une multitude d'autres navires, dont les uns étaient malheureusement trop petits pour résister à une forte mer[2].

Arrivée à la hauteur de Morgate, cette flotte fut dispersée par un ouragan. Quelques vaisseaux, entraînés dans la Tamise, tombèrent aux mains des Anglais[3] : d'autres échouèrent sur les côtes de Zélande ; enfin le plus grand nombre put aborder à l'Ecluse, mais à grand'peine et non sans avaries.

Le roi les attendait depuis longtemps dans ce port, où une innombrable quantité de vaisseaux étaient déjà réunis. Depuis les côtes d'Espagne jusqu'à celles de Prusse on avait acheté à grands frais tous les navires[4] et toutes les provisions que l'on avait pu trouver. « Oncques, depuis que Dieu créa le monde, on ne vit tant de nefs, ni de gros vaisseaux ensemble, comme il y en eut en cet année en la mer au hâvre de l'Ecluse et sur la mer entre l'Ecluse et Blanqueberge ; car, au mois de

---

[1] *Original* vendu à Rennes, le 4 avril 1895, col. de châteaux de S. G. et L. N.

[2] Il y avait de petits navires d'une trentaine de tonneaux. Le *Saint-Julien* (32 tonneaux) n'était monté que par « huit mariniers... au fret de chascun tonnel pour port deux frans et demi par mois. » *Bibl. nat.* Dépôt de la marine, A. 87, 2ᵉ vol. nᵒˢ 20, 24.

[3] *Walsingham*, R. II, p. 352.

[4] Un seul navire espagnol fut loué pour deux mois 730 livres tournois (36.500 francs en monnaie actuelle). *Arch. nat.* K. 53, nᵒ 69.

septembre, en l'an dessus dit, ils furent nombrés à treize cents et quatre-vingt-sept vaisseaux[1]. »

La mer n'était plus qu'une forêt de mâts richement décorés et pavoisés, chaque seigneur rivalisant de zèle et de dépenses. Les navires étaient couverts de dessins, d'écussons et d'armoiries[2], depuis la quille jusqu'au haut des mâts. On poussa la folie du luxe jusqu'à appliquer des feuilles d'or aux endroits les plus visibles. « Qui eut été en ce temps à Bruges, à Dam ou à l'Ecluse eut vu comment on était soigneux d'emplir les nefs et vaisseaux, de mettre foin en tonneaux, de mettre biscuits en sacs, de mettre oignons, aulx, poix, fèves et oliètes, orges, avoines. seigles, blés, chandelles de sieu, chandelles de cire... et toutes choses qui seraient nécessaires pour servir corps d'hommes. Sachez que l'oubliance du voir et la plaisance de considérer était si grande que, qui eût eu les fièvres et le mal de dents, il eut perdu la maladie pour aller de l'un à l'autre. Et comptaient ces compagnons de France. à qui les ouyait parler, Angleterre pour perdue et dévastée sans recouvrer. »

Clisson n'eut pas plus tôt débarqué à l'Ecluse que le roi lui dit : « Connétable, que dites-vous ? Quand partirons-nous ? Hâtez-vous d'avancer votre besogne et mettons-nous en mer. »

Le connétable, qui avait été un des plus chauds partisans de l'expédition, hésitait, maintenant qu'il

---

[1] *Froissart*, l. III, ch. 35. Les préparatifs avaient été commencés depuis plus d'un an. (Bibl. Nationale, *Quittances*, vol. 26,020, n°s 651, 652 et suivants).

[2] Dès le mois de septembre précédent, Clisson avait fait peindre sur sa nef ses armes et sa devise. (Bibl. Nationale, *Quittances*, vol. 26.021, n° 773).

avait entrevu à quels hasards allaient s'exposer presque toutes les forces de la France. Il se contenta de répondre au roi : « Sire, le temps est bien mauvais : il a tant venté que les mariniers disent qu'ils ne virent oncques tant venter que il a fait depuis deux mois. » — « Connétable, dit le roi, j'ai déjà monté en mon vaissel, je m'y plais beaucoup et crois que je serai bon marinier : la mer ne me fait pas de mal. » — « En nom Dieu ! dit Clisson, la mer m'en a fait beaucoup ; car nous avons été tous près de périr, en venant de Bretagne en ça[1]. »

Le bateau, sur lequel Clisson s'était embarqué, était en effet trop petit pour tenir contre une forte mer : il devait paraître ridicule au milieu des gros bâtiments de trois cents tonneaux, que montaient les seigneurs et dont un seul, celui de Guy de la Trémouille, avait coûté 2,000 francs à décorer[2].

Aussi le connétable abandonna-t-il son navire trop léger pour monter un baleinier nommé le « Jehan du Fou, garny de cinquante-six marins[3]. »

On attendait toujours le duc de Berry : il n'arriva que lorsque ses retards calculés eussent rendu le départ à peu près impossible[4]. D'ailleurs les vents contraires soufflaient toujours. Un grand conseil fut tenu. Le duc de Berry, qui n'avait ja-

---

[1] *Froissart*, l. III, ch. 46.

[2] *Bibl. nationale*, Dépôt de la marine. A. 87, 2ᵉ vol. nᵒˢ 20, 24.

[3] *Bibl. nationale*, ms. 789, nᵒ 12. Le baleinier était un navire bas sur l'eau : la galère était un peu plus élevée ; enfin la nef était un vaisseau de haut bord : elle s'élevait parfois de 6 à 7 mètres au-dessus des flots et portait à l'arrière des tours fortifiées. (Voir *Jean de Vienne*, ch. 3).

[4] Le duc de Berry amenait 5 bannerets, 86 chevaliers, 410 écuyers et 200 arbalétriers à cheval. *Arch. Nat.* K. 53, nᵒ 58.

mais été partisan de l'expédition, avait désormais beau jeu à déconseiller de partir. Les plus sages se voyaient maintenant forcés de se ranger à son avis. Bref, il fallut se résoudre à tout licencier. Les vivres furent vendus le dixième de ce qu'ils avaient coûté. Les gros temps de l'hiver détruisirent presque tous ces beaux vaisseaux[1], plus faits pour la parade que pour les tempêtes et les combats. Ainsi s'évanouirent en pure perte ces prodigieux armements et toutes ces folles dépenses, dont le royaume resta pour longtemps appauvri.

Certains auteurs ont prétendu que le duc de Berry avait reçu une grosse somme des mains du duc de Lancastre pour faire avorter l'expédition. Celle-ci d'ailleurs avait peu de chances de succès.

La jeunesse du roi, la division des seigneurs, leur imprudence habituelle, comme leur peu de ténacité en face des soldats anglais, l'absence de toute discipline sérieuse dans cette innombrable cohue de marins et de soldats ne présageaient pas de grandes victoires. Quelques années après, les désastreuses campagnes de Gueldre et de Nicopolis prouvèrent trop ce que valait alors une levée en masse de la France militaire.

Au lieu d'accumuler tant de provisions et de navires disparates, il eut été préférable d'employer les ressources du royaume à construire de puissants vaisseaux de guerre, qui eussent enlevé à l'Angleterre sa suprématie maritime si compromise par son désastre de la Rochelle. Cette bataille navale montra la supériorité des gros bâti-

[1] *Juvénal des Ursins*, p. 357.

ments espagnols sur les navires anglais. Il fallait profiter de l'expérience et remplacer cette multitude de navires assez peu redoutables par des vaisseaux de ligne construits comme ceux de l'Espagne. La France maîtresse de la mer ne pouvait plus craindre ces continuelles invasions anglaises qui, au début du siècle suivant, allaient encore ouvrir pour nous une ère de désastres et d'effroyables ruines. Nous avions alors un véritable homme de mer, Jean de Vienne, un arsenal maritime de premier ordre créé par Charles V, *le clos des galées*[1], d'excellents capitaines bretons, normands ou génois ; si, à ce moment, un gouvernement fort et sage eût donné tous ses soins à la réfection et au développement de nos forces navales, la suprématie maritime de l'Angleterre eut couru de réels dangers. Mais hélas ! on s'arrêta bien vite dans une voie, où l'on s'était engagé sans plan arrêté, ni esprit de suite.

Les Anglais au contraire reconquirent peu à peu leurs avantages perdus. L'instinct de la conservation, aussi bien que leur orgueil national, leur a a toujours fait un devoir de tout sacrifier pour garder l'empire des mers. La mer, disaient-ils déjà au temps de Richard II, c'est le fief du roi et de la couronne d'Angleterre[2]. Par leurs lettres patentes les amiraux anglais étaient préposés à la garde des côtes de Normandie, d'Aquitaine et de Picardie, qui étaient regardées comme les limites de leur gouvernement[3]. La suite des siècles n'a que trop

---

[1] Voir *Jean de Vienne*, ch. 3. Archives Nationales, K. 53, n° 8.....
[2] *Robert Belknap*, 6ᵉ année de Richard II. « La mier est del ligeans du roye, come de son courone d'Angleterre. »
[3] Voir *Jean de Vienne*, p. 67.

souvent prouvé que ces orgueilleuses formules ne sont pas de simples prétentions.

Le jeune roi de France fut obligé de reprendre le chemin de Paris sans avoir pu s'embarquer[1] : pour le consoler, on lui dit que l'expédition serait reprise au printemps prochain. Pauvre roi ! Bien qu'il fût entreprenant et actif, il n'était pas fait pour concevoir et exécuter de grands desseins. Moins sage et moins religieux que son père, il se lança dans les fêtes, les tournois, les orgies, dans tout ce qui pouvait tromper son activité maladive[2]. Dans son cerveau sans cesse ébranlé par des émotions diverses, peut-être voyait-il déjà passer les effrayants fantômes de la folie qui approchait.

Il conserva malgré tout le goût des choses de la guerre. La conduite du duc de Berry, dans cette expédition manquée, lui fut très sensible et ne contribua pas peu à le dégoûter de ses oncles, pour le rapprocher de conseillers plus dociles et plus fidèles.

Pendant l'hiver de 1786 à 1387, Olivier de Clisson ne perdait pas de vue ses projets de descente en Angleterre.

Il lui était encore dû, sur le trésor royal, des

---

[1] *Walsingham*. Richard II, p. 354.
[2] *Le religieux de Saint-Denis*, l. x, ch. 2. Au nombre des spectacles qui intéressèrent la cour, pendant cet hiver, il faut rappeler le célèbre duel judiciaire, ordonné par arrêt du parlement, entre Jacques Le Gris et le chevalier Carrouge. Clisson fut témoin de ce combat singulier, où l'innocent succomba, comme il fut prouvé dans la suite. Un autre duel judiciaire eut lieu devant la cour de Bretagne entre l'ami de Clisson, Robert de Beaumanoir, et Pierre de Tournemine. Les documents relatifs à ce dernier duel occupent treize colonnes in-folio dans les *Preuves* de Dom Lobineau. (Dom Lob., *Pr.*, col. 663-677).

sommes relativement énormes[1] (50,083 francs dus au 1ᵉʳ février 1386 a. s.). Néanmoins, grâce à son activité et à ses ressources personnelles, il trouvait le moyen de réunir une nouvelle flotte à Tréguier, pour transporter en Angleterre une armée, moins nombreuse il est vrai que celle de l'Ecluse, mais plus solide, mieux disciplinée et composée en grande partie de Bretons. Cette seconde expédition pouvait être plus redoutable aux Anglais que la première. Quatorze mille hommes bien choisis, armés de toutes pièces, étaient déjà réunis à Tréguier : ils avaient des vivres pour quatre mois. De plus, chaque soldat avait déjà reçu une somme équivalente à la paie d'au moins quinze jours de campagne[2]. Cette excellente armée pouvait s'établir sur un point du littoral anglais Si Clisson avait eu l'avantage dans une première rencontre, il lui serait arrivé de France des contingents inépuisables, qui, bien dirigés, auraient sans doute mis l'Angleterre en grand péril[3].

Mais il était écrit qu'entre Clisson et l'objet de sa haine, comme plus tard devant Napoléon Iᵉʳ, se dresserait l'océan jaloux de garder le peuple qu'il aime.

Les doges de Venise se mariaient avec la mer : cette union n'était que factice. La mer a contracté avec tout un peuple une union plus indissoluble :

---

[1] *Bibl. Nationale*, ms. 789, n° 55.

[2] Les avances de fonds faites au roi de France n'empêchait pas Clisson d'acheter à ce moment même d'importantes propriétés à Pierre de Tournebu et à Jeanne de Saint-Jean, son épouse. (*Archives de Nantes*, 217, cass. 97).

[3] *Bibl. nationale*, ms. 789, n° 11 et 13.

elle entoure la patrie de ce peuple dans les mouvantes murailles de ses vagues : elle le garde avec amour et fidélité.

> Ocean, 'mid his uproar wild
> Speaks safety to his island child[1].

« L'océan, qui la garde en son rauque murmure, dit amour et salut à son île, à son enfant. »

Aussi, pour tout fils d'Albion, l'océan, c'est encore sa patrie, c'est sa richesse, sa gloire, son domaine, le patrimoine de ses ancêtres.

Les autres peuples chantent la mer immense, comme un des plus beaux ouvrages du Créateur ; quand un poète anglais la célèbre, c'est un hymne sacré qui jaillit de son cœur, comme en l'honneur de Dieu.

> Roll on, thou deep and darkblue Ocean — roll !..
> Ty shores are empires, changed in all save thee.....
> Thou glorious mirror, where the Almighty's form
> Glasses itself in tempests — ....
> Boundless, endless and sublime,
> The image of eternity, the throne
> Of the invisible...
> Each zone
> Obeys thee, thou goest forth, dread, fathomless, alone.
> And I have loved thee, Ocean ! and my joy[2] .....

« Roule tes flots, abîme sombre et bleu de l'Océan, roule tes flots !.. Tes rivages sont des empires : mais ils changent et tu demeures. O miroir glorieux, où la face du Tout-Puissant se reflète dans les flots orageux.

---
[1] *Coleridge.*
[2] *Byron.* Childe Harold. Canto IV.

« Toujours sans borne, toujours sans fin, toujours sublime, tu es l'image de l'Eternité. Trône de l'Invisible, partout tu règnes : tu roules formidable, profond, solitaire... Je t'aime, Océan ! ma joie ! »

Le duc de Berry avait mis obstacle à l'expédition de l'année précédente, le duc de Bretagne allait rendre aux Anglais un semblable service. Ce dernier était las de couver en secret ses jalousies et ses rancunes contre le connétable : comme nous l'avons vu, la nouvelle du futur mariage de Jean de Penthièvre avec Marguerite de Clisson l'avait surtout exaspéré. D'ailleurs, les Anglais, avec qui il était d'intelligence, le pressaient d'agir[1]. Il convoqua à Vannes un Parlement, auquel devaient se rendre tous les nobles seigneurs de son duché. Songeant bien que le connétable, trop occupé en ce moment, n'y serait pas venu, il lui écrivit spécialement à Tréguier des lettres très affectueuses, lui disant qu'il tenait à le voir plus que tout autre.

Olivier ne voulut pas donner à son suzerain un sujet de mécontentement si facile à éviter : il se rendit à Vannes. Pendant la réunion du Parlement, le duc se montra très aimable envers tous les seigneurs, mais surtout envers Clisson. Il invita même le connétable et ses amis à dîner pour le lendemain, 25 juin, jour de la saint Eloi[2].

A ce dîner, Jean IV se montra encore plus pré-

---

[1] « ... Pour faire aucuns préparatifs, Clisson s'en alla en Bretagne. Les Anglais, qui en eurent cognoissance, escrivirent au duc de Bretagne, comme à leur accointé, qu'il les voulust aider. » *Jurénal des Ursins*, p. 359.

[2] *Chronique française.* (Dom Lob. *Pr.*, col. 155.)

venant que la veille. Or, près des murailles de sa bonne ville de Vannes, le duc faisait achever la construction du château de l'Hermine. Comme s'il eût voulu honorer ses hôtes, il pria, après dîner, quelques seigneurs, entre autres, les sires de Clisson, de Rohan, de Laval et de Beaumanoir[1], de venir visiter son nouveau château-fort. Le duc s'était montré si affable que ceux-ci ne pouvaient rien lui refuser. Ils montèrent ensemble à cheval, et arrivèrent bientôt à la porte du château.

Là, le duc prit avec lui Olivier de Clisson et les sires de Beaumanoir et de Laval, qu'il retint plus longtemps que les autres. Il les mena dans les caves, où il leur fit goûter de son vin. Tout en causant amicalement, ils arrivèrent au pied d'une grosse tour, qui existe encore à Vannes et qui depuis a gardé le nom de tour du connétable

Le duc dit à Clisson : « Messire Olivier, il n'y a homme de ça la mer qui mieux se connaisse en ouvrages de maçonnerie que vous. Je vous prie, beau sire, que vous montez là sus : ainsi me saurez à dire comment il est édifié ; s'il est bien, il demourra ainsi ; s'il est mal, je le ferai amender. » — « Volontiers, répondit Clisson, allez devant, Monseigneur. » — « Non ferai, dit le duc, allez tout seul, je parlerai ici un petit, pendant que vous irez, au sire de Laval. »

Le connétable « n'y pensant nul mal » monta l'escalier extérieur, qui conduisait au premier étage de la tour. Au moment où il entre, des

---

[1] La *Chronique* 10 746, fol. 59, met le sire de Rostrenen au nombre des compagnons de Clisson emmenés à l'Hermine (*Arch. nation.*, A.B. XIX, 209.

hommes embusqués dans l'ombre se précipitent sur lui, le terrassent sur l'étroit passage qui traverse l'épaisse muraille et le tirent dans une chambre, où ils le chargent de trois paires de chaînes[1] — « Monseigneur, disaient ces hommes d'armes, pardonnez-nous ce que nous faisons : car il nous le faut faire. Ainsi nous est-il enjoint et commandé par Monseigneur de Bretagne[2]. »

Pendant ce temps, d'autres satellites fermaient toutes les portes. Clisson n'était pas d'une force ordinaire. Il y avait eu lutte. Laval avait entendu le bruit ; quand il vit la porte se fermer violemment, « le sang lui commença à frémir[3], » il regarda le duc, « qui devint plus vert que feuille — « Ha, monseigneur, lui dit-il, pour Dieu merci, que voulez vous faire ! N'ayez nulle male volonté sur mon beau-frère, le connétable. » — « Sire de Laval, dit le duc, montez à cheval et partez d'ici. Vous pouvez vous en aller... je sais ce que j'ai à faire. » — « Monseigneur, répondit le sire de Laval, jamais je ne partirai sans mon beau frère, le connétable[4]. »

Le sire de Beaumanoir, resté un peu en arrière, arriva sur ces entrefaites. Le duc courut à lui, la dague levée : « Beaumanoir, lui cria-t-il, veux-tu être comme ton maître ? » — « Ce serait honneur pour moi, répondit le gentilhomme. » — « Veux-tu, veut-tu être comme lui ? répéta le duc furieux. » — « Oui répondit Beaumanoir. » —

---

[1] *Le religieux de Saint-Denis*, l. VIII, ch. 4.
[2] *Froissart*, l. III, ch. 64.
[3] *D'Argentré*, l. x, ch. 3, p. 643.
[4] *Froissart*, l. III, ch. 64.

« Alors, s'écria le duc, il faut que je te crève un œil. » — On se souvient que Clisson avait perdu un œil à la bataille d'Auray, près de Vannes, où il avait fait des prodiges, pour assurer à Jean IV la couronne ducale.

« Je crois, Monseigneur, dit Beaumanoir qu'il y a trop de noblesse en vous pour me traiter ainsi: il en serait trop parlé. » Le duc n'osa pousser la pointe de sa dague, qu'il tenait à la hauteur des yeux du Beaumanoir ; mais il lui dit : « Va, va, tu n'auras ni pis ni mieux que il aura[1]. » Il le fit saisir et mener dans une prison, où il fut chargé, comme le connétable, de trois paires de chaînes.

La nouvelle de cet attentat mit tout le pays en émoi. L'indignation était générale et les gentilshommes du pays avaient honte de l'infamie que commettait leur suzerain. Ils ne parlaient rien moins que d'aller l'assiéger dans son château de l'Hermine[2]. — « Jamais, disaient-ils, on n'a vu pareille perversité. Il a invité Clisson à sa table, en lui envoyant un sauf-conduit : il lui a donné à boire de son vin... et il l'a jeté en prison. C'est assez pour qu'il soit déjà déshonoré. Comment aura-t-on désormais confiance en la parole d'un gentilhomme, quand un si grand seigneur donne l'exemple de la mauvaise foi ? »

Le plus étonné de tous était encore Clisson. Depuis quelque temps, il avait évité de se rendre aux invitations du duc, bien que celui-ci lui eût souvent écrit et même envoyé des sauf-conduits. Enfin,

---

[1] *D'Argentré*, l. x, ch. 3.
[2] *Dom Lobineau*, l. xiii, p. 460.

cette fois, pour n'avoir pas soupçonné tant de déloyauté dans un cœur d'homme, il était pris au piège, étroitement enchaîné et surveillé par trente gardes.

Tant de précautions prises contre lui ne lui laissaient guère de doute sur le sort qu'on lui réservait.

Une seule pensée donnait un peu d'espoir aux amis du connétable : le sire de Laval, chevalier d'une grande sagesse, et qui personnellement avait toujours eu de bonnes relations avec Jean IV, son cousin germain, était resté au château de l'Hermine. On savait qu'il ferait l'impossible pour sauver son beau-frère ; « et, en effet, dit Froissart, sans le sire de Laval, le connétable eut été mort en la nuit, même s'il eût eu quinze mille vies. »

Trois fois, dans la soirée et la nuit, les satellites de Jean IV reçurent l'ordre de tuer le prisonnier. Ils lui ôtaient ses fers et, pour obéir au dernier commandement qu'ils recevaient, ils se disposaient soit à lui couper la tête, soit à le noyer en l'enfermant dans un sac[1]. Mais trois fois le sire de Laval se jetant aux pieds du duc parvint à retarder l'exécution du captif — « Ah ! Monseigneur, disait Laval, pour Dieu merci, avisez-vous Ne faites pas telle cruauté sur mon beau-frère, le connétable. Rappelez-vous, Monseigneur, que si maintenant vous le haïssez il n'en a pas toujours été ainsi. Vous avez été compagnons de jeunesse et nourris tous deux en l'hôtel du duc de Lancastre, qui fut si loyal et si gentil prince. Le sire de Clisson vous a loyalement servi, quand vous

[1] *Pierre Le Baud*, ch. 44, p. 393

aviez à conquérir votre héritage : et, si maintenant vous le mettez à mort, jamais prince ne sera si déshonoré que vous le serez. Songez qu'il n'est venu ici que sur votre prière, ne voulant pas vous désobliger... Puisque le sire de Clisson vous a offensé, rançonnez-le plutôt d'une forte somme : exigez de lui villes et châteaux. Tout ce que vous demanderez, vous l'aurez : car je me porte garant pour lui[1]. »

Enfin, le sire de Laval avait touché la corde sensible. L'homme, que les raisons de loyauté et d'honneur avaient trouvé indifférent, ouvrit une oreille moins distraite, quand il entendit parler d'or et de richesses.

Les rois et les seigneurs de cette époque avaient toujours besoin d'argent : l'état de guerre, alors presque permanent, exigeait des dépenses considérables : or cet état même tarissait, par ses continuels bouleversements, toutes les sources de revenus, en ruinant l'agriculture et le commerce. L'argent avait néanmoins à cette époque, autant et plus que de nos jours peut-être, sa puissance souveraine, puisque la force elle-même, qui décide de tout en dernier ressort, pouvait s'acquérir avec de l'or, dans la personne des hommes d'armes, qui se battaient pour qui les payaient. C'est pourquoi l'immense fortune de Clisson le rendait aussi redoutable que son épée et lui attirait certes plus d'envieux. Aussi ne faut-il pas s'étonner outre mesure que Jean IV ait comprimé ses instincts haineux, quand on fit briller aux yeux de son imagination l'éclat des monceaux d'or et d'argent.

[1] *D'Argentré* et *Froissart.* Ibidem.

Après une nuit passée dans l'agitation d'un crime à décider et à faire exécuter, le duc s'apaisa donc et dit au sire de Laval : « Clisson est l'homme que je hais le plus au monde : sans vous, jamais, à cette nuit, il n'eût échappé sans mort... Allez lui dire que, s'il veut sortir d'ici, il versera cent mille francs tous appareillés. Je ne prendrai ni vous, ni autrui en gage, je veux les deniers comptants. De plus il me remettra les villes et châteaux de Josselin, Broon, Blain, le Guildo et Jugon[1]. » — « Grand merci, Monseigneur, répondit Laval, vous aurez ce que vous avez demandé. »

Aussitôt l'ami dévoué se fit ouvrir les portes de la tour, où personne n'avait droit de pénétrer, pas plus du reste que dans le château de l'Hermine. Il trouva son beau-frère dans l'état d'un condamné, qui attend la mort de minute en minute. La nuit avait été froide et le captif l'avait passée enchaîné sur le sol, sans nourriture et sans sommeil. Un valet par pitié lui avait donné un vêtement plus chaud : car il grelottait dans son léger costume de fête.

En voyant le sire de Laval, « le cœur lui revint. » Ses fers lui furent ôtés, et il apprit les décisions prises par le duc. Il consentit à tout et pria son beau-frère d'aller au plus tôt chercher la somme exigée.

— « Non, non, reprit le prudent gentilhomme, je ne sortirai pas d'ici avant vous : je sens le duc

---

[1] *Chron. Brioc* A. MCCLXXVII. Clisson avait acquis Broon en 1385. (*Bibl. de Nantes*, 1897 fr. 1541). Il est probable qu'il n'occupait Jugon et le Guildo que comme lieutenant de Jean de Penthièvre. (Voir De la Borderie, *Géographie féodale*).

trop cruel. S'il se repentait en mon absence par une folle imagination qu'il se ferait de vous, ce serait tout rompu. »

Ils convinrent tous les deux d'envoyer le sire de Beaumanoir.

Le sire de Laval revint donc trouver Jean IV.
— « Arrangez-vous avec eux, lui dit brusquement le duc, je ne veux rien savoir de leurs affaires. Qu'on délivre Beaumanoir, et qu'ils parolent ensemble... Quand j'aurai dormi, nous reparlerons entre nous. » Il se mit alors au lit, car il avait passé toute la nuit à ruminer ses projets de vengeance.

Bientôt Clisson, Laval et Beaumanoir furent réunis. On leur apporta des viandes et du vin. Tous les gens du château furent heureux de voir que les choses s'amélioraient. Ils étaient « tout chagrins » du malheureux sort de Beaumanoir et de Clisson; mais, dit le chroniqueur, « amender ne l'avaient pu : car il leur convenait obéir à leur seigneur, fut à tort, fut à droit[1]. »

Pour que Beaumanoir pût quitter le château, il fallut attendre le réveil du duc, qui avait toutes les clefs dans sa chambre. Personne, depuis la veille, n'était entré, ni sorti, toutes les portes extérieures étant fermées et les ponts levés.

Un moment on avait cru à Vannes et dans le voisinage que Clisson et Beaumanoir avaient été assassinés par Jean IV : partout l'agitation grandissait. La sortie de Beaumanoir et la nouvelle du traité calma un peu les esprits.

[1] *Froissart*, l. III, ch. 65.

A Tréguier, on n'attendait que l'arrivée du connétable pour mettre à la voile ; sans lui, on comprit que l'expédition devenait impossible et, de fait, les vaisseaux et ceux qui devaient les monter se dispersèrent[1].

A Harfleur, le comte de Saint-Pol, le sire de Coucy, l'amiral Jean de Vienne apprirent, eux aussi, le guet-apens de l'Hermine[2], au moment où ils allaient s'embarquer pour Tréguier et l'Angleterre. — « Notre voyage est rompu, se dirent-ils ; donnons à nos gens d'armes congé et allons-nous-en à Paris, devers le roi : là, nous saurons quelle chose il voudra dire et faire. »

Jean de Vienne leur dit : « C'est bon que nous allions à Paris : mais ne donnons pas congé à nos gens, qui pourraient être employés en Castille, ou peut-être en Bretagne. Pensez-vous que le roi de France doive laisser la chose ainsi? Par Dieu ! nennil. Il y aura plus de deux cent mille florins de dommages pour le blâme fait à son connétable... Ouït-on jamais chose pareille de rompre et de briser ainsi le voyage d'un roi qui veut faire la guerre à ses ennemis[3] ? »

Comme Jean de Vienne le donnait à entendre à ses compagnons, le duc de Bretagne n'avait pas seulement été poussé au crime par sa haine contre Clisson, mais aussi par sa grande sympathie pour les Anglais, qu'il servait si bien par ce coup opportun, et avec qui il comptait rentrer en grâce. En effet, de sa dernière expédition achevée en

---

[1] *Le religieux de Saint-Denis*, l. VIII, ch. 5.
[2] *Pierre Le Baud*, ch. 44, p. 334.
[3] *Froissart*, l. III, ch. 65.

1381 le duc de Lancastre avait toujours gardé un souvenir pénible ; mais, dans la pensée de Jean IV, l'audacieuse arrestation du *boucher des Anglais* allait certes dissiper tous les malentendus.

La plupart des auteurs bretons chargent encore plus que les historiens français la mémoire de Jean IV dans le récit de ce guet-apens : les Français ont en effet suivi Froissart, tandis que les Bretons se sont plutôt inspirés de Bouchart, qui prétend que ce fut moins au sire de Laval qu'à une sorte de tromperie que Clisson dut son salut. Voici comment Bouchart raconte les faits.

Le duc, après l'emprisonnement de son ennemi, aurait pris à part Bazvalan, à la garde duquel le connétable était confié, et lui aurait enjoint de tuer son prisonnier, vers minuit, le plus secrètement possible. Bazvalan, à qui cette besogne répugnait, représenta d'abord au duc qu'il pouvait se venger du connétable en le faisant juger et condamner par voie de justice. Jean IV ne voulut rien entendre : et, comme Bazvalan insistait et suppliait, lui disant que le lendemain il aurait pu s'en repentir — « Laissez-nous, s'écria le duc, et allez faire ce que je vous commande : car si vous me rebarbez plus (me tenez tête), je vous détruirai de fond et de racine. »

Jean IV se coucha après cet ordre : mais, durant la nuit, il vit mieux tous les inconvénients de son action, à mesure que les passions se calmaient. Les Anglais le soutiendraient-ils efficacement contre le roi de France, qui ne manquerait pas de lui déclarer la guerre ?.. — Le lendemain il manda Bazvalan, qui lui dit que Clisson était mort.

« Peu après minuit, dit le serviteur, je l'ai noyé et j'ai fait enterré son corps dans un jardin. » — « Haa ! dit le duc, voici un piteux réveil-matin. Plût à Dieu, messire Jehan, que je vous eusse cru, Je vois bien que jamais je ne serai sans détresse ; retirez-vous, messire Jehan, que je ne vous voie plus ». Le duc aurait alors commencé à se lamenter et à gémir avec des cris et des larmes : il pleurait en effet facilement.

Quand Bazvalan eut jugé que sa tromperie avait assez duré, il revint trouver son maître. — « Monseigneur, lui dit-il, je connais la cause de votre douleur ; mais il y a remède à tout. » — « Voire (c'est vrai), messire Jehan, sinon à la mort. » Alors le serviteur avoua toute la vérité et dit que Clisson était encore en vie. Le duc se serait alors jeté au cou de Bazvalan et lui aurait remis plus tard une somme de 10,000 florins pour le récompenser.

Entre le récit de Froissart, auteur contemporain, et celui de Bouchart, qui vécut plus d'un siècle après, il nous semble que le choix est facile. Trois autres narrateurs contemporains ont raconté, comme Froissart, avec force détails, l'attentat de l'Hermine : ce sont Juvénal des Ursins, le religieux de Saint-Denis et le chroniqueur de Saint-Brieuc[1]. Or, aucun de ces historiens n'est en contradiction avec Froissart, qui d'ailleurs entre dans les détails les plus précis. Tous parlent seulement de menaces, devant lesquelles Clisson dut céder pour sauver sa vie.

---

[1] *Juvénal des Ursins*, p. 359. *Le religieux de Saint-Denis*, l vιιι, ch. 4. *Le chroniqueur de Saint-Brieuc.* A. MCCCLXXXVII.

Cent ans après l'attentat, des légendes avaient déjà eu le temps de se former. Or, le propre de la légende, c'est d'exagérer, de créer au besoin le merveilleux. On comprend que Bouchart, qui aimait les choses extraordinaires, comme le prouvent ses récits, ait préféré la légende à l'histoire : d'autant plus qu'il pouvait s'imaginer qu'en recueillant des croyances populaires il ne faisait que fixer une tradition. Il n'en est pas moins vrai que les historiens bretons, qui l'ont suivi, ont manqué de critique dans cette circonstance.

Le duc de Bretagne voulut tirer le plus de profit possible de la mauvaise action qu'il venait d'accomplir. Avant de relâcher son prisonnier, il attendit que Beaumanoir, envoyé pour livrer les châteaux-forts aux troupes ducales et pour recueillir la rançon exigée, fût revenu à l'Hermine. Le duc songea aussi à empêcher Clisson de protester dans la suite contre la violence exercée à son égard. Jean IV savait en effet qu'un traité extorqué par la force n'oblige pas : il voulut donc forcer Clisson à signer librement. Or, en réalité, le connétable n'était pas libre : on lui fit bien spécifier qu'il l'était. — « Je, Olivier, sire de Clisson et de Belleville, confesse avoir fait le traité et promesses.... de ma pure et libérale volonté, à ma requête et sans pourforcement, fraude, ni mal-engin y penser, ai promis et juré, promets et jure à Dieu aux saintes Evangiles... tenir, garder et loyaument accomplir de point en point comme contenu est en ces présentes[1]. »

[1] *Bibl. de Nantes.* Original jadis scellé, 1696 fr. 1540. Une copie du traité, faite en 1755, se trouve aussi aux Archives Nationales, K. 53, n°70.

Ce n'est pas tout, les précautions ne sont pas encore assez multipliées. Clisson doit s'engager (toujours *librement*) à ne jamais dire qu'il n'était pas libre... « J'ai renoncé et renonce à toute sexceptions qui, contre la teneur de ces lettres, pourraient être dites, objectées ou opposées, tant de fait, de droit que de coutume, à toute aide et remède de droit, établissement de pape, de roi, faits et à faire... » Il sera donc mal venu dans la suite à recourir au roi, ou au pape, et à alléguer la violence dont il a été victime, puisqu'il déclare (*toujours en pleine liberté*) qu'il renonce d'avance à recourir à qui que ce soit.

Jean IV savait sans doute aussi que, d'après la théologie et le droit, une jeune fille enlevée par force ne peut plus se marier, même librement, tant qu'elle n'est pas dans un lieu situé hors de la puissance de son ravisseur. Il songea donc qu'on pourrait arguer d'une certaine analogie, si le traité n'était signé qu'à l'Hermine. Voici comment il crut éluder cette petite difficulté. On rédigea deux actes : l'un dicté par le duc et signé à l'Hermine, le 27 juin 1387 ; l'autre censé fait par Clisson à Moncontour, ville libre pour le connétable, le 4 juillet de cette même année[1]. Or ce second acte antidaté fut signé à l'Hermine en même temps que le premier. Mais Clisson ne pouvait plus dire qu'il était dans un lieu de coercition, puisqu'il reconnaissait que le traité était ratifié par lui à Moncontour. On voit que toute la fourberie du duc, à force de précautions, n'aboutissait qu'à des enfantillages.

[1] Dom Lobineau, II. LXIII. p. 463 et *Pr.* col. 678, 679, 680.

Il est inutile d'entrer dans tous les détails de ce traité fort prolixe, et qui d'ailleurs ne fut jamais observé, sinon dans les clauses exécutées par l'intermédiaire de Beaumanoir, avant la mise en liberté de Clisson. Qu'il suffise de savoir que Jean IV exigea plus que moins, pendant qu'il tenait son ennemi en son pouvoir. Il demanda, comme garantie, quatre nouvelles places : Guingamp, la Roche-Derrien, Chatel-Audren et Clisson[1] : il s'emparait en outre des terres de Gâvre, de Cesson, d'Erqui et de Guillac. Bien plus il forçait le connétable à promettre de ne jamais marier sa fille à Jean de Penthièvre. Enfin, ne voulant pas dépouiller sa victime sans l'humilier, il contraignit Clisson à reconnaître que ce traité lui était accordé comme une grande faveur, parce qu'il avait commis (c'était dans le traité) et « perpétré plusieurs extorsions, rébellions et désobéissances, » qui avaient bien mérité « punition de corps et privation de tous ces biens meubles et immeubles. » Mais le duc de Bretagne, « à la supplication et requête de plusieurs nobles personnes, avait accordé, transigé et composé en la manière indiqué. »

Quatre jours à peine suffirent à Beaumanoir pour remettre les villes et châteaux désignés aux gens du duc de Bretagne et pour apporter les 100,000 francs de rançon. Alors Laval dit au duc : « Monseigneur, vous avez devers vous tout ce que vous demandez, cent mille francs, la ville de

---

[1] Les trois premières villes faisaient partie de l'apanage des Penthièvre : mais Clisson en avait la garde, comme lieutenant de Jean de Bretagne.

de Jugon et les autres châteaux-forts : délivrez maintenant mon beau-frère, le connétable. » — « Qu'il s'en aille, dit le duc, je lui donne congé[1]. »

[1] Si quelqu'un veut reconstituer sur les lieux même la *scène du crime*, suivant l'expression juridique, il peut visiter à Vannes la tour dite du Connétable. La brave femme chargée de montrer cette tour aux visiteurs raconte que le connétable languit de longues années dans cette prison et qu'on lui permettait seulement de prendre l'air, deux heures par jour, sur le chemin de ronde. Elle débite beaucoup d'autres boniments de cette exactitude, ajoutant que, pour elle, elle ignore quel était le vrai traître : car une partie de ses visiteurs appellent ainsi le duc ; d'autres au contraire lui ont soutenu, dit-elle, que le traître, c'était Clisson !

Le niveau intellectuel et moral de ces derniers est bien inférieur à celui des nègres et des arabes du désert : car ces peuples, quoique à moitié sauvages, regardent encore comme le plus grand des forfaits le meurtre de celui qu'on a reçu sous son toit avec des paroles amies.

CHAPITRE XII

1387-1391

LES SUITES DE L'ATTENTAT DE L'HERMINE

DISGRACE DES ONCLES DU ROI. LES MARMOUSETS

Clisson demande justice. — Arrangements passés entre lui et son suzerain. — La campagne de Gueldre. — Le Roi congédie ses deux oncles, les ducs de Berry et de Bourgogne. — Le ministère dit *des Marmousets*. — Ce qu'ils étaient et comment ils gouvernèrent. — Le Roi arrange les affaires de Languedoc et de Bretagne.

De Vannes à Josselin, il y a une dizaine de lieues. Dans cette dernière ville, Clisson prit avec lui deux valets : et tous trois s'élancèrent à cheval sur la route de Paris. Le connétable n'avait plus qu'une idée : tirer vengeance de son lâche et abominable ennemi. Or, c'était du roi de France, dont il était estimé et aimé, que lui pouvait venir le secours le plus prompt et le plus efficace. Ses deux pages et lui firent cinquante lieues par jours. Quarante-huit heures après leur départ de Josselin, ils arrivaient dans la capitale. Clisson ne prit que le temps de descendre à son hôtel pour se préparer à paraître devant le roi. Le jeune Charles VI venait d'apprendre la délivrance de son connétable, quand on lui annonça sa visite. Contrairement à l'étiquette, il ordonna d'ouvrir la porte de la chambre royale, avant même que Clisson eût eu le temps de demander audience.

Le connétable entra, se jeta à genoux devant le roi et dit : « Très redouté Sire, votre Seigneur de Père, à qui Dieu pardonne ses péchés, me fit et créa connétable de France, lequel office à mon loyal pouvoir j'ai loyalement exercé et usé : et jamais personne ne m'y a vu en faute. Si quelqu'un, excepté Vous et Messeigneurs vos oncles, ose dire que je me suis mal acquitté envers Vous et la noble couronne de France, je suis prêt à lui bailler mon gage[1]. »

Nul ne releva cette parole, ni le roi, ni les autres. Le connétable raconta alors brièvement ce qui s'était passé au château de l'Hermine et termina en disant qu'après un tel affront il ne pouvait plus « à son honneur » exercer sa charge de connétable.

— « Connétable, dit le roi, nous savons bien qu'on vous a fait blâme et dommage et que c'est grandement en notre préjudice. Aussi nous manderons au plus tôt nos pairs de France[2] et regarderons quelle chose il s'ensuivra. Ne vous en souciez : car vous en aurez droit et raison. »

[1] *Juvénal des Ursins*, p. 359. — *Le religieux de Saint-Denis*, l. VIII, ch. 6.

[2] Le duc de Bretagne se regardant comme souverain indépendant et Clisson étant considéré comme prince du sang, grâce à son titre de connétable, le cas en litige ne pouvait être tranché que par le roi qui, dans ces affaires délicates, convoquait le conseil des Pairs.

Alors le roi prit le connétable par la main, le fit lever et dit : « Nous ne voulons pas que vous partiez de votre office ainsi, mais nous voulons que vous en usiez tant que nous aurons eu autre conseil. »

Le connétable se mit de nouveau à genoux pour supplier le roi de le décharger, au moins pour un temps, de ses fonctions. — « On y pensera, » dit le duc de Bourgogne, pendant que le roi faisait de nouveau lever Clisson.

Celui-ci prit alors à part les ducs de Berry et de Bourgogne, gouverneurs du royaume, pour leur raconter plus en détails l'attentat de l'Hermine : mais il s'aperçut que son malheur les laissait un peu indifférents.

Le 8 mai précédent, une alliance secrète, dirigée contre Clisson lui-même, avait été conclue entre le duc de Berry et Jean IV, duc de Bretagne[1]. Nous avons vu d'ailleurs que le duc de Berry n'aimait pas le connétable : surtout depuis quelque temps, il avait été fort irrité par les agissements de Clisson en Poitou. Certaines difficultés entre eux étaient encore pendantes et un procès était engagé.

Le duc de Bourgogne subissait aussi l'influence de sa femme, cousine germaine de Jean IV, laquelle ne manquait jamais l'occasion de défendre son cousin et de dénigrer Clisson.

Enfin les oncles de Charles VI voulaient garder le pouvoir et tenir le roi en tutelle le plus longtemps possible. Or, ce que redoutait leur ambi-

---

[1] Dom Morice, *Pr.* t. ii, col. 534.

tion ombrageuse, c'était moins le caractère même du jeune monarque, ami du plaisir et facile à gouverner, que l'influence des hommes qui formaient son conseil et à qui il témoignait sa confiance. Le plus puissant de tous ses conseillers était le connétable, maître par ses fonctions des armées de la France, et de plus très estimé du roi, très lié avec le jeune duc d'Orléans, ainsi qu'avec Bureau de la Rivière et le sire de Coucy. Il ne faut donc pas s'étonner que les ducs de Berry et de Bourgogne se soient réjouis, au fond de leur cœur, des humiliations infligées à un personnage, qu'ils regardaient un peu comme un rival.

Les deux oncles du roi, au lieu de plaindre Clisson, commencèrent à le blâmer d'avoir été à Vannes. — « Vous pouviez vous excuser, dit le duc de Bourgogne.... D'ailleurs, après avoir dîné à Vannes, vous n'aviez que faire de séjourner et d'aller voir son château de l'Hermine. » — « Monseigneur, dit le connétable, il me montrait tant de faux-semblants que je ne lui osais refuser. » — « Connétable, reprit le duc de Bourgogne, en fauxsemblants sont les déceptions. Je vous cuidais plus subtil que vous n'êtes. Or, allez, allez, les besognes viendront à point : on y regardera à loisir[1]. »

Alors le duc de Bourgogne laissa s'en aller le connétable pour reprendre la conversation avec le duc de Berry.

Lorsque Clisson, assez mécontent, s'en fut revenu à son hôtel, les plus grands seigneurs vinrent le trouver. Le comte de Saint-Pol, le sire de Coucy,

---

[1] *Froissart*, l. III, ch. 66.

Jean de Vienne et plusieurs autres lui dirent pour le consoler : « Connétable, vous serez vengé du duc de Bretagne[1], qui est faux et mauvais envers le roy et la couronne de France, et à qui il a fait un tel affront qu'il pourrait bien être chassé hors de sa terre. Allez à Montléry, où vous serez sur le vôtre, et laissez-nous nous entendre : car les pairs de France en ordonneront et la chose ne peut demeurer ainsi. »

Clisson se retira donc dans ses domaines de Montléry, comme ses amis le lui conseillaient.

La connétablie vaqua pendant quelque temps : et le bruit courut même que Guy de la Trémoille serait connétable. Mais ce dernier estimait trop Olivier de Clisson pour accepter sa charge. Du vivant de son ami, « ce n'eut point été honneur à lui, ce lui semblait, d'en prendre l'office. »

Pendant qu'il préparait la convocation des pairs[2], le roi de France envoya une ambassade en Bretagne pour enjoindre au duc de venir se justifier. Les députés choisis furent Milès de Dormans, évêque de Beauvais, Jean de Vienne, Jean de Bueil et le sire de la Rivière. L'évêque de Beauvais, avant d'aller en Bretagne, voulut se rensei-

---

[1] *Juvénal des Ursins*, p. 360.

[2] Les pairs de France, d'abord au nombre de douze, étaient l'archevêque de Reims, les évêques de Beauvais, Laon, Langres, Châlons et Noyon, les ducs de Normandie, de Bourgogne, de Guyenne et les comtes de Flandre, de Toulouse et de Champagne. Jean II fut le premier duc de Bretagne créé pair de France. Les pairs relevaient immédiatement du roi : ils l'assistaient à son sacre et quand il rendait la justice. Pour juger l'un d'entre eux, le roi les convoquait spécialement. Au parlement, ils avaient aussi le droit de siéger, à la droite du président, avec voix délibérative.

En fait, les pairs de France furent presque toujours plus de douze ; car les princes du sang étaient *pairs nés*.

gner sur l'affaire auprès de Clisson lui-même, à Montléry. Il y tomba malade d'une fièvre maligne, qui l'emporta en quinze jours.

Clisson, voyant l'ambassade différée, songea à se faire justice par ses propres moyens. Il régla d'abord ses différends avec le duc de Berry et souscrivit le 30 juillet, un mois après l'attentat de l'Hermine, au jugement par lequel le roi lui-même arrangeait les affaires du Poitou[1].

Clisson donna ensuite l'ordre à ses amis d'agir en Bretagne. Jean IV, se prévalant des actes signés à l'Hermine, avait mis la main sur les principales villes du pays de Guimgamp et de Penthièvre, apanage de Jean de Bretagne. Le duc avait ainsi pris ses sûretés contre le futur gendre de Clisson. Le 27 septembre, le vicomte de Coëtmen attaquait Kermarec, gouverneur de Guimgamp au nom de Jean IV, et le forçait à lui rendre cette place. Le mardi suivant, le sire de Rostrenen prenait Châtel-Audren d'assaut ; deux jours après, Robert de Beaumanoir enlevait Lamballe, la nuit, par escalade, faisant prisonnier le capitaine avec toute la garnison. Cette brusque entrée en campagne était le meilleur moyen de disposer Jean IV à entrer en conciliation.

Dans la nuit du jeudi, 10 octobre, deux agents du connétable pénétrèrent dans Saint-Malo et, de connivence avec les habitants, s'emparèrent des deux capitaines que Jean IV avait imposés aux Malouins. Saint-Malo se donna au roi de France.

Châteaulin et le Plessis-Bertrand tombèrent aussi au pouvoir des gens du connétable.

[1] *Archives Nationales*, J. 186, n° 69 bis.

Ces faciles succès des partisans de Clisson en Bretagne prouvaient que l'autorité de Jean IV avait été fortement ébranlée par ses dernières infamies.

Il était toujours sans héritier, sa troisième femme ne lui ayant donné qu'une fille[1]. D'après le traité de Guérande, l'héritier présomptif du duché était donc encore Jean de Penthièvre, fils aîné de Charles de Blois. Clisson mit tout en œuvre pour hâter sa délivrance. Dans son entreprise, il fut fortement appuyé par les seigneurs français, qui croyaient se prêter ainsi à un acte de justice, en même temps que de patriotisme bien entendu. La diplomatie française ne semblait plus en effet pouvoir jamais compter sur Jean IV.

Mais la rançon exigée pour Jean de Bretagne était énorme : 120,000 francs ! Ce qui de nos jours vaudrait à peu près six millions.

Clisson venait de laisser 100,000 francs aux mains de Jean IV : il avança néanmoins 60,000 francs, qui furent remis au duc d'Irlande, quand Jean de Penthièvre débarqua sur le sol français. Pour le reste de la somme, Clisson, soit qu'il n'eût pas d'argent sous la main, soit qu'il préférât intéresser les princes et les grands seigneurs de France à la délivrance du cousin du roi, ouvrit une sorte de souscription qui fut deux fois couverte. Comme il s'agissait d'un prince du sang, les ducs de Berry et de Bourgogne prirent la tête de la caution, s'engageant chacun pour 20,000 francs[2]. Clisson promit encore 12,000 francs. S'inscrivirent pour

---

[1] *Chron. Britan.* MCCCLXXXVII.
[2] *Bibliothèque de Nantes*, 1707 fr. 1551.

10.000 francs le duc d'Alençon, le comte de Blois, Guy de la Trémouille ; vinrent ensuite Jean de Vienne, les sires de la Rivière, de Coucy, de Laval, de Rohan, de Beaumanoir, qui firent monter la caution à 120,000 francs[1].

Le comte de Penthièvre débarqua bientôt à Boulogne-sur-Mer : de là, il vint à Paris, où toute la cour lui fit fête. Il prit ensuite le chemin de Bretagne, en compagnie de son futur beau-père, le connétable de Clisson.

Le roi, subissant l'influence de son oncle ne parla plus de convoquer les pairs de France : il exigea seulement que le duc de Bretagne mit sous séquestre tout ce qu'il avait extorqué au connétable[2]. D'autre part, il défendit à Clisson de rassembler des troupes à Pontorson, pour se faire justice à lui-même : Charles VI donna également aux sires de Rohan, de Beaumanoir et de Coëtmen l'ordre de cesser les voies de fait, se déclarant seul arbitre du différend.

Le 27 novembre, Charles VI envoya en ambassade à Jean IV l'évêque de Langres, Jean de Vienne et ses chambellans, Jean de Bueil et Hervé Le Coith[3]. Ceux-ci avaient mission de proposer au duc de s'en remettre à l'arbitrage du roi et de lui assurer qu'on saurait ménager ses intérêts.

[1] La bibliothèque de Nantes renferme en une seule liasse dix pièces originales scellées pour la plupart et concernant la rançon de Jean de Penthièvre. (*Bibl. de Nantes.* 1689, fr 1533) Plusieurs quittances signées par Robert d'Irlane, comte d'Oxford, sont datées de novembre 1387 et de mars 1388. La dernière est du 12 juillet 1388 ; c'est un reçu de 10,000 fr. versés par le sire de Clisson, au nom du sire de Coucy. (*Bibl. de Nantes*, 1697, fr. 1541). Les princes et les seigneurs cautionnèrent : Clisson paya.

[2] Dom Lob. P., col. 685.

[3] *Chron. Brioc.* MCCCLXXXVII.

Avant de recevoir les ambassadeurs, le duc, selon son habitude, *prit ses sûretés* à Nantes devant l'évêque de Vannes et plusieurs personnages, parmi lesquels son écuyer, Laurent Coupegorge. Il protesta par écrit que, s'il accordait quelque chose aux ambassadeurs, c'était par crainte de voir Clisson entrer en Bretagne avec l'armée rassemblée à Pontorson. Il ne pouvait, disait-il[1], éviter l'effusion de sang chrétien qu'en faisant des concessions : mais il se réservait tous ses droits contre le connétable et il révoquait d'avance tout ce qu'il pourrait promettre.

Croyant alors pouvoir s'engager à tout en conscience, sans être obligé de rien tenir, le trop habile duc reçut à Vannes les envoyés du roi de France. Il se montra très aimable pour eux.

L'évêque de Langre parla au nom du roi, pour enjoindre au duc de restituer à Clisson les 100,000 francs et les quatre places extorquées à l'Hermine. En outre, pour avoir rompu l'expédition préparée contre l'Angleterre, le duc devait venir en personne s'excuser à Paris ou « là où il plairait au roi et à « son Conseil ». On lui assura en retour qu'il serait parfaitement reçu à la cour de France et que les ducs de Berry et de Bourgogne s'entremettraient entre lui et le roi pour arranger toutes les difficultés.

Le duc demanda à réfléchir Le lendemain il invita à dîner les ambassadeurs. Après un repas bien servi, on entra dans la chambre du Conseil : mais, au lieu d'y parler d'affaires, le duc donna à

---

[1] Dom Morice. *Pr.*, t. II, col. 544.

ses invités un concert de musique et une petite fête, où l'on dit « maints propos joyeux. » Des serviteurs apportèrent ensuite des vins et des épices et les députés regagnèrent leur hôtel, sans autre réponse pour ce jour-là.

Le lendemain le duc affirma aux envoyés qu'il ne devait rien à Clisson, puisque ce vassal s'était mis en rebellion contre son suzerain[1]. Les sommes d'argent et les places exigées à l'Hermine n'étaient qu'une juste compensation de tous les dommages que Clisson lui avait causés. Néanmoins le duc avouait qu'il n'avait pas voulu irriter le roi de France, auquel il n'avait même pas songé en se vengeant d'un ennemi. Par déférence pour le roi, il consentait à ce que les places en litige fussent confiées au sire de Laval, qui les garderait au nom du roi en attendant un arrangement définitif. Jusqu'à cet accord, il permettait aux troupes royales d'occuper le comté de Montfort, « sauf à lui de jouir des droits et des revenus de ce comté[2]. »

Les relations entre la France et la Bretagne restèrent quelques mois dans cet état indécis. Pendant tout ce temps, dit Froissart, « le duc chevauchait peu parmi son pays, car il se doutait trop fort des embûches... Il avait secret traité aux Anglais ; et faisait ses chastels et ses villes garder aussi près que s'il eût eu guerre ouverte. Et avait plusieurs imaginations sur ce qu'il avait fait ; une heure s'en repentait ; en l'autre heure il disait qu'il n'avait pas agi sans cause[3] ».

[1] *Froissart*, t. III, chr. 71.
[2] *Dom Lobineau*, H. l. XIII, p. 465.
[3] *Froissart*, t. III, ch. 71.

Ce fut le 20 janvier 1388, que, selon sa promesse faite en Angleterre, Jean de Penthièvre épousa Marguerite de Clisson, la seconde fille de son protecteur[1]. Pour mener à bonne fin ce mariage, le connétable avait perdu quatre places de guerre et deux cent vingt mille francs, c'est-à-dire plus de onze millions. Dans sa pensée, ce n'était sans doute pas payer trop cher l'honneur de marier sa fille avec un prince de sang de France, qui avait des prétentions au duché de Bretagne.

Ce mariage n'était pas fait pour apaiser, dans le cœur de Jean IV, les vieilles haines qu'il nourrissait contre Clisson et les Penthièvre. Néanmoins le duc de Berry, allié de Jean IV et raccommodé momentanément avec Clisson, crut pouvoir arranger les choses : il envoya en Bretagne le comte d'Etampes, parent du duc Jean IV. Le duc de Bretagne fit bon visage à son cousin : mais, après plusieurs jours de conversations, le comte d'Etampes vit bien que toute son habileté diplomatique se dépensait en pure perte. Il quitta la Bretagne, n'ayant rien obtenu de positif, sinon un anneau de prix et un beau cheval blanc, présents du duc.

Les affaires de Bretagne commençaient à inquiéter vivement la cour de France. — Le comte d'Arondel, avec une flotte anglaise, ravageait impunément les côtes et les îles du royaume, depuis l'île de Batz jusqu'à l'île d'Oléron. Le duc de Bretagne était plus ou moins de connivence avec les insulaires. Le duc de Gueldre, lui aussi, se croyant fort de l'appui de l'Angleterre, avait envoyé au

---

[1] *Le religieux de Saint-Denis*, l. viii, ch. x.

roi de France un défi aussi ridicule qu'insolent.

— Que le roi parte d'abord en guerre contre le duc de Gueldre, disaient les uns. Que peut faire le duc de Bretagne? Ses chevaliers et ses barons ne seront jamais contre nous. Le connétable et les Bretons, qui lui sont fidèles, garderont bien de ce côté la terre de France. Mais les autres répliquaient : le roi ne peut faire cette campagne sans son connétable, qui s'entend mieux « en faits de guerre que nuls autres chevaliers. »

D'autres plus sages soutenaient que le duc de Bourgogne, avec une bonne armée française secondée par les Brabançons, pouvait seul se charger de châtier le duc de Gueldre.

Pendant ce temps, le duc de Bretagne continuait à armer et à approvisionner ses places. Les nobles n'étaient pas pour lui, mais il espérait bien que beaucoup d'entre eux suivraient le roi et le Connétable en Allemagne et que « sa guerre en serait plus douce et plus belle ». Enfin Jean IV comptait sur l'alliance du roi de Navarre et des Anglais. Aussi, bien qu'il eût plus ou moins promis au roi de France de se rendre à Orléans, il prétexta une indisposition et resta chez lui. Clisson, pour soutenir ses droits, se trouva donc seul dans cette ville, où le roi avait réuni son conseil. Par délicatesse et par condescendance, Charles VI ne voulut pas disposer, en l'absence du duc, des places mises sous séquestre. Mais Clisson devant toute la cour jeta son gant, comme gage de défi à Jean IV : plusieurs grands seigneurs en firent autant[1].

[1] *Juvénal des Ursins*, p. 361.

Le roi de France dupé par Jean IV, mais subissant l'influence de ses oncles, poussa la longanimité jusqu'à envoyer en Bretagne une troisième ambassade. Le sire de Coucy, qui, ainsi que Jean IV, avait jadis épousé une fille du roi d'Angleterre, fut mis à la tête de cette députation. Jean de Vienne en fit également partie, avec le sire de la Rivière. De son côté Jean IV réunit un grand conseil pour savoir ce qu'il conviendrait de répondre aux envoyés français.

Or l'assemblée des seigneurs bretons fut unanime à conseiller au duc un rapprochement avec Clisson et avec la France. Le sire de Montbourcher, ami personnel du duc, représenta surtout avec énergie combien une déclaration de guerre aux Français serait mal accueillie en Bretagne. Le sire de Coucy et les seigneurs de l'ambassade française arrivèrent bientôt et achevèrent de gagner le duc de Bretagne déjà fortement ébranlé par ses conseillers. On lui fit promettre de se rendre à Blois, où l'attendaient ses deux amis, les ducs de Berry et de Bourgogne.

Cette fois Jean IV tint parole : mais, toujours défiant, il se fit d'abord donner par le roi de France un sauf-conduit en bonne et due forme. Il s'embarqua ensuite à Nantes[1] pour remonter la Loire avec six bateaux et douze cents personnes : il n'avait pris cette suite nombreuse que parce qu'il craignait d'être assassiné. A Blois, ses craintes redoublèrent, bien que, dans cette ville, il eût déjà rencontré les oncles du roi, ses protecteurs. Ils ne pouvait se

[1] *Chron. Brioc* MCCCLXXXVIII.

résoudre à continuer sa route vers Paris et inventait mille prétextes pour revenir en Bretagne. Il redoutait le moment où il se rencontrerait avec Clisson. Les ducs de Berry et de Bourgogne, à force d'instances, réussirent pourtant à le faire continuer son voyage.

Quand il arriva au Louvre, le roi était à dîner : mais les portes furent aussitôt ouvertes. Du plus loin que le duc aperçut le roi, il mit un genou en terre et se releva. Il avança ensuite dix ou douze pas et fit une génuflexion semblable. Enfin il s'agenouilla une troisième fois, quand il fut tout près du roi, et la tête nue, il dit : « Monseigneur, je suis venu vous voir. Dieu vous maintienne en joie. » — « Grand merci, dit le roi, nous avions grand désir de vous voir. » — Comme il était convenu, les ducs de Berry et de Bourgogne se mirent alors à genoux et supplièrent le roi de pardonner au duc. Le pardon accordé, le roi se lava les mains, le duc en fit autant, dans le même bassin, s'essuya à la même *touaille* et s'en retourna à son hôtel, rue de la Harpe.

Quelques jours après, le grand Conseil du roi fut assemblé[1]. Clisson y soutint ses droits avec

---

[1] Le grand Conseil se composait alors d'une cinquantaine de membres désignés par le roi et choisis parmi les personnages les plus importants de l'État. Au premier rang, on y trouvait les princes du sang puis une vingtaine de membres ecclésiastiques, presque tous archevêques ou évêques, le connétable, l'amiral, le maître des Arbalétriers, les deux maréchaux, les conseillers des Aides, les membres du Conseil privé... etc. Il était bien rare que tous ces personnages fussent réunis ensemble : mais, pour les décisions prises, leur nombre importait assez peu, puis que c'était la seule approbation du roi qui rendait leurs résolutions obligatoires. (Pour la juridiction de ce Conseil, voir : *Etude historique sur le Conseil du Roi*, par Noël Valois, p. 26. La liste de ceux qui étaient conseillers *à cette époque* est donnée dans un autre livre du même auteur : *Le Conseil du Roi aux XIV*, XV* et XVI* siècles*, p. 94).

énergie : il déclara qu'il exigeait la reddition des 100.000 francs et de toutes les places que le duc lui avait extorqués. Jean IV voulut donner le change, en accusant le connétable de plusieurs crimes : mais il fut mis au défi de les prouver. Il osa alors réclamer l'exécution du traité de l'Hermine, qui, à l'entendre, avait été deux fois ratifié librement par le connétable, une fois surtout à Moncontour, le 4 juillet. Clisson démontra que la prétendue ratification de Moncontour avait été signée à l'Hermine même, alors qu'il était encore prisonnier. Quant à la seconde, il ignorait ce que voulait dire le duc[1].

Après des débats mouvementés, les deux parties furent enfin amenées à promettre qu'elles se soumettraient à l'arbitrage. Ce fut le 20 juillet 1388, que le roi prononça la sentence[2].

Les cent mille francs arrachés au connétable devaient être restitués en cinq annuités. Les cinq places ou châteaux-forts de Jugon, Josselin, Blain, Bron et le Gâvre lui seraient immédiatement rendus, ainsi que leurs meubles et dépendances. Enfin il serait personnellement dispensé de paraître devant le duc, ou devant les juges ducaux, pendant l'espace de huit ans. Quant aux villes de l'apanage des Penthièvre, telles que la Roche-Derrien, Lamballe et Chastel-Audren, elles seraient remises entre les mains du roi, qui les adjugerait à leur légitime possesseur. Enfin Jean IV s'engagea à verser tous les ans à Jean de Pen-

---

[1] Voir dom Lobineau. *Pr.*, col. 685, 6, 7 et 8.
[2] *Bibl. nationale.* ms. 789. *Clisson*, n° 72.

thièvre 8,000 livres de rente, au lieu de 10,000 qu'il devait à la comtesse de Penthièvre, aux termes du traité de Guérande.

L'arrêt prononcé, on voulut naturellement réconcilier Clisson et son suzerain. Voici la petite comédie, à laquelle ceux-ci se prêtèrent. Après s'être promis mutuellement, Clisson d'être bon et fidèle sujet, Jean IV d'être bon et loyal seigneur, tous deux furent réunis à la table du roi. Le duc de Bretagne prit des mains du roi une coupe pleine de vin et, après en avoir bu, il la passa à Clisson qui acheva de la vider *en signe d'amour et de paix*.

Les affaires de Bretagne étant ainsi réglées, le roi songea à relever l'insolent défi du duc de Gueldre. Une petite expédition de quelques centaines d'hommes conduits par le duc de Bourgogne et appuyés par les Brabançons aurait suffi pour mettre à la raison ce minuscule souverain. Mais à cette époque, nous l'avons déjà vu, les Français avaient la manie des gigantesques préparatifs, des formidables levées de troupes, sans proportion avec les résultats qu'on pouvait raisonnablement espérer.

Les deux hommes, qui auraient eu assez de sagesse et d'autorité pour modérer ces entrainements vers les dépenses inutiles[1], étaient Clisson et le duc de Bourgogne. Mais on comprend que

---

[1] De 20 fr. d'or par muid de sel, l'impôt avait été élevé à 40 francs. La taxe sur les marchandises avait été élevée de 12 à 18 deniers par livre de denrées vendues dans le royaume (*Ordonnances*, t. vii, janvier, 1388).

le connétable songeât peu à restreindre les armements. Quant au duc de Bourgogne, il croyait avoir intérêt à organiser une très forte expédition : il s'imaginait que ses possessions de Flandre, après une campagne victorieuse contre le duc de Gueldre, seraient, sinon agrandies, au moins débarrassées d'un voisin incommode.

Nous ne dirons que quelques mots de cette promenade militaire fort coûteuse et qui fut plus nuisible aux Français qu'à leurs ennemis.

Le 1er septembre 1388, Clisson était à Châlons-sur-Marne[1]. Le 2, Charles VI et toute l'armée française se mettaient en marche[2]. Les troupes étaient si nombreuses qu'elles occupaient quatorze lieues de pays : trois mille pionniers les précédaient. Le 1er octobre, nous trouvons Clisson à Corenzalz en Allemagne[3], le 8 du même mois, il touchait à Bosselar 2,500 francs d'or[4]. Enfin le 25 octobre, il était revenu à Vry-sur-Asne, où il délivrait un reçu de 528 francs[5] — Le roi et les seigneurs dégoûtés de marches longues et pénibles à travers des forêts et des marais fangeux avait traité à des

---

[1] A la bibliothèque nationale nous avons retrouvé les noms des gens d'armes « de son hostel et de sa compaignie : Ledit Mons. le Connétable, banneret. Collart de Culleville, chevalier bachelier. Robin du Parz. Jehan de Tremagan. De Launay. Budes, Lect De Solennes. De Lanvalay De Préanne De Carmenchy De la Muce. De Vendriennes. De Harvet. De Harcoyet. De Grueuges L'Escaquelon, Feron Ruffier. Gousillon. De Lindebeuf. Le Quaquerel. Moyet. Quaingo, etc... » On voit que, dans la maison du connétable, les nobles étaient en plus grand nombre que les roturiers. (*Bibl. Nat.* ms. 789, n° 5).

[2] *Archives nationales*, K, 53, n° 78.

[3] *Bibl. Nat.*, ms. 789, n° 17. — Quelques-uns lisent Corenzich.

[4] *Ibidem.*, n° 15.

[5] *Ibidem*, n°. 16.

conditions honorables d'ailleurs pour les deux parties[1].

Au retour, l'armée royale trop nombreuse, harcelée par les aventuriers allemands, était en outre épuisée par les privations, les fatigues et les maladies : elle arriva en France aussi diminuée et aussi démoralisée que si elle avait subi un grand désastre. C'était le duc de Bourgogne que l'on rendait responsable de tout[2] : aussi n'entendait-on contre lui que des murmures et des récriminations.

Le roi atteignait sa vingtième année : dans tout le royaume, le gouvernement de ses oncles était devenu impopulaire : ceux-ci depuis plusieurs années avaient continuellement élevé les taxes et les impôts, pour subvenir à leur luxe et à des préparatifs militaires, qui n'avaient abouti qu'à de bien maigres résultats. Cette oligarchie provisoire était discréditée : on voulait le gouvernement personnel d'un véritable roi. Si le jeune Charles VI avait ignoré cet état des esprits, ses conseillers, tels que Clisson, le Mercier et la Rivière, le lui auraient sans doute fait connaître. En effet, ses oncles étant congédiés, le roi devenait maître absolu, c'est-à-dire qu'en réalité le gouvernement allait être exercé par ceux qui avaient sur le roi le plus d'influence, par ceux que

[1] *Froissart* ne cite guère qu'un fait militaire pendant toute cette campagne. Sachant que le duc de Guerdre était dans une ville nommée Remongue Clisson se présenta devant la place avec quatre mille hommes d'armes et provoqua au combat le duc de Gueldre : mais ce dernier ne sortit pas de ses retranchements (*Froissart*, t. III, ch. 127).

[2] *Juvénal des Ursins*, p. 36'.

rendaient indispensables leur expérience, leur situation acquise et leur compétence en fait d'administration.

Quand le roi, assez mécontent de sa campagne de Gueldre, arriva à Reims vers la Toussaint, il se logea à l'archevêché. Après la fête, il réunit « ceux de son sang et de son Conseil. » Il avait convoqué lui-même[1] son grand Conseil dans la cité de Reims, lieu de son couronnement, voulant sans doute que cette ville fût aussi le lieu témoin de son réel avènement au trône. Devant la noble assemblée, le cardinal de Laon prit la parole et, sans se soucier de la présence des ducs jusque-là gouverneurs du royaume, il montra que le moment était venu pour le roi de prendre en mains les rênes du gouvernement.

Les ducs de Berry et de Bourgogne, qui se croyaient nécessaires, furent sans doute profondément irrités ; mais ils n'eurent qu'à s'incliner devant la volonté de Charles VI. Celui-ci remercia ses oncles de s'être jusque-là occupés des affaires du royaume et, avec beaucoup de politesse, il pria le duc de Bourgogne de consacrer son temps et ses soins à ses affaires personnelles ; quant au duc de Berry, il l'engagea à se contenter de l'administration du Languedoc.

Lorsque le roi fut de retour à Paris, ses deux oncles mirent tout en œuvre pour le faire revenir sur sa décision. Ils désiraient au moins obtenir l'approbation explicite de tous les actes de leur

---

[1] Il avait tout prévu et payé, jusqu'au déplacement de ses conseillers. (*Bibl. nationale*, Clairambault, v. 73, f. 5721, n° 4).

gouvernement : ils cherchaient en outre à être dédommagés de toutes les dépenses qu'ils avaient faites, disaient-ils, pour le plus grand bien du royaume. Le roi ne promit rien, se retranchant derrière l'avis de son Conseil : car il ne voulait, disait-il, rien accomplir à la légère et d'une manière inconsidérée[1]. Les ducs comprirent qu'ils n'avaient plus qu'à se résigner : ils dirent humblement adieu au roi et s'éloignèrent de la cour pour vivre dans leurs apanages respectifs. On apprit bientôt que le cardinal de Laon était mort empoisonné[2] : le roi en fut très affecté, mais il n'osa poursuivre une enquête commencée au sujet de ce crime ; il trouva sans doute que les coupables le touchaient de trop près.

Charles VI put alors gouverner de son autorité effective et personnelle. Il garda les anciens ministres et conseillers, qui d'ailleurs avaient presque tous été appelés aux affaires par Charles V. C'est à tort que les historiens français ont dit que Charles VI, ayant congédié ses oncles, *rappela* au pouvoir les anciens ministres de son père. En effet ces anciens familiers de Charles V avaient toujours joui de leurs hautes fonctions. Ils gouvernèrent, il est vrai, pendant huit ans, sous les ordres des ducs de Berry et de Bourgogne : mais, après la disgrâce de ces derniers, ils furent seulement plus libres de travailler à une bonne et sage administration, que, pour son royaume, le roi désirait plus que ses oncles.

[1] *Le religieux de Saint-Denis*, t. I, l. IX. ch. 14.
[2] *Gallia christiana*. t, IX, col. 549.

Il sera peut-être intéressant de donner quelques détails sur la personne même des conseillers de Charles VI avant d'étudier les procédés de gouvernement de ces personnages, que les ducs congédiés appelèrent dédaigneusement les Marmousets[1].

Le roi ne renvoya pas tous ses oncles : il garda près de lui le duc de Bourbon, frère de sa mère ; il réserva aussi une place dans les conseils à son propre frère, le duc de Touraine (plus tard duc d'Orléans), qui atteignait déjà sa dix-huitième année[2]. Ce dernier était, nous l'avons déjà vu, l'ami personnel de Clisson. — Mais les vrais favoris du roi, les membres de son conseil privé furent, sans compter le connétable, le sire de la Rivière, Jean le Mercier[3] et bientôt Jean de Montaigu[4]. « Et le Roy de son mouvement advisa quelles gens il vouloit avoir près de luy, et choisit principalement le seigneur de la Rivière pour estre en sa compagnie. Et près de sa personne le seigneur de Noviant, lequel il fit son grand maistre d'hostel et avoit nom messire Jean le Mercier... [qui] sage et prudent estoit, et de grande discrétion. Et avoient presque tout le gouvernement des finances, luy et le fils d'un secrétaire nommé Montagu[5]. »

Clisson et les trois autres ministres étaient très

---

[1] Cette appellation injurieuse vient sans doute du vieux mot marmouser, qui veut dire : remuer les lèvres, comme les marmots, les singes.

[2] Voir *Revue des questions historiques*, 1887, juillet, p. 24 et suivantes.

[3] *Archives Nationales*, JJ. 133, f. 154. JJ. 138, p. 104. JJ. 142.

[4] Voir *Bibl. de l'Ecole des Chartes*, 3ᵉ série. t. III, p. 254.

[5] *Juvénal des Ursins*, p. 334.

aimés et très estimés du roi et de son frère, le duc de Touraine : craignant néanmoins les changements de la fortune, ils songèrent à les prévenir, en s'unissant entre eux le plus étroitement possible, au moyen d'un pacte d'alliance. Ils jurèrent de rester toujours unis dans la prospérité comme dans le malheur, de ne jamais aller contre la volonté les uns des autres, mais au contraire de se soutenir en tout et partout[1].

Ces hommes d'Etat jouirent d'une situation exceptionnelle jusqu'à leur chute en 1392 : mais ils eurent d'autres collaborateurs dans les membres du grand Conseil, qui ne fut jamais supprimé.

Le roi, il est vrai, réduisit un instant à douze le nombre de ses conseillers[2] : mais sur ces douze, il est sûr que huit au moins faisaient partie de l'ancien conseil des Princes.

Sans compter Clisson, le Mercier et la Rivière (Montaigu n'arriva qu'un peu plus tard), les anciens conseillers retenus au service du roi furent les deux maréchaux, Sancerre et Blainville, Jehan la Personne, vicomte d'Aci, le sire de Chevreuse et les évêques de Noyon et de Bayeux[3]. Mais les membres du grand Conseil ne

[1] *Le religieux de Saint-Denis*, t. 1, l. ix, ch. 14.

[2] Voici les noms de ces douze conseillers que, d'après Cousinot, le roi *retint* en son principal Conseil. « Le sire de Clisson, connestable de France ; messires Loys de Sancerre et Mouton de Blainville, mareschaulx de France ; Enguerran de Heudin ; Jehan la Personne, vicomte d'Aci ; Le Besgue de Vilaines ; le sire de la Rivière ; l'évesque de Noyon ; l'évesque de Baieux ; le sire des Bordes ; le sire de Chevreuse ; et le sire de Noviant. » (*Geste des nobles*, Cousinot, manuscrit 5699 de la Bibliothèque Nationale).

[3] Pour se convaincre que tous ces personnages firent partie de l'ancien et du nouveau conseil du roi, il suffit de comparer les documents avant et après le mois de novembre 1388.

furent pas longtemps réduits à douze : plusieurs personnages rentrèrent bientôt dans leurs anciennes fonctions : ce furent Bernard de la Tour d'Auvergne, évêque de Langres[1], Guillaume de Dormans, évêque de Meaux[2], l'amiral Jean de Vienne[3], Oudart de Moulins[4] et Jean Canart, chancelier de Bourgogne[5].

Un ordonnance du 5 février 1389 nous apprend même qu'à ce moment les anciens membres du *Grand Conseil ordené* de 1381[6] étaient mis par le roi sur le même rang que ses *conseillers à gages ordinaires*[7].

Pour les deux maréchaux. Avant 1388 : *Arch. Nat.* J 276 n° 24 ; JJ. 119 f. 212.
Après 1388 : *Arch. Nat.* JJ. 136 f. 108 : JJ. 138, 20, 23.
Pour Jehan la Personne. Avant 1388 : *Arch. Nat.* JJ. 118 f. 85.
Après : *Chronique Cousinot*, par Vallet de Viriville.
Pour le sire de Chevreuse :
Avant : *Ordonnances*, t. xii, p. 124, t. vii, p. 762
Après : *Chron. Cousinot.*
Pour l'évêque de Noyon, Philippe de Moulins (d'abord évêque d'Evreux).
Avant : *Arch. Nat.*, JJ. 119 f. 250 ; J 276 n° 24.
Après : *Arch. Nat.* JJ. 136 f. 44 ; *Bibl. Nat.* Chartes royales, ms. fr. 25706 n° 257.
Pour l'évêque de Bayeux, Nicolas du Bosc :
Avant : *Arch. Nat.* JJ. 118 f. 107. Cartons des Rois. K. 53 n° 8.
Après : *Arch. Nat.* JJ. 138, p 72, 83. *Bibl. nat.* Chartes royales, ms. fr. 25706 n° 235, 257 *Ordonnances*, t. viii, 322.

[1] Avant 1388 : *Ordonnances*, t. vi, p. 557.
Après : *Arch. Nat.* K. 54 n° 19 ; JJ. 136, f. 44.
[2] Avant 1388 : *Arch. Nat.* JJ. 119, f. 115.
Après : *Arch. Nat.* K. 54, n° 19. *Ordonnances*, t. vii, 303.
[3] Avant 1388 : *Arch. Nat.* K. 53 n° 8.
Après : *Arch. Nat.* JJ. 136, f. 143.
[4] Avant 1388 : *Arch. Nat.* J. 276, n° 24.
Après : *Arch. Nat.* K. 54, n° 19 ; JJ. 142, f. 175.
[5] Avant 1388 : *Ordonnances*, t. vi, vii et xii, *passim*.
Après : *Ordonnances*, t. vi, p. 283 et 787.
[6] Au sujet de ce conseil Ordené, voir dom Martène. *Amplissima collectio*, t. i, col. 1515.
[7] *Ordonnances*, t. vii, p. 225.

Les nouveaux venus dans le Grand Conseil furent donc peu nombreux : encore n'y remplirent-ils que des rôles secondaires. Parmi eux, si l'on excepte le duc de Touraine, nous ne trouvons guère que le Bègue de Vilaine[1], Guillaume des Bordes, le vicomte de Melun et Montaigu. Guillaume des Bordes et le Bègue de Vilaine étaient des généraux d'une grande valeur : quant à Montaigu, qui devint surintendant des finances, ses anciennes fonctions de notaire et secrétaire du roi l'avaient depuis longtemps initié aux secrets de la politique.

En résumé, après le mois de novembre 1388, le roi en personne et son frère, le duc de Touraine, prirent dans les Conseils la place des ducs de Berry et de Bourgogne : ce fut là le seul changement de personnes, qui mérite d'être constaté dans la haute administration du royaume, puisque Montaigu[2] était déjà en situation : mais l'acte d'énergie accompli par le roi eut pour résultats d'unir plus étroitement les principaux ministres : Clisson, le Mercier et la Rivière ; en même temps qu'il provoqua ce que nous appellerions de nos jours un nouveau programme de gouvernement.

Après avoir en effet pris leurs mesures pour se maintenir au pouvoir le plus longtemps possible, les ministres de Charles VI entreprirent de réaliser de sages réformes. Tout d'abord ils s'efforcèrent de

---

[1] Le Bègue de Vilaine avait été le compagnon de du Guesclin en Espagne : c'était un soldat d'une énergie un peu farouche. Dans un accès de colère, il tua un jour la chambrière de sa femme. (*Arch. Nat.* JJ. 100, f. 72).

[2] Voir la notice de M. Merlet sur Jean de Montaigu (*Bibl. de l'Ecole de Chartes*, vol. 13, p. 248).

plaire au peuple en le débarrassant des impôts trop onéreux, que lui avaient imposés les oncles du roi.

La *crue* des Aides fut supprimée: l'impôt levé sur les marchandises vendues dans le royaume fut réduit de 18 à 12 deniers par livres, et la taxe sur le vin fut réduite au quart de sa valeur[1].

Le Parlement fut réorganisé : le nombre de ses membres fut fixé à 30, à savoir 15 clercs et 15 laïcs « prenant gages et Manteaulz », sans compter le Président, 40 enquêteurs et attachés aux requêtes. La résidence fut imposée à tous les conseillers et en conséquence tous les abbés et prieurs, qui y siégeaient auparavant, furent expulsés; on ne fit exception qu'en faveur de l'abbé de Saint-Denis[2]. Le roi défendit même aux juges de tenir compte des « lettres royaux », quand ces lettres étaient contraires aux décisions des juges ordinaires.

Les ministres de Charles VI combattirent les prétentions de l'Université, dont les privilèges excessifs nuisaient à la sécurité publique et frustraient le fisc de grosses ressources[4].

---

[1] *Ordonnances*, t. vii, p. 768. Le duc de Bourbon et le connétable sont seuls nommés comme présents au Conseil qui rendit cette ordonnance le 28 décembre 1388. Clisson séjourna habituellement à Paris, depuis le mois de novembre 1388 au mois de juin 1389. Sa présence au Grand Conseil est en effet souvent constatée pendant cette époque. Or, c'est alors que furent rendues les principales ordonnances du ministère des Marmousets.

[2] *Ordonnances*, t. vii p. 223, 5 février 1389. Une place au Parlement fut aussi réservée aux membres du Grand Conseil.

[3] *Ordonnances*, t. vii, 290. Les ducs de Berry et de Bourgogne avaient abusé de ce procédé inique, qui entravait si souvent l'action de la justice et que le roi lui-même qualifia de scandale; *justitiæ scandalum ac retardationem*.

[4] Beaucoup d'abbés « prieurs, ordres mendiants, advocats, procureurs, clercs mariez et autres » se faisaient inscrire comme membres de l'Uni-

Mais, tout en s'opposant aux empiétements de l'Université de Paris les conseillers du roi voulurent rétablir une partie des franchises municipales de la ville. Depuis cinq ans, la place de prévôt des marchands avaient été abolie : elle fut rétablie sous le titre de *garde de la Prévôté des Marchands pour le roi*. Jean Jouvenel (ou Juvénal) fut choisi pour occuper cet emploi nouveau[1], dont les prérogatives étaient d'ailleurs amoindries par celles du prévôt de Paris, officier qui était sous la dépendance directe du roi[2]. De sages ordonnances de police furent rendues : les lépreux furent éloignés des villes ; il fut défendu d'entasser dans les rues des tas d'immondices, causes perpétuelles d'épidémies ; les repaires des faux mendiants et des gens crapuleux furent rigoureusement surveillés. Enfin on s'occupa activement de mettre plus d'ordre et d'équité dans la perception des Aides et dans l'administration des deniers publics, dont le Mercier et Montaigu étaient plus spécialement chargés[3].

Il serait trop long d'entrer dans les détails sur ce dernier point et d'analyser les deux ordonnances

---

versité uniquement pour jouir de ses privilèges : d'autres s'inscrivaient comme étudiants, sans l'être en réalité : mais comme, entre autres exemptions, ils étaient dispensés de payer les droits sur le vin, ces étudiants, vrais ou faux, se faisaient entremetteurs ou courtiers en vins pour frauder le fisc. *Ordonnances*, t. v, 221, 467, 629 et t. vii, 35. Voir aussi Du Boulay, *Historia universitatis*, t. iv, 537 à 599.

[1] *Arch. Nat.* P. P. 117. Juvénal et le Mercier étaient parents par leurs femmes. Tous deux avaient en effet épousé des demoiselles de Vitry. (*Bib. Nat.* ms. fr 475.).

[2] Le prévôt de Paris était chargé de la police et l'autre prévôt de l'entretien de la ville (V. *Jean Jouvenel*, Batifol, p. 83 et suiv.).

[3] Voir *Etude sur la vie de Jean le Mercier*, par H. Moranvillé

du 2 et du 11 mars, 1389[1] : la dernière supprima une foule de privilèges abusifs et décida que les Aides devaient être payées même par les officiers du roi, excepté le connétable, le chancelier de France et les généraux sur le fait des Aides[2].

Comme on le voit, les intentions de ces hommes d'État étaient excellentes[3]: mais, pour lutter contre les abus et principalement contre la puissante Université de Paris[4], pour résister aux oncles du roi, qui ne cherchaient qu'à reprendre le pouvoir et à se venger de ceux qui le leur avaient enlevé, il était nécessaire que des ministres, pour la plupart d'une naissance assez humble, comparée à celle des princes du sang, prissent des précautions et de sages mesures afin de se protéger eux-mêmes : de là ce caractère d'exclusivisme ombrageux et jaloux que l'on rencontre dans le ministère des Marmousets. La suite nous montrera d'ailleurs qu'ils n'avaient que trop raison de craindre les changements de la fortune.

---

[1] *Ordonnances*, t. vii, p. 236 et suivantes.

[2] Le chancelier était alors Arnaud de Corbie, successeur de Pierre de Giac.

[3] On peut citer, comme preuve de ces intentions, la résolution prise par les conseillers, pour défendre le roi contre ses propres prodigalités, de fondre, sous la forme d'un cerf, les réserves métalliques en or, au lieu de garder les économies sous forme de pièces monnayées trop faciles à prendre. Quand les Marmousets tombèrent, le cerf était arrivé à hauteur du cou (*Le religieux de Saint-Denis*, t. i, p. 608). Une pièce des Archives nationales, qui donne « l'estat de la finance du Roy », pendant l'administration des Marmousets prouve aussi que les efforts de ces sages administrateurs avaient déjà donné de magnifiques résultats. (*Arch. Nat.* p. 1189, cahier 7, f. 15).

[4] L'Université de Paris conçut une haine violente contre ceux qui osaient toucher à ses privilèges.

Malgré ses bonnes intentions et l'entière confiance qu'il témoigna à de sages ministres, Charles VI n'était pas le modèle des rois. Jeûne et ami du plaisir, il se lança dans les fêtes et les divertissements. Chaque jour il y avait à la cour de nouveaux sujets d'amusements et de prodigalité. Les auteurs du temps décrivent toutes ces folies avec complaisance, mais elles annulaient trop souvent les bons effets qu'on pouvait attendre des sages ordonnances préparées par les anciens ministres de Charles V.

Un jour le roi, qui aimait surtout les représentations chevaleresques, imagina d'honorer la mémoire de du Guesclin par une cérémonie solennelle, où fut déployée une extraordinaire magnificence. Ainsi que les plus grands seigneurs de France, Clisson, le frère d'armes du défunt, fut convoqué à la cérémonie. Prêt à quitter son château de Clisson pour se rendre à Saint-Denis, lieu de la réunion, le connétable écrit au sire de la Tremblaie : « Beau cousin et ami, au reçu de cette lettre, venez, à toute outrance avec hommes d'armes et arbalétriers chevauchant à hastiveté. Car il est besoin que nous quittions nostre maistre (le duc de Bretagne), qui est moult fâcheux et que nous allions en chevauchée trouver Monseigneur le roi de France, qui est moult agréable et de bonne haitance, et jeune et gaillard prince[1]. »

---

[1] *Fontenelle de Vaudoré.* Pièces justificatives, t. II, n° 5. Bien que l'accord conclu à Paris entre Clisson et Jean IV eût officiellement réconcilié les deux ennemis, de nouvelles difficultés entre eux surgissaient tous les jours. Chacun d'eux trouvait que son ancien adversaire ne remplissait pas loyalement les conditions du traité. Quand les gens du duc se présentèrent devant Jugon, Châteaulin, Trieu et Rostrenen, on ne

Cinq jours après, le 7 mai, Clisson se trouvait à Saint-Denis, aux obsèques solennelles préparées par le roi, en l'honneur de Bertrand, la gloire de la chevalerie. Cette pompe était le couronnement d'une grande fête donnée pendant plusieurs jours, en l'honneur de Louis et de Charles d'Anjou, fils du feu roi de Sicile : le roi avait voulu lui-même armer chevaliers les deux jeunes princes avec toutes les cérémonies décrites dans les anciens romans.

Le moine historien raconte au long tous les honneurs rendus à du Guesclin, dans l'église de son couvent[1].

leur ouvrit pas les portes ; à Josselin, on refusa de leur rendre de nombreux prisonniers, qui étaient en effet pour Clisson de véritables otages. Thomas de Kerrimel ne rendit pas non plus la Roche-Derrien au duc, prétextant que Jean de Penthièvre le lui avait défendu.

Le gendre de Clisson prenait en effet une attitude hautaine vis-à-vis de Jean IV et ne lui faisait même pas hommage de ses terres de Bretagne. Comme le duc n'avait pas encore d'enfants mâles, le comte de Penthièvre se posait en prétendant au duché.

Au lieu de heurter de front l'opposition qu'on lui faisait, Jean IV se contenta de faire entendre aux *États de Bretagne*, tenus à Nantes, des doléances assez timides et envoya ensuite au roi de France, en ambassade, les sires de Laval et de Montauban, pour essayer à son tour d'obtenir justice. Les choses traînèrent en longueur pendant plusieurs années.

Jean IV ne devait reprendre ouvertement l'offensive dans sa lutte contre Clisson, qu'après avoir vu sa couronne plus assurée par la naissance d'un fils et après avoir trouvé un assassin pour servir ses projets.

[1] « Dans l'église on avait mis la représentation de l'illustre défunt sous une chapelle ardente toute couverte de torches et de cierges au milieu du chœur...

« Le deuil fut mené par messire Olivier de Clisson, connétable de France, et par les deux maréchaux, et par le comte de Longueville, Olivier du Guesclin frère du défunt, et par plusieurs autres seigneurs de qualité, tous de ses parents, ou de ses principaux amis, vêtus de noir, qui firent l'offrande d'une façon toute militaire, et qui n'avait point encore été pratiquée dans notre royal monastère.

« L'évêque d'Auxerre, qui célébrait la messe conventuelle, étant à

Mais toutes ces cérémonies et ces fêtes ne suffisaient pas à l'activité inquiète et maladive du jeune roi de France. Il voulut voyager, voir le pape et le midi de son royaume. Avec lui, il emmena son connétable, à qui la vie de voyage et de fastueuses dépenses ne déplaisait pas[1].

On passa par la Bourgogne, où furent données « fêtes, joûtes, danses, carolles et ébattements... et s'efforçaient les dames et les demoiselles de danser, chanter et elles réjouir, pour l'amour du roi et de la cour. »

A Avignon, le roi, suivi de douze cardinaux, se présenta au pape, « et lui fit la révérence, comme fils de l'Église, en mettant un genouil en terre, baisant le pied, la main et la bouche. » De grandes fêtes furent enfin données et les largesses répandues à profusion.

Le roi se dirigea ensuite vers le Languedoc. Cette province, fort mal administrée par le duc de Berry, réclamait à grands cris des réformes. Le duc n'avait en effet « épargné personne et avait

---

l'offerte, il descendit avec le roi, pour la recevoir, jusques à la porte du chœur, et là parurent quatre chevaliers armés de toutes pièces et des armes du feu connétable, suivis de quatre autres montés sur les plus beaux chevaux de l'écurie du roi. L'évêque reçut ces chevaux par l'imposition des mains sur leur tête... Après cela marchèrent à l'offrande le connétable de Clisson et les deux maréchaux, au milieu de huit seigneurs de marque, qui portaient chacun un écu, aux armes du défunt, la pointe en bas en signe de perte de sa noblesse terrestre... Puis suivirent M. le duc de Touraine, frère du roi, et les autres princes du sang, tous la vue baissée et portant chacun une épée nue par la pointe, pour marquer qu'ils offraient à Dieu les victoires qu'il avait remportées. » *Le religieux de Saint-Denis*, traduct. Le Laboureur, p 171).

[1] Pour ce voyage le roi prit 130.000 francs dans ses réserves de Vincennes. (*Arch Nat*. p. 1189, cahier 7, f. 15) et l'on éleva les droits de gabelle. *Ordonnances*, t. VII, p. 294).

tout moissonné et cueilli devant lui par le fait d'un sien conseiller et trésorier appelé Bétizac[1]. » Mais le roi amenait avec lui un maître des comptes et des clercs « pour voir, ouyr et examiner les comptes[2]. »

Plusieurs grands Conseils présidés par le roi, et auxquels Clisson assista[3], furent tenus à Toulouse et à Montpellier. Bétizac, qui n'avait fait qu'accomplir les volontés de son maître, fut condamné à être brûlé vif : il fut exécuté à la grande joie de la populace.

Cet acte de justice n'assombrit pas les fêtes qui eurent lieu à Montpellier et à Toulouse, pendant que le roi y séjourna, « c'étaient danses, caroles et soulas tous les jours et toujours à recommencer[4]. »

Enfin, fatigué de tant de fêtes et de voyages, le roi revint vers sa capitale. Mais le duc de Berry ne tint aucun compte des remontrances qui lui avaient été faites et continua à pressurer ses peuples. Jean de Harpedanne, neveu de Clisson, fut chargé d'avertir de nouveau le prince concussionnaire et même de le menacer au nom du roi. Le duc de Berry méprisant tous les avertissements fut destitué, au mois d'avril 1390, et Pierre de

[1] *Froissart*, l. IV, ch. 4.

[2] Document trouvé à la Bibl. de Rouen. par H. Morainvillé. *Etude sur Jean le Mercier*. p 132. Ils étaient en tout six commissaires, qui avaient ordre de procéder « sans longue figure de jugements, ni dilacions ordinaires attendre » Bibl. Nat. col. Doat, vol. 157, f. 284).

[3] Le connétable assistait au conseil tenu à Toulouse, le 17 décembre. Bibl. Nat. Pièces originales, Chapelle, 12 : il assistait également à un autre conseil tenu à Montpellier, le 22 janvier suivant. (Bibl. Nationale. Pièces originales, Chambrillac, 4).

[4] Voir *Froissart*, l. IV, ch. 4.

Chevreuse absolument dévoué aux conseillers du roi fut nommé gouverneur du Languedoc. Le duc disgracié accusa, non sans raison, Clisson et ses amis[1] d'être les instigateurs de la mesure rigoureuse prise contre lui, mais il fut forcé de remettre à plus tard ses projets de vengeance.

A ce moment, le Trésor devait à Clisson de fortes sommes. Pour couvrir le connétable de ses avances, on lui donna, le 7 mars 1390, la chatellenie de Pontorson, dont il percevait déjà les revenus[2]. La forteresse de Pontorson s'élevait sur les confins de Bretagne, mais en dehors de la juridiction de Jean IV : la nouvelle acquisition dût plaire au connétable non seulement pour des motifs d'intérêt, mais encore de sûreté personnelle.

En effet les difficultés toujours pendantes en Bretagne entre Clisson et Jean IV tournaient à l'état aigu. Le duc de Bretagne, malgré Clisson, s'était emparé de Plancouët et de la Roche-Derrien[3]. Olivier du Guesclin se plaignait aussi très aigrement de son suzerain breton.

Une ambassade fut bientôt envoyée de Paris pour concilier tous les partis en Bretagne ; mais à peine les délégués eurent-ils quitté Jean IV que celui-ci s'emparait par surprise de Châteauceaux, que la reine de Sicile avait vendu à Clisson 37,000 francs d'or, avec droit de réméré[4]. De plus, le duc

---

[1] *Le religieux de Saint-Denis*, t. 1, p. 647.
[2] *Fontenelle de Vaudoré*, t. 11, p. 102.
[3] *Chronic. Brioc.*, 1390
[4] Dom Morice *Pr.* col. 593. C'est à tort que les historiens ont considéré cet incident comme une des causes qui décidèrent le roi de France à renoncer à son expédition projetée contre le pape de Rome. Châteauceaux fut en effet pris au mois de novembre 1390. Or, après cette

différait toujours de restituer les 100,000 francs extorqués à l'Hermine et de verser les 8,000 livres de rente dues au comte de Penthièvre. Pourtant un *fouage* avait été imposé à cet effet sur les terres bretonnes, mais cet impôt recevait une autre destination.

Croyant néanmoins pouvoir tout arranger, les diplomates français résolurent de faire venir à Tours le duc de Bretagne, Clisson et Jean de Penthièvre.

Le duc de Berry s'en vint lui-même en Bretagne trouver Jean IV et le décida, quoiqu'avec peine, à se rendre au lieu désigné. Jean IV partit de Nantes, vers la fin de décembre, accompagné de quinze cents personnes, dont une partie était montée sur cinq vaisseaux garnis de canons et de gens d'armes[1].

Clisson n'arriva à Tours que le 8 janvier, plusieurs jours après le duc. Sa suite était, à lui aussi, tellement nombreuse et ses dépenses si grandes qu'il lui en coûtait 410 écus par jour[2].

Les conférences commencèrent; mais, les intéressés ne voulant rien rabattre de leurs prétentions, on fut plusieurs fois sur le point de se séparer sans rien décider. Le roi semblait très irrité contre le duc et on parlait de guerre pour l'été prochain. Les ducs de Berry et de Bourgogne, en

---

date, le roi n'avait nullement renoncé à l'expédition. (V. Noël Valois, *Le Grand Schisme*, t. II, l. II, ch. 3, p. 177).

L'accord passé entre Clisson et la reine de Sicile, au sujet de Châteauceaux se trouve aux *Arch. Nat.* p. 1139, 439.

[1] *Chron. Brioc.*, MCCCXCI.

[2] *Chron. française*, MCCCXCI.

haine du conseil du roi[1], soutenaient sous main le duc de Bretagne dans ses prétentions. D'un autre côté, le comte de Saint-Pol, les sires de Coucy et de la Trémouille firent entendre qu'une rupture avec les Bretons allaient nuire aux conférences qu'on devait tenir à Amiens, au carême prochain, pour traiter avec l'Angleterre d'une paix définitive. Après mille difficultés, le projet de marier le fils de Jean IV avec une fille du roi, et la fille du même duc avec un fils de Penthièvre fit enfin aboutir les négociations.

Suivant son habitude, avant de ratifier le traité, le duc de Bretagne protesta par devant notaire que c'était par violence et par crainte d'être arrêté qu'il consentait à signer certains articles, mais que, « lorsqu'il serait en liberté, il ferait ce qu'il jugerait le meilleur[2]. »

Par le traité de Tours, Jean IV assurait en Bretagne à Jean, comte de Penthièvre, des terres dont les revenus équivalaient à 8,000 livres de rente : c'étaient Gourin, Châteaulin, en Cornouaille, et la Guerche. La Roche-Derrien devait aussi être rendue au comte, car elle faisait partie de son héritage. De part et d'autre les prisonniers seraient délivrés sans-rançon. Quant au détail des autres dettes réclamées par Penthièvre, les deux partis s'en remettraient à l'arbitrage des ducs de Berry, de Bourgogne et de Bourbon.

En ce qui concernait le connétable, le duc de

---

[1] Ces deux ducs intriguaient pour rentrer à la cour et dans les conseils. Quelques mois plus tard, peu de jours avant l'attentat de Pierre de Craon, ils avaient déjà leur place au Grand Conseil. (*Ordonnances*, t. VII, p. 467 et suivantes).

[2] *Dom Lobineau*, l. XIX, p. 477.

Bretagne s'engageait à lui payer les 80,000 francs[1], qu'il réclamait encore.

Le dernier délai de paiement fut fixé au 8 mai suivant: l'argent devait être versé au château de Rieux. Plusieurs grands seigneurs de Bretagne cautionnèrent pour le duc: le délai passé, ils s'engageaient à demeurer à Angers comme otages, jusqu'au paiement, chacun de sa caution[2].

Il était facile de prévoir que le traité de Tours ne serait pas exécuté — Les seigneurs bretons, qui s'étaient portés garants pour leur suzerain, furent obligés de verser eux-mêmes le montant de leur caution, quand le terme arriva. Quelques-uns, ne le pouvant faire, s'en allèrent « tenir prison » à Angers, où le connétable les garda jusqu'à l'exécution de leur promesses : ce qui prouve que le duc les laissa payer à sa place.

Charles VI avait tenu à hâter la pacification de la Bretagne : il songeait aux conférences qui bientôt devaient se tenir à Amiens, pour traiter enfin avec l'Angleterre d'une manière définitive.

Au mois de mars 1392, toute la haute noblesse de France, les ducs de Berry, de Bourgogne et de Bourbon, le duc de Touraine, frère du roi, le comte de Saint-Pol, le connétable de Clisson, s'en furent à grand appareil au devant des délégués anglais, les ducs d'York et de Lancastre. Tous revinrent ensuite à Amiens, où le roi les attendait.

---

[1] Un fouage devait être levé sur les terres bretonnes pour payer Clisson mais ce dernier possédant environ 20,000 feux, c'est-à-dire le cinquième de la Bretagne, la dette de 100.000 francs fut réduite à 80.000, et les terres de Clisson furent exemptées de fouage. (Dom Morice. P. t. II. col. 188.)

[2] Original de l'accord conclu à Tours entre Jean IV et Clisson. *Bibl. de Nantes*: 1689 fr. 1531.

Les conférences n'eurent d'autres résultats que la prolongation des trêves jusqu'à la Saint-Jean-Baptiste de l'année 1392.

Après quinze jours de bons divers, les Anglais prirent le chemin de Londres très satisfaits de leur voyage. Le roi de France ne l'était guère : il tomba malade et se fit porter en litière pour rentrer à Paris par Beauvais et Gisors. Clisson reprit également le chemin de la capitale : c'est là que, pour le malheur de la France et de la Bretagne, un assassin l'attendait.

CHAPITRE XIII

1392

ATTENTAT DE PIERRE DE CRAON

CLISSON DESTITUÉ ET MIS EN ACCUSATION

Pierre de Craon. — Son crime et sa fuite en Bretagne. — Maladie du Roi. — Ses oncles reviennent au pouvoir. — Chute des Marmousets. — Clisson était-il concussionnaire ?

Nous connaissons déjà Pierre de Craon, qui avait laissé mourir de misère le duc d'Anjou en gardant ses trésors. Après son infâme conduite, Craon évitait la présence de la reine de Sicile, femme de sa victime, ainsi que du jeune fils du duc d'Anjou, le roi de Jérusalem. « Néanmoins tant avait-il fait que, près du roi de France et du duc de Touraine, il était très bien. Or savez-vous que messire Olivier de Clisson, pour ces jours connétable de France, d'autre part était aussi moult bien du roi de France et du duc de Touraine, son frère, et il l'avait acquis par les beaux et bons services que il leur avait fait en armes tant à eux, ès besognes de France et ailleurs, comme au roi Charles, leur père[1]. »

[1] *Dom Lobineau*, t. III, p 452.

Pierre de Craon aurait bien voulu, par antipathie personnelle contre Clisson, comme par amitié pour le duc de Bretagne, desservir le connétable auprès du roi et de son frère. Mais « le connétable avait toujours été trouvé si loyal chevalier, sur tous ses faits envers la couronne de France, que tous l'aimaient, réservé le duc de Bourgogne[1]. »

Comme le duc de Touraine avait dans Pierre de Craon une confiance entière, il n'avait pour lui rien de caché ; il le menait dans toutes ses aventures et l'habillait même de ses propres habits. Craon révéla un jour à madame de Touraine une aventure galante de son mari. Ayant trahi son ami, il fut trahi à son tour par madame de Touraine, qui ne put cacher à son mari le nom du dénonciateur, de qui elle tenait l'aventure. Outré de colère, le duc de Touraine raconta tout au roi et l'action de Craon fut trouvée si indigne qu'il fut honteusement chassé de la cour et qu'il dut se retirer en son château de Sablé. De là il se rendit près du duc de Bretagne.

Pierre de Craon n'était ni à sa première disgrâce, ni à son premier crime. En 1380, il avait déjà obtenu des lettres de rémission pour avoir assassiné Beaudoin le Velu, seigneur du Laonais[2]. Rentré en faveur il en avait profité pour voler, comme nous l'avons vu, son ami le duc d'Anjou. — La cour de France, dont il faisait les délices par ses qualités brillantes, lui avait aussi vite pardonné

---

[1] *Froissart*, l. IV. ch 21.
[2] Kervyn de Lettenhove. *Froissart*, t. xv, notes, p. 362.

le vol que l'assassinat. Dès le 24 mars 1389, nous trouvons en effet notre gentilhomme qui assistait à des fêtes superbes données par le duc et la duchesse de Bourgogne[1]. Selon l'usage, chaque invité reçut un présent. Pierre de Craon eut deux hanaps d'argent doré du prix de 126 l. 5 s. t., pendant que le connétable de Clisson recevait, pour sa part, deux grands flacons également en argent doré et valant 284 l. 12 s. t.

Craon aimait le luxe, les fêtes, la grande vie de la cour de France, alors la plus fastueuse de l'Europe : il s'ennuyait chez ce duc breton assez économe par nécessité. Les deux cousins parlaient souvent de la cour de France, des amis, comme des ennemis communs qu'ils y avaient. Quand l'exilé se plaignait de sa disgrâce, Jean VI envenimait ses rancunes et ses désirs de vengeance surtout contre le connétable, — « C'est Clisson, lui disait-il, qui vous a brassé tout cela[2]. »

Au Louvre deux partis assez bien tranchés se disputaient l'influence. D'un côté était le connétable avec ses amis, le duc d'Orléans[3], le sire de la Rivière, Jean le Mercier et Montaigu ; de l'autre se trouvaient les ducs de Berry et de Bourgogne, qui étaient rentrés à la cour et qui n'aspiraient qu'à reconquérir cette influence prépondérante, qu'ils avaient exercée jusqu'au mois de novembre 1388. Le duc de Bourbon penchait plutôt du côté de ses beaux-frères[4]. Chacun des

[1] *Bibl. Nationa'e*, col. Bourgogne, t. xxi, f. 20.
[2] *Froissart*, l. iv, ch. 21.
[3] Le 4 juin 1392, le duc de Touraine eut en apanage le duché d'Orléans et il changea de nom. (*Arch. Nat.* KK. 895, f. 133 et 405).
[4] *Cabaret d'Orronville*, ch. 82.

ducs avait une véritable cour et toute une armée de serviteurs entretenus par les revenus d'immenses provinces. De leur côté, les *marmousets* pouvaient tenir tête aux ducs, car le roi les écoutait de préférence à ses oncles ; ils avaient d'ailleurs en main toutes les hautes charges de l'état : la chancellerie, la connétablie, l'administration des finances et de la *maison* du roi[1]. Ils avaient, eux aussi, de grandes richesses qu'ils possédaient par héritage comme les sires de Clisson, et de Coucy[2], ou qu'ils tenaient des gratifications royales, comme le sire de la Rivière et Jean le Mercier[3]. Néanmoins Clisson, grâce à son intelligence, à son office de connétable, à son passé militaire et aussi à ces immenses richesses, était au fond le plus redoutable adversaire du parti que Pierre de Craon et le duc de Bretagne auraient voulu voir triompher.

Jean IV se souciait peu d'aller frapper lui-même le connétable : il se contentait de le taquiner à distance, lui suscitant mille difficultés en Bretagne. Quelques jours avant l'attentat de Craon, le duc de Bretagne ordonnait à ses juges de Ploërmel de citer Clisson à leur tribunal[4]. Mais ces mesquines tracasseries ne contentaient pas la

---

[1] Douet d'Arcq. *Comptes de l'Hôtel*, p. 239 et 240.

[2] Le sire de Coucy, en plus de sa fortune personnelle, avait par an 6000 francs d'or, afin qu'il demeurât près du roi et fît partie de son Conseil. (*Le Conseil du Roi*, p. 6).

[3] *Arch. Nat* JJ. 133, f. 34 ; JJ. 135, f 12 et 22.

[4] *Arch. de Vannes*, S.E. Fonds de l'abbaye de la Joie. Il s'agissait d'un droit que réclamaient les religieux de cette abbaye sur les dîmes de Pleugriffet, qui appartenaient à Marguerite de Rohan, seconde femme de Clisson.

haine du duc : il était heureux de trouver un bras prêt à agir à sa place.

Comme tous les grands seigneurs de ce temps, Pierre de Craon avait un hôtel à Paris[1]. Il vendit ses autres biens au duc de Bretagne, sous prétexte qu'il voulait aller en Terre Sainte ; mais en réalité il prenait ses mesures contre les confiscations, qui pouvaient suivre son crime.

Il enrôla ensuite des aventuriers, qu'ils expédia à son hôtel de Paris ; le concierge eut ordre d'acheter des armures[2]. Vers la Pentecôte, Pierre de Craon arriva lui-même secrètement dans la capitale. Ses espions lui apprirent bientôt que son ennemi assistait à une fête donnée par le roi dans l'hôtel Saint-Pol. Olivier de Clisson quitta la fête l'un des derniers. Après avoir pris congé du roi, il passa par la chambre de son ami, le duc d'Orléans, pour lui demander s'il était prêt à partir. Celui-ci préféra attendre encore et le connétable le quitta en lui souhaitant une bonne nuit.

Sur la place, devant l'hôtel Saint-Pol, les gens du connétable, au nombre de huit, attendaient leur seigneur, avec des torches qu'ils allumèrent. Or, au coin de la rue Sainte-Catherine, tout près des dépendances de l'hôtel Royal[3], Pierre de Craon, informé de tout, s'était posté : il avait une trentaine de compagnons à cheval, lourdement

---

[1] L'hôtel de Craon était rue de la Harpe ; les ducs de Bourgogne et d'Orléans possédaient, le premier l'hôtel d'Artois, le second, l'hôtel de Bohême. Jean le Mercier avait son hôtel, rue de Paradis, tout près de l'hôtel de Clisson.

[2] *Arch. Nat.*, J. 179 Craon, 13.

[3] *Arch. Nat.* J. 179 Craon 13 « Es mottes (frontières), circuite, et fins d'icelluy hostel royal. »

armés de glaives, de casques et de cuirasses[1] : les gens du connétable n'avaient que des armes d'occasion et le connétable lui-même ne portait qu'une petite épée de parade longue de deux pieds.

En suivant la rue Saint-Pol, Clisson causait avec son écuyer — « Demain, lui disait-il, j'aurai à dîner chez moi Monseigneur d'Orléans, le seigneur de Coucy, messire Jean de Vienne, le baron d'Ivry et beaucoup d'autres : veillez à ce qu'ils soient bien traités et qu'on n'épargne rien. »

A ce moment, les trente assassins arrivèrent, sans rien dire, se mêlèrent aux gens du connétable et éteignirent leurs torches. Clisson n'était pas homme à s'émouvoir facilement : il crut d'abord à une de ces farces, dont le duc de Touraine était coutumier : « Monseigneur, par ma foi, c'est mal fait, dit-il ; mais je vous le pardonne, car vous êtes jeunes : tout est divertissement et jeu pour vous[2]. »

Craon avait reconnu celui qu'il haïssait ; il leva son épée en criant : « A mort ! Clisson. Il vous faut mourir ! » — « Qui es-tu, cria le connétable, qui dis de telles paroles. » — « Je suis Pierre de Craon, votre ennemi. Vous m'avez tant de fois courroucé qu'il faut m'en rendre compte. — En avant, dit-il à ses gens, j'ai celui que je demande et que je veux avoir. »

Clisson, bien qu'il n'eût qu'un coutelas trop

---

[1] Les principaux assassins s'appelaient Ponabes de Tussé, Jean de Champchevret, Guillaume de Tussé, Pierre du Treffe, Jean de Hubine, Poncelet le Maire Adam Davelny, Jean Gossel, etc. (*Arch. Nationales*, J. 179 Craon, 131.

[2] *Froissart*, l. iv, ch 8.

court, se défendit « merveilleusement », car il savait manier une arme. Mais ses gens surpris, peu armés, entourés d'ennemis ne purent lui porter secours¹. — « Occirons-nous tous ? dit un assassin. » — « Oui, dit leur chef, tous ceux qui se mettront en défense. »

Tous les glaives se dirigeaient vers Clisson qui, sans forte armure, ne pouvait longtemps résister ; pourtant les bandits, apprenant qu'ils avaient affaire à un si grand personnage, frappaient « paoureusement : car, en trahison, nul n'est hardi. »

Le connétable, avec son bras gauche et sa petite arme, se protégeait de son mieux². Tout-à-coup une lourde épée s'abattit sur sa tête et le fit tomber de cheval. Il alla, dans sa chute, donner contre la porte d'une boulangerie, qui s'ouvrit au choc. Le maître de la maison, déjà sur pied pour chauffer son four, avait, au bruit de la lutte, entrebaillé sa porte : et ce hasard, avec la protection de Dieu, dit le chroniqueur, sauva la vie au sire de Clisson. En effet les assassins ne purent le frapper davantage, dans l'entrée basse et étroite où il gisait. Ils n'osèrent non plus descendre de cheval pour achever leur œuvre. D'ailleurs ils croyaient bien que leur victime était morte sur le coup³.

« Allons, allons, nous en avons assez fait, dit Craon, s'il n'est pas mort, il mourra du coup de la

---

¹ D'après le religieux de Saint-Denis un seul serviteur était resté près de son maître (*Le religieux de Saint-Denis*, l. XIII ch. 1). Le même auteur dit que le connétable avait une cuirasse sous ses habits Il ne fut blessé en effet qu'à la tête et au-dessous des reins quand il tomba.

² *Juvénal des Ursins*, p. 376.

³ *Le religieux de Sain -Denis*, l. XII ch. 1.

tête : car il a été lancé d'un bon bras. » Les bandits[1] galopèrent alors vers la porte Saint-Antoine toujours ouverte, comme les autres portes de Paris, et gagnèrent au plus tôt la campagne.

Le boulanger ne savait que faire en voyant chez lui le connétable en cet état : mais il fut vite aidé par les serviteurs de la victime, qui tous avaient peu soufferts de la lutte, car on n'en voulait qu'à leur maître. Le trouvant immobile et inondé de sang, au premier moment, ils le crurent mort : ce furent des pleurs et des cris, qui mirent en émoi tout le voisinage.

Le roi allait se mettre au lit, quand on vint lui dire : « Sire, quel malheur ! Votre connétable vient d'être occis. » — « Occis, dit le roi?... Comment? Qui l'a tué ? » — « Nous ne savons, mais le malheur est arrivé tout près d'ici, dans la rue Sainte-Catherine » — « Or tôt, cria le roi, des flambeaux! Je le veux aller voir. » Il ne prit que le temps de passer une houppelande et de prendre ses souliers : sans attendre les gens d'armes et les huissiers de son hôtel, qui se préparaient à le suivre, il courut avec quelques valets et deux chambellans jusqu'à la maison du boulanger.

Il vit que le connétable respirait encore aux mains des gens qui le dépouillaient pour l'examiner et le panser — « Connétable, dit-il, comment vous sentez-vous ? » Le blessé répondit : « Cher sire, petitement et faiblement. » — « Et qui vous a mis en ce parti ? » — « Sire, répondit

---

[1] *La Chronique des* I *Valois* dit que les aventuriers n'étaient qu'une vingtaine.

Clisson, Pierre de Craon et ses complices traîtreusement et sans nul défiance. » — « Connétable, dit le roi, jamais chose ne fut si expiée comme celle-ci le sera, ni si fort amendée... Or tôt, cherchez les médecins et les chirurgiens. »

Ceux ci arrivaient déjà de tout côté. Le roi leur dit : « Regardez-moi mon connétable et me sachez à dire à quel point il est, car de sa blessure je suis moult dolent[1]. » — « Il n'y a pas de péril de mort, Sire, dirent les médecins, après avoir examiné les plaies. Dans quinze jours nous vous le rendrons chevauchant. » Le roi rassuré s'écria : « Dieu soit loué ! Ce sont riches nouvelles. » Il dit ensuite au blessé : « Connétable, pensez à vous et ne vous souciez de rien : car jamais délit ne fut si cher payé et amendé sur ses auteurs, comme celui-ci le sera : car la chose est mienne. »

Le connétable répondit faiblement : « Sire, Dieu vous le puisse rendre, ainsi que la bonne visite que vous m'avez faite. »

Le prévôt fut mandé et reçut l'ordre de trouver à tout prix les coupables[2] ; mais ceux-ci étaient loin.

Pierre de Craon, une heure environ après minuit, franchissait la porte Saint-Antoine, ou la porte Saint-Honoré, traversait la Seine et galopait vers Chartres avec les mieux montés de ses gens.

---

[1] *Froissart*, l. iv, ch 28.

[2] Il est probable qu'il fallut un certain temps pour requérir les sergents à cheval, dont un grand nombre habitait hors de Paris. Le 26 juillet 1392, le roi fit une ordonnance pour les obliger désormais à demeurer dans l'intérieur de la ville. (*Ordonnances*, t. vii, p. 479). A cause de l'éloignement des sergents « plusieurs prises de malfaiteurs, dit l'ordonnance, ont esté délaissées... et punition retardée et empeschée. »

Les autres se dispersèrent. A Chartres, Craon s'arrêta pour se refaire un peu, chez un chanoine de ses amis, et, ayant changé de chevaux, courut jusqu'à son château de Sablé, dans le Maine, où il attendit des nouvelles.

Clisson fut porté en son hôtel, rue du Chaume où ses amis accoururent bientôt. Un des premiers fut le sire de Coucy, qui arriva à cheval avec quatre autres seigneurs. Nous savons que le sire de Coucy et le connétable s'aimaient beaucoup : ils s'appelaient frères et compagnons d'armes, comme autrefois Clisson et du Guesclin. La visite de son ami fit du bien au connétable, qui vit encore arriver près de lui beaucoup d'autres personnages, parmi lesquels le duc d'Orléans, aussi irrité que son royal frère des perfidies de Pierre de Craon.

La veille de l'attentat, le duc de Berry avait été prévenu que Pierre de Craon était à Paris et qu'un complot s'ourdissait contre les jours du connétable ; mais le vieux concussionnaire ne s'en émut pas. Pourtant un clerc, familier de Pierre de Craon, lui avait donné tous les détails du guet-apens qui se préparait. Le duc se contenta de répondre : « Nous verrons demain : car je ne veux pas troubler le roi ce soir. » — Sans troubler le roi, n'aurait-il pas pu avertir Clisson de se tenir sur ses gardes.[1] —

---

[1] Si l'on en croit le baron Pichon, qui a publié un mémoire sur Pierre de Craon, un avocat de la reine de Sicile aurait affirmé au parlement, trois jours avant l'attentat, que Pierre de Craon était à Paris. (Kervyn de Lettenhove, *Froissart*, t. xv, 362).

CLISSON DESTITUÉ ET MIS EN ACCUSATION

Le prévôt de Paris[1], avec soixante hommes à cheval, s'élança sur les traces des assassins et s'égara sur le chemin d'Evreux : quand il revint vers Chartres, Pierre de Craon en était parti avec dix heures d'avance.

Sur l'ordre du roi et de son frère, le Barrois des Barres s'était mis, lui aussi, avec des gens d'armes, à la poursuite des assassins. Comme le prévôt, il arriva trop tard à Chartres et, comme lui, rentra à Paris, après deux jours de courses à peu près inutiles. On ne trouva de la bande des assassins que deux écuyers et un page, qui furent saisis, à sept lieues de Paris, et mis en prison au Châtelet. Le roi les fit conduire, tous les trois, au lieu du crime où ils eurent le poing coupé. De là ils furent menés aux halles pour être *décolés* et leurs corps furent suspendus au gibet.

Le mercredi suivant, le concierge de l'hôtel de Craon eut aussi la tête tranchée, pour n'avoir pas fait connaître l'arrivée de son maître à Paris. Quant au chanoine de Chartres, après avoir été privé de tous ses biens et bénéfices, il fut mis en prison et condamné à l'abstinence perpétuelle au pain et à l'eau.

Sans attendre le rétablissement du connétable, le roi fit immédiatement le procès de Craon en fuite[1]. Tous les biens de cet assassin furent confisqués : ses maisons de Paris furent rasées : l'em-

---

[1] Le prévôt de Paris, alors Jean de Folleville, avait pour attribution « la cure et le gouvernement de notre bonne ville de Paris, pour ycelle tenir et garder en telle et si bonne *justice, ordenance et police* de toutes choses que ce soit. » *Ordonnances*, t. vii, p. 243.

[2] *Archives Nationales*, J. 179. Craon, 13.

placement de la plus belle, située rue de la Verrerie, fut donné à la paroisse Saint-Jean, pour être converti en cimetière¹.

La magnifique maison de Porche-Fontaine, à quatre lieues de Paris, fut abattue et la propriété qui l'entourait fut donnée au duc d'Orléans, qui la céda aux célestins. Les meubles de la Ferté-Bernard, autre domaine de Pierre de Craon, furent acquis au trésor royal et les immeubles donnés au duc d'Orléans².

L'amiral Jean de Vienne, chargé de faire un inventaire détaillé de l'immense fortune de Pierre de Craon, se rendit à la Ferté-Bernard, où il trouva la femme et la fille du traître. D'après le religieux de Saint-Denis, ce vieillard se serait conduit d'une façon indigne. Après avoir outragé la fille, il aurait brutalement chassé de leur maison les deux infortunées dépouillées de tout et sans ressources³.

L'assassin ne se jugeait pas en sûreté à Sablé, où il aurait pu être cerné et pris par les troupes royales : il se réfugia à Succinio, près de son bon ami et cousin, le duc de Bretagne. Ce dernier connaissait l'attentat et son peu de succès ; il dit à Craon : « Vous êtes un chétif, vous n'avez pas pu occire un homme, duquel vous étiez au dessus...

¹ Les ossements, que les ouvriers trouvèrent sous les décombres, prouvèrent que cet hôtel avait déjà été bâti sur des sépultures. — Voir, au sujet des condamnations qui frappèrent Pierre de Craon et ses complices, les *Archives Nationales*, J. 359, 20 et KK. 896. Fol. 141, 143, 164.

² *Archives Nationales*, J. 359, n° 20 — Le 26 août, le Châtelet ratifia l'arrêt qui condamnait les assassins au bannissement perpétuel et à la confiscation de leurs biens. (*Arch. Nat.* KK. 896. F. 141).

³ *Le religieux de Saint-Denis*, l. XIII, ch. 2. — *Jurénal des Ursins*, p. 376. — Le mobilier saisi par Jean de Vienne valait plus de quarante mille écus d'or.

j'en aurai probablement guerre, mais puisque je vous ai promis sauf-garant à tenir, je vous le tiendrai[1]. »

Le roi de France écrivit bientôt au duc de Bretagne, pour lui enjoindre « sur sa foi et son honneur » de livrer le meurtrier, s'il pouvait le saisir. Pour toute réponse, Jean IV se contenta d'affirmer au messager royal qu'il ne savait rien et ne voulait rien savoir de Pierre de Craon, ni de ses démêlés avec Olivier de Clisson. — Le Conseil Royal fut d'avis que ces explications ne suffisaient pas : le roi surtout s'en montrait indigné. En vain le duc de Berry parlait de délais et d'arrangements, le roi lui dit : « Bel oncle, nous voyons clairement que ce duc de Bretagne ne nous aime, ni prise que bien peu. Il est orgueilleux et présomptueux et jamais nous ne tendrons à autre chose que nous ne l'ayons mis à raison[2]. » — Le duc de Bourgogne était alors dans ses fiefs, loin de Paris.

Ce fut sans doute vers ce moment que Clisson rédigea ce testament fameux[3], par lequel il disposait *en purs meubles* de dix-sept cent mille francs (80.000.000 en monnaie actuelle). Les deux attentats, dont il avait failli être victime, l'avaient sans doute fait songer à ses volontés dernières. — Nous avons vu que sa fortune, toujours grandissante

---

[1] *Froissart*, l. IV, ch. 28. Les intrigues de l'Angleterre n'étaient probablement pas non plus étrangères à cet assassinat. Plus tard le roi Richard II, fit servir une pension à Pierre de Craon. (*Rymer's fœdera*, t. VII, p. 52).

[2] *Froissart*, l. IV, ch. 29.

[3] Ce premier testament d'Olivier n'a pas été conservé : nous n'en connaissons que le montant des sommes, dont il réglait l'emploi.

depuis quarante ans, avait atteint des proportions véritablement extraordinaires. Le chiffre des richesses, dont le connétable disposait par acte testamentaire, fut connu : il parut scandaleux, surtout aux ducs de Berry et de Bourgogne, qui avaient beau pressurer leurs sujets, sans pouvoir tant s'enrichir. Ils se disaient, quand ils étaient ensemble : « En quoi diable ce connétable peut-il avoir assemblé tant de florins et de si grands meubles ? Lè, roi de France ne l'apas si grand. On voit et peut croire et savoir que il ne lui vient pas tout de bon acquêt. »

Charles VI de plus en plus nerveux et irrité s'occupait activement de préparer une expédition contre le duc de Bretagne : des troupes furent dans ce but concentrées du côté du Maine, de la Touraine et de l'Anjou. Quand son connétable entra en convalescence, le roi prit lui-même le commandement de l'armée, « pour mieux montrer que la besogne était sienne. » Sur la route du Mans, il coucha successivement chez ses conseillers intimes Montaigu, et Bureau de la Rivière. Il tenait rigueur à ses deux oncles, les ducs de Berry et de Bourgogne, des retards qu'occasionnait leur mauvaise volonté : ceux-ci virent bien que leur influence baissait de plus en plus. A peine les écoutait-on dans les Conseils. Ils en ressentaient un profond dépit et disaient « entre eux à part que la chose ne pouvait longuement demeurer en cet état. » A force d'instances, ils réussirent néanmoins à faire décider l'envoi d'une nouvelle ambassade au duc de Bretagne. Celui-ci la reçut fort courtoisement, mais il ne répondit que par de vaines protestations de dévouement et de soumission, qu'il fit porter au roi par l'évêque de Vannes, Henri le Barbu. Ce qui indignait Charles VI et le persuadait que le duc de Bretagne était de connivence avec Pierre de Craon, c'était l'audace avec laquelle le duc réclamait comme siens les biens confisqués au meurtrier. Il les avait tous achetés, disait il, avant la tentative d'assassinat. Ce cynisme de Jean IV et la bonne réception qu'il avait faite à Pierre de Craon, avant comme après l'attentat, étaient de véritables preuves de complicité. Comment supposer en effet que Craon eût vendu tout ce qu'il possédait, sans donner aucune raison sérieuse de son acte à son cousin et intime ami?

Pendant que l'armée royale séjournait au Mans, le bruit courut qu'un chevalier avait été arrêté à Barcelone, au moment où il s'embarquait pour Naples[1]. La reine d'Aragon retenait en prison cet inconnu, qui refusait de dire qui il était. Peut-être ce fugitif était-il Pierre de Craon. Le roi envoya quelqu'un pour vérifier l'exactitude de ces récits : mais, las d'attendre et persuadé que tout n'était que prétextes inventés pour retarder son voyage, il donna ordre à ses troupes de se mettre en marche. « Le traître, disait-il, n'est en autre Barcelone, ni prison que chez le duc de Bretagne: et celui-ci, par la foi que je dois à Monseigneur Saint-Denis, nous en rendra une fois bon compte. »

Le 5 août, vers le milieu du jour, au moment où

---

[1] L'assassin avait dû s'embarquer à Brest, comme le donne à entendre la chronique des 4 Valois (*Chronique des 4 Valois*, p. 322). V. *Chron. Brioc.* A. MCCCXCII.

le soleil était dans toute sa force, le roi monta à cheval pour prendre le chemin de Sablé. Depuis quelques jours, malgré le mauvais état de sa santé, il s'était donné beaucoup de peines et d'ennuis. Il mangeait et buvait peu. Seule, une sorte de fièvre le soutenait, mais en ébranlant sa constitution usée par le travail et les excès de toute sorte.... Sa tête n'était protégée contre le soleil que par un petit chapeau rouge orné d'un chapelet de perles blanches, que sa femme lui avait donné — Un page de la compagnie du roi, assoupi par la fatigue et la chaleur, laissa choir sa lance, dont la flamme s'abbattit sur le casque d'un de ses compagnons. Le roi frémit à ce bruit d'armes et entra en fureur. Se dressant sur ses étriers, l'épée haute : « En avant ! En avant sur ces traîtres ! s'écria-t-il. » Sans reconnaître personne, il commença à frapper, voulant tout tuer autour de lui. On parvint avec peine à le saisir et à le descendre de cheval. Il fut doucement étendu sur le sol. On lui ôta son justaucorps pour le rafraîchir. Ses amis empressés lui parlaient affectueusement. Il ne répondait à personne et roulait les yeux dans sa tête si horriblement qu'il faisait pitié à tous. Charles VI avait perdu la raison.

Les ducs de Berry et de Bourgogne, qui s'étaient approchés, donnèrent l'ordre immédiat de retourner au Mans, disant que, pour cette saison, la campagne était finie.

Le bruit courait que le roi avait été ensorcelé ou empoisonné. On ouvrit une enquête pour savoir ce qu'il avait bu en dernier lieu[1]. Mais le duc

---

[1] *Le religieux de Saint-Denis*, l. III, ch. 4.

de Berry la fit cesser par ces mots : « Nous nous débattons et travaillons pour Néant ; le roi n'est ni empoisonné, ni ensorcelé, fors de mauvais conseils : et il n'est pas heure de parler de cette matière maintenant ; laissons tout en souffrance jusques à une autre fois. »

Le roi fut mené au château de Crécy-sur-l'Oise et confié à ses médecins et à ses chambellans. Quant à ses oncles, avant de quitter le Mans, ils firent savoir à leur cousin et ami, le duc de Bretagne, qu'il n'avait plus à se mettre en peine de l'expédition commencée contre lui[1]. — C'était Clisson, lui disaient-ils, avec la Rivière et le Mercier, qui avaient fait tout décider, mais on saurait bien les faire s'en repentir.

Avant la maladie du roi, la situation de Jean IV était peu assurée : toute la Bretagne, à part Vannes, Dôle, Quimperlé et Quimper, se tournait contre lui, ainsi que les barons et chevaliers de son duché. C'est pourquoi il comptait moins sur ses propres forces que sur ses intrigues et l'appui des Anglais, qui lui avaient promis cinq mille soldats. En homme prévoyant, il avait déjà fait tous ses préparatifs de départ pour l'Angleterre. On comprend qu'il n'ait été nullement attristé d'un événement, qui survenait fort à propos pour le débarrasser de l'armée française. Néanmoins, voulant s'unir au sentiment public vivement ému par le malheur du roi, le duc ordonna dans toute la Bretagne des prières et

---

[1] Ils députèrent vers lui le sire de Coucy et Guy de la Trémouille (*Bibl. Nat.* F. fr. 4482, p. 269).

des processions pour la guérison du malheureux Charles VI[1].

La maladie du roi ramena au pouvoir ses deux oncles, les ducs de Berry et de Bourgogne, qui, au détriment du jeune duc d'Orléans[2], se firent attribuer la régence par une grande assemblée de nobles et de prélats réunis à Paris. C'était la chute inévitable des Marmousets, contre lesquels les deux princes nourrissaient tant de ressentiments. La dernière expédition de Bretagne, décidée en dehors des ducs, avait encore aigri les haines de ces deux personnages contre les ministres de Charles VI. Le duc de Bourgogne excité par sa femme, cousine-germaine de Jean IV, ne pardonnait pas surtout à Clisson d'avoir réussi à exciter la colère du roi contre le duc de Bretagne. Mais, d'une nature froide et réfléchie, le prince modérait les impatiences de sa femme en lui disant : « Dame, en tout temps, il fait bel et bon dissimuler. Clisson a su faire croire partout que sa cause intéressait l'honneur du royaume de France... mais lui, la Rivière, le Mercier, de Vilaine, Montaigu ont mal ouvré... La verge est toute cueillie, dont ils seront battus et corrigés. Veuillez un petit attendre et souffrir. »

L'autorité des ducs n'était en effet que provi-

[1] Voici comment G. Stella (*Annales Genuenses*, dans *Muratori* t. xvii, col. 1149), définit la maladie de Charles VI : « OEgritudo talis incurabilis judicata, quod per quosdam dies amens efficitur et per alios redit ad suetam prudentiam ; et sic successive alteratur continue. » — Ces chutes se produisaient surtout en été. (Walsingham, *Historia Anglicana*, t. ii, p. 212). Malheureusement ces crises, d'abord assez rares, se multiplièrent de plus en plus.

[2] Le duc d'Orléans avait alors vingt ans et six mois. (Voir *Louis de France, duc d'Orléans*, par E. Jarry. P. 95 et suivantes).

soire : Le roi vivait toujours. Le duc d'Orléans et de hautes personnalités telles que Jean Joùvenel[1], prévôt des marchands, étaient dévoués aux ministres encore en fonctions. Les ducs étaient donc obligés de procéder avec certains ménagements. Le duc de Bourgogne, avant de rien entreprendre contre la Rivière et le Mercier, voulut voir si ces deux hommes étaient plus disposés à servir ses intérêts et à se plier à ses volontés, maintenant qu'ils n'avaient plus pour eux l'appui du roi relégué à Creil entre les mains des médecins. Il demanda un jour à le Mercier 30,000 écus à prendre sur le trésor du roi[2]. Le ministre refusa. — « Vous ne voulez pas me faire ce plaisir, répliqua le haineux prince, je vous assure que, en bref délai, je vous détruirai[3]. » Les moins clairvoyants pouvaient désormais prévoir que la perte des ministres de Charles VI était décidée.

Montaigu n'attendit pas la persécution : il s'enfuit à Troyes et ensuite à Avignon, auprès du pape. Bureau de la Rivière, fort de son innocence, se contenta de se retirer en son château d'Anveau. Il s'imaginait qu'en s'éloignant de la cour il se ferait pardonner par les régents son ancienne élévation.

Quant à Clisson, il pressentait que ses relations seraient plus difficiles avec les deux régents qu'avec le roi ; mais il était loin de se douter que

---

[1] V. *Jean Jouvenel*, Batifol, p. 100.

[2] En 1836, le duc de Bourgogne avait déjà essayé de gagner Jean le Mercier en lui donnant 1000 francs d'or. (*Bibl. Nationale*, Villevieille Trésor généal. V. 58, f. 15).

[3] *Juvénal des Ursins*, p. 378.

tant de haines couvaient contre lui. N'ayant jamais manqué gravement au duc de Bourgogne, et se croyant réconcilié avec le duc de Berry, il s'imaginait être « assez bien » avec ces deux personnages. Or, c'était justement de lui que les régents songeaient d'abord à se débarrasser. — « C'est le plus grand, disaient-ils entre eux, et qui a le plus de finances. »

Un jour Clisson arriva à l'hôtel d'Artois, afin de prendre, comme connétable, les ordres du duc de Bourgogne. Ayant laissé dans la cour ses chevaux et ses gens, il monta les degrés avec un de ses écuyers. Il rencontra deux chevaliers, qui annoncèrent son arrivée au duc de Bourgogne — « De par Dieu ! dit le duc, qu'on le faisse venir ; nous avons loisir pour lui parler et savoir ce qu'il veut dire. » Clisson fut introduit. Le duc changea de visage devant l'attitude calme et polie du connétable : il s'en trouvait tout embarrassé — « Monseigneur, dit Clisson en s'inclinant, je suis venu par devers vous pour m'enquérir de l'état et gouvernement du royaume: car, pour mon office, je suis tous les jours poursuivi et demandé ; et, pour le présent, Vous et Monseigneur de Berry, en avez le gouvernement: veuillez m'en, s'il vous plaît, répondre[1]. »

Le duc de Bourgogne s'était ressaisi ; il regarda méchamment le connétable — « Clisson, Clisson lui dit-il, vous n'avez que faire de vous embesogner de l'état du royaume de France ; car, sans votre office, il sera bien gouverné. A male heure,

---

[1] *Froissart*, l. iv, ch. 3o.

tant vous en êtes vous mêlé. Où diable avez-vous tant assemblé et cueilli de finance que naguère vous fîtes testament et ordonnance de dix sept cent mille francs ? Monseigneur et beau frère, le duc de Berry, ni moi, ni toute notre puissance, à présent n'en pourrions tant mettre ensemble. Partez de ma présence, yssez de ma chambre, et faites que plus je ne vous voie : car si ce n'était pour l'honneur de moi, je vous ferais l'autre œil crever. »

Le duc tourna alors le dos à Clisson et le laissa tout interdit. Le connétable s'en alla tout pensif, sans qu'aucun courtisan osât l'accompagner. Dans la cour il monta à cheval et reprit le chemin de son hôtel. Là, il fut quelque temps indécis sur ce qu'il avait à faire.

Le duc d'Orléans était à Cray. D'ailleurs on ne pouvait trop compter sur ce jeune prince soigneusement écarté des conseils par ses deux oncles. Les deux guet-apens, où le connétable avait failli succomber, lui avaient appris que désormais il fallait s'attendre à tout de la part de ses ennemis. Se souvenant sans doute des sages réflexions, qu'il avait eu le temps de faire au château de l'Hermine, il quitta son hôtel dès la nuit suivante, pour épargner au duc de Bourgogne le soin de se charger de sa personne[1].

Avec deux serviteurs, il courut s'enfermer dans son château de Montléry : là il était plus en sûreté pour attendre les événements.

Quelques instants après que le duc de Bourgogne eût si durement renvoyé Clisson, le duc de

---

[1] *Le religieux de Saint-Denis*, l. XIII, ch. 8.

Berry vint dire à son frère qu'il ne fallait pas s'en tenir là, mais frapper sans délai le connétable, ainsi que ses amis, le Mercier, Montaigu, la Rivière et le Bègue de Vilaine.

Montaigu était en fuite : le Mercier et le Bègue de Vilaine furent arrêtés à Paris et enfermés au Louvre. Des mandats d'arrêt furent aussi lancés contre Clisson et la Rivière

Les soldats chargés de saisir le connétable ne le trouvèrent pas à son hôtel. Après deux jours de recherches, les régents apprirent le lieu de sa retraite et envoyèrent immédiatement une petite armée pour le saisir. Le seigneur de Coucy, le Barrois des Barres, Châtelmorant, Guy de la Trémouille la commandaient. Tous étaient les anciens compagnons d'armes de Clisson ; le sire de Coucy était même un de ses meilleurs amis. Il ne faut donc pas s'étonner que, malgré la précaution prise par les régents de faire marcher les troupes par cinq routes différentes, le connétable ait été prévenu à temps pour quitter Montléry. Il chevaucha vers Josselin, *par bois et par bruyères*, évitant les villes et les grandes routes, jusqu'à ce qu'il fût arrivé sans encombres dans son château-fort bien pourvu d'armes et de provisions.

Le Barrois des Barres et les autres seigneurs, qui devaient savoir que le connétable n'était plus à Montléry, déployèrent ostensiblement un grand zèle pour le surprendre : car ils avaient ordre de l'amener mort ou vif. Ils cernèrent donc étroitement le château et la ville de Montléry pendant une nuit sombre. Ils entrèrent ensuite, armés de pied en cap comme pour la bataille, et, affectant de ne pas croire les valets de Clisson, qui affirmaient que leur maître était parti, ils fouillèrent de fond en comble tout le château, avant de rentrer à Paris, où ils rendirent aux régents un compte exact de leur expédition.

Le Barrois eut l'ordre d'arrêter le sire de la Rivière, dans son château d'Anveau. Le vieux ministre de Charles le Sage ouvrit lui-même les portes aux satellites des princes, qui le saisirent et l'emmenèrent à Paris. « Moult de gens, parmi le royaume, avaient pitié du sire de la Rivière; car il avait toujours été doux, courtois, débonnaire et patient aux pauvres gens. »

Ce seigneur et son compagnon, Jean le Mercier, furent tenus pendant dix-huit mois dans une étroite prison, où le pauvre le Mercier, qui n'avait pas le stoïcisme chrétien de la Rivière, pleura toutes les larmes de ses yeux, au point qu'il en faillit perdre la vue[1].

Les ducs regrettaient beaucoup d'avoir laissé échapper Clisson : vivant, ce dernier était toujours pour eux une gêne et même une menace. Le roi, dans ses moments lucides, redemandait son connétable. Le duc d'Orléans refusait de ratifier la nomination d'un autre dignitaire à la connétablie, avant qu'on eût entendu la défense de Clisson; il lui gardait toujours son amitié et son estime. Or, malgré son insouciance et sa légèreté,

---

[1] Les personnes arrêtées furent la Rivière, le Mercier, le Bègue de Vilaine et Guy Chrestien. A ces noms, joignons Clisson et Montaigu, qui étaient en fuite, et Jeannet d'Estouteville (*Arch. Nat.* JJ. 145, f. 204), personnellement odieux au duc de Berry, nous aurons alors la liste de tous les Marmousets poursuivis par les princes (V. *Le Mercier*, par H. Moranvillé, p. 158 et suiv.).

tout le monde à la cour avait intérêt à ménager le duc d'Orléans, à qui la mort de Charles VI pouvait d'un moment à l'autre donner le pouvoir.

Les régents se crurent donc obligés de faire à Clisson un procès régulier. A cet effet, ils envoyèrent en Bretagne Guillaume Martel et Guillaume des Bordes pour lui signifier qu'il avait à rendre l'épée de connétable et à se présenter devant ses juges. Les deux chevaliers, accompagnés de Philippe de Savoisis, partirent donc pour Josselin avec l'ordre de s'emparer de l'accusé, si c'était possible[1].

Pendant ce temps, une procédure régulière s'ouvrait contre les Marmousets devant le Parlement, que les ducs avaient eu le temps de mettre dans leurs intérêts. Les princes étaient d'ailleurs secondés dans leur œuvre de vengeance par les membres de l'Université de Paris. Cette puissante institution était fort mal disposée à l'égard des anciens ministres, qu'elle accusait d'avoir attenté à ses privilèges[2].

On reprochait aux Marmousets de s'être acquis d'immenses richesses, des châteaux et des domaines, où ils avaient étalé une splendeur presque royale. De plus, ils avaient en quelque sorte confisqué à leur profit toute l'autorité du souverain, au point que personne ne pouvait voir le roi, ni obtenir la plus petite charge, sans avoir recours à eux et leur promettre dévouement et fidélité. Ils

---

[1] *Le religieux de Saint-Denis*, l. XIII, ch. 6.
[2] Peu de temps avant la catastrophe du Mans, l'Université avait suspendu ses cours et envoyé une ambassade porter ses plaintes au roi lui-même.

s'étaient aveuglés eux-mêmes sur leur propre puissance. « Et semblait par leurs manières qu'ils cuidaient (croyaient) être perpétuels en leurs offices, et qu'on ne leur pouvait nuire... Et volaient de si haute aile qu'à peine en osait on parler[1]. »

Il est fâcheux que toutes les pièces du procès intenté à ces ministres aient été plus tard détruites par ordre de Charles VI[2]. Il eut été surtout intéressant d'examiner si le principal grief qu'on invoquait contre eux, à savoir le crime de concussion, reposait sur des preuves sérieuses. Nous savons que les enquêtes portèrent de préférence sur ce point.

Dès le 25 septembre, les ducs nommèrent une commission pour rechercher l'emploi de toutes les sommes d'argent, dont le roi avait librement disposé ; on s'attacha surtout à dresser la liste de tous les dons de plus de mille francs, faits par le roi à une seule personne, depuis qu'il gouvernait, c'est-à-dire depuis 1389[3].

Le 7 octobre suivant, les commissaires eurent ordre de ne rien faire « pour faveur, ni pour amour qu'ils eussent à personnes quelconques[4]. » Le même jour on mit arrêt sur les pensions ac-

---

[1] *Juvénal des Ursins*, p. 377.

[2] ... « Quo continebantur in processu non pro compertis habui. Scio, tamen quod rex hunc in lucem venire veluit. » (*Le rel. de Saint-Denis.* l. XXII, ch. 7. M. Alphonse Picard, qui a dernièrement soutenu une thèse sur ce sujet à l'École des Chartes, a en vain fouillé les Archives et la Bibliothèque Nationales pour trouver les documents relatifs à ce procès. M. Picard a aimablement mis ses travaux à notre disposition.

[3] Les ducs considéraient donc le temps, où ils avaient été éloignés des affaires, comme une sorte d'interrègne, pendant lequel on avait abusé du roi.

[4] *Bibl. Nat.* Chambre des Comptes, F. fr. 2836, f. 12.

cordées à Clisson, au Bègue de Vilaine, à le Mercier, Montaigu et Jeannet d'Estouteville[1].

Les régents désiraient surtout hâter l'instruction du procès intenté au connétable. Dès le mois de décembre de cette même année 1392, quand les quinzaines des trois ajournements furent expirées, un huissier appela le connétable à haute voix, d'abord à la porte du palais, et enfin sur les degrés extérieurs[2]. Personne n'ayant répondu au nom d'Olivier de Clisson, l'arrêt fut prononcé le 19 décembre 1392[3].

Cet arrêt, comme toutes les pièces du procès, ayant été détruit par ordre de Charles VI, nous n'en connaissons que la substance. Le connétable était déclaré déchu de sa charge et banni du royaume « comme faux et mauvais traître envers la couronne de France. » Il était de plus condamné à une amende de cent mille marcs d'argent (environ 230 millions), comme concussionnaire.

Le duc d'Orléans, qui avait été convoqué pour assister au jugement de son ami, refusa de se rendre au Parlement, laissant à ses oncles l'entière responsabilité de cette condamnation.

« Or regardez, dit Froissart, les œuvres de fortune, comme elles vont, et si elles sont peu fermes et stables, puisque ce vaillant homme et bon chevalier, et qui tant avait travaillé, pour l'honneur du royaume de France, fut ainsi malmené et vitupéreusement dégradé d'honneur et de chevance (biens). Jamais homme ne fut plus heureux de ce

---

[1] Bibl Nat *Ibidem*, f. 17.
[2] *Froissart*, l. IV, ch. 30.
[3] *Chron. Brioc.* MCCCXCII.

que point il ne vint à ces ajournements ; car, s'il y eût été, il était ordonné qu'on lui eût honteusement tollu (ôté) la vie[1]. »

Comme le donnaient à entendre ses ennemis, Clisson avait-il mal acquis les immenses richesses, dont il disposait dans son testament? C'est là une question fort délicate et fort obscure : c'est là un mystère dont les obscurités ternissent la gloire de ce grand homme. En l'absence de toute preuve directe pour ou contre la culpabilité, nous en sommes réduits aux conjectures et nous ne pouvons raisonner que sur des probabilités et des vraisemblances. Est-il possible, est-il probable que, dans le cours de sa vie agitée, Olivier se soit loyalement enrichi, au point de pouvoir disposer en 1392 de 1.700.000 francs, sans toucher pour cela à ses biens immeubles[2]? La chose paraît d'autant plus étrange que, depuis quatre ou cinq ans, le connétable avait versé 100,000 francs au duc de Bretagne et 120,000 francs au duc d'Irlande, pour la rançon de Jean de Penthièvre. Bien plus, de grands seigneurs cautionnèrent pour la seconde moitié de cette dernière somme, ce qui indiquerait qu'à ce moment Clisson n'avait pas à sa disposition la somme entière. Or ce fut justement, pendant les quelques années qui suivirent, que Clisson jouit d'une puissance à peu près sans égale dans tout le royaume : après ce temps, nous le trouvons en possession de richesses extraordinaires...

[1] *Froissart*, l. IV, ch 30.
[2] Cette somme représenterait de nos jours environ 85 ou 90 millions de francs.

Tout d'abord n'oublions pas que Clisson, dans son testament, *disposait* seulement de l'énorme somme, dont il pouvait régler l'emploi, sans la posséder dans ses coffres toute réalisée en argent comptant.

Si, quatre ans plus tôt, Clisson put à peine fournir immédiatement quelque deux cent mille livres, il faut se rappeler qu'il avait à ce moment prêté de fortes sommes et qu'il s'était acheté jusque-là, presque chaque année, de nouveaux et immenses domaines : de plus, les constructions et fortifications qu'il avait entreprises avaient dû lui coûter beaucoup. Après 1387, Clisson thésaurisa davantage. Il acheta peu de nouvelles terres. L'attentat de l'Hermine l'avait rendu plus circonspect. Peut-être avait-il déjà prévu qu'un jour ou l'autre il aurait besoin d'inépuisables trésors pour se défendre, par ses propres ressources, contre la haine implacable de son suzerain breton. Il connaissait la toute-puissance de l'argent : et un homme de son intelligence devait être un excellent administrateur de son étonnante fortune.

Nous avons vu que les biens de son père et de sa mère, au moment des confiscations, s'élevaient déjà à plus de 20,000 livres de rente. Après sa majorité, sa mère et son beau-père lui laissèrent une seconde fortune au moins égale à la première, qu'il ne tarda pas d'ailleurs à recouvrer. Une fois en possession de cette double fortune, selon toute vraisemblance, il tripla encore et quintupla ses richesses par ses deux opulents mariages, par ses grands profits à la guerre et par de journalières acquisitions. Sa paie de connétable et les largesses royales vinrent encore accroître ses richesses.

De toutes ces observations, il résulte que les grands trésors trouvés en la possession du connétable ne peuvent être regardés comme une preuve suffisante de ses prétendues malversations.

Il fut, il est vrai, condamné comme concussionnaire : mais le procès, qu'on lui intenta, était plutôt une œuvre de haine, une vengeance politique, qu'un acte de réformatrice équité. En tout cas, nul ne peut invoquer contre Clisson des preuves qui peut-être auraient été produites au procès, puisque ces documents ont disparu : il est même probable qu'ils n'ont jamais existé. Le roi, qui eut connaissance de tous les griefs accumulés dans l'instruction, rendit sa confiance à son connétable et si ce dernier ne fut pas réintégré dans ses anciennes fonctions, ce fait s'explique par l'âge avancé d'Olivier[1] et aussi par les difficultés de plus en plus grandes qu'il avait en Bretagne : ces querelles personnelles réclamaient en effet continuellement, dans cette province, la présence de Clisson, qui ne pouvait ainsi remplir efficacement les charges attachées à la connétablie. D'ailleurs les oncles du roi se maintenaient toujours au pouvoir, même pendant les intervalles de lucidité que la maladie laissait au pauvre Charles VI, et les haines inassouvies de ces princes contre le plus puissant des Marmousets ne permettaient pas à ce dernier de rentrer à la cour, pour y exercer le plus haut commandement militaire du royaume.

En résumé, s'il est impossible de disculper com-

---

[1] Quand le procès du connétable fut revisé en 1394, Clisson allait atteindre 60 ans.

plètement Clisson des accusations portées contre son désintéressement et son intégrité, il serait aussi téméraire d'affirmer que le frère d'armes de du Guesclin ne fut qu'un misérable concussionnaire.

La première enquête ordonnée par les régents contre les autres *Marmousets* n'ayant amené aucun résultat, une seconde instruction fut ouverte, le 13 avril 1394[1]. Mais les amis des prisonniers n'étaient pas restés inactifs[2]. La femme du duc de Berry usait de toute son influence en faveur de la Rivière, qui avait négocié le mariage de cette princesse. D'un autre côté, le prévôt des marchands, Jean Jouvenel, dont le crédit était très puissant, s'interposait en faveur de Jean le Mercier, son oncle par alliance. Le duc d'Orléans et le roi, dans ces moments lucides, étaient aussi favorables aux prisonniers.

Les compagnons d'armes du vieux comte de Ribadeo, le Bègue de Vilaine, intervinrent également avec énergie en faveur de leur ami, cautionnèrent pour lui et parvinrent à obtenir sa mise en liberté, moyennant une caution de 20,000 livres parisis[3]. Les régents tenaient encore plus à ravir l'argent que la vie de ceux qu'ils haïssaient.

Bref, après qu'on eût confisqué leurs biens, les autres prisonniers furent également relâchés, à la condition qu'ils se tiendraient exilés du royaume ou tout au moins éloignés de la cour[4]. En effet, la

[1] *Bibl. Nat.* col. de Camps, 86, f. 37.
[2] *Jean le Mercier*, par H. Moranville, p 159.
[3] *Archives nationales*, X²A 12, fol. 170.
[4] *Archives nationales*, X²A 12, fol. 204.

principale ambition des ducs était de reprendre le pouvoir et de se débarrasser de ceux qui s'en étaient autrefois emparés à leur dépens.

La révolution qui, en 1392, suivit la maladie du roi, fut donc plus importante que celle de 1388. Si, en 1388, les oncles du roi furent éloignés du pouvoir, on peut dire que la composition du Grand Conseil resta la même. Au contraire, revenus au gouvernement du royaume, les ducs en profitèrent pour satisfaire leurs rancunes personnelles et pour mettre leurs rivaux hors d'état de leur nuire. Les principaux ministres de Charles V et de Charles VI furent remplacés par les créatures des régents. Pierre de Giac, tout dévoué au duc de Berry, avait perdu en 1388, sa charge de chancelier, il rentra dans le Grand Conseil[1]. Simon de Cramaud, autre créature du duc de Berry, arriva également aux affaires[2], ainsi que Jean Anchier[3], Renaud de Trié[4] et plusieurs autres nouveaux venus.

Néanmoins, comme les ducs n'en voulaient qu'aux principaux ministres de Charles V et de Charles VI, qui les avaient évincés du pouvoir, ils s'arrêtèrent vite dans la voie des épurations. Une fois leur vengeance satisfaite, il se servirent des conseillers secondaires, qui s'étaient rendus presque indispensables pour leurs connaissances administratives et leur habitude des affaires.

---

[1] *Bibl. Nat.* Chartres royales, mss. fr. 25707, n°s 399 et 420.
[2] *Archives nationales*, K. 54, n° 55. *Bibl. Nat.* ms. fr. 25707, n°s 439 et 460.
[3] *Ordonnances*, Secousse, t. vii, 682.
[4] Le *P. Anselme*, t. vii, p. 814.

Ceux-ci d'ailleurs se plièrent plus facilement aux volontés des nouveaux maîtres de la France. « Nous sommes toujours conduits, dit Noël Valois à la même conclusion : il y a dans le Grand Conseil un élément stable qui survit aux révolutions. Après les secousses les plus violentes, en dépit des revirements complets que l'on constate à certaines dates, dans la direction politique, les mêmes hommes[1] poursuivent toujours, plus ou moins paisiblement l'œuvre administrative, qui leur a été confiée; ils résistent aux épurations, sans doute parce que, possédant l'expérience des affaires et le secret de la tradition, ils ont réussi à se rendre à peu près indispensables. »

---

[1] Citons Armand de Corbie, qui resta Grand Chancelier, Philippe de Moulins, Guillaume des Bordes, Jean la Personne, vicomte d'Acy, et même Jean de Montaigu, qui, revenu d'Avignon, rentra au Grand Conseil dès l'année 1393. (*Bibl. Nat.*, ms. 25707. n° 439. Douët d'Arcq. *Pièces inédites*, t. 1, p. 130.)

CHAPITRE XIV

1393-1395

GUERRES ENTRE CLISSON

ET LE DUC DE BRETAGNE

Puissance de Clisson en Bretagne. — Comment il peut lutter contre son suzerain. — Trois années de guerres intestines. — Réconciliation définitive.

La disgrâce de Clisson provoqua la guerre civile en Bretagne. Jean IV, apprenant les malheurs de son puissant vassal, en prit occasion pour essayer de l'anéantir. Pendant que les envoyés des régents cherchaient en vain le connétable de châteaux en châteaux, le duc de Bretagne leur prêta main-forte. Mais la capture d'un tel fugitif n'était pas aisée. Si le vieil homme de guerre était abandonné par la France, il avait encore pour lui ses talents militaires, d'immenses ressources et des amis nombreux et dévoués. D'ailleurs Jean IV, dans la guerre qu'il fit à son vassal, ne put obtenir l'appui de ses plus hauts barons, qui répondaient aux convocations de leur duc que ses démêlés personnels avec Clisson leur étaient indifférents. Nous savons en effet que Clisson avait des liens d'amitié ou de parenté avec toute la haute noblesse du duché.

Olivier ne pouvait songer à prendre l'offensive. Il adopta dans sa nouvelle campagne le système qu'il avait employé si souvent et avec tant de succès contre les armées anglaises. Son but fut, en les harcelant sans cesse, de détruire en détails les troupes ducales, de prolonger la guerre le plus possible et de forcer ainsi peut-être son haineux adversaire à entrer en composition.

Les positions qu'il occupait en Bretagne se prêtaient merveilleusement à cette tactique. Il dominait dans le centre de la province, c'est-à-dire dans la partie la plus boisée et la plus montagneuse[1], par ses possessions du Porhoët, avec Josselin, comme centre de résistance. Il pouvait également s'appuyer, dans ce pays, sur la forteresse de la Chèze, où habitait son gendre, le vicomte de Rohan, sur la ville forte de Moncontour et enfin sur toutes les places et tous les châteaux-forts du Penthièvre, qui appartenait à son autre gendre, Jean de Blois. En plein pays bas-breton, Clisson possédait les enclaves de Quemenet, de la Roche-Moysan et Pontcallec : l'accès de ces derniers fiefs lui était rendu plus facile par leur proximité de la mer[2].

Les sires de Rochefort et de Rieux lui étant dévoués, leurs forteresses, et celle de Blain, étaient des étapes qui mettaient Olivier en communication continuelle avec ses domaines de Clisson et

---

[1] Là s'étendaient les immenses forêts de Lanouée et de Paimpont où du Guesclin avait déjà fait la guerre de partisans.

[2] Voir la *Géographie féodale* de M. de la Borderie, avec la carte correspondante, Rennes, 1889.

ses autres fiefs de l'Anjou et du pays de Poitiers, et aussi avec la France, d'où le duc d'Orléans lui envoyait des secours[1].

C'était une seconde guerre de Blois et de Montfort, qui allait recommencer, avec cette différence qu'à ce moment ni la France, ni l'Angleterre ne soutiendraient les belligérants. De plus, la situation de Jean IV, reconnu comme duc incontesté de la Bretagne, lui donnait de grands avantages sur son ennemi : mais cet adversaire n'était plus l'incapable Charles de Blois, mais l'un des plus grands hommes de guerre du XIVe siècle.

Les hostilités s'ouvrirent par une série d'escarmouches fort meurtrières. « Nul n'osait plus chevaucher par les champs dit Froissart, ou aller par les chemins. Marchandise en était toute morte parmi Bretagne : et toutes gens ès cités et bonnes villes s'en sentaient. Et les laboureurs des terres n'osaient plus les travailler[2]. »

Pierre de Craon arriva bientôt d'Espagne pour se mettre au service de Jean IV, qui fit de cet assassin l'un de ses capitaines. Mais de son côté Clisson en personne tenait la campagne, réparait ses châteaux-forts et les mettait en défense[3], enrôlait et armait de nouveaux soldats, multipliait les attaques imprévues et portait la terreur dans la Bretagne tout entière. Son vieux compagnon d'armes, le sire de Beaumanoir, avait repris le casque et l'épée en faveur de son ami : dans une

---

[1] Les auteurs français nous apprennent qu'un de ces détachements fut trahi par un guido et fait prisonnier. (*Le rel. de Saint-Denis*, l. XIII, ch. 8. *Jurénal des Ursins*, p. 379).

[2] *Froissart*, l. IV, ch. 34.

[3] *Bibl. de Nantes*, 1700 fr. 1544.

rencontre, il avait défait six cents hommes de l'armée ducale[1].

Jean IV voulut finir la guerre d'un seul coup, en s'emparant de Clisson. Il concentra une nombreuse armée et se présenta devant Josselin. Mais Clisson averti par son gendre, le vicomte de Rohan, était déjà parti pour Moncontour. Le duc furieux voulut au moins enlever la ville et le château-fort de Josselin, où se trouvait encore la femme de son ennemi, Marguerite de Rohan, l'ancienne veuve de Jean de Beaumanoir.

L'armée ducale était divisée en deux corps : le sire de Malestroit et le vicomte du Fou commandaient les Bas-Bretons. Pierre de Craon dirigeait l'autre aile, où se trouvaient les Bretons-Gallos.

Les troupes de Craon devaient attaquer le côté est de la ville, tandis que les Bas-Bretons, qui avaient de longues rangées de boutons à leurs habits, campaient à l'ouest, sur les bords de l'Oust. Dans le pays, on appelle encore le lieu de leur séjour le *camp des Boutonnés*.

De part et d'autre, on montra à la lutte beaucoup d'acharnement. Les machines de guerre étaient si près des murailles que les assiégés y mettaient le feu avec des torches enflammées. Le château-fort était solide : mais les murs de la ville s'ébranlaient en plusieurs endroits. La famine se fit bientôt sentir, et les défenseurs de la place, trop peu nombreux, succombaient à la peine.

Une nuit, un homme dévoué et résolu sortit et, traversant le camp du duc, avertit Clisson qu'il

[1] *Chron. des 4 Valois*, p. 331.

était temps d'aviser, s'il voulait sauver sa ville et son château de Josselin. Le vieux batailleur n'avait pas assez de soldats sous la main; il eut recours à la politique.

Le vicomte de Rohan, frère de la femme de Clisson, avait épousé en secondes noces Jeanne de Navarre, sœur de Charles le Mauvais et tante de la duchesse actuelle de Bretagne. Clisson fit agir ces deux femmes et proposa, par elles, d'entrer en accommodements. Le siège de Josselin fut levé aux conditions suivantes : d'abord Clisson renoncerait à son privilège de ne pas comparaître pendant huit ans devant le duc; il renoncerait aussi aux quatre-vingt mille francs, qui lui étaient encore dus, de sorte que le produit du fouage resterait aux mains du duc de Bretagne. De plus, Clisson avancerait immédiatement au duc 50,000 francs, qui lui seraient remboursés plus tard. Enfin il fut convenu que le duc recevrait les clefs de Josselin des mains de Robert de Beaumanoir, pour les remettre ensuite aux mandataires de Clisson, les vicomtes de Rohan et du Fou. Cette dernière clause fut exécutée le premier mardi de juillet 1393.

Le duc, satisfait des conventions, partit alors pour le château de la Chèze, qui appartenait au vicomte de Rohan. Là Clisson devait se rendre pour ratifier l'accord conclu à Josselin. Mais il manqua au rendez-vous, prétextant qu'il ne voulait pas se rencontrer avec certain ennemi. Il faisait allusion à son assassin, Pierre de Craon, alors en faveur à la cour ducale. Jean IV s'aperçut alors qu'il avait été joué. Des deux côtés, on se prépara à la guerre pour le printemps prochain.

Vers le commencement de janvier 1394, le roi de France, se trouvant un peu mieux, fit un pèlerinage au mont Saint-Michel. Comme il était tout près de la Bretagne, il voulut pacifier cette province[1]. Déjà Clisson et le duc de Berry s'étaient réconciliés. Charles VI députa au duc de Bretagne l'évêque de Langres et d'autres ambassadeurs. Jean IV leur refusa d'abord un sauf-conduit et s'écria : « Que viennent faire ici ces Français ? Qu'ils s'en aillent, au nom du diable, je n'ai que faire d'eux[2]. »

Néanmoins les députés royaux furent assez heureux pour déterminer les deux adversaires à convenir d'une trêve, qui devait durer du 3 janvier au 1er mars. Clisson n'exceptait de cette trêve que Pierre de Craon et ses complices. Les ambassadeurs français réussirent même, en menaçant Jean IV de la colère du roi, à faire signer à ce prince la paix avec son vassal sur les bases du traité de Tours[3]. Mais ce dernier accord fut vain et sans effet, comme on pouvait s'y attendre.

C'est pendant cette courte suspension d'armes que Clisson rentra en faveur à la cour de France. Charles VI, non content d'avoir fait tous ses efforts pour réconcilier son ancien connétable avec son suzerain, annula en outre la sentence rendue contre lui par le Parlement. Ce fut pendant ce mois de janvier 1394 que le roi ordonna aussi la mise en

---

[1] *Juvénal des Ursins*, p. 381.
[2] *Le religieux de Saint-Denis*, l. xiv, ch. 11.
[3] Jean IV donna procuration, le 22 janvier, à Geoffroy Ruffier et à Robert Brochereul pour signer l'accord en son nom. (*Archives de Nantes*, S. E. 166).

liberté de le Mercier et de la Rivière[1]. Enfin, vers ce temps, une entrevue fut ménagée entre Clisson et les deux oncles du roi, les ducs de Berry et de Bourgogne. « Et fut mandé Clisson par les ducs tout seuls, lequel parla à eux en toute douceur et humilité, et tellement qu'il y eut bonne paix et accord fait, dont tout le pays fut bien joyeux[2]. »

D'après Fontenelle de Vaudoré[3], on aurait même proposé à Clisson de reprendre la connétablie, mais il aurait refusé, à cause des difficultés qui le retenaient en Bretagne. — Nous n'avons pu trouver les preuves de cette affirmation de Fontenelle contredite par les faits. Les historiens français sont unanimes à dire que le duc de Berry avait déjà disposé de cette charge en faveur de son gendre, le comte d'Eu. D'ailleurs ce ne fut qu'à sa mort que Clisson voulut rendre l'épée du connétable au roi de France : ce qui prouve qu'il protesta toute sa vie contre l'injustice, dont il se voyait victime, et qu'il ne jugeait pas suffisamment réparée.

Le pénible échaffaudage de négociations et d'arrangements, que les diplomates français avaient préparés, pour réconcilier Jean IV et Clisson, s'écroula, quand le printemps eut ramené la saison des hostilités. On comprend que Clisson

[1] Les pièces du procès intenté à ses ministres furent remises à Charles VI, le 3 avril 1394, sur les instances des ducs d'Orléans et de Bourbon. (*Le Parlement de Paris*, par M. F. Aubert, p. 192).

[2] *Juvénal des Ursins*, p. 381. Juvénal se trompe en affirmant que les ducs, qui mandèrent Clisson, étaient les ducs de Bourgogne et de *Bretagne*. Clisson refusa pendant plusieurs années de paraître en présence de Jean IV, qui de son côté n'agissait que par procureurs (*Arch. de Nantes*, S. E. 166).

[3] *Fontenelle Vaudoré*, l. IV, p. 131.

désirât la paix : mais Jean IV, qui venait d'avoir un fils, n'en était que plus décidé à réduire à l'impuissance des vassaux, tels que Clisson et Penthièvre, qui étaient pour sa couronne un perpétuel danger. Bien que dom Lobineau[1], et en général les historiens bretons, rejettent sur Clisson la responsabilité de la nouvelle guerre, il est plus vraisemblable d'admettre, avec les historiens français[2], que Jean IV, croyant toujours pouvoir s'emparer de Clisson par surprise, n'avait pas encore le désir sincère de se réconcilier avec son redoutable ennemi. Aussi ce fut le duc qui le premier entra en campagne.

Au lieu de recommencer ses attaques contre Josselin et le Porhoët, il porta ses forces vers le Penthièvre et assaillit brusquement, mais sans succès, la ville de Moncontour. Alors il s'en alla du côté de Lamballe, dont il brûla les faubourgs. Mais le séjour dans le Penthièvre lui était rendu difficile par le voisinage des fortes places de Moncontour et de Jugon. Le duc se dirigea vers le pays de Guingamp et s'empara de la Roche-Derrien[3], qu'il détruisit, en présence des ambassadeurs français venus pour l'engager à cesser la guerre[4]. Peu après, il descendit vers Tréguier. C'est là que les ambassadeurs, qui, dans l'intervalle, avaient dû aller trouver Clisson, revinrent lui demander

---

[1] « Après avoir été trompé par Clisson, [le duc] ne laissait pas de s'exposer encore à traiter avec lui ; mais ces avances du duc n'ayant rien produit, il mena son armée devant Moncontour. » *Dom Lobineau*, H. l. XIV, p. 487).

[2] *Juvénal, Le rel. de Saint-Denis, Froissart.*

[3] *Pierre Le Baud*, ch. 45, p. 420.

[4] *Bibl. nationale*, ms. 789, n° 79.

ORATOIRE D'OLIVIER DE CLISSON
En l'église de Josselin.

l'hospitalité. Il leur répondit qu'il ne délogerait pas ses gens pour eux. Ce manque de courtoisie ouvrit les yeux aux députés royaux, qui rentrèrent aussitôt en France, « après avoir fait beaucoup de dépenses et perdu beaucoup de temps. »

Content de la prise de la Roche-Derrien, le duc, après avoir fortifié la cathédrale de Saint-Brieuc[1], congédia son armée et se retira à Morlaix pour chasser avec quelques seigneurs. Clisson n'avait pas eu assez de troupes pour résister à l'armée ducale : celle-ci étant dissoute, il en profita pour entrer à son tour en campagne. Il avait préparé à l'avance de nombreuses machines de guerre. Avec ces engins il brisa les murs et les guérites de la place de Saint-Brieuc et s'empara même de sa cathédrale. Il prit ensuite le château du Périer, qu'il rasa pour répondre aux actes de vandalisme commis par le duc à la Roche-Derrien. En somme, la campagne de 1394, comme la précédente, laissait les adversaires dans la même situation. Clisson était resté insaisissable et les attaques de son suzerain l'affaiblissaient peu. De France, il lui arrivait sans cesse de nouvelles troupes, qui lui permettaient de continuer la guerre et de porter où il voulait ses coups et ses ravages, sans courir de grands dangers.

Jean IV se repentait de n'avoir pas, après la prise de Roche-Derrien, dirigé son armée vers la frontière de France, pour couper le chemin aux renforts qui arrivaient à Clisson. Il rassembla bientôt à Vannes toutes les forces qu'il put trouver

---

[1] Les églises servaient souvent de forteresses au moyen-âge. (V. *Arch. nat.*, K. 40, 14).

et s'imaginant que Clisson, dont les troupes grossissaient toujours, accepterait la bataille, il marcha tout droit sur Saint-Brieuc. Le chroniqueur fait remarquer que cette armée marchait à la manière bretonne *more britannico*[1] : les fantassins sur les deux ailes et la cavalerie au centre et à l'avant-garde. Elle était composée « de 5,553 hommes, sçavoir 2,500 tant chevaliers que escuyers ayant leurs armoiries sur leurs cottes d'armes : 3,056 arbalètriers et archers, sans les sergents et serviteurs très bien armés[2]... » A ce rassemblement d'au moins 7 à 8,000 hommes, Clisson, retiré dans Saint-Brieuc, ne pouvait opposer que 2000 combattants, parmi lesquels ses deux gendres, Jean de Penthièvre et Alain de Rohan ; Robert de Beaumanoir, ainsi que les seigneurs de Rochefort et de Rieux étaient aussi dans son armée.

Retranché dans une ville fermée, à proximité de la mer, au milieu d'un pays boisé et montagneux, Clisson occupait une position très forte et qui se prêtait à merveille à la défensive. Le duc lui proposa avec ostentation une bataille en rase campagne, sur les grèves d'Hillion. Mais le vieux capitaine n'était pas un héros d'Homère : il était incapable de commettre, par fanfaronnade, la moindre imprudence. Il dédaigna de répondre aux défis de Jean IV, attendant avec tranquillité les assauts d'une armée trois ou quatre fois plus nombreuse que la sienne.

Pendant que Jean IV se morfondait loin de Saint-Brieuc, n'osant attaquer la place, il reçut

---

[1] *Chron. Brioc*, A. MCCCXCIV.
[2] *D'Argentré*, l. x, ch 21.

des lettres du roi de France[1], qui lui proposait, pour mettre fin à cette guerre stérile, qui désolait la Bretagne, de s'en remettre à l'arbitrage du duc de Bourgogne. De plus, pour montrer ses dispositions conciliantes, Charles VI aurait donné l'ordre aux hommes d'armes français, alors en Bretagne, de rentrer dans son royaume. — Le duc de Bretagne comprenait enfin son impuissance à triompher par la force de son vassal ; il vieillissait ; ses enfants étaient bien jeunes : sa mort ne leur laisserait qu'une couronne mal assurée, une province ruinée, déchirée par des guerres intestines toujours renaissantes. La plus vulgaire sagesse conseillait au haineux suzerain de faire taire ses passions personnelles et de chercher sérieusement la paix. Sans repousser l'arbitrage du duc de Bourgogne, Jean IV voulut d'abord s'entendre directement avec Clisson.

Il envoya à Josselin les sires de Rohan, de Dinan et de Léon, avec mission de déterminer Clisson à venir à Vannes, en personne, pour entrer en accord avec lui. Ces trois seigneurs s'offrirent à rester eux-mêmes en otages à Josselin jusqu'au retour d'Olivier. Mais l'ancien prisonnier de l'Hermine répondit : « Il vaut mieux que vous viviez et moi aussi, plutôt que de vous mettre en ce danger. Je me garderai bien de lui : qu'il se garde de moi. »

Charles de Dinan, que Clisson aimait beaucoup, insista, au nom du bien général et de la pauvre Bretagne désolée par ces sanglantes querelles.

---

[1] Dom Morice, *Pr.*, t. II, col. 642.

Clisson déclara alors qu'il était disposé à se rendre à Vannes, pourvu que le jeune fils du duc de Bretagne vînt en otage à Josselin, pendant le temps de l'entrevue.

Jean IV ne consentit pas à laisser partir son fils et la guerre continua encore plus cruelle qu'auparavant. Le duc de Bourgogne envoyait des secours en hommes et en chevaux au duc de Bretagne ; le duc d'Orléans agissait de même envers Clisson : mais la plupart des barons bretons ne voulaient pas prendre une part active dans une guerre inutile et désastreuse pour leur pays.

Clisson chevauchait continuellement en personne, tandis que le duc se contentait de faire agir ses troupes : c'est ce qui explique les grandes pertes que, sans trop de dépenses de sa part, Clisson infligeait au duc et à ses gens.

Un jour le terrible borgne rencontra deux de ses geôliers de l'Hermine. L'un s'appelait Bernard et l'autre Yvonnet. « Te souviens-tu, dit-il à Yvonnet, comment, au château de l'Hermine, tu m'as enchaîné cruellement ?... Et toi, Bernard, tu avais pitié et même tu dévêtis ton habit pour m'en couvrir : car j'étais étendu sur le froid pavé avec un simple doublet... » Alors Clisson tua Yvonnet d'un coup de dague et donna à Bernard une forte récompense.

La chronique des quatre Valois[1] raconte qu'un autre jour le sire de Beaumanoir assaillit une troupe de soldats ducaux, qui escortaient une charge d'argent. Il en tua une quarantaine et fit

---

[1] *Chronique des 4 Valois*, p. 332.

autant de prisonniers. Parmi ces derniers, Clisson reconnut encore trois de ses gardiens de l'Hermine et les mit à mort : « ce dont, ajoute la chronique, il fut blâmé par Beaumanoir. »

Ces traits nous montrent que l'âge n'avait pas adouci la férocité du *boucher des Anglais*. D'ailleurs il était toujours aussi actif et aussi intrépide, se moquant des entreprises de son suzerain et allant le défier lui-même jusqu'aux portes de ses forteresses. Un jour Olivier fit grâce de la vie à quelques pillards, tout près d'Auray[1], à condition que ceux-ci allassent dire au duc, enfermé dans la ville, de venir chercher le blé vert, que ses maraudeurs avaient coupé. Clisson l'attendrait jusqu'au soleil couchant — Froissart nous raconte que « ledit messire Olivier de Clisson se comporta si bien en cette guerre que le duc ne conquit rien sur lui : mais qu'il conquit sur le duc et prit par deux fois toute sa vaisselle d'or et d'argent et grand foison d'autres beaux joyaux, lesquels il tourna tout à son profit[2]. »

En Bretagne comme en France, on était las de cet état de guerre entretenu par des haines toutes personnelles. Le duc de Bourgogne, accepté enfin comme arbitre, demanda aux parties de se rendre à Ancenis, où il les attendrait. Des sauf-conduits furent expédiés : mais Jean IV parut seul à la conférence, qui se tint dans l'église paroissiale. Clisson se rendit pourtant dans les faubourgs de la ville, où il demeura. On vint d'abord lui lire la cédule,

---

[1] Auray se trouvait sur la route de Josselin aux trois fiefs que Clisson possédait en Basse-Bretagne.

[2] *Froissart*, l. IV, ch. 34.

par laquelle les adversaires déclaraient se soumettre à l'arbitrage. Clisson jura ensuite « sur la Passion, les Evangiles et tous les saints du Missel qu'il s'en tiendrait à tout ce que le duc de Bourgogne aurait jugé. » Il envoya les sires de Rieux, de Beaumanoir et de Harpedanne pour être témoins du serment semblable, que prêta le duc de Bretagne, *après avoir pris ses sûretés*[1].

Le duc de Bourgogne et les parties allèrent ensuite à Angers, où chacun exposa à loisir ses *plaintes, défenses et répliques.*

Jean de Penthièvre reprochait au duc : premièrement de ne pas lui avoir donné les gages accordés par le traité de Tours, notamment la terre du Helgouët. En second lieu, le duc avait pris et détruit la Roche-Derrien, sans tenir compte même des observations que lui faisaient les ambassadeurs du roi.

En outre, Clisson se plaignait que le duc, après lui avoir fait tort de 6,000 francs, sur les 20.000 dont parlait le traité de Tours, avait encore assiégé Josselin et fait courir et piller tous ses domaines de Bretagne, et même du Poitou. Il estimait ces dégâts à 300.000 francs, sans parler des frais de guerre évalués à la même somme.

Le duc répliquait que la terre du Helgouët valait 3,000 francs de plus que la somme due à Jean de Penthièvre : d'ailleurs ce dernier entravait l'exercice de l'autorité ducale dans son comté, où, ainsi que Clisson dans ses propres terres, il percevait indûment certains impôts. Jean IV reprochait

---

[1] *Chron. Brioc*, A. MDCCXCV.

encore à Jean de Penthièvre de revendiquer, sans juste cause, le *temporel* des églises de Saint-Aubin et de Saint-Jacu : enfin il se plaignait amèrement de ce que ses ennemis avaient fortifié Saint-Brieuc et les églises de Brélevenez et de la Roche-Derrien: il disait hautement que toutes ces rébellions lui avaient coûté plus de 600.000 francs.

Le gendre et le beau-père répliquaient qu'en toutes choses ils avaient agi conformément à leurs droits. S'ils avaient commis certains actes de violence, tels que l'arrestation de plusieurs officiers ducaux, c'était pour repousser, même par la force, l'arbitraire et l'injustice.

Il était bien difficile d'arranger les parties. Plus la guerre avait duré, plus il y avait de griefs et plus chaque adversaire se regardait comme injustement lésé.

Enfin, après une prorogation d'arbitage accordée par les procureurs des parties jusqu'à la Chandeleur, et après une nouvelle intervention du roi de France, qui expédia de nouveaux pouvoirs, le duc de Bourgogne prononça son jugement, le 24 janvier, dans le palais épiscopal de l'évêque de Paris.

Clisson aurait désormais recours à la juridiction ducale, mais pourrait se faire représenter par procureurs pendant deux années de plus que les huit ans fixés à Tours. — On ferait une nouvelle estimation des terres cédées par le duc pour payer sa dette à Jean de Penthièvre, qui pourrait rebâtir la Roche-Derrien. — Les prisonniers seraient de part et d'autre mis en liberté sans rançon —. Quant aux 100.000 francs que le duc prétendait avoir versés, mais que Clisson affirmait n'avoir jamais reçus, on en informerait plus tard par des personnes non suspectes. Les frais de guerre, que les deux parties réclamaient, seraient couverts par un impôt de 30 sous par feu, qui serait levé par les commissaires du duc de Bourgogne et attribué moitié au duc de Bretagne, moitié à Clisson et à son gendre[1].

Tel est le résumé de cette sentence, dont la teneur ne remplit pas moins de dix colonnes in-folio, dans les *Preuves* de dom Morice.

C'était surtout la Basse-Bretagne, qui avait souffert des hostilités. Le 7 février, le duc y fit publier les premiers ordres de cesser les voies de fait[2].

« Vieille rancune est pire que mauvais malon (ulcère) », dit à ce sujet une vieille chronique française. La guerre cessa d'être ouvertement déclarée, « mais on se fit de part et d'autre tout le mal dont on put s'adviser[3]. »

Clisson et le duc « demeurèrent en querelle et se firent encore dure et aspre guerre, tellement que leurs gens se tuaient partout où ils se trouvaient, le seigneur de Clisson se soutenant par sa force sienne et de ses amis, le duc de Bretagne n'étant servi que de dissimulation[4]. »

Le château de Tonquédec devait être rendu au sire de Coëtmen : Jean IV le fit préalablement démolir.

D'après dom Lobineau, ce fut alors que Clisson

---

[1] *Arch. de Saint-Brieuc*, S. E. 1. Dom Morice, *Pr.*, t. II, col. 633-643.
[2] *Arch. de Nantes*, S. E. 126-59.
[3] *Chronique des 4 Valois*, p. 329. « Quâ declaratione non obstante, jurgia et rancores diu inter ducem et Dominum de Clicio duraverunt. » (*Chron. Brioc.* A. MCCCXCV, n. s).
[4] *D'Argentré*, l. x, ch. 23.

enleva pour la seconde fois au duc toute sa vaisselle d'or et d'argent et plusieurs joyaux de prix[1].

La guerre dégénérait en méchantes escarmouches, en vrais brigandages. Les nobles en étaient aussi lassés que le peuple. Tout le pays était ruiné. « La plus grande partie des seigneurs étaient secrètement ou même ouvertement dans les intérêts de Clisson et de son gendre. »

L'aristocratie bretonne désirait moins la paix que la fin de tous les maux causés par la guerre. Elle gardait son irréductible esprit d'indépendance contre cette autorité ducale, que Jean IV avait toujours cherché à étendre et à consolider. Ces ombrageuses susceptibilités de la haute noblesse bretonne, jointes à ses préférences françaises, nous expliquent pourquoi Clisson trouva toujours de solides appuis en Bretagne dans ces luttes contre son suzerain. Ce dernier ne put jamais sérieusement compter que sur une partie de la moyenne noblesse, sur les Hunaudaie, les Lohéac, les Montbourcher. Au contraire, les Laval, les Léon, les Beaumanoir, les Rieux étaient facilement disposés à soutenir l'opposition faite au duc. D'ailleurs, Jean de Penthièvre, que Clisson opposait, comme rival, à Jean IV, pouvait par sa naissance revendiquer la couronne ducale : il était riche, bien apparenté et avait déjà plusieurs enfants de Marguerite de Clisson. La mémoire de son père, saint Charles de Blois, comme on disait alors, lui donnait en outre un grand prestige aux yeux des pieuses populations de la Bretagne.

En France, Jean IV ne pouvait absolument compter que sur l'appui du duc et de la duchesse

---

[1] *Dom Lobineau*, H. l. XIV, p. 492.

de Bourgogne : encore ce dernier, cousin de Jean de Penthièvre et réconcilié avec Clisson, se montrait depuis quelque temps animé d'un grand esprit de modération et de justice. Les autres barons français, y compris le duc d'Orléans et même le roi, n'avaient oublié ni les sympathies anglaises de Jean IV, ni son dernier mariage avec une fille de Charles le Mauvais. Les enfants issus de cette union ne pouvaient vraisemblablement espérer protection et secours du côté de la France.

Quant à l'Angleterre, elle paraissait incliner de plus en plus vers la paix : l'annonce du futur mariage du roi d'Angleterre avec la fille du roi de France permettait même d'espérer un complet rapprochement entre les deux nations. D'ailleurs, Jean IV connaissait les Anglais : il savait bien qu'ils ne sacrifieraient pas leurs propres intérêts pour garder le duché de Bretagne à leur ancien allié.

Le duc avait déjà eu de longues conversations avec les grands seigneurs de Bretagne, les sires de Rohan, de Laval, de Harpedanne et de Châteaubriant : leurs conseils l'avaient enfin complètement déterminé à vouloir une paix sincère et durable.

Un jour, il s'enferma seul dans une chambre, avec un secrétaire, et dicta une lettre fort affectueuse, dans laquelle il demandait à Clisson une entrevue secrète. Un de ses plus sûrs valets de chambre apporta cette lettre à Josselin. Clisson la lut deux ou trois fois attentivement et resta étonné, presque touché. Il donna l'ordre de bien traiter le messager, ce qui surprit beaucoup ses gens : car auparavant il n'eut jamais tenu en son pouvoir un valet ou serviteur du duc, « qui ne fût mort ou mis en prison douloureuse[1]. » Le vieux guerrier se retira ensuite dans ses appartements. Le ton humble, que prenait le duc envers lui, l'inclinait à accéder à la demande exprimée dans la lettre : mais d'un autre côté il se souvenait qu'il avait failli perdre la vie pour s'être laissé prendre aux belles paroles de son ennemi. Il écrivit donc à son suzerain qu'il était prêt à lui obéir et à se rendre à Vannes, à condition que le jeune héritier de Bretagne viendrait à Josselin et y resterait en otage, pendant que durerait l'entrevue.

Le duc accepta cette fois la condition. Il manda en toute hâte le vicomte de Rohan, qui habitait la Chèze. Il voulait confier son fils à ce vieillard vénéré de tous, qui était l'oncle de l'enfant et le beau-frère de Clisson. — Quand Rohan fut venu, le duc lui dit : « Vous et le sire de Montbourcher, vous mènerez mon fils à Chastel-Josselin et le laisserez là, et m'amènerez messire Olivier de Clisson, car je me veuil accorder à lui. »

Le jeune héritier du duché de Bretagne avait environ sept ans, quand il fut conduit à Josselin. Clisson, apprenant par le sire de Beaumanoir que l'enfant venait chez lui, fit seller dix-huit ou vingt chevaux et partit à sa rencontre, pour lui faire honneur. Rentré à Josselin, il demanda aux chevaliers, qui venaient de Vannes, s'ils savaient pourquoi le duc le faisait appeler. Ils lui dirent que c'était pour s'accorder avec lui et que, à leur avis, le duc était cette fois très sincère. « Et de ce vous pouvez bien nous croire, dirent-ils, car nous sommes de votre sang. »

[1] *Froissart*, l. IV, ch. 46.

Clisson ne voulut pas se laisser vaincre en générosité et partit sur-le-champ pour Vannes ramenant avec lui l'enfant pour le rendre à son père : car, disait-il, «. en bonne paix, concorde et amour, il ne doit y avoir nulle ombre de trahison, ni dissimulation.»

Le duc et Clisson se rencontrèrent d'abord dans l'église des Cordeliers. De là ils descendirent bientôt par des jardins jusqu'au bord de la mer, où ils montèrent dans une barque pour n'être entendu de personne[1].

Les deux ennemis se séparèrent réconciliés. Le 19 octobre 1395, la paix fut signée à Aucfer, près Redon, par les délégués des deux partis. Le lendemain, au château de Rieux, Clisson apposait son sceau au traité. Cinq jours après, Jean de Penthièvre le signait aussi à Guingamp. Les conditions de l'entente étaient à peu près les mêmes que celles qui avaient été stipulées dans la sentence arbitrale du duc de Bourgogne. Au lieu d'une rente de 8,000 livres, Jean IV donnerait à Jean de Penthièvre Helgouët, Châteauneuf-du-Fou, Gourin, Derault, Châteaulin et Lannion. D'autres terres lui seraient encore assignées comme garantie des 22,000 livres de capital, que lui devait Jean IV. En retour, Hédée, la Guerche, Saint-Père-en-Rais seraient rendus au duc et les fortifications de Tonquédec resteraient démolies.

Les deux parties voulant enfin sincèrement la paix, les conventions furent de part et d'autre loyalement observées.

---

[1] *Froissart*, l. IV, ch. 46. Alain Bouchart, s'appuyant sans doute encore sur la tradition, dit que les deux ennemis restèrent à s'entretenir dans le jardin des Cordeliers. (*Alain Bouchart*, l IV, ch. 162).

Tout s'apaisait en Bretagne, en France et en Angleterre. Nous avons vu qu'à Paris, les deux amis de Clisson, Jean le Mercier et le sire de la Rivière avaient été délivrés de leur prison. Clisson envoya 2,000 écus d'or à Bureau de la Rivière[1].

De son côté, le roi de France restitua à Clisson la garde « des ville et chastel de Pontorson... aux gaiges de mil frans d'or par an. » L'acte de cette restitution est une des preuves authentiques de la réhabilitation de l'ex-connétable que Charles VI appelle encore « son cher et féal cousin[2]. . »

Quant à Pierre de Craon, il revint à Paris, comptant sur l'appui du duc de Bourgogne : mais il fut arrêté et traduit devant le Parlement. Clisson ne daigna pas soutenir l'accusation, n'ayant sans doute qu'un souverain mépris pour ce Parlement, qui l'avait condamné lui-même : mais la veuve du duc d'Anjou obtint de celui qui avait trahi et volé son mari 100,000 francs de dommages-intérêts[3]. Le coupable fut emprisonné jusqu'au paiement des amendes. Grâce aux intrigues de la duchesse de Bourgogne, il fut bientôt remis en liberté. Cette fois le Parlement, par un reste de pudeur, refusa d'entériner les lettres de rémission[4].

---

[1] *Bibl. de Nantes*, 1703, fr. 1547.

[2] *Bibl. Nat*, ms. 789, n° 21.

[3] De plus, Pierre de Craon et ses complices furent condamnés solidairement à payer 100,000 francs à Olivier de Clisson. (*Bibl. de Nantes*, 1703 fr. 1597).

[4] L'assassin reparut quand même à la cour. Nous trouvons son nom, à côté de ceux de Clisson et de Beaumanoir, sur la liste des trois cent cinquante seigneurs, à qui le roi donnait, le 1ᵉʳ mai 1400, une houppelande « pour eux vestir de sa livrée. » (*Pièces inédites sur le règne de Charles VI,* par Douët d'Arcq, 1ᵉʳ mai 1400).

CHAPITRE XV

1395-1407

DERNIÈRES ANNÉES DE CLISSON

Apaisement général. — Mort de Jean IV. — Dernières armes de Clisson contre les Anglais. — Son testament et sa mort. — Conclusion.

La vie militaire de Clisson était à peu près finie : il allait atteindre soixante ans. La forte génération de guerriers, au milieu de laquelle il avait vécu, avait disparu ou vieillissait dans le repos.

Le vieux vicomte de Rohan, beau-frère et compagnon d'armes de Clisson, mourut bientôt en son château de la Chèze, après avoir chargé « son très cher sire et frère, le sire de Cliçon et son très cher et amé cousin, M. Robert, sire de Beaumanoir[1]…. » d'être ses exécuteurs testamentaires.

A la mort de Rohan, Jean IV voulut montrer à Clisson que leur mutuelle réconciliation était sincère et complète. Il accorda *l'exemption de rachat*, au territoire de la Chèze, comme faisant partie du Porhoët, « laquelle baronie de Porhoët, dit-il,

---

[1] Dom Morice. *Pr.*, t. II, col. 659.

tient de présent nostre tres cher cousin et féal Olivier, sire de Cliçon[1]. »

Le duc ne tarda pas à donner encore à son ancien ennemi une nouvelle marque de confiance et d'estime. Au mois d'août 1396, ayant conduit à Paris son fils aîné âgé de neuf ans, pour le marier à la fille du roi de France, il choisit Clisson pour son lieutenant en Bretagne pendant son absence[2]. C'est à peine si les historiens mentionnent ce court passage de Clisson à la direction des affaires en Bretagne ; sans doute l'ex-connétable vit moins, dans cette lieutenance, une véritable délégation de l'autorité ducale qu'un titre et une distinction honorifique.

Retiré à Josselin, il se mêla désormais fort peu à la vie publique : il consacra les loisirs de sa vieillesse à l'administration de son immense fortune.

Il régla d'abord plusieurs difficultés pendantes entre lui et la vicomtesse de Thouars, au sujet des terres de la Garnache, Beauvoir, Paluau, Montaigu, Châteaumur, Thouarcé, Saint-James et Biron[3]. Il avait déjà réparé et fortifié son château de Josselin : il reconstruisit, dans cette même ville, l'église Notre-Dame, où il se réserva pour lui et sa famille une magnifique chapelle[4]. A

[1] Dom Morice, *Pr.*, t. II, col. 666. Ces droits payables à la couronne par les héritiers des fiefs, à leur entrée en jouissance, correspondaient à ce que nous appellons aujourd'hui les droits de mutation. (V. *Coutume de Bretagne*, Planiol, 232 et *passim*).

[2] *Le rel. de Saint-Denis*, l. XIV, ch. 16. *Chron. Brioc.* A. MCCCXCVI.

[3] Archives de Nantes. S. E. et Dom Morice, *Pr.*, t. II, col. 691.

[4] Cette chapelle porte encore le nom de chapelle de Clisson ou chapelle Sainte-Marguerite. (La seconde femme de Clisson était, comme on sait, Marguerite de Rohan). On y voit des M couronnés sculptés dans le granit.

Gâvres et à Blain, il commanda aussi des restaurations importantes. Il pourvoyait facilement à ces dépenses et aux nombreuses aumônes qu'il répandait autour de lui[1], sans pour cela presser son suzerain de lui payer les sommes qui lui étaient dues[2]. En 1398, il put encore prêter 20,000 livres à son ami, le duc d'Oléans[3], avec qui il restait toujours en étroites relations d'amitié.

Ce dernier sentait déjà sans doute autour de lui se nouer les intrigues et couver les haines des princes, ses proches parents, qui devaient un jour le faire périr. Le 18 octobre 1397, le duc d'Orléans et Clisson avaient contracté alliance, par un pacte solennel, qui rappelle celui que Clisson et du Guesclin avaient signé à Pontorson, il y avait déjà quelque trente ans. Dans ce traité, Clisson reconnaît qu'il a toujours eu dans le duc d'Orléans « reffuge et esperance de tout confort en *ses* adversitez. » Les deux alliés s'engageaient mutuellement à se prêter à l'avenir « aide et assistance... contre tous ceux qui peuvent vivre et mourir, excepté... le roy de France et monseigneur le Dauphin, son fils[4]... ».

---

[1] *Bibl. de Nantes*, 1700 fr. 1544.

[2] *Bibl. de Nantes*, 1691 fr. 1535.

[3] En 1397, Jean IV devait encore à Clisson 10,934 livres. (*Arch. de Nantes*, S. E. 167).

[4] *Archives de Nantes*, S. E. 217, c. 97. Clisson ne prêtait pas seulement de l'argent au duc d'Orléans, mais à ceux que ce prince lui recommandait. Il prêta ainsi 2,000 écus d'or au sire de Werchin. *Bibl. de Nantes*, 1693 fr. 1537).

[5] *Arch. Nat.* K. 57, n° 9. Ces sortes d'alliances n'étaient pas rares à cette époque. Une autre forme d'alliance, entre particuliers, était aussi usitée. Quand un grand personnage voulait s'assurer le dévouement et les services de créatures qu'il tenait à s'attacher, il leur payait des pensions parfois assez élevées. C'est ainsi que les ducs de Berry et de

Un an après la mort de Clisson, le duc d'Orléans devait périr lâchement assassiné par son cousin germain, à quelques pas de l'endroit où l'on avait tenté de tuer le connétable. Il fallait s'attendre à tout, dans cette cour, qui recevait encore au milieu d'elle Pierre de Craon, après deux trahisons, un vol qualifié et deux assassinats. Les courtisans profitaient du calme relatif laissé par la guerre pour se livrer à des orgies et à des extravagances telles qu'elles firent de nouveau sombrer la faible raison du roi[1].

On ne voit pas que Clisson ait désormais fréquenté la cour de France et qu'il ait séjourné à son hôtel de la rue du Chaume. Lui, qui avait tant aimé les agitations de la guerre, les fêtes bruyantes et fastueuses, il préférait sans doute des distractions plus calmes, la vie de famille[2], la compagnie de ses petits enfants, et même les amusements de la chasse[3] et de la pêche, que le

Bourgogne avaient en vain voulu gagner le Mercier et la Rivière. (Voir *Étude sur Jean le Mercier*, II. Morainville, p. 36 et suivantes). Aux Archives nous avons retrouvé un grand nombre de promesses faites par certains seigneurs de servir le duc d'Orléans, moyennant 200, 300, 400 et 500 livres de pensions annuelles. Les actes sont datés de 1397 et des années suivantes. (*Arch. Nat.* K. 57, n°s 3, 4, 5, 6, 9 etc.). Cette manière d'accroître son influence sociale et politique fait penser aux clients de l'ancienne Rome.

[1] Voir *Le religieux de Saint-Denis*, Charles VI, *passim*. *Juvénal des Ursins*, année 1393 et suiv. *Froissart*, l. IV, ch. 32 et suiv.

[2] Les deux filles de Clisson eurent de nombreux enfants. L'une d'elle, Marguerite, mariée à Jean de Penthièvre eut cinq garçons et une fille. (Voir *Fontenelle de Vaudoré*, t. II. Appendice, n° 13).

[3] Clisson, par testament, donna au duc d'Orléans six de ses chiens de chasse. Quant à son milion (faucon) favori, il le laissa à son gendre, le vicomte de Rohan. (Dom Morice, *Pr.*, t. II, col. 782). Les faucons dressés coûtaient fort cher. Charles V en paya un 200 francs d'or (8 à 10,000 fr., en monnaie actuelle) : c'était alors le prix d'une demi-douzaine de chevaux. (*Bibl. Nationale*, C. D. T. 1re série. Dossier Berthault).

voisinage de l'Oust¹ et des grandes forêts de Lanouée et de Paimpont lui rendaient faciles.

C'est à quelques pas de la terre de Mi-Voie, illustrée par le *combat des Trente*, que la petite ville de Josselin accroche ses maisons blanches sur les pentes abruptes, qui s'élèvent des deux côtés de la rivière d'Oust. Ce cours d'eau n'a pas les allures grondeuses de la Sèvre et de la Moine, qui baignent, sur les frontières du Poitou, la ville et les ruines de la forteresse de Clisson, c'est une rivière paisible, qui coule dans un pays plein de légendes, et dont le calme horizon devait plaire au vieux connétable, au soir d'une vie si troublée. Pendant plus de douze ans, Olivier de Clisson demeura habituellement à Josselin, s'occupant moins des

---

La chasse étant la distraction favorite des gens de guerre, après les campagnes contre les Anglais, tout le monde en France, nobles et manants, se livrèrent à cet exercice. Les nobles se plaignirent sans doute de la concurrence : car le roi, par une ordonnance du 10 février 1897 (n. s.) défendit la chasse aux roturiers. Voici quelques extraits de cette curieuse ordonnance, que nous avons déchiffrée aux *Arch. Nationales* :

« Charles... etc... salut. Il est venu à notre cognoissance... que plusieurs personnes non-nobles, laboureurs et autres, sans ce qu'ils soient a ce privilégiez, ni qu'ils aient adveu de personnes nobles ou d'autres ayans garennes ou privilèges, ont et detiennent devers eulx chiens suivans, cordes, loz, filez et autres engins a prendre grosses bestes rouges et noires, comme lièvres, perdrix, faisans et autres bestes et oyseaulx dont la chace ne leur appartient... par quoy il advient que les dix non-nobles délaissent à faire leurs labourages ou marchandises et commettent plusieurs larcins de grosses bestes... Quant nous et les nobles de nostre dit Royaume nous avons voulu aller en déduit (amusement) l'en a trouvé en plusieurs lieux pou ou néant de bestes... et par ce le déduit de nous et de nos nobles a esté empeschez... Avons ordonné et ordonnons que dorénavant, aucunes personnes non-nobles de nostredit royaume .. ne se enhardisse de chacier et tendre à bestes... ne oyseaux en garenne ne dehors, ne de avoir, ne tenir pour ce faire chiens, laz, filez, etc... » *Arch. Nationales*, K. 54, n° 38.

¹ Sur l'Oust, Clisson avait un bateau de plaisance nommé Riquerou, qu'il légua par testament à un noble du voisinage, Olivier de Castel. (Dom Morice, *Pr.*, t. II, col. 782).

LE CHATEAU DE JOSSELIN (Façade intérieure).

choses de la guerre que de prières[1] et de bonnes œuvres.

Les anciennes querelles de Clisson et de son suzerain menacèrent pourtant de se raviver, en l'année 1398. Clisson, Penthièvre et Rohan intentèrent un procès à Jean IV, devant le Parlement de Paris, pour « plusieurs entreprises » du duc contre eux[2]. Mais tout fut heureusement arrangé par une entente à l'amiable.

La mort approchait pour Jean IV, qui comptait déjà plus de cinquante années passées dans l'exercice du pouvoir. Par une déclaration publique, à laquelle assistèrent Clisson et les hauts barons de Bretagne, il avait fixé et précisé le douaire de sa femme, Jeanne de Navarre. Peut-être prévoyait-il qu'il y aurait plus tard des difficultés entre ses enfants et cette femme, qui d'ailleurs allait bientôt quitter la Bretagne pour épouser en secondes noces le roi d'Angleterre.

Le duc de Bretagne mourut à Nantes, dans la nuit du 1er au 2 novembre 1399.

Ce prince possédait toutes les grandes qualités du commandement : la sagesse, la prudence calme et réfléchie, l'esprit pratique joint à un caractère ferme et résolu. Il ne manquait pas de qualités militaires ; sans être comme Clisson un véritable

---

[1] Par disposition testamentaire, il légua *deux de ses bréviaires* aux chapelains de Notre-Dame. En lisant l'acte dans lequel Clisson énuméra plus tard ses dernières volontés, on croit lire le testament d'un religieux. (Dom Morice, *Pr.*, t. II, col. 779).

[2] *Bibl. Nationale*, C. D. T. ms. 789, n° 90.

[3] Un peu auparavant, l'évêque de Vannes, Henri le Barbu, ayant été révoqué de ses fonctions de chancelier, essaya de faire, devant le Pape, un ridicule procès au duc de Bretagne, à Clisson et au sire de Malestroit ; mais sa rancune demeura impuissante. (*Dom Lobineau*, l. XIV, p. 496).

homme de guerre, il montra néanmoins dans les batailles une bravoure froide et opiniâtre, aussi redoutable souvent qu'une fougue plus impétueuse.

Plutôt homme d'état et sage administrateur que grand guerrier, il sut ramener dans la Bretagne, si souvent ruinée et dévastée par la guerre, une rapide et réelle prospérité. Au reste, toujours fort jaloux de son autorité, ombrageux à l'excès, tenace dans ses affections comme dans ses haines ; il était prêt à tout sacrifier à ses préférences ou à ses antipathies, même sa couronne ducale et le bonheur de son peuple.

Peu scrupuleux sur le choix des moyens, il excusait à ses propres yeux ses fréquentes fourberies, en s'abritant derrière certaines formalités ou arguties puériles, mais qui suffisaient à rassurer sa conscience. Pour se délier à l'avance des engagements les plus solennels, il prenait d'ordinaire ce qu'il appelait ses *sûretés*[1], c'est-à-dire qu'il se promettait à soi-même de ne pas s'engager. Grâce à ces misérables subtilités, il s'imaginait avoir le droit de violer tous ses serments, lorsque ceux-ci étaient en opposition avec ses intérêts personnels. Pourtant il eut toute sa vie la manie de combiner des arrangements, de négocier des traités ! mais, dans sa pensée, ce n'était là trop souvent qu'une manière de tromper ses ennemis.

[1] Il ne faut pas confondre ces *sûretés* avec *l'assurement*. L'assurement était la promesse exigée de sa victime par un agresseur, pour que celle-ci renonçât momentanément à se venger, jusqu'à ce que la justice ait prononcé entre les deux parties. Deux assurements furent accordés vers cette époque : l'un par le duc Jean IV au connétable en 1381 : (D. M. *Pr.*, t. II, col. 371), l'autre donné au duc par Clisson et Penthièvre en 1393. (D. M. *Pr.*, t. II, col. 623).

Homme d'affaires positif et formaliste, il aimait pourtant les arts, avait ses ménestrels, bâtissait avec goût[1] et se plaisait à dessiner des jardins anglais.

En fait, ce prince d'un tempérament bilieux et taciturne, qui semblait plutôt fait pour l'étude et la retraite, n'en gouverna pas moins près de cinquante ans avec sagesse : sa courageuse énergie sut faire respecter l'autorité ducale fortement battue en brèche par de trop puissants vassaux. Deux fois il reconquit son duché perdu et se maintint au pouvoir jusqu'à sa mort, en dépit des fréquents et terribles orages, qui menacèrent plusieurs fois d'emporter sa couronne de petit, mais jaloux et fier souverain.

Il ne manqua à Jean IV, pour avoir un beau nom dans l'histoire, qu'un peu plus de droiture et de grandeur d'âme, une notion plus claire de ses devoirs de Breton, qu'il oublia trop souvent pour n'écouter que ses rancunes et ses sympathies personnelles. Ce duc, qui pouvait être un des plus grands souverains de Bretagne, ne fut que trop souvent le valet d'un monarque étranger.

La *Chronique de Saint-Brieuc* rapporte que des bruits de maléfices et poisons circulèrent au sujet de la mort de Jean IV. Un prêtre de Nantes, soupçonné du crime, fut mis en prison et y mourut. Le prieur de Josselin fut aussi arrêté, mais il ne fut pas mis à la question, dit la *Chronique*, contrairement au vœu de l'opinion publique : il fut délivré grâce à de puissantes influences —

---

[1] Sucinio, près de Sarzeau, et, à Vannes, la tour du connétable sont l'œuvre de Jean IV.

O magna pietas! s'écrie le moine panégyriste de son souvrain, *o dira potestas ! quæ permisit tam dirum et horribile maleficium sic impugnitum*[1] ! » — Il est probable que Clisson est ici désigné à mots couverts; mais pourquoi s'arrêter à discuter des insinuations sans preuves et d'ailleurs absolument démenties par le caractère et la conduite de l'ancien connétable.

D'après Alain Bouchart, Jean IV laissa le gouvernement de ses enfants et du pays au duc de Bourgogne et au sire de Clisson, « qu'il connaissait vertueux chevalier[2]. » Dom Lobineau affirme[3] qu'il laissa plutôt à sa femme et aux Etats de Bretagne la tutelle de ses enfants : mais il n'y a au fond aucune contradiction entre ces historiens. Le duc pouvait en effet laisser au duc de Bourgogne et à Clisson l'administration politique de la province, tout en réservant à sa femme et aux Etats la tutelle de ses enfants.

A la mort de Jean IV, Clisson, d'après la *Chronique de Saint-Brieuc*, aurait fait venir le duc d'Orléans à Pontorson, avec une armée française, pour s'emparer de la Bretagne. Ce témoignage unique d'un chroniqueur, admirateur passionné de Jean IV et toujours prêt à dénigrer Clisson, ne semble pas mériter cette croyance aveugle que lui accordent quelques historiens bretons. En effet, rien dans la conduite de Clisson ne permet de suspecter la sincérité de ses sentiments, après sa réconciliation définitive avec son suzerain. La manière

---

[1] *Chr. Brioc.* A. MCCCIC.
[2] *Alain Bouchart*, l. IV, f. 170.
[3] *Dom Lobineau*, l. XIV, p. 498.

dont il traita, comme nous le verrons, sa propre fille Marguerite, qui lui conseillait un crime, en est une preuve ; en outre, le seul fait d'avoir été choisi pour armer chevalier le jeune Jean V montre qu'à ce moment la noblesse bretonne croyait à sa loyauté. D'ailleurs aucun historien français ne signale la marche de cette prétendue armée conduite par le duc d'Orléans.

Vers cette époque, Clisson eut, il est vrai, du côté de Pontorson, une entrevue avec son ami, le duc d'Orléans, qui était venu demander aux seigneurs bretons que les fils de Jean IV fussent élevés à la cour de France[1]. La proposition ayant été rejetée, le duc d'Orléans, avec son cortège d'hommes d'armes, reprit le chemin de Paris. Il n'en fallut sans doute pas davantage pour faire soupçonner au moine de Saint-Brieuc les plus perfides complots. Ce Briochain eut mieux fait de ruminer plus longtemps sa pitoyable poésie latine en l'honneur de Jean IV[2].

Marguerite de Clisson, épouse de Jean de Penthièvre, était à Josselin quand le duc *trépassa*. Ayant appris la nouvelle, cette femme alla de

---

[1] *Froissart*, l. IV, ch. 81. Beaumanoir, et surtout Clisson ne cessèrent jamais d'être en fréquentes relations avec le duc d'Orléans. Ils s'envoyaient fréquemment des lettres et se faisaient de mutuels cadeaux, sans compter l'argent que Clisson avançait à son ami. (Voir *Bibl. Nat.*, fr. 10431 : 1130 : 316 et col. de Bastard. *Actes originaux* : 276-277.) Nous voyons encore par ces documents que le duc d'Orléans, faisant ainsi de bonne politique française, entretenait des correspondances avec d'autres seigneurs bretons, tels que les sires de Rieux et de Rostrenen. (*Bibl. Nat.*, 10431 : 2737).

[2] Ce petit *chef-d'œuvre* se trouve aux *Preuves*, de Dom Morice (t. I, col. 79-80).

grand matin trouver son père encore au lit et lui dit : « Monseigneur mon père, or ne tiendra-t-il plus qu'à vous, si mon mari ne recouvre son héritage de Bretagne. Nous avons de si beaux enfants. Monseigneur, je vous supplie que vous nous y aidez. » Clisson ne comprit pas. Alors elle lui dit ouvertement qu'il fallait faire mourir les enfants du feu duc, avant l'arrivée du duc de Bourgogne. — Ha, s'écria Clisson, cruelle et perverse femme, si tu vis longuement tu seras cause de détruire tes enfants d'honneur et de biens. » Le père irrité saisit un épieu et, dans sa colère, il eut tué sa fille, si elle ne fût sortie avec tant de précipitation qu'elle se cassa la cuisse en descendant l'escalier. Tout le reste de sa vie elle demeura boiteuse des suites de cet accident[1].

Tout le monde en Bretagne désirait la paix et l'union des partis : on redoutait de voir renaître les sanglantes querelles des Montfort et des Penthièvre. Le 1ᵉʳ janvier 1400, une entente fut ménagée par les seigneurs bretons entre la duchesse d'une part, et d'autre part, entre Clisson, Penthièvre et Rohan. Cet accord[2], qui ratifiait tout ce qui avait été conclu entre Clisson et Jean IV, fut homologué, le 22 janvier, par le Parlement de Paris[3].

---

[1] *Alain Bouchart*, l. iv, fol. 170. La conduite de Marguerite de Clisson, après la mort de son père, donne à cette anecdote une grande vraisemblance. Cette femme, était pourtant, par sa mère, assez proche parente des enfants dont elle désirait la mort. Catherine de Laval première femme de Clisson, était, en effet, comme on s'en souvient, la cousine germaine de Jean IV.

[2] Dom Morice, *Pr.*, t. ii, col. 702.

[3] *Bibl. de Nantes*, 1695 fr. 1139.

En mars 1401, le jeune duc de Bretagne, âgé de 12 ans, fit son entrée solennelle dans la ville de Rennes. Selon l'usage, avant d'entrer, il jura sur les reliques à la porte Morlaize, « de défendre la foi catholique et de conserver l'église de Bretagne dans ses droits légitimes, de conserver de même les comtes, barons, seigneurs et nobles du païs dans la possession de toutes leurs franchises et libertés et de rendre bonne justice au peuple[1]. » Il veilla, pendant toute la nuit suivante, devant le grand autel de saint Pierre. Le lendemain, avant la grand'messe, il fut armé chevalier par Olivier de Clisson, devant ce même autel, et lui-même donna ensuite l'ordre de la chevalerie à ses deux frères, Arthur et Gilles de Bretagne.

La cérémonie achevée, Jean V monta à cheval, ainsi que son frère Arthur, en compagnie du comte de Penthièvre, d'Olivier de Clisson, du vicomte de Rohan et des sires de Montfort et de Malestroit. Tous s'en furent alors « en grande joie » dîner à la *cohuc* de Rennes.

Dès l'année suivante, la duchesse de Bretagne se remaria. Avant d'aller rejoindre en Angleterre son nouvel époux, elle manda le duc de Bourgogne et lui confia le duché et ses trois enfants : Jean l'aîné, déjà couronné duc de Bretagne, n'avait encore que treize ans. — La remise au duc des enfants de Bretagne ne se fit pas sans difficultés. En faveur du duc de Bourgogne s'étaient déclarés la duchesse, mère des enfants, les évêques de Rennes, Nantes, Vannes, Léon et Tréguier, ainsi

---

[1] *Dom Lobineau*, H. l. xiv, p. 500.

que les sires de Laval, de Châteaubriant, de Montfort, de Montauban et de la Hunaudaie. Mais le parti de Penthièvre fit un instant opposition, ayant à sa tête Olivier de Clisson, Jean de Penthièvre et les sires de Rohan, Malestroit, Beaumanoir, Derval, Rostrenen, Pont-Labbé, Kaër et Coëtmen. Le duc de Bourgogne dut jurer sur les évangiles, de garder intactes les libertés et franchises du pays et de rendre les enfants et l'autorité gouvernementale au temps fixé. Les deux enfants de Bourgogne, les comtes de Nevers et de Rethel, se portèrent « plèges et cautions » pour leur père dans des lettres datées du 22 octobre 1402.

Le roi de France avait d'abord encouragé l'opposition, mais il écrivit, le 6 novembre, au vicomte de Rohan, qui semblait le plus contraire au duc de Bourgogne, pour lui enjoindre de cesser toute résistance. « Nous mandons, commandons, témoignons... que, nonobstant nosdites autres lettres, auxquelles nous ne voulons que vous ayez aucune considération, vous donniez tantôt et sans délay pleine obéissance à nostre dit oncle[1]. » La cour du Louvre craignit un instant que la duchesse de Bretagne n'emmenât ses enfants en Angleterre. Or, il fallait à tout prix les faire rester en France, afin de les soustraire à l'influence britannique : c'est ce qui explique la lettre de Charles VI au vicomte de Rohan. L'ordre royal remit tout en paix et le duc de Bourgogne put recevoir le serment des gouverneurs et capitaines des places fortes.

[1] *Bibl. de Nantes*, 1689 fr 1533.

Après deux mois de séjour en Bretagne, toutes les difficultés étant aplanies, ce prince partit de Nantes, le 3 décembre, emmenant avec lui les enfants de Jean IV, dont les deux plus jeunes étaient si petits qu'ils pouvaient à peine se tenir à cheval. Mais ces futurs souverains de la Bretagne[1] ne devaient pas être, comme leur père, élevés par les Anglais : la politique française remportait une importante victoire.

Quatre ans avant de mourir, le duc de Bretagne avait ajouté au douaire de sa femme le comté de Nantes. Comme elle avait besoin d'argent, elle voulut, avant de partir pour l'Angleterre, emprunter à Clisson 12.000 écus d'or, en lui laissant en gage le commandement de la Tour neuve et de la ville de Nantes. Mais Gilles de Lesbiest, capitaine de Nantes, refusa avec raison de livrer la ville, parce qu'il avait juré sur les évangiles de ne la rendre qu'au duc de Bourgogne. Ce refus assez simple fait dire à dom Lobineau que Gilles de Lesbiest sauva l'état (!) — Dans la même page, le même historien dit que le duc de Bourgogne dut extorquer à son pupille des promesses contraires à l'indépendance de la Bretagne ; il ajoute naïvement : « on ne dit point en particulier qu'elles furent ces promesses[2]. » Peut-être ce religieux est-il un peu exagéré dans ses craintes et susceptibilités patriotiques, qui sont d'ailleurs très louables.

---

[1] Les deux aînés devaient successivement ceindre la couronne ducale. Le cadet, Arthur, s'illustrera même un jour au service de la France, sous le nom d'Arthur de Richemont, connétable, comme du Guesclin et Clisson.

[2] *Dom Lobineau*, l. xiv, p. 502.

Quelques temps après le mariage de la duchesse de Bretagne avec roi d'Angleterre, les Anglais, comme pour remercier les Bretons de leur avoir donné une reine, capturèrent plusieurs vaisseaux en vue des côtes bretonnes. Clisson, qui gardait toujours ses veilles haines contre l'Angleterre, engagea ses compatriotes à s'armer contre les étrangers. Les Bretons se réunirent autour du vieux capitaine et, au nombre de douze cents montèrent plusieurs vaisseaux : ils infligèrent à la flotte anglaise une sanglante défaite non loin de la pointe du Raz[1]. Olivier de Clisson, à qui revenait en grande partie l'honneur de cette victoire avait déjà plus de 65 ans. Une véritable guerre navale continua entre Bretons et Anglais[2], avec diverses alternatives de succès et de revers.

En 1404, une flotte anglaise fit une descente tout près de Brest. Clisson fit avertir en toute hâte le duc de Bretagne, qui était rentré dans ses États. Jean V se mit à la tête de deux mille deux cents hommes. Olivier de Clisson et le maréchal de Rieux prirent les devants avec sept cents soldats et rejoignirent les paysans bretons qui, armés d'arbalètes, de fléaux et de fourches étaient déjà sur le point d'attaquer les Anglais. Clisson, malgré ses soixante-huit ans, n'hésite pas à engager la lutte. La partie était inégale : mais l'armée du duc arriva et le fameux Tanguy du Châtel abattit d'un coup de hache le commandant anglais. Les

---

[1] *Monstrelet*, l. i. ch. 12.

[2] V. *Walsingham*, Henri IV, p. 412 et suivantes. Cette rivalité sur mer entre les Bretons et les Anglais ne devait que s'accentuer dans la suite. Elle fut une des grandes causes de l'alliance de plus en plus étroite qui unira désormais la Bretagne et la France.

insulaires poursuivis de tout côté s'embarquèrent au plus vite.

Croyant les côtes bretonnes mal gardées sur d'autres points, les Anglais redescendirent inopinément près de Guérande et enlevèrent 50 muids de sel que Clisson avait fait amasser : ce fut tout le butin de leur campagne[1].

Le vieux duc de Bourgogne, protecteur des enfants de Bretagne, mourut en 1404. Le jeune Arthur de Richemont mena le deuil enveloppé dans un grand manteau noir, qui traînait derrière lui[2] ; ce fut la dernière marque officielle d'amitié que la maison de Bretagne devait donner à la maison de Bourgogne...

Jean IV, dans sa dernière lutte contre Clisson et Penthièvre, avait surtout été soutenu par le duc de Bourgogne, tandis que le duc d'Orléans avait pris le parti du connétable persécuté. Tout allait changer. Le comte de Penthièvre, petit-fils de Clisson, se maria avec la petite fille du défunt duc de Bourgogne : Jean V mécontent fit alors alliance avec le duc d'Orléans et maria sa fille à un d'Armagnac[3].

Comme la famille de Rohan était en Bretagne la plus puissante de celles qui pouvaient soutenir le parti des Penthièvre, le duc Jean V voulut marier son autre sœur, Marguerite, avec Alain de Rohan,

---

[1] Tout porte à croire qu'Olivier de Clisson était chargé de la défense des côtes : mais nous n'avons pu trouver aucun document à ce sujet.

[2] *Le moine de Saint-Denis*, l. xxv, ch. 4.

[3] A cause de ce revirement, la Bretagne suivit plus tard le parti d'Armagnac contre le parti bourguignon, c'est-à-dire que les descendants de Jean IV furent désormais dans le parti français contre le parti anglais : car les Bourguignons devaient avoir l'appui de l'Angleterre.

fils aîné du vicomte de Rohan et de Béatrix de Clisson, qui était elle-même fille aînée du connétable.

Pendant toutes les démarches et les négociations occasionnées par ces mariages, Clisson s'affaiblissait de plus en plus. Sa femme, Marguerite de Rohan, mourut vers la fin de l'année 1406, quelques jours après avoir fait son testament daté du 14 décembre[1]. Après cette mort, le vieux guerrier pensa, lui aussi, à son départ de ce monde. Il partagea son immense fortune entre ses deux filles, assignant, selon la coutume, les deux tiers de ses biens à l'aînée, et l'autre tiers à la cadette. En cas de conflit, il institua un conseil de litige composé de l'évêque de Saint-Malo[2] et des sires de Rieux, de Rochefort et de Beaumanoir[3].

Les premiers jours de février, il rédigea son testament, dans lequel il énuméra au long toutes ses volontés.

« ... Considérant la fragilité de humaine nature qui chascun jour laboure, en tirant homme et femme à sa fin, et qu'il n'est chose plus certaine que la mort, ne moins certaine que l'heure d'icelle...

Premièrement, je recommande mon âme à Dieu nostre Père et Créateur, à la benoiste et glorieuse Vierge Marie, à Monsieur Saint Michel, et à toute la devote compagnie de Paradis. Après je vueil,

---

[1] *Bibl. de Nantes,* 1702, fr. 1546.

[2] L'évêque Saint-Malo était alors Robert de la Motte. (V. *Pouillé de Rennes,* I, 790).

[3] Dom Morice, *Pr.* t. II, col. 778.

commande et ordonne que mon corps, apres mon decez de ce siècle, soit baillé et livré à la sepulture de notre Mère sainte Eglise, laquelle sepulture je eslis en l'Eglise de Notre-Dame de Jocelin, joignant de la sepulture de ma très chere et très amée compagne Marguerite de Rohan, que Dieu absolle.

Item veuil et ordonne que mon enterrement et obseques soient faitz et célébrez o (avec) le moins de pompe que faire se pourra, honesteté gardée...

Item, donne et laisse a icelle Eglise de Jocelin huit marcs d'or pour en faire deux beaux galices et douz patenes à l'usage d'icelle église. Item je laisse et donne à ladite Eglise deux de mes Breviaires, lesquels soient enchaisnez sur la sepulture de ma dite compagne et de moy, pour l'usage des chapelains et clers qui y viendront dire leurs Heures... »

Le vieil homme de guerre avait sans doute des remords, en songeant à sa longue vie d'aventures et de combats. Pour soutenir ses guerres, et même pour s'enrichir, n'avait-il pas violé parfois les règles de la stricte équité ? Ses vassaux avaient eu souvent à supporter de bien lourdes charges. D'un autre côté, pour les grands travaux de défense exécutés dans ses forteresses, il avait été obligé d'abattre ou d'exproprier beaucoup de constructions particulières. Avait-il toujours suffisamment indemnisé les propriétaires anciens ? Clisson donne des ordres, afin que tous les torts soient réparés, dans la limite du possible.

« *Item*, je vueil et ordonne que dez le temps de présent par touz mes terres ne soient levez au temps avenir aucuns guiez par deniers, et que ce qui a esté fait ou temps passé ne puisse porter aucun préjudice ou temps avenir.

« *Item*, je veuil et ordonne que tous les héritages, hostels, moulins, terres, rentes et revenus que j'ay fait prendre et mettre en ma main, de quelques églises, personnes et gens que ce soit... leur soient rendus, restituez et délivrez...

« *Item*, je veuil et ordonne que tous les hostels, maisons, édifices et héritages que j'ay fait abatre et empescher pour les fortifications de mes chasteaux et villes enclorre dedans iceulx, soient rendus et en soient dédommagez ceulx à qui ils doivent appartenir, par l'ordrenance de mes exécuteurs cy-après nommez[1]... »

Clisson, dans son testament, établit une longue liste de tous les dons qu'il destine à ses amis, aux églises, aux pauvres... Il assure des revenus à plusieurs collèges, chapelles et monastères, afin qu'il y soit prié pour son âme, et il distribue des cadeaux en argent ou en nature à ses fidèles serviteurs.

Par deux codicilles, qu'il ajoute le 16 avril 1407 à son premier testament, il complète l'énumération de tous ses legs. Il partage jusqu'à ses armes, ses chevaux et ses habits. Il donne sa haquenée fauve à l'évêque de Saint-Brieuc, sa houppelande fourrée à son fidèle Vauclerc, son bateau de plaisance à son filleul, Olivier de Castel, et son cheval de chasse au vicomte de Rohan.

---

[1] Il est à remarquer que, dans son testament, Clisson ne fait aucune allusion aux malversations, dont l'avaient accusé les régents. Pourtant il reconnait tous ses torts et manifeste l'intention de les réparer. On peut donc croire qu'il ne se regardait pas comme coupable sur ce point.

TOMBEAU DU CONNÉTABLE OLIVIER DE CLISSON ET DE MARGUERITE DE ROHAN
(*Eglise de Josselin*).

Quant à son épée de connétable, il charge son vieil ami et compagnon d'armes, Robert de Beaumanoir, de la remettre, après sa mort, au roi de France[1].

Nous avons vu que le Parlement de Paris avait condamné Pierre de Craon et ses complices à payer solidairement à Clisson une centaine de mille francs: la créance fut remise aux chanoines du Mans pour la fondation de quelques messes[2].

Après avoir ainsi réglé toutes ses affaires spirituelles et temporelles, le vieux connétable infirme et malade avait bien le droit de s'attendre à ce qu'on le laissât mourir tranquille à Josselin, où sa femme venait d'être enterrée. — Mais Jean V, sentant sa couronne ducale affermie sur sa jeune tête, se montra plein d'ingratitude envers l'homme qui pourtant l'avait loyalement protégé jusque-là. Si nous en croyons dom Lobineau, Jean V intenta un procès à l'illustre vieillard « en la cour et barre de Ploërmel... pour raison de plusieurs crimes, excès et maléfices... et par défaut d'obéir et comparoir en personne[3] devant eux. » — Clisson aurait même été condamné à être pris, mis en prison et toutes ses terres confisquées devaient passer « en la main du duc. » La sentence peut paraître excessive contre un homme qui possédait un cinquième de la Bretagne, sans compter ces autres domaines : mais les robins de Ploërmel se seraient ainsi vengés de ce que le vieux capitaine ne venait pas en personne devant eux, quand un de ses

[1] *Bibl. de Nantes*, 1702 fr. 1546.
[2] *Bibl. de Nantes*, 1703 fr. 1547.
[3] Dom Lobineau, *Pr.* col. 822.

vassaux avait un procès de débornement ou de mur mitoyen.

Le jeune Jean V aurait alors commis l'infamie de venir à Josselin avec deux mille hommes, pour assiéger dans son château ce vieillard mourant, par qui lui-même, quelques années auparavant, avait été armé chevalier. Clisson, sachant ce qu'on voulait de lui, aurait proposé 60,000 francs, pour qu'on le laissât mourir en paix[1]. Le duc aurait exigé 100.000 francs, comme son père lors de l'attentat de l'Hermine.

Il reste un certain doute sur cette affaire, en somme peu honorable pour la mémoire de Jean V. Les vieux auteurs, qui ont écrit avant dom Lobineau, tels que Alain Bouchart, Pierre Le Baud et d'Argentré ne disent pas un mot de cette prétendue campagne de Jean V. Le fait ne repose que sur un bout de parchemin, qui a été sans doute découvert à Blain par dom Lobineau et qui contient le récit d'un siège de Josselin entrepris par un duc de Bretagne. Dans ce mémoire, on lit ces mots : « lors le dit Cliçon était malade audit lieu de Josselin de la maladie dont il mourut. »

Le scribe de Blain, qui d'ailleurs ne se proposait nullement d'écrire l'histoire, n'a-t-il pas reporté à la mort de Clisson un fait qui se serait passé quelques années plus tôt? Il écrivait en effet assez longtemps après la mort du connétable et n'avait d'autre but que de jeter quelques notes pour s'en servir dans un procès pendant entre Marguerite de Clisson et sa sœur, Marguerite de Rohan. Lui-

---

[1] *Dom Lobineau*, II. l. xiv, p.

même avoue qu'il n'avait en histoire que des idées bien vagues, puisqu'il ne s'appuie que « sur la commune renommée. » Or, en examinant les documents authentiques et leurs dates précises, on est porté à croire que cet homme s'est trompé, du moins en ce qui concerne la campagne supposée de Jean V.

Olivier de Clisson termina son testament le 16 avril 1407 et mourut le 23 du même mois, comme en témoigne son inscription tumulaire. Ni dans le testament, ni dans les codicilles, il n'est question de cette levée de boucliers ordonnée par le duc, Jean V. La cause de cette dernière querelle, le rassemblement de la petite armée, les longues négociations qui eurent lieu, d'après le scribe lui-même, entre Clisson et le duc, tout cela se serait produit, ce serait terminé en cinq ou six jours : ce qui est d'autant plus improbable que, le 19 avril, le duc signait à Saint-Jean-Brévelay le contrat de mariage entre sa sœur et le petit-fils de Clisson[1].

Bien plus, Jean V accordait, dès le 22 avril, au vicomte de Rohan le droit de prendre possession de l'héritage de son beau-père qui se mourait à Josselin[2]. Dans ce document, il n'est pas non plus fait mention de la prétendue guerre. Jean V, dans un autre acte authentique et signé le même jour appelle Clisson « nostre cher et tres amé cousin et féal le sire de Cliçon... détenu de maladie graveusement. » Du rassemblement des deux mille hommes d'armes, du siège de Josselin, des 100,000

---

[1] *Bibl. de Nantes*, col. Bizeul, n° 29.
[2] *Archives de Bretagne*, t. v, p. 28.

francs extorqués, il n'y a aucune trace, ni dans ces documents, ni dans les quatre autres du 22 avril, qui traitent pourtant des graves affaires qu'allait faire naître la mort du vieux connétable.

Un acte publié par M. René Blanchard, dans ses *Archives de Bretagne*, nous donne peut-être la clef du mystère. Ce document nous apprend que plusieurs procès étaient alors pendants entre Jean V et Clisson, ainsi qu'entre Jean V et le vicomte de Rohan[1]. Ces longs débats judiciaires, qui naissaient fatalement sur un point ou sur un autre des immenses possessions de Clisson et de ses gendres, ne faisaient pas rompre, comme nous le voyons par le mariage du vicomte de Rohan, toute relation entre ces seigneurs et la cour ducale. Les questions en litige entre Clisson et le duc furent arrangées, le 22 avril, la veille de la mort du connétable, par Jean V lui-même.

Clisson, condamné par les juges ducaux[2], renonça à ses appels « en parlement de France » : les siens consentirent même à verser par avance une centaine de mille francs, montant des droits fiscaux, pour le rachat imminent des biens de Clisson dangereusement malade. Alors le duc imposa à tous les robins de Rennes, Nantes et Ploërmel, « un perpétuel silence » et leur ordonna

---

[1] *Bibl. de Nantes*, coll. Bizeul, n° 3o.

[2] Il semble étrange que l'on ait accusé Clisson de « crimes, excès et maléfices. » On peut rapprocher cette accusation des bruits de *maléfices*, qui coururent sur la mort de Jean IV, mort que les gens mal intentionnés attribuèrent au prieur de Josselin, ville où habitait Clisson. Le duc d'Orléans, ami de Clisson, fut, lui aussi, accusé de maléfices et d'évocations sacrilèges. (*Le religieux de Saint-Denis*, l. XIII, ch. 1). En l'absence de tout document sérieux et précis, nous ne pouvons que mentionner ces bizarres manifestations des croyances populaires.

« de cesser de poursuivre ledit sire de Clisson[1]. »

Quant à la véritable entrée en campagne de Jean V, nous avons peine à l'admettre.

Le scribe de Blain, avec un peu d'imagination et beaucoup d'ignorance, a dû confondre et réunir dans un même récit les difficultés survenues pendant la dernière maladie du connétable avec la grande campagne de Jean IV contre Josselin en 1393. Au siège de cette ville Jean IV employa en effet deux mille hommes et ne se retira qu'après avoir exigé une forte somme d'argent.

Olivier de Clisson mourut le jour saint Georges, 23 avril, 1407[2].

Conformément à ses dernières volontés, il fut inhumé dans l'église Notre-Dame de Josselin, où il reposa pendant plusieurs siècles. Sa tombe fut ouverte en 1793 et ses restes furent sans doute jetés à la voirie : car on ne retrouva depuis, dans le cercueil profané, que les débris d'un banquet, des os de poulet et autres victuailles.

Dans une des salles du vieux château de Josselin, les visiteurs peuvent voir la statue de celui qu'on appela *le boucher des Anglais*. Il est là solidement assis sur son cheval de bataille : son épée haute commande et menace : c'est elle qui a sans doute tracé sur la pierre l'orgueilleuse devise des Clisson : *Pour ce qu'il me plest*.

Un casque entouré d'une couronne protège la

---

[1] *Actes de Jean V*, n° 574.
[2] *Chron. française*, Juvénal des Ursins et Alain Bouchart, l. IV f. 172.

tête, où tout respire la puissance et l'audace. Les joues osseuses semblent usées au frottement de la visière : la bouche est amère et méprisante : la poitrine s'étale largement dans l'attitude de la provocation. Clisson est là, dans l'épanouissement de tous ses orgueils.

Nous avons voulu étudier la vie de cet étonnant personnage, véritable type de ces barons féodaux, fiers et intrépides, capables de tous les dévouements et de tous égoïsmes, des actions les plus généreuses comme de toutes les cruautés. Avides de gain et de gloire, durs à eux-mêmes et aux autres, toujours en querelles avec leurs voisins, en révolte contre leur suzerain ou en guerre contre leurs ennemis, ils ne voyaient dans le monde qu'un vaste champ de combat, où ils pouvaient donner libre cours à leurs passions aventureuses et terribles : il leur fallait de continuelles agitations, des fêtes extravagantes, des tournois fastueux, ou mieux encore les jeux sanglants de la guerre. Ils devaient difficilement comprendre pourquoi l'homme n'était pas né revêtu d'une cuirasse comme les clavicornes et les caïmans. Aussi brutaux que peu scrupuleux, ils étaient au demeurant fort dévots : ils construisaient des chapelles, dotaient les monastères et payaient grassement les autres pour prier à leur place.

Clisson fut un de ces derniers barons du moyenâge : il résuma dans sa personne tous leurs défauts et toutes leurs qualités. Son bilieux suzerain se crut assez fort pour mettre à la raison ce remuant et dangereux vassal : mais, si Jean IV avait l'esprit de ruse et l'habileté d'un Louis XI, il n'en avait pas la puissance. Il put poursuivre Clisson, le tromper et le surprendre, s'acharner contre lui pendant trente années, il fut impuissant à le dompter et à le soumettre par la force des armes. Tout entiers à leurs passions haineuses, ni le suzerain ni le vassal ne voulurent voir que c'était la Bretagne qui payait tous les frais de leurs ruineuses querelles. Aux conseils d'apaisement donnés par les sages, Jean IV répliquait : « Clisson est l'homme que je déteste le plus au monde : jamais je ne pourrai l'aimer. » — « Qu'il se garde de moi, répondait Clisson, je me garderai bien de lui. » Et la guerre continuait sanglante et implacable.

Les longues luttes de Clisson contre son suzerain ne permirent pas à Jean IV d'asseoir solidement sa puissance dans son duché : elles contrarièrent les tendances autonomistes des Bretons. Sans elles, Jean IV, soutenu par l'Angleterre, aurait pu se détacher de plus en plus de la France, d'où venait le principal danger d'absorption. Mais Olivier de Clisson donna une nouvelle vie au parti des Penthièvre, c'est-à-dire au parti français. Ce parti fut en Bretagne, pour le roi de France, un point d'appui, une cause d'intervention continuelle, un moyen d'accroître, dans cette province, le prestige et l'influence de l'autorité royale.

En France, pour résister aux princes du sang, Clisson et ses amis s'appuyèrent également sur l'autorité personnelle du roi, que la victoire de Rosebecque et le châtiment des Parisiens avaient fortement consolidée. L'œuvre de Clisson fut donc, en somme, éminemment française : car l'autorité du roi était alors la grande force de la France, le vrai lien de notre unité nationale. Sans cette maladie de Charles VI, qui vint si fort à propos servir les intérêts et les ambitions de ses oncles et leurs tendances séparatistes, il est probable que jamais la France n'aurait vu les désastreuses divisions des Bourguignons et des d'Armagnacs, ni cet effroyable chaos de guerres intérieures mêlées de guerres étrangères, qui devaient retarder pendant cinquante ans l'union des divers éléments appelés à la formation de notre nationalité.

La grande gloire de Clisson ne lui vient pourtant pas de son action politique, qui fut toujours subordonnée aux événements, à des causes complexes et variables, indépendantes de sa volonté : c'est dans la galerie de nos grands hommes de guerre que le compagnon et le frère d'armes de du Guesclin mérite une place d'honneur.

Élevé à l'école des Anglais, le peuple le plus intelligemment guerrier de cette époque, Clisson sut profiter des leçons de ses maîtres et ensuite les retourner contre eux. Il apprit aux Français à plus compter sur la discipline que sur une bravoure fougueuse et imprévoyante : en outre, il s'opposa aux rassemblements sans cohésion que donnaient les levées en masse, préférant au grand nombre une petite troupe de soldats solides et exercés. Il sut néanmoins varier ses plans de campagne, d'après les circonstances et les ennemis qu'il avait à combattre. En face des Anglais, il évita tout engagement d'ensemble, toute action générale capable de compromettre en une journée le sort d'une nation. Au contraire, contre les Flamands, soldats moins solides et moins disciplinés que les Anglais, Clisson, sûr de vaincre, provoqua et engagea une bataille décisive. Artewelle commit l'imprudence d'accepter la lutte et essuya le désastre de Rosebecque. Les années suivantes, les Flamands, instruits par l'expérience, se gardèrent bien de concentrer toutes leurs forces et n'échappèrent qu'ainsi à une ruine totale.

Dans ses guerres contre son suzerain, Clisson revint à sa première tactique. Une grande défaite l'eut perdu sans ressource : il pouvait au contraire entretenir indéfiniment des hostilités particlles, livrer mille combats meurtriers, mais non décisifs. Ses richesses, son influence, sa science des armes lui permirent ainsi de lasser à la longue les rancunes opiniâtres de Jean IV.

Les formidables expéditions préparées surtout par Clisson contre l'Angleterre ne donnèrent pas de résultats. Le connétable vit tous ses desseins contrariés par des ennemis perfides et haineux. Il n'en est pas moins vrai que, cinq siècles avant Napoléon, un homme conçut sérieusement et tenta d'exécuter le projet d'aller frapper l'Angleterre, dans son île, au centre de sa puissance. Les deux grands ennemis des Anglais furent réduits à l'impuissance, l'un par l'attentat de l'Hermine, l'autre par la défaite de Trafalgar, c'est-à-dire par des événements que ni l'un ni l'autre ne pouvaient conjurer.

Nous avons essayé de mettre en lumière la puissante personnalité d'Olivier de Clisson, telle que les documents authentiques nous l'on révélée, sans atténuer ses défauts, sans exagérer ses mérites. Jusqu'ici les historiens ne se sont peut-être pas suffisamment arrêtés devant cet homme, qu'ils ont regardé comme un personnage secondaire. Ils l'ont trop relégué au second plan, pendant que du Guesclin attirait à lui toutes les sympathies et tous les éloges. Il est juste de rendre à chacun la gloire qui lui appartient.

Nous avons déjà esquissé, dans le cours de cette étude, une sorte de parallèle entre ces deux généraux, si dignes d'ailleurs de se connaître et de s'apprécier. Nous avons vu que Clisson avait à un plus haut degré que son frère d'armes les qualités du commandement. Tous deux eurent une égale bravoure, un égal amour du métier des armes, mais Clisson fut doué d'une intelligence supérieure plus capable de juger une situation, de prévoir les imprévus d'une bataille et de tout organiser en vue de la victoire. Jamais Clisson ne fut vaincu.

A la science du tacticien, Olivier unissait encore celle de constructeur de forteresses, d'ingénieur militaire. Peut-être notre travail contient-il à ce sujet certaines études, certaines remarques que nous croyons nouvelles.

Pour la première fois aussi, nous avons voulu donner un aperçu général de la fortune et des richesses d'Olivier de Clisson : faute de connaître cette intéressante question, beaucoup de faits dans la vie de ce grand homme paraissent inexplicables. Les 1,700,000 francs dont il était possesseur en 1392, son influence considérable en Bretagne et même à la cour de France, ses longues guerres soutenues contre son suzerain, tout paraît une énigme à qui ne songe à la puissance donnée au connétable par ses incroyables richesses. Quant à sa fortune elle-même, nous en avons montré les origines, les accroissements successifs par les héritages, par une sage administration et surtout par les bénéfices réalisés à la suite des rançons et des saisies opérées à la guerre. Les jalousies qu'excitait cette immense fortune ne furent pas étrangères aux attaques de toute sorte et aux accusations d'avarice et de concussions, dont Olivier fut l'objet pendant sa vie, et qui ont jeté des doutes sur son intégrité et son honneur.

Le reproche de cruauté adressé à Clisson nous paraît plus grave et mieux fondé. Avec lui, la guerre, déjà si dure aux vaincus et aux pauvres gens, prit un caractère de sauvage barbarie. Le Bennon, Derval, les campagnes de Flandre éveillent encore d'atroces souvenirs.

Pour pallier ces véritables crimes, rappelons que le *boucher des Anglais* fut aumônieux pour les pauvres, loyal et fidèle envers ses amis, à qui il inspirait, comme à ses ennemis, une entière confiance. Après avoir mis généreusement son épée et ses richesses au service de ses alliés et compagnons d'armes, il put, lui aussi, compter sur eux dans ses disgrâces. D'ailleurs, il ne fut jamais fourbe ni hypocrite : c'est pourquoi il l'emporte, surtout par son caractère, sur ses perfides ennemis, les Pierre de Craon, les Jean IV, les ducs de Berry et de Bourgogne.

PIÈCES JUSTIFICATIVES

I

GÉNÉALOGIE D'OLIVIER DE CLISSON

[*Archives nationales,* XIC 38A].

Un document daté du 27 juillet, 1381[1], s'exprime ainsi : De messire Guillaume Bertrand yssirent III filles dont l'aisnée fut mariée à messire Guillaume sire de Clisson et lui fut donnée en mariage la terre de Tuit. De ce mariage naquit Guillaume sire de Clisson et de Tuit. Dudit Guillaume yssit messire Olivier sire de Cliçon et de Tuit. Dudit messire Olivier yssit messire Olivier de Clisson qui a present vit.

II

CONDAMNATION D'OLIVIER DE CLISSON
PÈRE DU CONNÉTABLE

[*Archives nation.* X2A 4. Fol. 186.]

Lan de grace mil trois cens quarante trois le samedy secont jour daoust messires Olliviers sires de Clisson, chevalliers prisonniers en chastellet de Paris pour plusieurs traisons et

---

[1] La date de cette note la rend absolument inexacte : elle a dû être copiée textuellement sur une autre beaucoup plus ancienne. Il y eut en effet quatre Olivier de Clisson qui se succédèrent de père en fils, à savoir : Olivier le vieil, Olivier le jeune, Olivier, père du connétable et le connétable. Ce document, dans sa rédaction primitive, remonterait donc à Olivier le jeune. Ce qui prouverait d'ailleurs que l'expression *Olivier de Clisson, qui a present vit* ne désigne pas le connétable, c'est qu'on ne lui donne pas ce titre. — Si nous reproduisons cette note c'est qu'elle a été écrite voilà au moins cinq siècles.

autres crimes perpetrez par luy contre le roy et la couronne de France et aliances qu'il avait faites au roy d'Angleterre anemi du roi et du royaume de France, si comme li diz messires Oliviers le cognut et confessa, fu par jugement du roy donne a Orliens traynez du Chastellet de Paris ès Hales en Champiaus et la ot sur un eschafaut la teste coppée. Et puis d'ileuc fut le corps trayne au gibet de Paris et là pendu au plus haut estage et la teste fut envoïe a Nantes en Bretaigne pour estre mise en une hante seur la porte de Sauvetout comme de traistre et cuida trahir la dite cite de Nantes a perpetuel memoire.

(Registres criminels du Parlement de Paris.

Ce document se trouve aussi aux mêmes archives, dans la série U, 785, 24.

III

11 décembre 1343.

CONDAMNATION DE JEANNE DE BELLEVILLE
MÈRE DU CONNÉTABLE OLIVIER DE CLISSON

[*Archives nationales.* X 2 A 4]

Audita requesta procur regis contra Johan de bella Villa vidua dm Oliveri de Clissonis, dominum Johem de Clissonio militem filium dicti domini Oliverii, Guillelmum berards... valletum dictæ dominæ.. Simonetum de Fayaco castellanum de Garnacha et Gaufredum Devart olim castellanum castri du Grave qui erant adjornati per dominum Jehannem... consiliarium regis... responsur (os) procur (atori) regis super certis omnibus factis rebellionibus inobedientiis... et excessibus contra nos rem publicam... nec comparuerunt, nec reperti fuerunt ad hostia dicti parlamenti... positi fuerunt in defectu...

Registres criminels du Parlement de Paris.

(Ce texte est jauni, effacé en partie et devient, vers la fin illisible. On peut le compléter par un résumé très ancien, qui se trouve dans la série U, 785,25, et qui se termine ainsi : « ont par deffault et par arrest esté bannis a tousjours du Royaulme de France avec confiscaccion de biens. »

IV

Septembre 1361.

RESTITUTION FAITE A CLISSON
PAR LE ROI DE FRANCE DES TERRES DE LA GARNACHE, DE BEAUVOIR ET DE CHATEAUCEAUX

[*Bibl. de Nantes*, 1696, 1540. Orignal scellé].

Jehan par la grace de Dieu roy de France savoir faisons a tous presens et avenir que comme par un traictée de la paix et accort faiz entre nous et notre tres chier frere le Roy d'Angleterre toutes manieres de gens nos subgiez et de nostre obeissance de quelconque condicion ou estat qu'il soient qui durant les guerres auroi tenu le parti de notre dit frere contre nous. Et aussi semblablement toutes manieres de gens subgiez et de l'obeissance de notre dit frere qui auroient tenus nostre parti contre nostre dit frère doivent retourner et estre restituez a leurs terres pais possessions biens rentes et revenues quelconques donnes et occupees par l'une partie et par l'autre et avecques ce leur sont pardonne remis et quictie touz meffaiz rencunes et indignacions quelconque. Et il soit ainsi que notre ame et féal le seigneur de Clichon durant les dictes guerres ait ete adherent et allie et tenu le parti de nostre dit frere contre nous. Pour quoy le chastel la chastelenie et ville de la Guarnache avecques ses appartenances et la ville de Beauvoir ou ses appartenances et la terre qu'il tenoit à Chatousseaux ou comte Daniou appartenans au dit sire de Clichon et toutes ses autres terres rentes possessions et revenues estans en nostre royaume aient este prises par nous comme confisquez et forfaiz nous voulans tenir et accomplir la dicte paix et accort en la forme et maniere que accordé est avons rendu delivré et restitué rendons delivrons et restituons par ces presentes au dict seigneur de Clichon toutes les terres dessus dictes, et toutes ses autres terres possessions rentes et revenues estans en nostre royaume qui a nous appartiendroient par quelconque maniere que ce soit pour les causes dessus dictes, non obstans quelconques dons ou alienacions dicelles terres par nous en nostre chier et ainsne fils le duc de Normandie ou autres quelconques faictes soubz quelconque fourme de paroles les quielx dons ou alienacions se aucunes soit faictes nous rappellons et revocons du tout. Si donnons en mandement aux seneschaux Daniou et de Poito et a tous les autres justiciers et officiers de nostre roïaume present et a venir ou a leurs lieus tenens et a chascun deulx, si comme a lui appartendra, que au dit sire de Clichon on a son certain commandement baillent et delivrent, rendent et restituent les terres dessus dictes et chascune dicelles ou cas quelles ne seroient de la terre de Belleville et des appartenances dicelles. Et dicelles lui ses hoirs et tous ceux qui de lui ont et pourront avoir cause ou temps avenir facent et laissent joir et user paisiblement sans aucun empeschement ou contredit a la forme et maniere que lui ou ses predecesseurs faisoient par avant les dictes guerres en contraignant a ce vigueresement et sans aucun deport tous les tenenz et occupanz les dictes terres et chascune dicelles. Toutevoye nostre entencion nest pas que les dicts tenens ou occupans icelles terres soient en aucune maniere contraint de rendre ou restituer ce que pour le temps des dictes guerres ont des dictes rentes et revenues receu et leve. Et que ce soit ferme chose et estable a tousjours nous avons fait mettre nostre scel a ces presentes sauf nostre droit en autres choses et l'autruy en toutes. Donné a Paris lan de grace mil CCC sexante et un ou mois de septembre.

Par le Roy a la relacion du conseil estant a Paris.

DUHOCIER.

(Original parchemin, dont le sceau en cire verte est attaché par des liens de soie rouges et verts).

[Ce document, seulement indiqué dans les *Preuves* de dom Morice, est faussement assigné à la date 1367. Le copiste au lieu des lettres françaises *un* avait dû lire les chiffres romains VIIJ].

V

CONTRAT DE MARIAGE

D'OLIVIER DE CLISSON ET DE BÉATRIX DE LAVAL

12 février 1361 (A. s.).

[Collection de M. de la Borderie, membre de l'Institut].

Nous Guy sire de Laval et de Chateaubrient, faysons savoir à touz a qui il appartient que pour et affin que ma-

riage seit faict entre nobles et puyssanz homs monsour
Olivier sire de Clicon et nostre bien amee seur Beatriz de
Laval tout paravant lotray de celuy mariage, avons promis
donner bailler et asairs en mariage o ledit syres de Clicon a
nostre dite sœur pour tout quant que elle pouet et peust demander ès biens moubles et heritages des successions de
nostre tres chier pere que Deux absole et de nostre tres
chiere et tres amee damme et mere madame Beatriz de
Bretaigne quant le cas du deces avendra et pour tant que
elle peust demander en toutes et chacune les successions
et eschaites escheues et avenues de quelconques personnes
que ce soint ou temps passé et en celles avenir de quelque
personne que ce soit sauff la succession de nous ou nos
heyrs decedez sans heyr de nos corps, dous mil livrees
de rente que nous avions sur les foyres de Champeigne par
la main dou recepvours dou Rey nostre sire lesquelles nostre
dite damme et mere solet aveir et [sur] lesquelles par certain contrat elle nous a baillees et en oultre li avons promis
baillier le chastel et chastelenie de Villenomble a toutes ses
appartenances saul a nous joir ses fruz et levees doudit
chastel et chastelenie de Villenomble la vie durant de nostre
dite damme et mère tant soullement ou avons reservé joir
de treys cens livrées de rente de la somme des dites dous
mil livrées de rente durant la vie de nostre dite damme et
mère tant soullement, et aussi sont reservez les fruz et levees
de sept vingt livres de rentes que prend et lieve et deyt aveir
sur cdulles dous mil livres de rente notre tres chiere et amee
damme et ante madame marie de Bretaigne sa vie durant
tant soullement a aveir tenir et pour sans a nostre dite seur
pour lé et ses heirs les dites chouses et chacune et faire sa
volunté comme dou son propre chouses reservées saufves Et
nous Beatriz de Laval damme de nous pour le temps pour
les dites dous mil livres de rente et pour les ditz chastel et
chastelenie les dites chouses reservées saufves nous tenons
pour contente et a bien payées de tout queu que nous avions,
poyon aveir requerre et demander et a nous apartenir par
quelconque manière en tout l'outre plus des biens moubles
et heritages des successions de nostre tres chier et amé pere
que Deux absole et de nostre tres chiere et tres amé damme
et mere, madame Beatriz de Bretaigne quant le cas de son
deces avendra. Et de tout queu que nous payons et peussions
et pourrons noubs et nos heirs ou temps futur de mander par
quelque manière en toutes et chacune les successions es-

chaites et successions avenir de quelxconques personnes que ce saint sauff la succession de nostre tres chier et amé segnour et frere mons^r. mons^r Guy sire de Laval et de Chasteaubrient davant dit ou de ses heirs s'il avenct qu'ils deceassent sans heirs de leurs corps. Et faynes convenant exprès de jamès ès dites chouses ne aucunes riens ne demander ne y réclamer par nous ney par autres ou temps avenir et y renuncions pour nous et pour nos heirs expressement. Et toutes les chouses et chacune dessurdites, avons promises et groyées tenir l'un de nous a l'autre bien et léaulement et les avons jurées et jurons bien et léaulement tenir pour nous et nos heyrs, Tesmoeign le seau de nous sires de Laval et de Chasteaubrient pour tant comme a nous toche et apartient et le seau de nous Beatriz de Laval dessurdite pour nous, pour tant comme nous apartient, et o les seaulx de noz amez cousin mons^r. Jehan de Laval sire de Chasteillon et Guyon de Laval seignour de Pacy et o le seau de noble home mons^r. Jehan de Coaynes segnour de Mon Jehan et o le sceau de religious home et honeste frère Pierres Plantart priour de ce prioure de Nostre Dame de Vitre. Mis et appousez en cest presentes lettres a la requeste de nous Beatriz dessurdite et volons que les seaulx de nous et de chacun des dessurditz mis et appousez a notre requeste comme dit est, vaugent et jacent planière prouve toutes feiz et quant mestier en sera. Donné et fait le XIIe jour d'ou mays de feuvrier davant l'ore de tierce de celuy jour lan mil trays cent soixante et un. Constat et pourrions nous et nos heyrs ou temps futur. Donné comme dessur.

(Original parchemin scellé sur double queue en cire brune des six sceaux annoncés, dont il ne reste que trois : le 1er de Guy, le 2e de Béatrix, sa sœur, le sixième du prieur de N.-D de Vitré).

VI

LETTRES D'OLIVIER DE CLISSON ET DE BELLEVILLE

LIEUTENANT DU ROY ÈS PARTIES DES BASSES-MARCHES A JEHAN LEMERCIER, TRÉSORIER DES GUERRES

5 septembre 1371.

[*Archives de Poitiers.* — Communiqué par M. A. Lièvre].

Olivier, sire de Clicon et de Belleville, lieutenant du Roy monseigneur ès parties des Basses Marches, à nostre amé

Jehan Lemercier, trésorier des guerres du Roy mon dit seigneur ou à son lieutenant, salut. Nous vous mandons et commandons que aux genz d'armes et archiers cy dessoubz nommez et escripz lesquiex nous avons retenuz par mandement du Roy mon dit seigneur pour aler en nostre compaignie essaier a reconforter la forteresse de Moncontour la ou les ennemis du Roy mon dit seigneur sont a siege apresent vous baillez et delivrer les sommes de deniers cy dessoubz desclarciez. C'est assavoir au connestable de France sur les gaiges des gens d'armes qu'il a amenez en sa compaignie pour le dit voyage oultre la charge qu'il auoit paravant du Roy mon dit seigneur douze cenz frans dor ; à messire Jehan de Malestroit, chevalier, sur les gaiges de lui IX autres chevaliers et hescuiers cinq cenz vint cinq frans d'or ; à messire Pierre de la Grésille sur les gaiges de lui XIIII autres chevaliers et hommes escuiers six cenz quatre vins dix sept francs d'or et demi ; à Jehan de Guilly sur les gaiges de lui et XV autres escuiers six vins francs d'or. A messire Jehan Cerpillon, chevalier, sur les gaiges de lui II autres chevaliers et XXI escuiers deux cenz deux frans dor et demy. Au gouverneur de Bloys sur les gaiges de lui VII chevaliers et XLVII escuiers quatre vins frans dor; a Gieffroy Berthelemi escuier, sur les gaiges de lui I chevalier et XXV escuiers deux cenz dix francs ; à Guillaume de Coespelle escuier sur les gaiges de lui et XI autres escuiers quatre vins dix frans ; à messire Gieffroy de Karrimel chevalier sur les gaiges de lui et XL escuiers soixante frans dor : à Jehan de Karalouet escuier, sur les gaiges de lui et de LXV escuiers six vins francs. A Jacob Lalain escuier sur les gaiges de lui et de LXVI escuiers six vins francs ; en prenant lettre de recognoissance de ce que baillé leur aviez par lesquelles rapportées avec cest present mandement tant seulement. Tout ce que ainssi baillé leur aurez sera alloué en bon comptes nonobstant quil ne vous appere de leurs monstres car nous certiffions en notre loyauté avoir veu les dites gens darmes montez et armes soufisament. En tesmoing de laquelle chose nous avons scellé ces lettres de notre propre scel faites et données à Saumur le V° jour de septembre lan mil CCCLX et onze.

(Original, parchemin, scellé).

VII

24 mars 1371.

DON FAIT PAR CHARLES V A CLISSON
DES RANÇONS PAYÉES OU A PAYER PAR LES GARNISONS DES FORTERESSES OCCUPÉES PAR L'ENNEMI SUR LES FRONTIÈRES DU POITOU, DE LA GUYENNE ET DE LA BRETAGNE.

[*Bibl. de Nantes*, col. Bizeul, 1696, fr 1540].

Charles par la grace de Dieu Roy de France a tous ceux qui ces presentes lettres verront salut scavoir faisons que nous considerans que notre chier et feal cousin le sire de Cliçon a plusieurs chasteaux et forteresses en la frontière du pais de nos ennemis en Poitou et Guyenne et en Bretaingne pour la garde et seurte desquels luy a convenu et convient faire plusieurs grans missions et despens tant en gaiges de gens d'armes et autres comme de vivres et de reparations necessaires et autrement pour lui aidier a supporter les dites missions et despens donnons et ottroions par la teneur de ces lettres toutes les rançons et compoicions que il et ses capitaines et gens estanz et demouranz en ses dites forteresses ont faites en et sur la terre de l'obeissance de nos diz ennemis depuis la guerre commencee jusques au jour duy et feront au temps avenir... sans que nous en puissions aucune chose demander ou rabattre de ses gaiges ou de ses gens que il a tenuz ou tiendra a nos gaiges a nostre service ou autrement par quelconque cause ou occasion que ce soit. Ordonnons en mandement a nos amez et feaux les gens de nos comptes et tresoriers a paris... que nostre dit cousin facent et laissent jouir et user paisiblement de notre present don et ottroye sans le molester ou empeschier en aucune maniere. En tesmoing de ce nous avons fait notre seel a ses lettres. Donne a paris le XXIII[e] jour de mars lan de grace mil trois cens soixante et onze et le huitiesme de notre regne. (Original parchemin).

VIII

DON DE LA TERRE DE GUILLAC
FAIT A CLISSON PAR LE ROY DE FRANCE

22 mai 1371.

[*Archives nationales* JJ. 104. P. 270].

Charles par la grace de Dieu roy de France, savoir faisons a tous presens et avenir que comme Jehan de Montfort nagueres duc de Bretaigne nostre homme lige et per de France ait tenu et encor tiegne notoirement et publiquement le parti de Eddouard d'Angleterre nostre ennemi ait en lui aidant de tout son pouvoir a grever et dommaiger nous et nostre royaume en commettant crime de le majeste par quoy tous les heritaiges possessions et autres biens qu'il avoit en la duchée de Bretaigne et ailleurs en nostre Royaume nous sont confisqués et venons en commis Nous pour consideracion de bons et agreables services que nostre tres chier et feal cousin sire de Clicon nous a fais et fait chascune jour loyaument et diligement lui avons donne et ottroïe donnons et ottroïons par ces presentes de notre autorite royal de nostre certaine science et grace especial la terre de Guillac avecques toutes ses appartenances que le dit Jehan de Montfort souloit tenir en la dite duchie laquelle terre et mouvant du fié de nostre dit cousin en sa chatellenie de chasteau-Jocelin comme avons avenue et acquise comme dit est ensemble toutes les rentes et revenues dicell terre tant en bles, terres, pres, boys, garannes, fours, moulins, eaues, fiez, bouayes, heritaiges et autres possessions immeubles quelconques comment qu'ils soient diz ou nommes en la valeur de quatre cens livres de terre ou rente annuele ou environ a tenir avoir posseder et parcevoir par nostre dit cousin ses hoirs et successeurs ou ceux qui auront cause de lui perpetuellement a toujours ou cas que la dite terre ne soit pas de lancien domaine de la dite duchie. Ordonnons en mandement par ces presentes en commettant se mestier est a tous les justiciers de nostre royaume presens et avenir ou aucuns lieutenans et a chascun deux si comme a lui appartiendra que le dit nostre cousin ou son procureur pour lui mettent ou facent mettre en possession et saisine de la dicte terre et des appartenances dicelle en la valeur dessus dicte et leur facent et ses dix hoirs ou successeurs ou ceulx qui auront cause de lui joir et user paisiblement et perpetuellement cessant tout empeschement nonobstant autres dons quelconques personnes et pour quelconques causes que ce soit et ordonnances mandemens ou discussions a ce contraires par telle maniere toutevoies et soubz tele condicion que se aucun accort estoit fait ou tems avenir entre nous et ledit Jehan par lequel accort lesdits heritaiges et possessions fussent restitués au dit Jehan de Montfort nostre dit cousin le sire de Clisson ne nous pourroit riens demander par cause de la dicte terre et ne serions [tenu] de lui en faire aucune recompensacion Et que ce soit ferme chose et estable a toujours nous avons fait mettre nostre scel a ces lettres sauf en autres choses nostre droit et lautruy en toutes. Donné au bal de la Royne le XXII° jour de may lan de grace mil CCCLXXIII Et de nostre regne le X°.

Par le Roy   P. BLANCHET.
(Collations).

IX

17 décembre 1380.

QUITTANCE DONNÉE
PAR OLIVIER DE CLISSON

[*Bibl. nationale*, col. Clairambault 33. 2437].

Nous Olivier sire de Clisson et de Belleville et connestable de France confessons avoir eu et receu de pierre Couchon tresorier des guerres du Roy nostre sire la somme de quatre mille cinq cens vins frans dor. En prest cest assavoir tant sur les gaiges de nous banneret deux autres bannerez trente et deux chevaliers bacheliers et huit vins et cinq escuiers de nostre compaignie comme sur nostre estat avons ordenne par le Roy nostre dit Seigneur au fuer de neuf cens et vins frans dor par mois, oultre les gaiges de nous et des gens d'armes de nostre compaignie desservis et a desservir en ces presentes guerres. De laquelle somme de IIII^m V^e XX frans dor dessus dits nous nous tenons a bien content et paie. En quitons le roy nostre dit seigneur ledit tresorier et tous autres a qui quittance en puet et doit appartenir. Donné soubs nostre scel le XVII° jour de decembre lan mil CCC quatre vins.

(Original parchemin. Le cachet en cire rouge est appliqué directement sur le parchemin).

X

2 mars 1380 (A. S.).

CLISSON REÇOIT PONTORSON
COMME GAGE DE CE QUE LUI DOIT LE TRÉSOR ROYAL

[*Bibl. de Nantes*, col. Bizeul. 1696, français 1540].

Charles par la grace de Dieu Roy de France a tous ceulz qui ces lettres verront salut. Comme nous feussions tenuz a nostre ame et feal cousin et connestable le sire de Cliczon pour cause de gages des gens darmes quil a euz pour la garde seurte et defense de plusieurs villes chasteaulz et forteresses en Bretaigne et tenuz en lobeissance de nostre tres chier seigneur et pere que Dieux absoille et de nous du temps de nostre dit seigneur et du nostre et pour autre choses jusques au premier jour de feuvrier darrain passe en la somme de IIII^{xxm} francs dor savoir faisons que tant pour estre paiez a la Saint-Jehan-Baptiste prochaine venant de XXII^{m}II^{c}XVI francz et un quart restant du paiement des diz III^{xxm} frans si comme en ces lettres est contenu plus a plain comme de ce a quoy se pourront monter les gages et estat de lui et de III^c hommes darmes quil doit encores tenir pour la garde dessus dite dudit premier jour de feuvrier en avant que par nous et certification de nos commissaires envoiez ou pais de Bretaigne sur le fait du traittie dudit pays soit deschargie des dictes villes chasteaulz et forteresses. Nous avons voulu et voulons quil ait et tiegne par maniere de gage la ville et le chastel de Pontorson jusques a tant que des diz XXII^{m}II^c XVI francz et un quart et aussi de la somme a laquelle les gages et estat de lui et des diz III^c hommes darmes se monteront pour le temps dessus dit nous laïens fait paier et agreer selon la teneur de ces dictes lettres et avecques ce lui avons octroye et octroyons qu'il ait et presque toutes les rentes revenues proufiz et emolumens quelconques tant ordinaires qu'extraordinaires appartenant aux diz chastel et ville, comme sa propre chose, lesquelles rentes revenues proufiz et emolumens dessus diz nous lui avons donne et donnons par ces presentes pour la garde de la dite ville et chastel, sans ce que chose quil en preigne et lieve ou face prendre lever et recevoir nous tiengne ou puisse tenir lieu en deduction et rabat de la debte dessus dicte, et par ceste maniere nous yceulx chastel et ville et toutes les autres choses dessus dictes et chascune dicelles lui avons promis et promettons en bonne foy et parolle de Roy faire bailler et delivrer sans refuz ou contredit. Toutevoyes ou cas quil advendroit que par les ennemis de nous ou de nostre royaume sans fraude ou mal engin de nostre dit cousin ou de ses gens ladicte ville et chastel fussent prinz ou empeschez, que Dieu ne veuille, nest pas nostre entencion quil en soit ou puist estre tenu aucunement. En tesmoing de ce nous avons fait mettre nostre scel a ces lettres. Donne a Sainct-Denis en France le IIe jour du mois de mars lan de grace mil CCC quatre vins. Et le premier de nostre regne.

Eu par le Roy presents mess. Danjou, de Bourgoigne de Bourbon et plusieurs du conseil.

XI

2 décembre 1382 — renouvelé en février 1385 (a. s.).

DON FAIT PAR LE ROI A CLISSON
DE TOUS LES BIENS POSSÉDÉS EN FLANDRE PAR LES ANGLAIS

[*Archives nationales*, JJ. 128, n° 78].

Charles... etc. Savoir faisons a tous presens et avenir. Nous estre recors que en la première chevauchée que nous feismes en Flandres nous estans a Courtray avec nostre ost le second jour de decembre lan mil CCCIII^{xx} et deux donnasmes et octroyasmes a nostre ame et feal cousin et connestable le sire de Clicon pour les bons et notables services quil nous avait faiz et faisoit en nostre dicte chevauchée et autrement en plusieurs manières. Tous les biens quelconques ils feussent que nos ennemis et adversaires d'Angleterre avoient et leur competoient en la ville de Bruges et ailleurs ou pays de Flandres en quelque part que ils fussent lesquels nous appartenoient et estoient confisquez et acquis comme biens de nos ennemis Et que pour lors estoit et encore est nostre entencion que (dans) ces biens dessus dits soient compris heritaiges et autres biens immeubles de nos diz ennemis quil avoient au dit temps en la ville ou pays dessus dit. Et attendu que nos lettres que nous lui donnasmes et octroyasmes sur ce ont ainsi que entendu avons este perdues Nous considerans ce que dit est... voulons nostre dit don avoir son plain effect avons octroye et octroyons que ces presentes vaillent et aient vertu et vigueur et joysse nostre dit cousin et connestable.. etc.. Et afin que ce soit ferme et estable a tous jours nous avons fait mettre notre scel a ces presentes lettres sauf en autres choses nostre droit et lantruy en toutes. Donne a paris lan de grace mil CCCIIII^{xx} et cinq le VIe de nostre regne au moys de feuvrier.

Par le Roy a la relacion de mons. le duc de Bourgoigne.

P. Manhat.

(Collation).

XII

14 mars, 1282 (A s).

RECONNAISSANCE DE CLISSON AU ROI
POUR LE CHATEAU DE MONTLÉRY

[*Archives nationales*, J. 400, n° 70].

Olivier sire de Clicon et de Belleville connestable de France savoir faisons a tous que comme le Roy nostre sire nous ait commis la garde de son chastel de Montleri à certains gaiges et par certaine forme et maniere contenue en ces lettres faittes sur ce Nous promettons et jurons que par deffaut de paiement de noz diz gaiges ou de reparacions que nous ferions faire ou dit chastel durant le temps que nous en ferons garde ou pour autre cause ou occasion quelconque Nous ne retendrons le dit chastel en gaige ou autrement. Mais le baillerons et livrerons au Roy ou a son certain mandement dont il nous apparaitra par ses lettres toutes et quantes fois que il le nous fera savoir et ou cas toutes voyes que par les annemis du Roy nostre dit seigneur le dit chatel ne seroit pris ou occupe que Dieux ne veuille sous la coulpe ou mal engin de nous en quel cas ne serions tenuz ne pour ce ne nous en pourroit en aucune chose demander. Et aussi avons promis que en iceluy chastel ne ordenerons personne quelconque elle soit ou commettrons en nostre lieu qui avant toute entree ne face au roi nostre sire semblable serment.

En tesmoing de ce nous avons fait sceller ces lettres de nostre scel. Donne a Paris le XIIII° jour de mars lan mil CCC quatre vins et deux.

Par Mons. le connétable PAULE.

(Original parchemin scellé en cire brune Les attaches du sceau brisé sont en parchemin).

XIII

1383.

PRÊT AVEC GAGE FAIT PAR CLISSON
AU DUC DE BERRY

[*Archives nationales* K. 53. 17bis].

Jehan fils de Roy de France et duc de Berry et d'Auvergne et comte de Poitou a tous ceux qui ces presentes lettres verront salut ; comme japieça nostre tres cher et ame cousin le sire de Clisson connetable de France nous eust preste et baillie en pur prest deus mille frans dor pour aucunes affaires que nous avions lors et pour ce qu'il fust seur de recouvrer la dicte somme nous lui eussions baillie en gaige nostre chastel ville et chastellenie de Fontenay le conte et lui eussions donne tant pour la garde dudit chastel comme pour autres considerations les revenues d'icelli chastel ville et chastellenie par certaines forme et maniere plus a plain contenus en nos lettres faictes sur ce. De laquelle somme de devers nous l'avons agree et contente presentement et par ce nom a nostre dit cousin delivre la possession de son chastel et ville dessus dictes plainement comme il devait et tenus y était... Nous nous tenons pour bien contens de nostre dit cousin et de ses gens et officiers qui en son nom en ont eu la garde et gouvernement...

Original, parchemin.

XIV

8 février 1383 (A. st).

QUITTANCE DONNÉE PAR OLIVIER DE CLISSON

[Bibl. nationale, manuscrit 789, n° 8].

Nous Olivier sire de Clicon et de Belleville connestable de France confessons avoir eu et receu de Berthaut Aladent receveur general des aides ordenes pour le fait de la guerre la somme de quatre mille frans dor en deduction et rabbat de la somme de LII^m III^c XX frans a nous deus darrerages pour cause de II^m frans par mois jà pieça ordennes par le Roy nostre sire pour nostre estat. Si comme par les lettres dicellui seigneur sur ce faites dareinement le IVe jour de fevrier CCCIII^{xx} et deuz plus a plain puet apparoir. De laquelle somme de IIII^m fr. dor nous nous tenons pour bien contens et paies et en quittons le Roy nostre dit seigneur, ledit Bertaud et tous aultres. Donne soubz nostre scel le VIIIe jour de février lan mil CCCIIII^{xx} et trois.

Original.

XV

11 juillet 1384.

EXTRAITS D'UN ACCORD PASSÉ ENTRE LE DUC DE BERRY ET CLISSON

[*Archives nationales*, J. 382, 7.]

Carolus dei gratia.. etc... Comme plait et proces soit meu ou en espoir de mouvoir entre hault et puissant prince monseigneur le duc de Berry d'Auvergne conte de Poitou d'une part et noble et puissant seigneur Olivier sire de Clisson... d'autre part pour raison de ce que le dit sire de Clisson tient a present et ses predecesseurs tenoient a foy et hommage du vicomte de Thouars et de ses predecesseurs tant a cause de la dicte vicomte comme a cause de la chastellenie de Mauléon les chasteaux villes et chastellenies et fiefs qui s'ensuivent c'est assavoir a cause dudit vicomte la ville chastel et chastellenie de la Guarnache, la ville chastel et chastellenie de Montagu, le chastel et chastellenie de chasteaumur, le chastel et chastellenie de Palluau avec leurs appartenances et aussi les terres que le dit sire de Clicon tient en thoarcoys Et a cause de la chastellenie de Maulcon la chastellenie des Deffens... (le sire de Clisson) devoir le rachapt toutefois qu'il y a mutacion de homme... que le rachapt des chastellenies terres et seigneuries dessus declairees se rencontroit avec le rachapt de la viconte de Thouars et seignourie de Maulcon Il avait droit de prendre le rachapt qui ainsi se rencontroit des terres et chasteaux et chastellenie dessus dictes et que les chasteaux et chastellenies de Montagu, palluau, casteaumur et les Deffens de nouvel estoient avenues au dit mons. de Clicon par le deces de feu madame Louyse de Chateaubrient desquelles terres... le rachapt appartient au dict vicomte de Thouars et que ledit sire de Clisson estoit et avait este refusant de paier ledit Thouars predecesseur de celui qui est a present (a cause d'un) abonissement (fait par les vicomtes de Thouars). Le dit mons. le duc disoit au contraire que se aucuns abonissements avoient este faiz par les vicomtes qui ont este ou tems passe ce avait este sans son consentement et sans le consentement des comtes de poitiers qui avoient este pour quoy les dits abonissemens navoient peu avoir este faiz valablement en tant que lui touhoit. Finablement accorde est entre icelles parties que le dit mons. de Clisson consent et accorde que ledit mons. le Duc joysse et puisse joyr du rachapt des terres chastel chastellenies dessus declarees toutefois que le cas y avendra que lesdits rachapts se rencontreront par mutacion d'homme avecques le rachapt de Thouars et de Mauleon... Et en oultre veult et consent ledit mons. de Clisson que se la dicte vicomte ou seignourie de Mauleon venoit par deffaut de homme ou aultrement en la main dudit mons. le Duc.. que nous le Duc puisse joyr dudit rachapt.

Accord enregistré le 11 juillet 1384.

Original parchemin jadis scellé.

XVI.

24 juillet 1387.

ACTE D'HOMMAGE RENDU

A SIMON DE CRAMAUD, ÉVÈQUE DE POITIERS, PAR OLIVIER, SIRE DE CLISSON ET DE BELLEVILLE CONNÉTABLE DE FRANCE ET SEIGNEUR DU FIÉ L'EVEQUE POUR RAISON DE CE FIÉ.

[*Archives de Poitiers* — communiqué par M. A. Lièvre].

Nous Olivier sire de Cliçon, de Belleville, — connétable de France et seigneur du Fié l'Evêque faisons sçavoir à tous par ces présentes que aujourd'hui nous avons fait hommage lige à reverent père en Dieu monsieur Simon évêque de Poitiers à cause de nôtre Châtellenie et Terre appellée le Fié l'Evêque, et lui avons juré et promis à garder et defendre les droits, franchises et libertés de son église de Poitiers, sa personne et ses biens, si comme bon homme et vassal doit faire à son seigneur ainsi et par la manière que les prédécesseurs de la dite châtellenie et Terre du Fié l'Evêque le ont accoustumé à faire à ses devanciers évêques de Poitiers, et bailler nostre nommée, et faire à mon dit seigneur de Poitiers toutes autres choses et devoirs accoutumez à faire par nos prédécesseurs seigneurs dudit Fié l'Evêque; et ce qu'il a plu audit reverend père en Dieu monsieur l'Evêque dessudit à prendre ce présent hommage en notre dit hostel de Paris, la ou il étoit venu pour aucunes grosses besoignes touchans le Roi, voulons que ne porte à lui ne à sa dite église aucun préjudice ainçoiys seront tenus nos successeurs faire ledit hommage on lieu ou faire se doit par la coustume du pays.

En témoin de ce nous avons fait sceller cette lettre de nostre seel, ont été présens ad ce que dit est messire Jehan Herpedaine chevalier nostre nepveu, mestre Pierre Beauble docteur en Loys et en decrès, et maistre Jehan le Roi, secrétaire du Roi nostre sire ; fait le mercredi 24 jour de juillet l'an de grace mil trois cent quatre vingt sept.

(Cette pièce a été extraite du Cartulaire de Poitiers connu sous le nom de grand Gaultier, fol, 28, recto).

XVII

30 juillet, 1387.

JUGEMENT DU ROI

AU SUJET DES DIFFICULTÉS SURVENUES ENTRE LE DUC DE BERRY ET LE CONNÉTABLE

[*Archives nationales* J. 186A Berri 69].

Charles par la grace de Dieu roy de France a tous ceulx qui ces lettres verront salut savoir faisons que comme nostre tres cher et tres ame oncle le duc de Berry et d'Auvergne comte de Poitou eut fait proposer en nostre presence a l'encontre de nostre tres cher cousin Olivier seigneur de Clicon connestable de France que y celui sire de Clicon avoit et tenoit plusieurs chasteaulx villes et terres en la dicte comte de Poitou soubz la seigneurie et ressort de nostre dit oncle, à cause de la dicte comte, et que nous pour le fait et necessite de la guerre, par la deliberation de nostre conseil, ou quel étoit le dit sire de Clicon, avions ordonne estre mises et levees les aides ordonnes pour la dite guerre en toute la dite comte et pais de Poitou, et apres les dictes aides eussent esté mises sus es dictes comtes et pais, nous pour soustenir plusieurs charges et mises qu'il faut faire et soustenir a nostre dit oncle pour la garde dudit pais, qui est en frontiere de guerre, eussions donne les diz aides pour un an a nostre dit oncle et depuis dan en an les lui aïons donnez pour plusieurs annees apres lequel don le dit sire de Clicon eust requis a nostre dit oncle que il lui donnast la moitié des dictes aides, qui seroient levées ès terres qu'il tient en la dicte comte, laquelle chose nostre dit oncle lui octroya liberalment et depuis a la requeste dudit sire de Clisson nostre dit oncle donna certain temps au dit sire de Clicon toutes les dictes aides parmi ce que elles auroient cours et seroient levees en ces dictes terres mais ce nonobstant le sire de Clicon a fait cesser en ces dictes terres les dictes aides et ny ont point eu de cours qui a esté moult prejudiciable et en grant diminucion des dictes aides, car les marchans sont alez marchander es dictes terres ou pais ou les dictes aides ont eu cours, et avec ce le dit sire de Clicon a fait dire a plusieurs habitans voisins de ses dictes terres que se ilz se vouloient advouer ses subgiez et tenir leurs terres de lui que ils seroient frans des dictes aides et non pairoient aucunes, pour quoy plusieurs sen sont advouez, qui depuis nont voulu paier aucunes aides, ne ny ont pu estre contrains. pour le port et puissance dudit sire de Clicon et de ses gens et officiers et afin que il apparust que il les tenoit en son adveu ses gens et officiers mettoient es huis des hostels des diz advouez escucons des armes du dit sire de Clicon. Item a fait proposer nostre dit oncle que le dit sire de Clicon a fait prendre par gens darmes le seigneur d'Argenton et un sieur chapellain et iceulx fist mener prisonnier ou chastel de Chasteaumur, et depuis ou chastel de Montagu ou il a detenuz par lont temps prisonniers, et encores detient ledit chapellain et avecques ce a fait prendre le seigneur de la Sepoye et la detenu prisonnier par lespace de deux ans et encore le detient et aussi ont pris et emprisonne les gens et officiers du dit sire de Clicon plusieurs des seigneurs et subgiez de vicomte de Thoars, et un sergent de nostre dit oncle, en sa dicte comte de Poitou, appelle perrot le monnier en haine de ce quil faisoit certains exploiz en cas de souveraincté et ressort de la dicte terre du dit sire de Clicon, et avecques ce un autre sergent de nostre dit oncle qui faisait certains exploiz en la dicte terre ou cas dessus dit a este pris et emprisonne par les gens et officiers du dit sire de Clicon et depuis a este elargi par caucion de ester a droit par devant eulx et de retourner aux journées, qui par eux lui seroient assignées. Item qu'après la mort de feu Guy de la forest chevalier seigneur du chastel terres et appartenances de Comminquiers, et de certaines autres terres estans en la dicte comte de Poitou, Regnier Josseaume chevalier heritier dicellui qui prist et apprehenda royaument et de fait la possession et saisine des diz chastels et terres demourez du deces dicellui feu Guy, mais le dit sire de Clicon, de son autorite par force de gens d'armes a fait prendre et occuper le dit chastel et terres, et pour ce que ledit vicomte de Thoars, de qui les diz chastels et terres sont tenuz au fief, et auquel certains rachaz estoient deuz, mist ou fist mettre iceulx chastel et terres en sa main, et y envoya de ses gens et officiers pour avoir royamment et de fait la possession et saisine des diz chastel et terres, mais les gens et officiers dudit sire de Clicon leur respondirent qu'ils nen auroient jà hommage ne rachaz et leur dirent plusieurs menaces tellement que il failly que les gens dudit vicomte pour double de leur corps s'en allassent, sans avoir la possession desdiz chastels et terre ne aucune obeissance. Item, et qui pis est, si tost comme les gens et officiers du dit sire de Clicon orent pris et occupez les diz chastel et terre, ils firent crier et defendirent publiquement, de par le dit sire de Clicon que aucun ne paiast les diz aides ordonnez pour le fait de la guerre, et pour ce le fermier dicelles aides se tray par devers les officiers de nostre dit oncle, et nostre lieutenans ou dit pais, et leur dit que il ne pouoit joir de la dicte ferme, et volt renoncier à icelle, mais le seneschal de Poitou pour nostre dit oncle se transporta au dit lieu de Comminquiers et le dit fermier avec lui, et fist commandement de par nous, et de par nostre dit oncle, aux habitans dudit lieu que ils paiassent les dictes aides lesquels respondirent que voulentiers ils les pairoient et eussent toujours paie, ce neust este la dicte defense, et incontinent que le dit seneschal fust parti dudit lieu, les dictes gens et officiers dudit sire de Clicon prindrent et batirent le dit fermier et le menèrent prisonnier ou chastel de la Garnache, ou ils le tinrent pour aucun temps, et assez tost apres le seneschal se transporta audit lieu de la Garnache, pour faire commandement au dictes gens et officiers dudit chastel que ils delivrassent le dit fermier, mais les dictes gens et officiers dudit sire de Clicon leverent le pont et fermerent les portes dudit chastel au dit seneschal, et ne lui vouldrent donner aucune obeissance. Item que pour ce que le dit sire de Clicon tenoit et occupoit le dit chastel de Comminquiers et terres dessus diz et ne vouloit souffrir que le dit vicomte joist de son rachat, icelui vicomte empetra de nostre dit oncle certaines lettres en cas de saisine et de nouvellete, pour les quelles executer le seneschal de Poitou et le doyen de Chartres commis a ce se transporterent au dit lieu de Comminquiers, mais les gens et officiers dudit sire de Clicon estans au dit chastel ne vouldrent faire aucune obeissance ainçois fermerent la porte et leverent le pont d'icellui chastel a lencontre des diz seneschal et doyen, lesquels seneschal et

doyen veans la dicte desobeissance firent attachier la copie
des dictes lettres de complainte a la barriere dudit chastel,
laquelle copie les dictes-gens et officiers dudit sire de Clicon
ont ostee et arrachee et dicelle fait leur voulenter. Item que
ledit sire de Clicon avait pris et occupe plusieurs terres qui
sont des fiefs des diz vicomte et seigneur d'Argenton tenuz
de la dicte comte et appliquez au fief levesque desquelz apres
rebellions et entreprises et desobeissances, Remy de Tal-
lensac et un appelle Ryon sont et ont este coupables. Item
que le dit sire de Clicon et ses gens et officiers avoient faiz
plusieurs autres exploiz et entreprises contre les droits et
seignourie de nostre dit oncle, et avoient les gens d'icellui
nostre oncle fait sommer ledit sire de Clicon que les dictes
exploiz et entreprises feussent mises au néant. laquelle
chose ledit sire de Clicon navoit voulu accorder. Et il soit
ainsi que apres que les choses dessus dictes eussent este
dictes et proposees le dit sire de Clicon de toutes icelles
se soubmist en la voulente et ordonnance de nous, de
nostre dit oncle et de nostre tres cher et ame oncle le duc
de Bourgoigne qui illecques estoit present. Nous veu et
considere tout ce que dessus est de claire par deliberacion
de nostre conseil avons ordonne par la maniere qui sen-
suit premierement que les dictes aides ordonnes pour
ledit fait de la guerre seront mises sus et levees es terres
que le dit sire de Clicon tient ou dit pais de Poitou et sera
crie publiquement que un chascun les paie pareillement
que elles ont cours es terres de notre dit oncle, et des
autres du pais ses subgiez, et a jure le dit sire de Clicon
en nostre presence que jamais ne empeschera ne fera empeschier quelles ne soient leves en ces dictes terres tant
comme elles auroient cours au dit pais et sur ce baillera
lettres scellees de son scel, et si feront oster les escucons
du dit sire de Clicon qui ont este mis en hostels de ceulx
qui se sont advoues de lui, et avecques ce baillera a nostre
dit oncle ou a ses officiers pour lui ceulx qui batirent le dit
fermier et ceulx qui firent la dite desobeissance ou dit chastel
de la Garnache, lequel nostre oncle comme nostre lieutenans
ou ses gens et officiers de par lui eulx oys leur feront sur ce
raison et justice. Item le chappelain dudit sire d'Argenton et
seigneur de la Sepoye et les sergens et subgiez dudit vicomte
de Thoars seront baillez et delivrez royamment et de fait aux
gens et officiers de nostre dit oncle et apres mis a plaine
delivrance, se le dit sire de Clicon ne veult dire cause raison-

nable, pour quoy ils doivent demourer prisonniers, et perrot le monnier, sergent de nostre dit oncle, qui est detenu prisonnier, et l'autre qui a esté eslargi par caucion seront delivrez a plain, et tous les proces et emploiz qui ont este faiz contre eulx sont et seront mis au neant, et des maintenant les admettons et mettons au neant. Item les chastels de Communiquiers et terres dessus dites seront royaument et de fait mis en la main de nostre dit oncle et la complainte mise a effet, et par la main dicellui nostre oncle les dits chastels et terre gouvernez, jusques a ce que les dictes presentes oyes, en soit autrement ordonne et ceulx qui seront trouez par la relacion dudit seneschal ou autrement par informacion coupables des dictes rebellions et desobeissances seront baillez aux gens et officiers de nostre dit oncle pour leur faire sur ce eulx oys raison et justice, et par especial les dits Remy et Ryon, et les capitaines desdits chasteaux de Comminquiers et de la Garnache seront baillez par le dit sire de Clicon a nostre dit oncle ou a ses officiers pour leur faire sur les exces par eulx faiz raison et justice, et si ne seront jamais officiers dudit sire de Clicon ne dautres ou dit pais de Poitou ne es fiefs ne arriere fiefs dicelui, et les choses appliquees audit fief levesque ledit seneschal de Poitou ou autre a ce commis par nostre dit oncle sen informera foncierement et de plain et ce qu'il trouvera qui ne sera pas dudit fief sera rendu baille et delivre par ledit seneschal ou commissaire a ceulx a qui il appartient. Item que tous les exploiz et entreprises qui ont este faiz par les gens et officier de nostre dit oncle es dites terres dudit sire de Clicon ou prejudice de lui et de sa juridiction se aucuns y en avaient este faiz par le dit sire de Clicon et ses gens et officiers ou prejudice de notre dit oncle, de ses droiz justice et seignourie seront adnullez et mis au neant, et les adnullons et mettons au neant, et ne sen pourra jamais aidier le dit sire de Clicon et seront comme si elles neussent onques este faiz ne advenuez. Et seront toutes les choses dessus dictes faictes et accomplies. Reaument et de fait de dans la fin du mois daoust prochain venant. Et a faire tenir et accomplir toutes les choses dessus dictes et chascune d'icelles. Nous avons condempne et condempnons ledit sire de Clicon, en sa presence, lequel promist en nostre main, a les tenir enteriner et accomplir de point en point sans jamais venir a lencontre en aucune maniere. En tesmoing de ce nous avons fait sceller ces lettres de notre scel. Donne a Vernon le XXX·,et penultieme jour de juillet lan de grace mil trois cens quatre vins et sept Et de notre Regne le septieme.

Par le Roy en son conseil ou quel estoient mess. les ducs de Bourgoigne et de Thouraine, le cardinal de Laon Nous et plusieurs autres,

BLANCHET.

(Le sceau royal en cire blanche est attaché avec des liens de parchemin. L'acte suivant est également attaché au premier avec des liens en parchemin).

XVIII

2 août 1387.

SOUMISSION DE CLISSON
AU JUGEMENT PRONONCÉ PAR LE ROI

[*Archives nationales*, J. 186, n° 69 *bis*].

A tous ceux que ces lettres verront Olivier seigneur de Clicon et de Belleville Connestable de France salut, savoir faisons que nous voulons, consentons et octroyons par ces presentes que les aydes ordonnes par le Roy nostre sire pour le fait de la guerre soient mises sus et levees en terres que nous avons ou pais de Poitou tant comme elles y auront cours pareillement comme es autres terres des barons et seigneurs dudit pays. Promettons a ne venir a lencontre ne lempeschier en aucune maniere tesmoing de ce nous avons fait mettre notre scel a ces presentes. Donné le second jour daoust lan de grace mil CCC quatre vint et sept.

(Original parchemin attaché au précédent et scellé en cire rouge. Le sceau est un écu penché chargé d'un lion et supporté par deux griffons ailés).

XIX

23 août, 1392.

CONDAMNATION DES ASSASSINS
DU CONNÉTABLE

[*Archives nationales*, J. 179^b Craon, 13].

A tous ceux qui ces lettres verront Jehan seigneur de Folleville chevalier conseiller du Roy notre sire et garde de la prevote de Paris salut, savoir faisons que après la demande ou requeste a nous au jour duy et autrefois faite en jugement au chastellet de Paris par le procureur du Roy notre sire au dit chastellet pour son nom dudit seigneur a lencontre de messire Pierre de Craon, messire Bonabes de Tusse messire Jehan de Champchevret chevaliers Guillaume de Tusse, pierre de Treffe, Jehan de Hubines, poncelet le maire et Adam Duveluy escuiers, Jehan Gosset, Jaquet Gossuin, Hennequin queux dudit messire pierre Jehan son austrussier et Mace coquin tous ses serviteurs et familliers disant que jà soit ce que (bien que) la personne de noble et puissant seigneur monseigneur Olivier seigneur de Clichon et de Beleville connestable de France feust et soit a cause de son office de connestable et autrement personne si privilegiee noble et notable que aucun noble de ce royaume ne autre soubz dissimulation nen puet pretendre ignorance et par ce ait este et soit en la singuliere protection et sauvegarde du roy nostre dit seigneur duquel a cause et par le moyen de son dit office il represente la personne comme son lieutenant ou fait de la guerre Neantmoins le jour de saint sacrement derrenierement passe a heure obscure et sur la nuictiee Vaguet entreprises empenses sans deffiances precedens ainsi comme le dit Monseigneur le connestable venoit de la chambre et hostel du Roy appelle hostel de Saint Pol et lui estant encores ès mettes (frontières) circuite et fins d'icelluy hostel royal pierre de Craon et ses complices cy dessus nommes garnis d'armures invasibles c'est assavoir hausbergons d'acier et de fer capelines espees et dagues avaient batu villene et navre cruelment a saut et a plains ledit monseigneur le connestable en diverses parties de son corps et pour ce que ces choses avoient este et estoient faites par le dit de Craon ses diz. complices fauteurs et malfaiteurs dempnablement et en commettant crime de lese mageste port darmes et assemblees dampnable en moins honorant et villipendant la puissance royal en enfraignant themerement ladite sauvegarde et au tres grand deshonneur blasme et vitupere de ce royaume de la chose publique et dudit monseigneur le connestable et son office si comme icellui procureur du Roy disoit ces choses consideres (énumération de la bande des assassins) chascun d'eux fussent par nostre sentence et jugement bannis a toujours du dit Royaume de France et leurs biens confisques au Roy nostre dit seigneur les dessus nommes malfaiteurs bannismes et bannissons a toujours perpetuellement du Royaume de France et confisquons leurs biens... faisons deffense a tous que les dits malfaiteurs ne aucuns deux ne rettraittent ou recoivent ne jamais a nul jour ne facent donner conseil confort ne aide en quelque maniere que ce soit sous peine de la hart. En tesmoing de ce nous avons fait mettre a ces lettres le scel de la prevoste de Paris ce fut fait en jugement au dit chastellet le lundi vint troixième jour daoust lan de grace mil trois cens quatre vins et douze. Fresnes.

(Original parchemin scellé en cire brune avec attaches en parchemin).

XX

18 octobre 1397.

TRAITÉ D'ALLIANCE DU DUC D'ORLÉANS
AVEC CLISSON

[Archives nationales. K. 57, n° 92].

Loys fils de roy de France duc d'Orleans et comte de Valois et de Beaumont savoir faisons que nous considerans et remembrans les grands et notables services que nostre tres chier et ame cousin, le seigneur de Clicon a fais a feu nostre tres chier seigneur et pere dont Dieux ait lame, a monseigneur le Roy et a nous et attendu la grande amour singuliere quil a a nostre personne et le service quil nous a offert de faire de son corps et de toute sa puissance envers tous ceulx qui peuvent vivre et mourir, exceptez monseigneur le Roy et monseigneur le Dalphin. Nous pour ces causes et a sa requeste, lui promettons et accordons a le aider et conforter comme nostre bon et loyal serviteur et alie, envers tous, exceptez Mons. le Roy, Mons. le Dalphin, et les autres enfans de mon dit seigneur, nos oncles, nos tres chiers et tres amez cousins germains, le Roy loys, le prince son frere, et les autres nos cousins germains demourans ou Royaume de France. Et cellui ou ceuls a qui nous sommes ou serons aliez par mariage de nous et de nos enfans. Et aurons les aliez de nostre dit cousin de Clicon, pour recommandez en tous leurs affaires raisonnables. Donne a Paris le XVIII° jour d'octobre, lan de grace mil trois cens quatre vins et dix sept.

Par Mons. le Duc et de son commandement.

Busson.

XXI

18 octobre 1397.

TRAITÉ D'ALLIANCE DE CLISSON
AVEC LE DUC D'ORLÉANS

[*Archives nationales.* K 57, n° 92].

Olivier sire de Clicon et de Belleville savoir faisons que nous considerens les grans honneurs, biens et prouffiz que a faiz ou temps passe, feu de bonne memoire le Roy Charles dont Dieux ait lame, mon tres redoubte et souverain seigneur, le duc d'Orleans son frere, auquel nous avons tousjours eu nostre reffuge et esperence de tout confort en nos adversitez, esquels il nous a aide et secouru pour notre honneur gardez, tant et si avant que pour quelconque service que faire luy puissions nous ne le pourrions guerdonner, touttefoiz en faisent ce que faire pouons nous promettons loyalement par la foy et serment de nostre puissance tant comme nous vivrons nostre devant dit seigneur le duc d'Orleans son bien et son honneur garder, deffendre et essaucier (exhausser) envers tous contre tous ceux qui peuvent vivre et mourir, excepte contre mon tres redoubte et souverain seigneur le Roy de France et Mons. le dauphin son fils, tesmoing ces lettres scell de nostre propre scel pour maire (major) fermette Ce fut fait en nostre chastel de Chastel Jocelin le XVIII° jour du moys doctobre lan mil trois cenz quatre vings diz et sept.

Par Mons. de Clicon et de son commandement

GARNIER.

(*Original portant le sceau de Clisson, à savoir: un homme armé au casque portant deux plumasseaux, à l'écu aux armes de Clisson : de gueules au lion d'argent couronné et lampassé d'or*).

XXII

19 mars 1398.

PRÊT DE CLISSON AU DUC D'ORLÉANS
(20.000 francs).

[*Archives de Nantes*, S. E. L. 217 cas. 97].

Je Enguerran de Marcoignet escuyer d'escurie de Monf. le duc d'Orléans testifie que le jour de la date de ces presentes jay receu comptant en escuz d'or pour et ou non de mon dit seigneur le duc de Mons. de Cliçon en son chastel de Blain par la main de maître Jehan le Roy secrétaire du Roy nostre sire et de mondit seigneur de Cliçon la somme de vint mille francs que ledit Mons. de Cliçon a prestez au dit mons. le Duc si comme il appert par ces lettres obligatoires donné le XXIII° jour de feuvrier derrein passe lesquelles mondit seigneur de Cliçon a par devers luy. Tesmoing mon seel et seing manuel mis cy dessous le XIX° jour de mars l'an MCCCIIIX^{xx} VIII.

Original jadis scellé.

XXIII

Vers 1408.

ÉTAT DES SOMMES DUES AU CONNÉTABLE
PAR DIFFÉRENTES PERSONNES

[*Bibl. de Nantes*, 1703, français 1532].

Memoire a meisseigneurs du Conseil de Monseigneur et dame Monsieur le vicomte de Rohan et madame sa compaigne et madame la comtesse de Penthièvre ycelles dames heritieres de feu Monsieur de Clicon savoir ma dite dame de Rohan pour les deux parts et madite dame de Penthievre pour le tiers pour amendement et deliberation de mettre en execution certaine les dites obligations que ledit feu mons. de Clicon avait sur les personnes et par les causes que sensuivent et dont la copie vous pourra apparoir.

Premierement Lois fils de roy de France d'Orleans cogneut avoir eu en prest du dit de Clicon 20.000 francs et de quoy sobligea par lettres tesmoing son scel le 23° jour de fevrier lan 1688.

Item Lois comte de Flandres duc de Breban comte d'Artoys et de Bourgoigne doit au dit de Clicon 10.000 francs et s'en obligea par ses lettres temoing en scel et le signe qui est contenu en la copie le 26° jour de decembre mil trois cens quatre vins..... et (la fin est rongée).

Item Bureau seigneur de la Riviere cogneut avoir eu 2000 escuz dor et s'en obligea par ces lettres du VII° jour de juillet 1399.

Item le seneschal de Henault cogneut avoir eu 2000 escuz dor en prest dudit de Clicon et en bailla lettres obligatoires par la court du duc de Bretaigne... le XV⁰ jour de decembre an 1404.

Item un arrest de parlement sur mons. pierre de Cron, Jehan de Champchevret, Charles Adam Duveluy, Guillaume de Tusse, pierre de Tressours, Jacques Gossins, Jehan Mahudre, Jehan de Hubines, Jehan Gosset, Mahe Coquin et autres de C^m (100.000) francs) donne le VII⁰ jour de juin 1399.

Item plusieurs lettres du Roy de France de six vingts mille francs.

Item et par especial de XXII^m deux cents seize frans et comment il engagea pour cette somme le chastel et chastelenie de Pontorson avecques le ..[partie du parchemin rongée.] que en leverait ledit de Clicon ne vouldroit aucun rabbat sur cette somme et pour les causes convenues en la dite lettre lan mil CCCIIII^{xx}.

(Le total de ces sommes dues à Clisson s'élevait donc à 272.216 francs, sans compter 4000 écus d'or).

XXIV

INSCRIPTION ACCOMPAGNANT
UNE VIEILLE GRAVURE DU CONNÉTABLE

[*Bibl. nationale*, manuscrit 789 n° 69].

Cette vieille gravure ne ressemble guère, sinon par la maigreur osseuse du visage, aux autres gravures du connétable qu'on trouve dans les vieilles histoires de Bretagne. Elle porte au haut cette inscription :

Olivarius de Clissone (sub Carolo 5⁰) magnitudine animi servire regi quam regulo dignior. Adoptivo domino quam naturali acceptior. Implacabili odio Ducis Armoricæ periisset, nisi Carolus sextus cum ad Insaniam usque deperiisset.

Au bas de la gravure, on lit ce distique :

Illustrem peperit tibi fusus Belga triumphum
Sed sub rege alio vivere dignus eras.

Autour de ce portrait de Clisson sont représentées les différentes scènes de sa vie.

TABLE DES MATIÈRES

Introduction I

CHAPITRE PREMIER
LES ANCÊTRES DU CONNÉTABLE
OLIVIER DE CLISSON
SON ENFANCE

Le château de Clisson. — Olivier le vieil et Olivier le jeune, aïeul et grand-père du connétable. — Exploits de son père et de ses oncles. — Trahison et supplice de son père. — Cruautés de Jeanne de Belleville. — Le jeune Olivier passe son enfance en Angleterre, ainsi que le comte de Montfort. — Libéralités du roi d'Angleterre. — Un mot sur du Guesclin, Clisson et Jean IV. 13

CHAPITRE II
1358-1365
CLISSON AU SERVICE DE L'ANGLETERRE
AURAY ET GUÉRANDE

Clisson à Bécherel. — Bataille d'Auray : causes de la défaite des Français. — Rôle joué par Clisson dans cette bataille. — Premiers froissements entre lui et les Anglais. — Traité de Guérande. — Première entrevue de Clisson et de Charles V. 39

CHAPITRE III
1366-1370
CLISSON CHANGE DE PARTI
ET REDEVIENT FRANÇAIS

Différend entre Clisson et Chandos. — Expédition d'Espagne et bataille de Najara. — Clisson contribue à la délivrance de du Guesclin. — Charles V l'attire de plus en plus dans son parti et l'emploie contre les Compagnies. — Ambassade de Paris. — Acquisition de Josselin. — Rupture entre Clisson et Jean IV. 67

CHAPITRE IV
1369-1370
CLISSON GÉNÉRAL DE CHARLES V
ET FRÈRE D'ARMES DE DU GUESCLIN

Faiblesse de la France, au point de vue militaire, lorsque Clisson entre à son service. — Causes des désastres passés. — Sages conseils de Clisson au roi de France. — Etroite alliance entre Clisson et du Guesclin. — Victoire de Pontvallain et brillante campagne de 1370. 87

CHAPITRE V
1371-1373
CLISSON COOPÈRE A LA CONQUÊTE
DE L'ANJOU, DU POITOU ET DE LA SAINTONGE

Moncontour. — Clisson se fait dédommager de ses grandes dépenses par Charles V. — Coup d'œil sur l'organisation militaire de cette époque et sur la composition des armées conduites par Clisson et du Guesclin. — Clisson blessé à Loudun — Enlèvements de Saint-Sévère de Saint-Jean-d'Angély, de Saintes. — Entrée à la Rochelle. — Cruauté des Anglais. — Terribles représailles de Clisson. — Equipée de Mortagne-sur-Sèvre. — Clisson au château de ses ancêtres. 111

CHAPITRE VI
1373-1375
LA GUERRE SURTOUT EN BRETAGNE

Rôle joué par Clisson dans l'expulsion de Jean IV hors de Bretagne. — Longs sièges de la Roche-sur-Yon, de Brest et de Derval. — Nouvelle invasion anglaise : sagesse et compétence de Clisson dans les choses de la guerre. — Quimperlé. 141

CHAPITRE VII
1375-1380
OCCUPATION ET PERTE DE LA BRETAGNE
PAR CHARLES V

Clisson lieutenant du roi en Bretagne. — Difficultés de sa situation. — Fortifications qu'il construisit : leur caractère spécial. — Ingratitude de Charles V envers les Bretons. — Clisson presque seul reste fidèle au roi de France — Jean IV rentre dans ses Etats. — Mort de du Guesclin. — Influence qu'exerça sur lui Olivier de Clisson. 174

CHAPITRE VIII

1380-1382

CLISSON CONNÉTABLE

Sa réconciliation momentanée avec le duc de Bretagne

Etat de la France à la mort de Charles V. — Secrètes antipathies des princes contre Clisson nommé néanmoins connétable. — Bureau de la Rivière est sauvé par Clisson — Affaires de Bretagne. — Un duel au moyen-âge. — Apaisement général. — Jean IV fait alliance avec tout le monde et même avec Clisson. 208

CHAPITRE IX

1382-1384

CLISSON EN FLANDRE

Le passage de la Lys. — Rosebecque : dispositions prises par Clisson et leur heureux effet. — Pillage des Flandres. — Miséricorde ou Marguerite — Clisson prépare une seconde expédition contre les Flamands et les Anglais. — Le duc de Bretagne sauve ces derniers. 235

CHAPITRE X

RELATIONS PERSONNELLES DE CLISSON

La fortune qu'il possédait   263

CHAPITRE XI

1384-1387

PRÉPARATIFS CONTRE L'ANGLETERRE

Attentat de l'Hermine

Dernière campagne de Flandre. — Clisson délivre Jean de Penthièvre — Armements inutiles à l'Ecluse. — Le connétable prépare à Tréguier une nouvelle expédition. — Jean IV attire Clisson dans un guet-apens. — Récit de l'attentat. — Délivrance de Clisson sauvé par le sire de Laval. 280

CHAPITRE XII
1387-1391
LES SUITES DE L'ATTENTAT DE L'HERMINE
DISGRACE DES ONCLES DU ROI. LES MARMOUSETS.

Clisson demande justice. — Arrangements passés entre lui et son suzerain. — La campagne de Gueldre. — Le roi congédie ses deux oncles, les ducs de Berry et de Bourgogne. — Le ministère dit des *Marmousets*. — Ce qu'ils étaient et comment ils gouvernèrent. — Le roi arrange les affaires de Languedoc et de Bretagne. . . . 309

CHAPITRE XIII
1392
ATTENTAT DE PIERRE DE CRAON
CLISSON DESTITUÉ ET MIS EN ACCUSATION

Pierre de Craon. — Son crime et sa fuite en Bretagne. — Maladie du roi. — Ses oncles reviennent au pouvoir. — Chute des Marmousets. Clisson était-il concussionnaire ?. 345

CHAPITRE XIV
1393-1395
GUERRES ENTRE CLISSON ET LE DUC DE BRETAGNE

Puissance de Clisson en Bretagne. — Comment il peut lutter contre son suzerain. — Trois années de guerres intestines. — Réconciliations définitives. 377

CHAPITRE XV
1395-1407
DERNIÈRES ANNÉES DE CLISSON

Apaisement général. — Mort de Jean IV. — Dernières armes de Clisson contre les Anglais. — Son testament et sa mort. — Conclusion. 398

PIÈCES JUSTIFICATIVES. 429

VANNES. — IMPRIMERIE LAFOLYE.

VICTOR RETAUX, LIBRAIRE-ÉDITEUR
82, rue Bonaparte, 82

HISTOIRE DE LA LITTÉRATURE FRANÇAISE AU XVII⁰ SIÈCLE, par le R. P. LONGHAYE, de la Compagnie de Jésus. Ouvrage couronné par l'Académie française, 4 vol. in-8. **20 fr.**

Cette histoire comprend cinq parties. — *Première partie* (Tome I), les Précurseurs et Contemporains des Premiers Maîtres. — *Seconde partie* (Tome II), les Premiers Maîtres : Corneille, Pascal, Molière, Bossuet. — *Troisième partie* (Tome III, la seconde génération de Maîtres : Boileau, Racine, La Fontaine, Bourdaloue, La Bruyère, Fénelon. — *Quatrième et Cinquième parties* (Tome IV), les Écrivains hors rang : Sévigné, Maintenon, Saint-Simon, et le Tableau de la fin du siècle.

Ce n'est point un manuel scolaire, mais un livre de lecture destiné aux élèves des classes supérieures, à tous les amateurs de littérature sérieuse, et principalement aux professeurs des établissements catholiques. L'auteur s'est proposé de leur alléger la tâche, de les aider surtout à se prémunir contre un certain nombre d'appréciations courantes en désaccord avec les principes qui leur tiennent le plus à cœur. Bien des œuvres du même genre, fort distinguées d'ailleurs par la science, l'esprit et le style, sont plus ou moins imprégnées de rationalisme, de naturalisme, de scepticisme religieux ou littéraire et il serait infiniment regrettable que le maître chrétien leur accordât une trop facile confiance.

Fruit d'un long enseignement, cet ouvrage résume et discute les travaux les plus saillants de la critique moderne, en ramenant tout aux données premières de raison et de foi dont l'auteur s'est déjà inspiré dans sa *Théorie des Belles-Lettres*.

LES ORIGINES DE LA CIVILISATION MODERNE, par GODEFROID KURTH, professeur de l'université de Liège, 3⁰ édition revue et augmentée. 2 vol. in-8. **8 fr.**

UN APOTRE DE LA BRETAGNE AU XVII⁰ SIÈCLE, LE VÉNÉRABLE MICHEL LE NOBLETZ (1577-1652), par le vicomte Hippolyte LE GOUVELLO. 1 fort vol. in-18 jésus avec gravure. **3 fr. 50**

Vannes. — Imprimerie LAFOLYE, 2, place des Lices.

www.ingramcontent.com/pod-product-compliance
Lightning Source LLC
Chambersburg PA
CBHW052337230426

43664CB00041B/1884